让 我 们 一 起 追 寻

MADNESS IN CIVILIZATION

Published by arrangement with Thames & Hudson Ltd, London,

Madness in Civilization© 2015 Andrew Scull

Designed by Karolina Prymaka

This edition first published in China 2020 by Social Sciences Academic Press, China

A Cultural History of Insanity,
from the Bible to Freud,
from the Madhouse to Modern Medicine

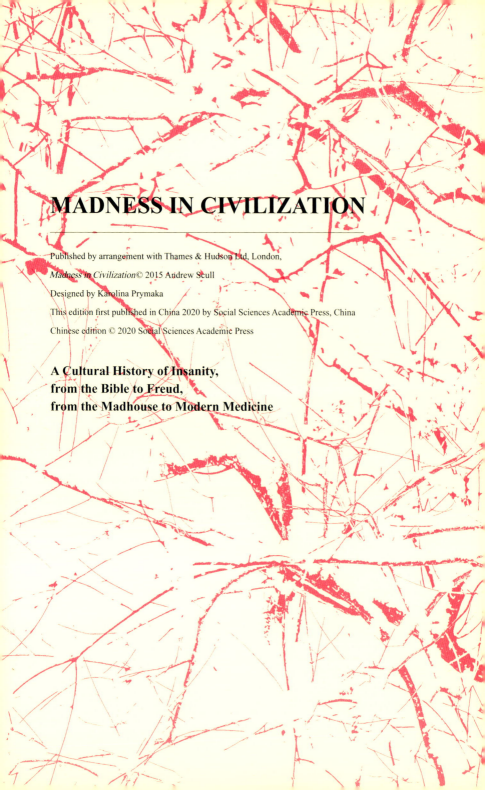

文明中的疯癫

一部关于精神错乱的文化史

ANDREW SCULL

〔英〕
安德鲁·斯卡尔 / 著
经 雷 / 译

社会科学文献出版社
SOCIAL SCIENCES ACADEMIC PRESS (CHINA)

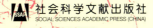

本书获誉

安德鲁·斯卡尔写疯癫史的举重若轻，我们早有了解。在这部令人着迷的大作中，我们得以纵览千百年来理性对非理性的认知与处置。在丰富有力的图片配合下，他带领我们从古希腊，早期基督教、伊斯兰教出发，经由科学、世俗化和弗洛伊德，抵达当下的脑科学与药典。全书讲述的是一个满怀善意但时有贪念的故事。就疗法展开的几场学术之争远比病人还要疯狂。历经两千年的摸索，我们仍然说不清今天的生化收容是否就比先前的实体收容设施更理想。最好的历史就是这样，在细节中焕发光彩，对一个与我们息息相关的课题充满热情。

——丽莎·阿皮尼亚内西（Lisa Appignanesi），《疯、坏、悲——1800年至今的女性和心灵医生历史》和《激情的审判——因爱与疯癫而犯下的罪行》作者

一本精彩纷呈的书，内容有趣、文笔优美，有着斯卡尔一贯的热忱与博学。《文明中的疯癫》探究了古代与中世纪社会如何应对精神病症，从中我们可以看到，尽管有了脑成像和精神药物，现代精神病学依然可以从中学到许多东西。

——西尔维娅·娜萨（Sylvia Nasar），《美丽心灵》作者

一部有趣、学术性强、引人深思的历史著作，记载人类如何理解和控制这种被我们称为疯狂的行为。像这样学养与易读性兼备的书并不多见，任何对“最孤独的病症”感兴趣的人都值得读一读。

——查尔斯·罗森博格（Charles Rosenberg），哈佛大学科学史教授，《当代医学的困境》作者

安德鲁·斯卡尔也许是我们这个时代在疯癫史方面学识最渊博的历史学家，而且他在表述上的浅显易读更是无人能及。在这本权威新作《文明中的疯癫》里，他给出了一种既具洞察力又不乏批判的全景视野。他文笔凝练，援引了大量文化和临床资料，这是一个伟大而悲壮的故事。

——帕特里克·麦格拉斯（Patrick McGrath），《收容所》作者

安德鲁·斯卡尔是英语世界首屈一指的精神病学史学家，这本书全面展现了这一点。在进行了从古到今的广泛调研后，斯卡尔剖析了疯癫对各历史时期和地域的社会的意味。他的文字充满热情又不乏幽默，尤擅摘选尖刻犀利的引语或切题的故事，让读者直呼过瘾。这是该领域的行家给出的一部力作。

——威廉·拜纳姆（William Bynum），伦敦大学学院医学史荣休教授，《医学史百科读本》主编

一部无所畏惧的学术大作，从古代宗教、医学和神话，到当代神经科学和精神药物学，本书对疯癫理论和处置方式的历史嬗变给出了精妙陈述。除了展现作家、画家和作曲家如何从疯癫中汲取灵感，斯卡尔还提出，非理性在象征形式上的变迁

是其历史的一部分。这是一部精炼而悲悯的著作。

——伊莱恩·肖瓦尔特（Elaine Showalter），普林斯顿大学荣休教授，《女性疾病》作者

斯卡尔博士是当今世界最具盛名的精神病学史学家之一。恐怕没有第二个人能给这样一部著作注入如此的神采，可以同时吸引普通读者和学界中人，保持这样一种平衡和匀称——无论对该领域有没有预先的了解，你都能感受到这点。此书涵盖之广无出其右，是几十年一遇的倾心之作。

——戴维·希利（David Healy），班戈大学精神病学教授，《医药大决战》作者

《文明中的疯癫》是一本精彩、激烈、饶有趣味的书，叙述了古往今来社会对精神病人的处置与苛待。安德鲁·斯卡尔的书充满稀奇古怪的细节和令人胆寒的事实，对医学在疯癫这道难题上的一筹莫展做出了有新意和有说服力的观察，这是一个困扰和塑造了人类两千年文化的问题。去看过心理医生的一定要看！

——德克·维滕伯恩（Dirk Wittenborn），《药》作者

目　录

致 谢

从很多方面讲，《文明中的疯癫》是我研究疯癫史四十多 8
年的成果。这段时间里有太多人给予我太多的帮助，恐难一一提及。此外，为了少一些妄自尊大的断论，势必需要受惠于无数其他学者的工作——其中一部分已通过书中注释与参考文献做了说明，尽管那远不足以表达我的谢意。

然而在写作这本书的过程中，有一些人的情谊与慷慨让我觉得有必要在这里表达感谢。这只言片语自然无法与他们的帮助相提并论，但我还是想感谢五个人，他们通读了书稿，给出了详尽的评论和修改意见。威廉·拜纳姆（William Bynum）在医学史方面的学识少有人能及，他多次让我避免铸成大错，此外还给予了我迫切需要的鼓励。我的朋友斯蒂芬·考克斯（Stephen Cox）和艾米·福里斯特（Amy Forrest）对本书的每一章节都做了仔细而专注的审读。他们在文体与内容方面给出了犀利的建议，并且毫不客气地指出我的错误，或者我的论证迷失了方向，我对他们充满了感激。我在泰晤士与赫德逊出版社（Thames & Hudson）的编辑科林·里德勒（Colin Ridler）是每一个作者做梦都想要的那种出版人士，他积极、得力，对本书充满热情。他的同事莎拉·沃农－亨特（Sarah Vernon-Hunt）也对我的终稿进行了无比细致与专注的编校，她在编辑实务上的卓绝水准让我受益良多。这些审读人都清楚我有固执的一面，他们的明智建议有许多我接受了，但有时候我也会拒绝。因此，尚存于本书中的蓄犯疏忽之误，绝对不是他们的责任，而我在书中若留下了什么有价值的东西，倒在相当程度上要拜他们所赐。

还有一些人审读了本书相当一部分章节，或是不厌其烦地回答了我的各种问题。我想特别感谢姐夫迈克尔·安德鲁斯（Michael Andrews）、我的同事及朋友艾米莉·鲍姆（Emily Baum）、乔伊·布拉斯洛夫（Joel Braslow）、海伦·拜纳姆（Helen Bynum）、科林·盖尔（Colin Gale）、杰拉德·哥罗布（Gerald Grob）、米利亚姆·格罗斯（Miriam Gross）、戴维·希利（David Healy）、约翰·马里诺（John Marino）和铃木晃仁
9 （Akihito Suzuki）。此外我还需要对促成我写作与出版本书的几家机构表达感激之情。加州大学学术评议会多番提供经费，让我可以遍览存于各地的文献——对一个关注疯癫历史的人而言，这份援助的价值难以估量，因为尽管南加州素有怪人云集的美誉，但我所倚仗的主要资料源大多不在这里。多年以来，由古根海姆基金会、美国学术团体协会、美国哲学学会、英联邦基金、普林斯顿大学谢尔比·卡勒姆·戴维斯历史研究中心提供的经费和支持，以及两项加州大学校长人文研究奖学金，为我的研究解决了大部分资金问题。这是我格外感激的，因为无论在总体还是细节上，此前多年在档案馆里的劳作，对本书的综述性研究都是有帮助的。

除了前面提到的几位，英国的泰晤士与赫德逊出版社有一个团队在勠力协助本书的出版筹备工作，包括设计、生产和营销等，他们将我那些浮皮潦草的文字和图片变成一本赏心悦目的书，我对他们表示感谢。我尤其还要感谢的是图片编辑宝

琳·胡博纳（Pauline Hubner），她帮我寻找并获取图片的使用授权，这对丰富和强化本书的文字和分析起到了极大的作用。在北美方面，由我十分尊敬的彼得·多达蒂（Peter Dougherty）和普林斯顿大学出版社再一次出版我的书，我感到非常荣幸。作为一家严肃学术出版机构的负责人，彼得是这一领域的楷模，并且他也投入了很深的个人情感来推进本书的出版。我还要感谢《精神病学历史》以及在期刊任职多年的编辑赫尔曼·贝里奥斯（German Berrios），感谢其允许我重印最初发表在 25 周年纪念刊上的一些文字，这部分内容已被纳入本书第十一章。

我热爱写作，本书题献已经表达了我对妻子南希的感激，是她给我创造了条件，让我可以多年来一直这样写下去。更重要的是她几十年的爱和友谊，这份亏欠我无法用语言表达。此外，有孙辈的人都知道他们会带来何等的欢乐，本书也献给南希和我此前有幸相识的人，以及将来我们会珍视的所有人。

安德鲁·斯卡尔

于加利福尼亚州拉霍亚

第一章　直面疯癫

文明中的疯癫？疯癫难道不应当是文明的对立面吗？毕竟 10
启蒙思想家们说过，人与兽的分别就在于人有理性（Reason）的官能。若果真如此，无理性（Unreason）就越过了这道界线，在某种程度上符合了从文明转为野蛮的条件。这样看来，疯癫并不在文明之中，而是全然归于文明之外，两者格格不入。

然而，细想之下，事情就没那么简单了。吊诡的是，疯癫并非只是与文明保持对立，也不仅存于文明的边缘。恰恰相反，它一直是艺术家、戏剧家、小说家、作曲家、神学家、医学家和科学家关注的一个中心课题，更何况它几乎和我们每一个人息息相关——要么是我们自己遭遇理性和情感的困扰，要么是我们的亲人和朋友。也就是说，疯癫并不在文明之外，它是文明不可磨灭的一部分，这一点非同小可。在我们日复一日的生活中，这个问题会不断侵入我们的意识。这样一来，它就是临界的，同时又是非临界的。

疯癫是一个令人不安的话题，它的神秘至今仍令我们困惑不已。丧失理性，决绝于一个其他所有人都自以为身处其中的符合常理（common-sense）[1]的世界，陷入足以粉碎心智且令某些人难以自拔的情感淆乱：虽然我们归属不同文化，但这些体验是千百年来为人类所共有的。精神错乱在人类的想象中挥之不去。它既迷人，又可怕，很少有人能对它的恐怖无动于衷。它不断提醒我们，我们对现实的把握有时是多么靠不住。它挑战了我们所理解的人之为人的极限。

11 我要写的主题是“文明中的疯癫”。两者的关系，以及它们复杂而多义的互动，是我想在本书中探索和阐明的。为什么用“疯癫”这个词？它闪烁着时代错置的意味，甚至含有一种对他人苦痛的漠视——如今我们已经知道要称这些苦痛为“精神疾病”（mentally ill），或者更糟的是，这是在选用一种诬蔑和侵犯性的措辞。将更多的苦难累加在疯者身上，给已经加诸他们身上几个世纪的污名再添上几笔，都远非我的意图。心智的丧失给受害者、他们的亲人乃至整个社会带来的痛苦和折磨，是任何面对这一课题的人都不应忽视的，更不能贬低其重要性。这其中包含着最为深重的几种人类苦难形式：悲伤、孤立、隔绝、折磨以及理性和意识的消亡。那么，为什么我再一次地且更坚决地避用柔和一些的字眼——比如精神疾病或精神困扰——而是刻意使用如今被我们认定为刺眼的“疯癫”一词呢？

精神病学家已经被我们认定为精神病理学这个神秘领域的专家，在他们看来，使用这样的词通常是一种挑衅，一种对科学及其福佑的否定——他们自认是科学的典范。（奇怪的是，那些厉声否认精神病学主张，拒绝精神病患标签，自称精神病幸存者的人，恰恰出于这个原因而欣然接受了“疯癫”一词，以此作为一种反抗。）那么我对书名和术语的选择是否有违常理，或者是否表明我和许多重要作者——如已故的萨斯·托马斯（Thomas Szasz）① ——一样，认为精神疾病是一个迷思

① 一译“托马斯·沙茨”，本书按照处理匈牙利人名的习惯，改为先姓后名。文中脚注均为译者注。

（myth）呢？绝非如此。

疯癫是理性、思维和情感出现了严重而持续的混乱，在我看来，这是在任何已知社会都能看到的现象，它在实际和象征的层面，对社会结构以及稳定社会秩序的观念本身构成了严重威胁。把它完全看成一个社会建构或归类问题，在我看来只是浪漫的傻话，或者是毫无用处的套套逻辑（tautology）。有的人不管抑郁还是躁狂，总之是对情感失去了控制；有的人无法和多数人一样理解常理现实和我们所处的精神世界，产生了幻觉，或是宣称某些事物的存在，而被身边的人认定为患有妄想症；有的人在行为处事上与其所属文化的俗约和惯例有显著分歧，当身边的人或团体行动起来，试图用一般的矫正手段遏止他们时，他们视若无睹；有的出 12
现了极端夸张与无常的言行，或有着痴人般毫无遮拦的怪诞精神生活：在被我们视为无理性的人群中，这些人是核心，千百年来我们认为这些人“疯”了，或是用其他一些类似的字眼来指称他们。

为什么要写一部“疯癫”或“精神疾病”的历史？为什么不称之为精神病学史？对这类问题，我来做一个简单的回答。那样的“历史”根本就无法构成历史。我有意探讨两千多年来疯癫与文明的对峙。在绝大多数时间里，像疯癫以及与之同源的失常（insanity）、错乱（lunacy）、狂乱（frenzy）、躁狂（mania）、忧郁（melancholia）、癔症（hysteria）等词，不但是大众甚至受教育阶层常用的，也是举世通行的。除了作为一种俗语来表达对非理性的共识，“疯癫”无疑还是一些医学人士乐于采纳的术语，这些人希望用自然主义的措辞来阐述疯癫的危害，有时候还要治疗这些与社会脱节的人。即使最早的“疯大夫”（mad-doctor，他们当时就这样自称，其同时代的人也这么称呼他们）也会毫不犹豫地使用它，在整个十九世纪，这个词连同错乱和疯狂等词，一直在被堂而皇之地使用着，直到后来才渐渐变成语言禁忌。

而“精神病学”（psychiatry）一词最早出现是在十九世纪的德国。法国和英语国家对这一叫法进行了强烈抵制。法国人喜欢用他们自己的 aliénisme（异化学）；而英语中一开始如前文所述，会称呼专事疯人管理的人为“疯大夫”，直到后来，这个称呼带有的歧义和隐含的轻蔑——词中包含着对医者的恶意中伤——似乎有些太过分了，早年的从业人士才转用一系列其他的称呼，如“收容所主管”（asylum superintendent）、“医疗心理学家”（medical psychologist），或（参考了法语的）“异化学家”（alienist），但没有哪个格外受欢迎。然而，唯一一个让操英语的精神疾病专家无法接受的标签就是“精神病学家”（psychiatrist），他们对这个词的抵制一直持续到了二十世纪的最初几年（直到那时它才成为首选的称呼）。

整体而言，一个有自我意识、有组织的专业人士群体基本上是从十九世纪开始出现的，这些人声称自己是精神疾患的权威，并本着这一主张去谋求社会授权。到了今天，人们在多数时候是透过医学视角来看待疯癫的，精神病学家所选用的语言成为一种受到正式认可的媒介，大多数（尽管并非所有）人会用这种语言来谈论相关的问题。然而这是历史沿革的结果，
14 站在一个更广阔的视角来看，是较晚近出现的变化。这样一种职业及其语言和他们选择的干预手段的确立，是我们需要讨论并试图理解的。然而它们不是——也不应该是——我们的出发点。

“疯癫的类型”，约翰·查尔斯·巴克尼尔与丹尼尔·海克·图克合著的《心理医学手册》（*A Manual of Psychological Medicine*，**1858**）卷首插图。该书是第一本被广泛用于疯癫诊断与治疗的教科书。与其他异化学家一样，巴克尼尔和图克认为疯癫会体现为不同的形式，人们可以通过揣摩病人的面部表情来辨认这些不同的疯癫。

所以我选择了“疯癫”，一个即使今人理解起来也不会太困难的词。使用这个古老的词还有一个好处，它会将我们课题中另一个重要的部分凸显出来——如果选用纯粹的医学视角，这一部分就会被忽略。在我们身处的社会秩序和文化中，疯癫有着更为广泛的重要性，与文学、艺术、宗教信仰的世界形成共鸣，连科学领域也不例外。然而疯癫暗含着污名，而污名一直是身为疯者最可悲的一面。

即使在我们这个时代，有关这种状况的明确答案也仍然是模糊的，跟过去并无不同。疯者与正常人的分界线是存在争议的。美国精神医学学会——其出版的《精神疾病诊断与统计手册》（*Diagnostic and Statistical Manual*，简称 DSM）具有国际影响力，尤其因为它与精神药理学革命的关联——在无休止地对其成果进行迭代和编修。然而，尽管为达成一种定论而进行了百般尝试，DSM 终归还是深陷争议之中，即使到了这一学科的最高水平层面也无法避免。目前该手册已经出到第五或者说第七个修订版（存在不同的版本划分标准），但由于多年来其内容引发的政治和公共争议，手册的最新版未能如期推出。随着诊断和“疾病”的名单越来越长，精神病类型及其子类越来越多，紧张忙乱的鉴别工作已经变成了一种精心伪装的幻想游戏。毕竟，虽然有关精神疾病根源的论述比比皆是，有说这是因为脑生化缺陷，也有说是因某种神经递质匮乏或过多，还有说是遗传所致并且也许有一天可以与某些生物标记建立联系，但绝大多数精神疾病的病因至今仍不明了，治疗方法基本上是针对表面病征，效果往往存疑。在过去四分之一个世纪里，严重精神病症患者是我们的社会中极少数预期寿命变短的群体之一[2]——这很能说明精神病学的“言”与“行”之间差距有多大。至少在这一领域，我们没有摸出个门道。

把对疯癫者的护理交给医疗人士的赌博，将在某些方面取
得一些正面的回报——尤其显著的是三期梅毒，在二十世纪 15
初，被送进精神病院的男性中大概有20%受害于这种可怕的疾病。然而在大多数情况下我们还没有看到成效。精神分裂症和重性抑郁障碍的病因至今仍裹藏在谜团与困惑中，尽管每隔一段时间就会有人急切地宣告出现了转机。我们无法用X光、核磁共振、PET扫描和化验来明确判断这个人疯了，那个人正常，理智和非理智之间的界线依旧是变化不定的，存在质疑和争议。

如果我们把当代的诊断分类和对精神病学的理解投射到过去，就有极大可能会曲解历史。即便一些病症有着远比精神分裂症或躁狂抑郁症更确凿的当代现实性和特点，我们也无法万无一失地对过去的案例进行诊断——那些较有争议性的精神病学诊断就更不用提了。过去的观察者记录的是他们觉得重要的东西，不是我们想知道的东西。此外，疯癫的症状，它的含义及其后果，（过去和现在的）理智与疯狂之间的界线，这些问题都与社会环境有着莫大的关联，非理性就是在这环境中浮现，也被抑制于其中。语境很重要，我们不能完全没有立场，而采取一种阿基米德式的视角，不受当下偏见的影响，以一种中立、公允的姿态去看待错综复杂的历史。

疯癫还以其他一些方式超越了医学的范畴。它至今仍是作家、艺术家及其受众时常会迷醉不已的主题。小说、传记、自传、戏剧、电影、绘画、雕塑——在所有这些领域里，非理性始终纠缠着我们的想象，以一种强有力且难以预料的方式露面。人们想尽办法去囚禁和限制它，想把它提炼成某种单一的

本质，但似乎注定不能如愿。疯癫至今仍在逗弄与迷惑我们，让我们感到恐惧和惊叹，激发我们去探查它的模糊性、它的破坏力。在本书中，我会尝试给心理医学一个应有的肯定，但也仅限于此。我要强调的是，我们还远远没有充分理解疯癫的根源，更别说有效地应对它所带来的痛苦；我同时希望明确，疯癫具有重大的社会和文化价值，无法框限于某种单一的目的与实践之中。

那么，让我们开始吧。

第二章　古代世界的疯癫

疯癫与以色列人

惹恼一个残酷且忌妒心重的神明可不是闹着玩的。以希伯 16
来传说为例。以色列第一代国王扫罗和伟大的巴比伦君主尼布甲尼撒都得罪了雅威，因“大不敬”而得到可怕的惩罚——两人都疯了。

扫罗犯了什么事？毕竟，从很多方面看他都是一个英雄人物。他被雅威选为犹太人的第一位君主，后来又将以色列人的敌人一一击败，只有非利士人是个例外。而他的继位者大卫最终击败这最后的强敌时，主要也是靠扫罗建立的军队。但是有一次，扫罗违背了神的旨意，于是立即受到了严厉的惩罚。

在古巴勒斯坦，以色列人和亚玛力人游牧部落在出埃及时就已经成为敌人。逃亡的希伯来人越过红海，在西奈半岛上跋涉时遭到袭击。亚玛力人“趁你疲乏困倦击杀你尽后边软弱的人”。[1]① 这并非亚玛力人最后一次攻击犹太人。事实上在犹太传说中亚玛力人是作为死敌的形象出现的。最终他们的神雅威忍无可忍，他给自己的特选子民下了一道简单明了的命令：“现在你要去击打亚玛力人，灭尽他们所有的，不可怜惜他

① 本书引用的《圣经》译文，均采用简体中文版《和合本圣经》。

们，将男女，孩童，吃奶的，并牛，羊，骆驼，和驴尽行杀死。”[2] 杀光他们。

17 在《撒母耳记上》中，我们看到扫罗没有严格执行神的野蛮指示。扫罗和他的军队的确“用刀杀尽亚玛力的众民”，但扫罗和百姓“怜惜［亚玛力人的王］亚甲，也爱惜上好的牛，羊，牛犊，羊羔，并一切美物，不肯灭绝”。[3] 这样做的后果是什么？立扫罗为以色列王的先知撒母耳斥责了他。他违背了神的旨意，是不能得到宽恕的，而悔悟也已经晚了。[4]

没过多久，神便抛弃了扫罗，并派了一个恶魔去折磨他。这种折磨一直持续到他统治的终结。受恐惧、愤怒、嗜杀、抑郁等情绪的轮番折磨，在位最后几年里，扫罗的精神不时陷入剧烈的波动。在和以色列仅存的敌人非利士人作战时，扫罗被他的神抛弃了。他的三个儿子被杀，自己也身负重伤，当那些未受割礼的敌人围上来时，他自己伏在刀上死了。神派去的恶魔毁灭了他。[5]

面对令他们束手无策的疯癫，和上古时代的许多人一样，希伯来人用恶魔附体来解释这陷入失常的可怕折磨。他们膜拜的那位睚眦必报的神，每当遇到令他不悦或挑战他威仪的人，他总是毫不犹豫地用如此恐怖的方法惩罚他们。事实上，以色列人之所以能逃脱在埃及的奴役，也是因为雅威将十灾降临于法老及其子民头上。以色列人的领袖摩西与埃及术士就他们各自的神的力量展开了较量：血灾、蛙灾、虱灾、蝇灾、大量牲畜死亡、无法治愈的疹子、雹灾、蝗灾和夜灾，这些都没能撼动法老，直到很久之后，雅威设法让所有埃及人的长子和一切头生的牲畜死亡，摩西才得到准许，带领他的人民摆脱奴役。

而即便这时候神还是没放过埃及人：在分开红海让以色列人过去后，他使海水退回，把在后面追赶的埃及军队尽数淹死（见彩图3）。

在《撒母耳记》中可以清楚地看到，犹太人认为扫罗的疯癫是因为上帝的诅咒。他出现的究竟是什么性质的疯癫就不明确了，不过我们可以看到一些外部表现。有资料说他“呼吸困难”，根据撒母耳的叙述，他的情绪变化很快，会从一种抑郁而孤僻的状态，突然变成极端病态的多疑、狂躁，时有暴力行为，[6] 包括有一次企图置自己的儿子约拿单于死地。[7] 罗马 18
犹太历史学家约瑟夫斯（Josephus，公元37—约100）根据口头流传的说法写道，扫罗“被怪异的不适和恶魔困扰，出现窒息和气闷，医生对此一筹莫展，只得建议他下令搜寻有能力取悦邪灵的人”。[8]

羊倌大卫偶尔能成功地取悦由上帝施加于扫罗身上的邪灵。当然，他要借助音乐，他会拨动竖琴，让邪灵有片刻的平静，不过还是始终没能彻底驱走扫罗的痛苦之源，[9] 而且他的办法也不是每次都见效。有一次，“从神那里来的恶魔大大降在扫罗身上，他就在家中胡言乱语。大卫照常弹琴，扫罗手里拿着枪。扫罗把枪一抡，心里说，我要将大卫刺透，钉在墙上。大卫躲避他两次”[10]——考虑到当时的情况，大卫是很明智的。

撒母耳当然只是众多犹太先知中的一个，这些人的职责是充当神明的使者。在其他的时代和地方，通常也都有类似的人物，包括经常与以色列人交战的那些巴勒斯坦部落。然而，像撒母耳这样的人物在几个世纪的犹太历史中发挥了重要作用。

撒母耳说扫罗在“prophesying”①，表达的是一种很宽泛的意思，因为医学史学家乔治·罗森（George Rosen）提醒我们，这个希伯来语词义为“如先知般的举止”（to behave like a prophet），也可以解释为是“说疯话”“失去自控”或“举止不受控制”。[11]例如我们知道扫罗有一次曾当了一天的先知，去了拉玛，“在撒母耳面前受感说话……一昼一夜露体躺卧。因此有句俗话说，扫罗也列在先知中吗？”[12]

以赛亚、耶利米、以利亚或以西结，这些人都对以色列人产生了格外重大的影响，而他们的行为也时常很难说清是受到启示还是疯了，是单纯的古怪还是彻底的精神失常。躁狂、无常，往往被认为是具有和运用了魔力（比如约书亚就让太阳静止了下来），先知可以预知未来，而且真正的先知是会传达神的旨意的。他们还会出现幻觉、出神，有记载说他们看到了幻象，并时有狂乱的行为，他们称那是被神灵控制了。[13]

19 他们的言语和行动给他们带来了危险，这也是他们能预见到的。嘲弄和孤立往往是他们的宿命，但有时候情况要比这严重得多。当耶利米宣告耶路撒冷即将被毁灭时，人们怒斥他为叛徒，他遭到毒打，被锁上足枷。[14]他们把他投入地牢，让他挨饿，企图这样杀死他，尔后他又被锁起来，直到耶路撒冷被巴比伦人攻克，也就是他曾预言的事情成为现实后，才被释放。[15]乌利亚的下场则比这还要不幸。约雅敬王指责他“预言攻击这城和这地”，乌利亚逃至埃及，但是被交还给犹大王，随即死于刀下。[16]以色列人并不怀疑神会通过先知传达旨意，他们自己作为“选民”的身份就是源于这一信念，源于和上

① 对应本章注释10中的“胡言乱语”。

帝的一项特殊约定，而先知们的诠释对这种特殊性的建立起到很大作用。但假冒先知的行为是很多的，而那些声称自己是先知的人发出的责备和悲叹之辞，也会导致他们不招人待见。

有的先知直接被认为是疯子（二十世纪的一些精神病学家当然也倾向于将这些人归为精神病患）。[17]然而对和他们同时代的人来说，要信仰一个嫉妒心重、无所不能的上帝——他经常通过人类来传话，动辄对不听命于他的人施加最严厉的刑罚——免不了让人心生疑虑。他们能看出一个人疯了，但先知表现出的一些失常的特性，也有可能是受神明的启示。

从犹太传说来看，埃及法老并非最后一个因挑战雅威的权力而付出沉重代价的外国统治者。几个世纪后的公元前 587 年，巴比伦王尼布甲尼撒占领了耶路撒冷，摧毁了那里的神庙，令犹太人踏上流亡之路，这些显然都未曾激怒神明。然而这种豁免只是暂时的。攻城略地的成就令他开始膨胀，吹嘘自己的“大能大力”，于是天上传来声音，对他的不敬发起责难。发疯后，他“吃草如牛，身被天露滴湿，头发长长，好像鹰毛，指甲长长，如同鸟爪”（见彩图 2）。[18]《圣经》上说，七年后这些诅咒被解除了。他恢复了理智，他的王位也得到恢复，重现了昔日的权威与荣光。

在神治的世界，大自然的无常、政体的灾祸、日常生活的危险，皆被赋予了宗教或超自然含义，所以疯癫给一个理智的 20
人造成的改变，自然也会被归咎于神的不悦，他们或被施加了咒语，或是被邪灵附体。像这样的认知持续了很长时间。尼布甲尼撒死后过了将近六百年，复活的基督首先向抹大拉的马利亚显现自己，据说“耶稣从她身上曾赶出七个鬼”[19]——他的信徒在别的场合下也见过他做这件事。比如有一次耶稣来到了格拉森人的地方，立刻就遇到“一个被污鬼附着的人”，此人已经完全失控，连脚镣和铁链都无法制伏他。恐惧的村民任他在坟地里四处走动、喊叫、自残，但一看到耶稣，这个不幸的人就跑去拜他。耶稣问道：

> “你名叫什么？”回答说：“我名叫群、因为我们多的缘故……在那里山坡上，有一大群猪吃食。”鬼就央求耶稣说：“求你打发我们往猪群里附着猪去。”耶稣准了他们。污鬼就出来，进入猪里去。于是那群猪闯下山崖，投在海里，淹死了。猪的数目约有二千。[20]

格拉森的猪的故事，让我们对古巴勒斯坦对待疯子的方式有了一些新的认识。污鬼附着在那人身上已经有一段时间了。他风餐露宿、衣不遮体，他的邻居在惊恐之下企图用镣铐和锁链把他禁锢起来。他用疯狂的蛮力把它们挣断，在魔鬼的驱使下走入了荒野。然而，村民们尽管非常害怕他，却还是继续给他吃的。[21]这自然不是最后一次有人视精神失常为一种对文明生活的公然冒犯，它总是和赤裸、锁链、镣铐联系在一起，人们会将疯癫之人转移到社会的边缘。在接下来几个世纪里，这仍将是许多精神错乱者的宿命。

希腊世界

大量文学资料表明，人类的精神苦难源自神明，这一看法在古希腊也得到了普遍的接受。[22]他们的神向来喜欢插手人类
21 事务，精神疾患的宗教根由是古典时期文化至关重要的一部分[23]——在基督教成为罗马帝国国教后，这种解读就更加稳固

了。疯癫与神的阴谋之间的联系，同样也是希腊戏剧和诗歌的重要主题，以至于两千多年后的西格蒙德·弗洛伊德要援引希腊神话，把他认为在人类身上磨灭不去的精神创伤命名为“俄狄浦斯情结”。“Panic”（恐慌）也源自希腊语“panikon”，意为与“Pan”，也就是那散布恐惧的恶神“潘”有关。

《伊利亚特》和《奥德赛》作为西方文学留存至今最古老的作品，在一开始的很长一段时间里是以口述形式流传的，由此可以认为其早于古典时期的希腊文明。现在的学者普遍认为，这两部史诗是依靠早在公元前八世纪就已存在的希腊神话宝库炮制而成，在希腊字母被发明前，这些神话一直是依靠口述流传的。它们构成了希腊文化的基础和依据，是古典期希腊以降每一个受过教育的公民都熟悉的叙事，也使公元前五世纪伟大戏剧家埃斯库罗斯、索福克勒斯和欧里庇得斯受到启发从而创作出许多作品（以及许多没能流传下来的作品）。贯穿于这些作品的是一种对疯癫的文学和艺术迷恋，这在此后的西方文明中一直存在着。

在奥德修斯失踪的几年里，纠缠佩涅洛佩的追求者（奥德修斯回来后将他们尽数杀死）举办了一场盛宴。雅典娜（智慧女神）挑起了狂笑与泪水，很快他们出现了有失体面的行为，似乎已经陷入疯癫。她“激发求婚人狂笑，搅乱了他们的心灵。他们大笑不止，直笑得双颌变形，吞噬着鲜血淋淋的肉块；笑得他们双眼噙满泪水，心灵想放声哭泣”。[24]①哭是

① 本书引用的《奥德赛》译文，均采用王焕生译《荷马史诗·奥德赛》，人民文学出版社，1997年第1版。

应该的，他们的末日就在眼前了。

在《荷马史诗》中，涉及疯癫的最常见情境是在战斗正酣时，人突然狂躁起来，失去了对自我的控制，说胡话，仿佛被恶魔附身。狄俄墨得斯、帕特洛克罗斯、赫克托尔、阿喀琉斯都曾在战斗中陷入暂时的疯癫。赫克托尔在杀死帕特洛克罗斯后，把后者的盔甲脱下来穿在自己身上。突然之间，“凶猛的阿瑞斯也暴烈地进入他的心灵，使他全身的各个肢节充满了力量”。[25]①悲痛以及向赫克托尔复仇的渴望令阿喀琉斯发疯，
22 一阵狂暴的厮杀之后，两人展开了一场决斗。即便踏在被自己击败的敌人身上，被愤怒吞噬的阿喀琉斯也未能平静下来。赫克托尔哀求他——不是求饶命，而是求自己死后尸体能得到庄重的对待——但遭到狂怒的阿喀琉斯的拒绝：“凭你的作为在我的心中激起的怒火，恨不得把你活活剁碎一块块吞下肚。”事实上，他的确把尸体系在了战车后面拖行，而且“又想出了凌辱赫克托尔的方法，把赫克托尔扔到帕特洛克罗斯灵床前的尘埃里”。[26]

《伊利亚特》中的人物时常要听凭神明与命运的左右。超自然力量随处可见。神、塞壬、复仇女神埋伏在四周，伺机毁灭 、报复、惩罚、玩弄渺小的人类。神怒无处不在，而荷马作品中的人物时常是受害者。几个世纪后，雅典戏剧中展现了一个更丰富的心理世界，同时还有神的诡计、愧疚与责任的煎熬、职责与欲望的冲突、悲痛与耻辱的挥之不去、对尊严的要求，以及傲慢所引发的灾难性后果，这些都导致了棘手的局

---

① 本书引用的《伊利亚特》译文，均采用罗念生、王焕生译《荷马史诗·伊利亚特》，人民文学出版社，1994 年第 1 版。

面。然而将超自然力作为解释精神错乱的缘由似乎是所有未受教化的人都能欣然接受的，这始终是主流看法。

宙斯与阿尔克墨涅[27]的私生子、半人半神的赫拉克勒斯免不了要遭到女神赫拉的仇视，因为他的存在就是丈夫不忠的证明。荷马叙述了她施加在他身上的危险和折磨，后世的希腊、罗马作家也反复讲述这个震撼人心的故事，并为它加入更多的细节。在后人的叙述中，比如欧里庇得斯的版本，赫拉把赫拉克勒斯逼疯了："叫这个汉子发狂，使他的心狂乱。去杀他的孩子，逼得他跳起脚来，刺激他，挂起死的帆来。"[28]①疯狂的赫拉克勒斯以为自己在攻击的是死敌欧律斯透斯的孩子。他口吐白沫，双眼翻动着，血脉偾张，像个狂人似的大笑，把他们都杀了，结果在疯癫过后，发现所杀的都是自己的后代（见彩图 5）。因此就有了赫拉克勒斯（或用罗马人的称呼，叫"赫丘利"）十二伟业，从杀死涅墨亚狮子，到去地狱捉拿怪兽刻耳柏洛斯，那是他在强迫自己为自己的行为赎罪。

在欧里庇得斯的同名戏剧里，身为主要受害人同时也是恶人的美狄亚，在伊阿宋的离弃和背叛驱使下丧失了理智。在美
狄亚帮伊阿宋得到金羊毛并给他生了两个孩子后，伊阿宋却说 23
美狄亚是野蛮人，抛弃了她，而选择与克瑞翁的女儿格劳斯结婚。美狄亚展开了报复。她决定首先杀死伊阿宋的新欢，于是送给格劳斯一件有毒的嫁衣，使她的敌人一穿上就惨死了；之后，她杀死了自己的儿子，尽情享受着伊阿宋的痛苦。此外，俄瑞斯忒斯（Orestes）、彭透斯（Pentheus）、阿高厄（Agave）、

① 本书引用的《疯狂的赫剌克勒斯》译文，均采用周启明译《欧里庇得斯悲剧集（二）：疯狂的赫剌克勒斯》，人民文学出版社，1957 年第 1 版。人物译名在本书中进行了统一。

俄狄浦斯、菲德拉（Phaedra）、菲罗克忒忒斯（Philoctetes）全都出现过精神失常——不时有幻视、错觉、暴力和嗜杀的情况。[29]

诗歌、戏剧对疯癫的再现，与大众信念的实质之间，是否能找到一种简单的对应呢？当然不能，就这样直接得出一种同系性是很幼稚的。神话和隐喻与“现实”有些关联，但它们本质上并不相同。舞台与故事对情节的需求势必会左右作者的选择，虽然作品必须让观众能看懂并且感同身受，但它们也许远不能反映俗世的看法与态度。悲剧讲的是不幸，疯癫毫无疑问是一种不幸，因此它在这些文学形式中成为一个核心元素也就不奇怪了——此外还有对常规的偏离带来的戏剧可能性。不过，我们也不能忘记，悲剧在雅典生活和文化中的核心地位与现代不可同日而语。那时的生活真的会为了戏剧而停止。观众会放下自己的活计，连续几天去剧场，承受着观剧的体验给人带来的身体不适，去观看对痛苦与困扰的呈现，以及人类存在的无常——这存在只不过是神的玩物。[30]

故事将社会群体联系起来，这既包括此时已经完全识字的贵族阶层，也包括“乌合之众”（hoi polloi），后者当中即便是男性也无法保证能够熟练地读写。可以毫不夸张地说，悲剧在雅典文化当中是最流行的话题，对当时西起西班牙、东至黑海的整个希腊而言都是这样。[31]因此，从文学资料推断世俗认知固然需要小心，然而我们从中了解到希腊人如何看待人类，如何将自己与世界的关系观念化，这无疑揭示了城邦公民内在生活的某些重要的东西。[32]

此外，流传至今的许多史料也能从根本上表明，无论在希腊、罗马，还是在它们的时间和地理疆域之外的其他地方，人

们普遍认为堕入疯癫的根源是超自然力量。神在希腊无所不 24
在，从在住所入口处的为向众生示意的阿波罗、赫卡忒和赫尔墨斯修建神龛，到对散布在屋内各个角落的众多神灵的认可。自然界及其运转的方方面面，都是和神的领域有关联的，人们不可能逃脱他们无所不在的影响。古怪、陌异、可怖的疯癫——除了神与魔所在的那个不可见的世界，还能源自哪里呢？

身体的疾病会导致一个人的生活脱离寻常轨道，精神困扰同样也有这种导致生活倾覆的效果，这既包括得病者，也包括病人身边的人。在某个层面上，精神疾病可能是个体独自承受的折磨——事实上有些患病者是不与其他人接触的——然而它难以预料的后果能造成极其强大而纷扰的影响，从这个意义上说，它又是最具社会性的疾病。无法控制、难以解释、威胁到自身和他人，这些可怕而可恨的状况是无法（也不应该）被忽视的，这是对一种共有、共享的现实（“常理”之本义）的质疑，可从象征和实际层面上直接威胁社会秩序的根基。

将疯癫看作一种随机现象只会让它显得愈发可怕，因此人们自然会设法从观念和实践上去抑制它，尝试解释它是如何缠上受害者并完全控制他们的，这样一来就可以解释为什么这些人会对那些通常能让我们免于错谬的经验教训无动于衷。正如舞台上的虚构人物所呈现的，大量资料可以证明，希腊人和罗马人通常认为他们中出现的那些疯癫者，都是神或恶魔造成的。我们对民众的看法和做法自然只有些零星的认识，例如我们对疯癫者的主观感受以及他们所受到的对待所知甚少，但是现有的这些证据是很清楚的。

在古典时期的戏剧家们创作戏剧的同时，希罗多德（Herodotus，约公元前484—前425）正在撰写他的《历史》

(*Histories*)，他宣称自己的研究“是要保存过往的记忆”，还论及他所记录的朝代中至少有两位君主经历了疯癫：斯巴达国王克列欧美涅斯一世（Cleomenes，公元前 520 ~ 前 490 年在位）和波斯国王刚比西斯二世（Cambyses Ⅱ，公元前 530 ~ 前
25 522 年在位）。希罗多德有喜好夸大其词的坏名声，然而他的许多叙述与后世学者的发现是一致的。此外，关于这些君主的疯癫事迹在细节上自然有令人生疑的地方，但他围绕疯癫的原因所进行的探讨，肯定与他同时代读者所持有的看法有关联——事实上他明确表示自己是在希腊社会普遍看法的基础上进行叙述的。[33]这些叙述同样明确了哪些行为会导致同时代的观察者得出如下判断：此人已失去理智，离开正常人的世界，走向疯癫。

《历史》第三卷详尽叙述了刚比西斯二世攻打埃及和库施王国（今苏丹）以及此后发疯的故事。打了败仗的刚比西斯从南方撤退到孟斐斯，在那里，他发现埃及人在庆祝一头身上长有怪异斑纹的牛犊的出生：“它是黑色的，其前额上有一个菱形的白斑，在它的背上有一个像鹰那样的图形，尾巴上的毛是双股的，舌头下面还有一个甲虫状的东西。”埃及人认为这头牲畜是神牛阿庇斯的化身。刚比西斯命祭司把神兽带来，然后“拔出他的短刀，向牛犊的腹部戳去，但是戳中的是它的腿部”。他讥讽埃及人的盲信，嘲笑祭司，并命人痛打他们，终止了节庆活动。而那神兽则“卧在神殿里，因腿被戳伤而死掉了”。随后，刚比西斯出现了旁观者所说的完全丧失理智的状态。他的行为愈发夸张，最终踢了怀有身孕（已经被他娶为妻子）的妹妹的肚子，导致她流产。希罗多德评论道，“这些疯狂行动也许是由于阿庇斯的缘故而做出来的”——这

是个流行的说法，会得到许多希腊人的认同。[34]①

接下来还有克列欧美涅斯，雅典死敌斯巴达的王。此人向来行为乖张、不讲道德，他贿赂了德尔菲神殿的祭司，让他们证明和自己一同为王的戴玛拉托斯不是阿里斯通（也就是在他们之前统治斯巴达近半个世纪的国王）的儿子，好以此罢黜他。由于担心和祭司之间的龌龊勾当败露，克列欧美涅斯逃跑了。日后他的政治生涯出现转机，他再度称王，但是胜利持续的时间十分短暂。

> 他要用他的王笏打击对方的脸。由于他这样的行动以及他所得的癫狂症，他的近亲便把他看了起来，给他上了足枷。但是当他在禁闭中看到看守的人只剩下一个，其余 26
> 的人都已经离开的时候，他便向这个看守索要一把匕首。看守人起初拒绝了他的请求，但是克列欧美涅斯威吓这个看守人说以后如果他得到自由，他会对这个看守人怎样怎样，这个看守人被他的威胁吓住了，于是便把匕首交给了他。克列欧美涅斯得到了这把匕首之后，便开始从自己的胫部向上切了起来，从胫部向上切到大腿，从大腿又切到臀部和腰部和肋腹部，最后竟一直到腹部，而且都是顺着切，切成了条条的肉，他便这样地死去了。[35]

导致他疯癫与残虐死亡的原因是什么呢？多数希腊人（据希罗多德说）认为，他的惨死是因为他导致了德尔菲神殿

① 本书引用的希罗多德《历史》的译文，均采用王以铸译《希罗多德历史》，商务印书馆，1959 年第 1 版。

祭司的堕落；而雅典人认为是因为他毁掉了德墨忒尔和珀尔塞福涅的圣域；阿尔戈斯人则认为，这是因为他把在阿尔戈斯神殿里躲避战乱的人赶走，并把他们大卸八块，还不把神殿所在的圣林放在眼里，放火烧了林子，如今他因为自己的背叛和亵渎行为受到了惩罚。

有如此不敬的劣迹，还有谁会怀疑他的疯癫与死亡不是因为神的愤怒？但是按照斯巴达人的说法，克列欧美涅斯的发疯是由于他与斯奇提亚人来往，染上了“饮不调水的烈酒”的野蛮习惯——他们认为他错乱的原因是烈性的饮品。然而，记录他们看法的希罗多德立刻表达异议：“在我看来，他得到这样的下场，正是由于他对戴玛拉托斯的所作所为的报应。”[36]不过在这之前，希罗多德对冈比西斯的问题就没这么肯定。希罗多德表示：“据说，他从一生下来的时候，就染上了一种被有些人称为‘圣病’的严重疾病。如果一个人的身体得了重病，则他的精神会受到影响，这一点并不是不可想象的。”[37]

希腊与罗马医术

这种对癫痫——所谓的圣病——和躁狂、忧郁等其他精神错乱形式的写实叙述，正越来越受到希腊医生的推崇，他们希
27 望在人体中寻找根由，而不是神的某种超自然介入。随着读写能力的普及，希腊的医学理念首次得以形成书面记录，其中最成体系的是一些被纳入希波克拉底（Hippocrates of Kos，约公元前460—前357）所作的文集。这些作品如今残缺不全，只留存下来一部分，而且我们现在已经知道它们出自多人之手，不过都源自希波克拉底的传授。值得注意的是，其中一篇文章直接探讨了癫痫的起因以及与之相关的精神错乱（见下文）。

希波克拉底文集的基础应该是更古老的、产生于尚无文字的年代的一些对疾病及其治疗的认知，并将之进一步发展下去，这些文字试图对所有类型的疾病进行如实的描述，拒绝将神或恶魔作为一项因素去解释问题。它对疾病的核心思考及治疗方式所产生的深远影响不仅限于希腊，还包括罗马帝国；在罗马衰亡后，这些理念在很大程度上在西欧消失了一段时间，到了十世纪、十一世纪又从阿拉伯世界再次传入。自那以后的 28
几个世纪里，所谓的“体液医学”就成了对疾病的标准写实叙述，甚至一直延续到了十九世纪初（尽管形式上已经经过了一些改动）。那么，希波克拉底的医学思想有什么显著的特征，在精神疾病的来由（及其可能的治疗方法）方面又有什么见解呢？

尽管流传下来的几个文本有些地方不尽一致，细微处也有不同，并且这些文本不是出自一人之手，盖伦（Galen）以及其他一些在几个世纪后的罗马帝国行医的人对公元前五世纪文献中的初始理念进行了修改，但通过这些文本我们可以看到，希波克拉底医学思想的核心主张是，人体是一个由相关联的元素组成的系统，是不断与其所处环境互动的。此外，这个系统中的各个元素之间有着紧密的联系，局部损伤可能会对整个人的健康造成全面影响。在该学说看来，我们每个人都是由四种相互竞争的基本元素构成的，分别是血液（热与湿）；黏液（寒与湿，由汗、泪等无色分泌物组成）；黄胆汁或胃液（热与燥）；以及黑胆汁（寒与燥，产生自脾脏，会令血液和粪便变黑）。人生来具备的这四种体液的比例决定了他们不同的性情：血液充沛就会乐观，黏液占优人就会苍白而冷漠，如果有太多的胆汁脾气就会很差（见彩图6）。

希波克拉底，弗拉芒大师保罗·波切斯于1638年所做的一幅雕版画，他以彼得·保罗·鲁本斯原画为基础，再加以想象，呈现了希波克拉底的半身像。

在许多因素的作用下，体液的平衡很容易被打破，这包括季节更替以及生命各阶段的发育变化，此外还有一系列外部的干扰源。身体会吸收和排泄，因此会受饮食、锻炼和睡眠规律的影响，还有情绪的纷扰和波动。一旦这些外部的侵扰威胁到系统的平衡，技术好的医生可以对此加以调节，通过放血、催泄、催吐等方法把不良物质排出去，对生活方式的方方面面进行调整。

男女之间的差异也是由于女性的身体更湿润、更松弛，这反过来会影响她们的性情和行为。这类观点引出了关于女性疾病和生殖问题的专论，其中包括一项时常被认为专属于女人的病症——癔症（hysteria），尽管这在它漫长而扭曲的历史中并

非一直如此。希波克拉底的一段文字这样写道，在女人体内，29
“子宫是一切疾病的源头”。女性不只是构造不同于男性，她的身体更容易陷入错乱，原因比如青春期、怀孕或分娩、更年期或被抑制的月经——这些都可能给她的内在平衡造成重大冲击（因为偏湿的体质会产生额外的需要定期从她体内排出的血液），或者子宫在体内游走着寻找湿气（或者，在这之后，推动体内的水汽升腾）。这些扰动被认为是许多器官病症的根源。

这些观点经过盖伦（约公元129—216）等罗马时代集注作者的修订，大部分经由阿拉伯医学重新回到西方，再加上希波克拉底的其他学说，共同构成了对癔症的古典阐释。例如罗马的塞尔苏斯（Celsus，约公元前25—公元50）和希腊人阿莱泰乌斯（Aretaeus，公元一世纪）——两人和希波克拉底的传统有着紧密联系——都采纳了子宫在腹部游走导致各种问题的说法。子宫一旦向上移动，就会挤压其他脏器，导致一种窒息感，甚至会失去说话能力。“有时，”塞尔苏斯称，“病情会令病人丧失一切理智，仿佛得了癫痫。但与癫痫不同的是，病人眼睛不会翻白，嘴里不会吐白沫，也不会抽搐，只是睡得很沉。”[38]而索兰纳斯（Soranus，公元一或二世纪）和盖伦对子宫游走的说法提出了质疑，不过他们同意癔症的症状是来自这个器官。这种疾病可能会以多种形式表现出来，包括极端情绪化，还有许多身体不适的症状，从普通的眩晕，直至瘫痪和呼吸困难。此外还常有人诉称感觉有一个球在咽喉里限制了呼吸，制造了一种窒息感，也就是所谓的癔球症（globus hystericus）。[39]

这个庞大知识体系的核心部分清楚地表明，不适的身体会导致不适的精神，反之亦然。健康的关键在于保持体液的平

衡，一个人生病后，医生的任务就是推断出失衡的部分，并使
用已有的疗法来校正病患的体内状态。身体和环境、局部与系
统、肉体（soma）和灵魂（psyche），每两者可以相互影响，
31 导致一个人进入疾病的状态。希波克拉底学说是一个完整的体
系，对病人的方方面面进行了细致的观察，针对每一个具体病
例给出了疗法。最重要的是，它的人类健康观强调了疾病源于
自然，而非超自然力量。

一旦采取这样的立场，希波克拉底派就要和一众术士——那些神庙医学的践行者——划清界限了。希腊各地都有供奉本地疗愈神祇的庙宇，信徒们会到庙里祈求身体健康（同时也会泛泛地求一些好运）。有人奇迹般痊愈的故事四处流传，然而至少同样重要的是，寺庙会预测病人的疾病可能会有怎样的后果。阿斯克勒庇俄斯（Asclepius）的神教格外受欢迎，人们会诉诸咒语、护身符、魔法和净化仪式，以减少神的干预，实现治愈。就算这些方法没能达到预想的结果，总归是能找到一个失败的原因的，如神依然不满意，祈祷者的诚意不够。[40]

希波克拉底派坚持要在人体内找到病原，拒绝将疾病作为神施加的困扰，也许不意外的是，它和神庙医学（以及民间信仰）之间的冲突在疯癫及相关疾病的领域格外激烈。在这场战斗中，其中一方的立场通过希波克拉底写于公元前400年前后的一篇论文留存了下来，文章有个让人误会的标题《论圣病》（*On the Sacred Disease*）——因为它的主旨就是驳斥此处论及的疾病（其中包含的病例大多是癔症，还有多种如今会被判定为癫痫的疾病）是“神圣的”，或者说是神灵对受害者的惩罚，指明它是身体出现问题的结果。文章将这一主张拓

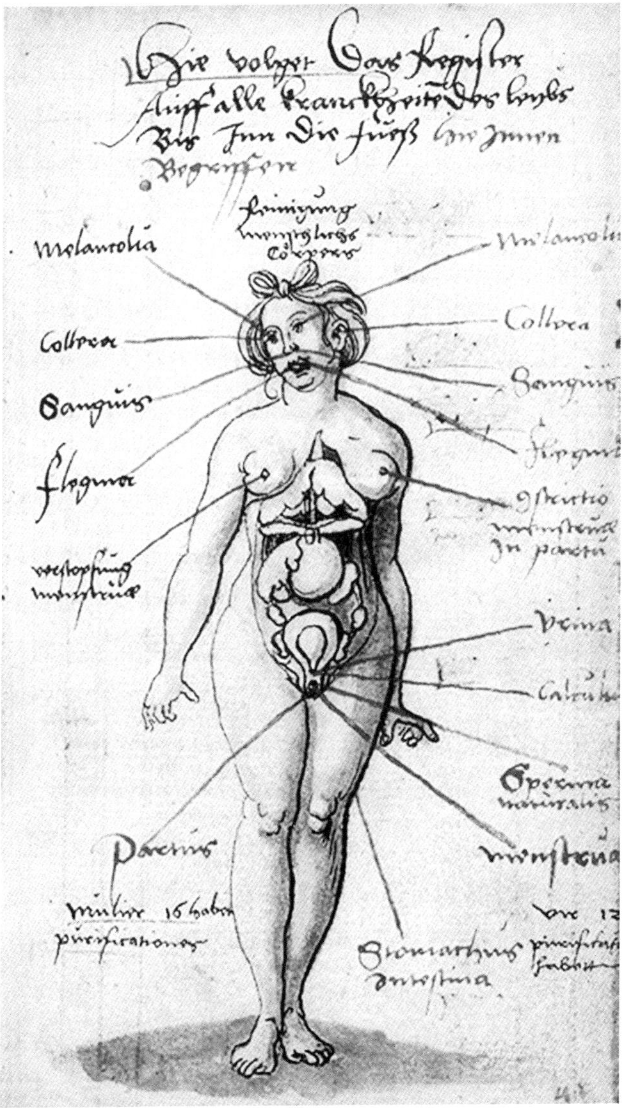

一幅女性人体解剖示意图，出自一位佚名德国医生的十六世纪医疗“处方”原稿收藏，其中有关于放血和星相之类的笔记，另有多名同时代人做的修改和补充。

展开来，把躁狂和忧郁的精神困扰也包括了进去，对把这些现象解释为源于魔幻和宗教原因的企图发起了全面攻击。在这个过程中，我们得到了一个虽有失偏颇但极其难得的机会，从中了解古希腊在疯癫问题上盛行怎样的宗教和民间观念，而这种观念在此后的千百年里一直存在着。

精神状态恶化，之后是晕厥、口吐白沫、磨牙和咬舌、大小便失禁、陷入无意识状态等惊人的症状，都会被毫不犹豫地解释为中邪。我们看到，无论是未受过教育的人，还是利用他们轻信心理的祭司，都认为这些状况不仅是惊人的或可怕的，而且是一个由神祇施加的，或是恶魔进入受害者体内的结果，
32 抑或是因冒犯了月亮女神塞勒涅（Selene）而受到的惩罚。如果原因是超自然的，治疗方法当然也得是。癫痫患者和疯子一样，是不洁的，周围的正常人要通过向他们吐口水和隔离他们来阻挡他们的恶性影响，以免被污染。憎恨和厌恶、恐惧和蔑视，都是这些病人会引发的反应，而且在许多观察者看来，这种困扰最好用魔法和宗教形式的干预来应对。[41]

这些都是希波克拉底派不能认同的。他们嘲弄这类说法："如果病人像山羊般吼叫，或右侧痉挛，他们说他在受上帝之母责备。如果病人说话断续不清，或大哭大叫，他们把他比作马，而去责怪波塞冬神"，或者他们会搬出阿波罗、阿瑞斯（Ares）、赫卡忒（Hecate），或者是英雄们——一系列吓人的名字[42]。像这样搬出神的名号，或是表示他们有能力治愈的说法，都被坚决否定："我现在讨论的病叫'圣病'。依我看，它同样由自然的原因引起，一点也不比别的更'神圣''非凡'。它最初被视为'神圣'，是由于人的无知，人们不知道此病的特点。现在还有人相信它的神圣性，根本原因是对它不

了解。”[43]①问题出在大众的无知和轻信，还有利用这个弱点去蛊惑他们的可耻教士。

> 我的看法是，最早赋予该病以神圣含义的人是诸如我们今天说的术士、精炼者、江湖骗子和庸医。这些人自称极虔诚，而且知识渊博。其实是知识不多，又无有效的治疗方法，于是他们用迷信来掩盖自己，诡称这种病是神圣的，为的是他们不露马脚。他们添油加醋地编些似是而非的故事，于是确立了巩固自己地位的疗法。他们使用精炼术和咒语，要患者禁止洗澡，禁食多种对病人不利的食物……他们说此病是神圣的，于是采用这些骗人的把戏……病人可能恢复，于是他们获得通神的荣誉。假如病人死亡，他们也一定能找到借口……[44]

相比之下，体液说作为一个知识体系是极其有力的，它试 33
图说清楚症状出现的原因，指出解决现有问题的疗法。同时它对病人也是一个安慰，让医生的干预有了一套细致的理据。除了密切关注身体的外部表征外，希波克拉底派并不看重人体解剖，他们有意识地回避尸体解剖，这在希腊文化中几乎是一个禁忌。即使是侍奉几代罗马皇帝的盖伦也是靠解剖动物来建立对人体的认知的（罗马人从约公元前150年开始禁止人体解剖），因此医学界对人体构造的一些错误观点一直延续到了文艺复兴时期。但对于魔法或不悦的神明在病因中所扮演的角

① 本书引用的希波克拉底的译文，均采用赵洪钧等译《希波克拉底文集》，安徽科学技术出版社，1990年第1版。

色，希波克拉底派进行了激烈而明确的否定，而且他们的整体观、他们对社会心理因素与身体因素在疾病中的作用的强调，促使他们对疯癫做出了彻底的自然主义解释，同时对其他形式的疾病也是这样——事实上他们并没有把两者明确区分开来。

还有很多因素促使他们对疯癫和其他比较明显的身体疾病一视同仁。感知的扭曲、幻觉、心烦意乱往往会伴随严重的疾病。“发烧”在我们看来是症状，但曾经有很长一段时间它本身被视为一种疾病，造成发烧的原因是非常多的，特别是在传染病和寄生虫疾病流行、受污染和腐烂的食物很常见的年代。错觉和意识变换、说胡话和焦躁，这些经常和发烧相伴的状况，与疯子的混乱思维往往很相似。许多人还遭遇（或故意追求）由摄入太多酒精或其他影响意识的物质导致认知和情绪扰动的情况。无论那时还是现在，几乎每个人都经历过心理极度痛苦、折磨和难过的时刻。在人类经历中，情感和认知功能障碍曾是（至今仍是）一个熟悉的部分，尽管万幸的是，对我们大多数人来说它们只是短暂的。我们很难无视它与疯癫的相似性，而希波克拉底派坚持认为，这都源自人类身体结构的潜在组合。

亚里士多德认为心脏是产生情感和精神活动的地方，而希波克拉底的学说则认为大脑才是中心：“人们应该知道，通过脑，也只有通过脑，我们才能产生愉快、欢笑和诙谐，与此同
34 时，还有伤心、痛苦、悲哀和哭泣。特别是，通过它，我们才能想，能看，能听，能分辨美丑、善恶与哀乐。”[45]如果说是头而不是心在统治人体，那么疯癫应该也是从头那里来。

> 脑也是疯癫和错乱的源头，还有通常在夜里但有时也会在白天袭来的畏惧和惊恐；失眠和梦游，思绪飘忽，忘

> 记做分内事和举止古怪。所有这些事情都是由大脑的不健康造成的……脑在它的湿性异常时，就必然会变化。[46]

疯狂会有不同的形式，每一种形式都是外在表征，说明了系统内存更深层次的、各不相同的困扰。与其他种类的不健康一样，问题在于体液的失衡：血液过多会导致脑发热，因此导致噩梦和恐惧；黏液过多会导致疯狂的人“表现安静，既不喊叫，也不乱动……因胆液而疯狂的人哭笑不安、怪模怪样，且不休息，总是做一些无意义的事”。[47]“忧郁”（melancholy）这个词就是从希腊语“黑色”（melan）和“胆汁”（chole）衍生出来的，因此抑郁是一种黑暗的情绪。

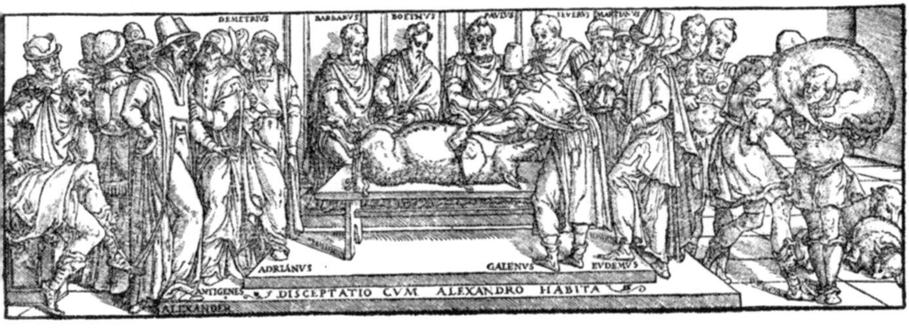

盖伦通过解剖动物获得人体构造的知识，画中在解剖一头猪。出自 1565 年在威尼斯出版的《盖伦全集》。

希腊人和罗马人因此将对疯癫之症的自然和超自然解释都 35
传给了后人。医生和神父以不同的方式提供安抚与慰藉。双方各有成功和失败之处，而至于为什么有时候会束手无策，他们都有现成的说辞。在医学领域，论述这个问题的人已经给病症分出了很多种类，而不是只有一种无差别的状况。对于这些种类是的确不同，还是某一种障碍所经历的不同阶段，他们尚存有争议，但躁狂和忧郁的大体差异已经明确。此外人们认识到还有一些接近精神错乱的疯癫形式，包括癫痫、癔症和谵妄（伴有发热的精神恍惚）。

对这些五花八门的现象进行的宗教和世俗、超自然和号称自然主义的解释，在接下来几百年里一直并存着。需要时两者都可以拿出来用，宗教的、心灵的干预，可能会和热病医生的奋力救治同时进行。[48]危重的病需要孤注一掷的治疗，如果在治疗方案中尝试各种不同的方法需要付出的代价只是被指责存在智识上的不一致和不连贯性，那么多数人就会欣然接受。说到代价：多数人根本没有求得医生救治所需的钱，也就是说，不管民间广泛采用的是什么救治方法，由于大众的贫困以及普遍的无知，我们无从获取可靠的信息去了解他们是如何应对的。

最后，希腊认识论也对疯癫做出了一个可能更积极的解释，这种解释可见于柏拉图和苏格拉底的论述，某些方面也呼
36 应了希伯来人关于先知的说法。疯癫可能代表着另一种“领悟”的方式：狂放的、色欲的、创造性的、预言的、变革性的方式。很多人认为，理性似乎是一条通往知识的庄严之路。然而也有一些人坚信，还有另一种隐蔽的知识——直觉的、有创见的、变革性的知识或神秘主义（mysticism，从词源上看来自希腊语“mystikos”，也就是“秘密”），而疯癫正是通往这个神秘王国的一把钥匙。在中世纪基督教中，在基督教智者与圣贤的极乐与狂喜中，在伊拉斯谟（Erasmus）的《愚人颂》中，在莎士比亚的癫狂恋人中，在塞万提斯、陀思妥耶夫斯基、托尔斯泰表现的圣愚中，甚至在 R. D. 莱恩（R. D. Laing）这样的二十世纪末精神病学家的作品中，这种非理性的认知手

段，以及疯癫有时也许能用来获得真理的想法（有人说这是神的疯癫），会反复出现。

希腊人的影响远及四方，不仅在地中海地区，凭借亚历山大大帝的征战以及持续的贸易往来，还达到了今天的伊朗和阿富汗，甚至印度部分地区，不过，这个范围仍不及鼎盛时期的罗马帝国。罗马的富人和那些受益于希腊知识的专业人士对希腊文化和哲学心怀向往，掌握希腊学问被认为是一种高贵身份的标志。和任何地方的有闲阶级一样，这些罗马人渴望拥有彰显他们品位和眼光的东西，用著名古典医学史学家维维安·纳顿（Vivian Nutton）的话说，在这种圈子里，“希腊医生是必不可少的，这既是炫耀，也是看重实用价值……有些希腊人是自愿前来的［比如盖伦］，有些则是作为战俘或奴隶”。[49]他们是有用的摆设，但摆设带来了他们对疾病的认知，包括疯癫。公元一世纪的罗马，医生大部分来自希腊化的东罗马，接下来几个世纪一直如此。[50]

纵观世界——希腊、罗马与中华帝国

再往东，另一个大帝国正在形成，从秦的统一（公元前221～前206年）到汉代（公元前206～公元220年），那里产生了一个在很多方面比古希腊和罗马更持久的政体和文明——尽管间有政治不和与分裂，以及军阀割据的暂时性局面。在我 37
们如今看来，那只是一时的变乱，然而实际往往是非常漫长而深重的苦难。中国历史上有不少政权是由来自北方的非汉民族统治的，而随着汉人因不堪北方侵扰而南迁，在我们如今称为中国的那片广阔疆土内，多数时间存在不止一个政权。其中一些北方政权持续了几个世纪，所以也很难说是暂时性的存在。

尽管如此，从很多层面来看，中华帝国仍然作为一个巨大的、独立的、开化的存在（沿着古代丝绸之路展开的贸易也让它接受了外部影响）延续了一千五百年以上，直到十九世纪成为欧洲人的枪炮、贸易和西方帝国野心的牺牲品，以半独立的状态持续到了 1911 年。一个相当庞大的知识阶层（尽管占总人口的比例直到明代也顶多只有 1% ~2%）在对这片辽阔疆域的管理上发挥了关键作用，中国的皇帝正是通过这个官僚集团来控制自己的国土和人民的，其规模之大，是罗马帝国也无法企及的，更不用说那些希腊的城邦。

在比较古希腊和中国时，人口分布的差异当然是很突出的。自治的希腊城邦与中华帝国比起来微不足道，其中最大、最繁荣的雅典，在公元前五世纪的人口可能有 25 万，这包括了市民、外国居民和奴隶，而相比之下，中国在公元一、二世纪的统计人口是将近 6000 万，这还是一个低谷，到了宋代经济革命（960 ~ 1279 年）期间，人口可能达到这个数字的两倍。更重要的是，雅典、斯巴达等构成了雅典文明的城邦在政治体制上五花八门——暴政、君主国、寡头政治，甚至还有参与式民主，由此而自然产生的多元文化，即便此后在罗马人的政治霸权之下也未能终结。公元 162 年，出生于帕加马（今属土耳其）的盖伦和许多有抱负的希腊人一样搬到了罗马城，在那之前他去过雅典和亚历山大港，吸收了希腊化东罗马帝国各地的医学知识。他最终在罗马担任了几代皇帝的宫廷医师，最早是马可·奥勒留（Marcus Aurelius，公元 161 ~ 180 年在位）。即使在后来的一个世纪里，老希腊城邦的传统权势阶层
38 依旧很看重地域的特殊性。仍然掌握着地方权力的寡头贵族认为，自己是一个由城市和部落构成的复杂综合体的一部分，他

们所独有的特征并没有因罗马的一统天下而有所削弱。[51]事实的确如此，而这也和中华帝国形成了强烈反差，至少在较晚近的时期是这样。

东西方的巨大差异造成了许多后果。希腊－罗马世界的医生远不像在中国汉代的同行那样紧紧依附于政治权贵阶层，他们大多通过在市集里招揽主顾谋生，而不是接受政治资助。[52]由此产生的竞争可能会导致激烈的冲突（从医的同行之间猜忌极深，以至于盖伦因为担心被下毒，有段时间曾离开罗马，此后被马可·奥勒留召回宫中），[53]更何况各门派的从业者需要打出自己的名声，以显得与众不同且具备更高的专业水准。

当然，在中国饱受鄙夷的“江湖郎中”也在街市上招揽生意，靠自己的手艺吃饭（尽管谈不上多高超）。而到了封建王朝的晚期，一流的大夫会强调自己学医的传承，也开始有了一定程度的自主性，彼时他们靠着给众多的商贾和文人治病已经可以生存，足以不依附于政权。也就是说，汉代的景象经过千百年的变迁已经渐渐消失。

然而对中国的精英阶层而言，尤其是在汉代，和宫廷的关系是至关重要的。担任文官能给知识分子带来一定程度的保障。[54]然而这种保障的代价是要谨小慎微，维持提供支持和保护的贵族门阀对自己的好感，否则会有丢掉性命的危险。不能超越传统划定的规范，至少把创新描绘成对既有习惯的改良，要保持部分共识，唯恐学问上的叛逆被看成在政治上的谋反，这些都是汉代中国医学精英的关键特征，因为在当时，他们是试图去理解更广阔的世界的一群人。不意外的是，“［在那几百年间］中国人的首要（虽非唯一）方向是寻找和探索一致、共鸣和互连。这种思路有助于形成综合体，将各个迥异的研究 39

领域统一起来。反过来这也使他们不愿用更激进的想法去挑战现状”。[55]

从这方面看，医学的保守主义和所谓“汉代大一统”（Han synthesis）的总体知识共识是一致的。公元220年汉朝灭亡后，这种统合开始在社会各领域瓦解。在医学方面，世家的传承巩固了他们的个人权威，他们都希望保护各自的方法和秘密，这样久而久之就产生了各种各样的理念、方法、理论甚至制剂——尽管所有的世系都自称秉持了“正统”。然而在多元化的同时，统一的观念始终是一流中医的核心，这一点在二十世纪替代医学中再一次被作为组织原则和特点提了出来。

对于中国人如何应对精神上与身体上的疾病，我们的了解是非常片面和不完善的——甚至还不及对古希腊和罗马的了解。古代中国医学的发展（和当代西方一样）是由有修养的男性推进的，他们的知识和实践有一种文化精英的倾向。从事医学的中国男性对疯癫的关注不像希波克拉底派那么多，关于这类疾病给民众造成的困扰，以及他们如何应对这种考验，我们知之甚少。

任何人若想去描述读写普及前的数千年里的社会对疯癫的反应，都需要面对几个普遍的问题，且从很多方面看，这些问题在读写普及后也仍然存在：包括信息来源偏重精英阶层；这类材料并未提及许多关键问题；关于普通百姓，我们只能获得一些间接的、极端零散的信息，病患本身就更不用指望。这些问题在研究中国社会时都是非常突出的，虽然这类题材的著述在逐步增加，但总体来说还是比较少。[56]不过有一点无疑是明确的，那就是和西方一样，有翔实书面记载的高深医学体系，与民间医术以及对精神和身体疾病进行的宗教与超自然解释是并存的。宗教医学（佛医或道医）以及民间医术用妖魔鬼怪的活动来解释许多病症（在西方这些病可能会被以某种方式区分成精神或身体疾病），对此大部分民众似乎是接受的。40
病人——或者更准确说是病人家属以及周遭社区——往往诉诸包含多种元素的综合方案，在绝望中搜寻着含义与疗效。[57]

从各种形式的病理学来看，前世的罪孽、宿命、妖魔附体、鬼怪或宇宙秩序的扰动，这些和身体的内在紊乱或外部病原体的入侵一样有可能被拿出来作为解释。瘴气、寒或热、湿与燥、风——这些是可能用来解释病症的力量，汉代的高深医学认为“这些因素的有害程度端赖于身体内在的衰弱程度……活力旺盛的身体不可能有空隙让不良的影响力侵入”。[58]①多数平民百姓会把萨满或信仰治疗师当成医疗人士来咨询。大众医疗系统的具体构成显然是随时代而变的，精英阶层所接受和实践的那种医学也会对其构成影响，正如后者的知识体系中的元素会影响前者一样。然而，大众也会求助于祈祷或从宗教人士那里获得建议。面对各种各样的疾病和衰弱，尝试一切选项是可以理解的，而且无论什么时候，多数人都觉得，神的愤怒、宿命或前世的恶行是有着重大的普遍意义的。

在对健康和疾病的理解上，古代中国的精英医学，尤其是在汉代，有着和希波克拉底传统一样的整体性思路。和古希腊一样，疾病往往被认为是某种形式的侵入（尽管中国医生认为出问题的往往是内在的扰动）：对身体的一次恶意攻击封阻和妨碍了生命液体和“气”的流动——“气”没有现成对应

① 本书引用的栗山茂久著作的译文，均采用陈信宏、张轩辞译《身体的语言：古希腊医学和中医之比较》，上海书店出版社，2009 年第 1 版。

的英文词，但大致可以看作是呼吸或能量。这样的想法与希波克拉底对体液的平衡与失衡的看法、对灵魂与身体以及作为一种失调状态的疾病的阐述，显然存在结构上的相似性。但是，有关个体与宇宙之间的关系、对身体的组成的设想，对所涉各种力量的描述，以及这两种医者得出的干预手段，都是极为不
41 同的。希波克拉底派非常强调体液的物理失衡，但中国的精英医学（甚至包括源自道教理念的医学）将阴与阳视作看似对立实则互联和相依的两种力量，健康取决于两者的平衡。

《黄帝内经》虽远不是唯一被奉为权威的典籍，但作为最早的医学知识辑录，该书被视为对古人智慧的体现。和希波克拉底文集一样，这部书中有许多未留名的作者。学者们对成书时间也有争议，有把握的猜测是公元前400～前100年。在接下来的两千年里，它始终被中医界的出类拔萃者视为承载了根本知识基础的经典之作。理论上讲，书里面的含义是会被误解的——许多古书的语言都非常简练，往往难以理解。这就意味着会有大量文献专门去说明和注释它，这样一来，一些佯装是在增进对古书的理解，实则为新想法的东西，无疑就会被加入进去。那些坚守传统的人心里清楚，他们不能指望去超越《黄帝内经》中所包含的智慧，他们同时主张借由经验得到的人类知识不可避免地会有错误，应该予以修正。这种立场意味着，精英群体最为看重的中医传承核心是对知识的历史“进步”观的否定，专注于保存一种古典传统。

然而可以商榷的东西还是很多的，这些论战，以及在学者中仍在进行的理论与哲学思考，会把对典籍原义的改动考虑进去。此外还有，传统体系中的不同元素——所谓阴阳五行理论——可以被那些表现出一副自己仍在坚守古代传统样子的

人，以截然不同的方式去运用。《黄帝内经》原本就不是一本单一的、统合的典籍，而且直到十一世纪才出现一个被一致认可的权威版本，从这一点也可以看出，尽管有对延续性的强调，但不稳定性仍然是存在的。在那之前的几个世纪里，为了对文本进行重新编排、修订，并用自己的评注加以充实，学者们争得面红耳赤。此外，医学知识并没有（像西方最终实现的那样）在大学里得到系统化，而是通过家族或师徒关系传承下来，这就意味着医者之间势必会有很大的差异。[59]

因此，即便我们无视底层人所接受的那些很不一样的医 42
学，在现实中仍会有一些大框架内的重要变化，尽管名义上并没有变过。例如中医界出类拔萃者原本倾向于把精神失常归结为外风侵入以及中邪，但从十二世纪开始，他们越来越多地强调内火的作用，以及痰导致的系统阻塞。[60]在对心理和行为失常的医学理解上，中医经历了一些重大改变，但始终将其归结于某种病理上的失衡，认为它与其他病症没什么不同。

对于中邪、神志不清、发狂，中国社会各阶层的人会使用不同的词，其中最突出的有"狂"以及"疯"和"癫"。[61]当然，在疯癫和其他形式的病痛的区分上，这些词并不比西方那些清晰多少，这套术语很大程度上是用来指称失常的行为和感知、言语、情感上的混乱扰动——基本上就是普遍认为属于"发疯"的那种骚动、混乱、错位，失去对情感和理智的控制。[62]中医对疯癫有一些零星的讨论，阐述了一些对病因的判断。但是西方医生最终创立了一套关于疯癫的起因和诊断的专门论述，而中国没有产生过相应的学说体系以及治疗方案。到二十世纪，即使在中国精英阶层所接受的高深医学中，疯癫也没有被界定为一种特殊的病症，而是和其他形式的不适一样，被认为是源于一种更全面的身体与宇宙的失衡。因此古籍中对疯癫的寥寥几笔论述也没有得到修订或扩充，且它在医学上很少得到持续性的关注或反思——当我们想要了解中国人对疯癫的认知经历过怎样的演变时，这些都造成了很大的困难。

然而，在将近两千年的时间里，顶尖的医者对这一课题的论述是以古代文本为依据的，[63]这其中最突出的是《黄帝内经》，此外还有《伤寒杂病论》（成书于公元 196 ~ 220 年）。中医的健康与疾病模型的中心是身体机能，而非解剖结构，因此在各种病状的背后，是呼吸、消化和体温调节等因素出现了
43 障碍。疾病是失调，而推断出这种失调的来源，反过来也指明了疗法，或者说如何重建和谐。和其他形式的失调一样，在心理和行为失常中显露出的困扰，可以根据具体病例的需要，通过各种方法来解决，比如各种汤药、针疗、调节饮食和锻炼；用各种手法来打破障碍，让气可以流转，或驱走其病理形态。这还不包括在平民百姓中普遍使用的驱邪和信仰治疗（他们要依靠的是几乎没有什么学术依据的江湖术士），而权贵阶层情急之下也常诉诸这类手段。

即使坚持认为精神失常是器质性问题的医生，有时也免不了承认疯癫远非仅是一种身体状况，还是一个社会概念。对家人和朝廷来说，精神失常的社会影响才是最让他们担忧的。由此产生了一些实际的尝试，以求应对疯癫造成的破坏，这最终形成了一套被写入法律的原则，以告诉官员该如何处理疯人的举动，让家属负责对发疯的亲人实施预防性禁闭。

例如被疯人杀害的情况到十七世纪似乎开始引起越来越多的关注。这类杀人事件被认为类似于意外杀人，因为行凶者没有杀人的意图。有时候他们会遭到惩罚，此外几乎肯定要向受

传授针灸之法。先生和一名徒弟手持针具，另一名徒弟手捧典籍，意在表现理论与实践的结合。出自徐氏《针灸大全》卷首插图。

害者的家人支付赔偿，并遭到某种形式的监禁，但官员往往不会因此处决他们（这一点从十八世纪中期开始有所改变）。很快，所有精神失常的情况都开始吸引当局的注意，当事人要受到形式各异的禁闭，警方开始假定疯人是有危险的，哪怕他们没有犯罪行为。[64]疏于防备的亲属会被追责，而未能采取必要预防措施的亲属所遭到的惩罚会加重，因为这一失误说明官方的指令遭到了无视。

杀了人的疯子也许偶尔能躲过最残酷的帝国法律——从车
裂、斩首到绞刑的各种刑罚，但其他的疯人就不是这样了，尤
44 其是那些疯言疯语、举止会被解读为有煽动意味的人。虽然不
可预测的疯狂行为确实可能发展成致命的暴力，但是如果癫狂
的举动似乎在对朝廷的权威发起质疑，那就要邪恶和危险得多
了。以林时元案为例，1763 年此人往闽浙总督杨廷璋的方向
扔了一块瓦片，瓦片上贴着一张纸，写了一些没人看得懂的疯
话。他被侍卫抓住审问，以试图查明他是否有谋反的动机。林
时元的亲属坚称他是疯了，说这种情况已经持续了数月。官府
45 派人前去调查他是否在装疯。结论是的确疯了，他们得到的所
有证词都证明了这一点，总督也认同这个结论。然而，林时元
还是被判斩立决。罪名是什么呢？“妄布邪言，书写张贴，煽
惑人心。”[65]某一类疯癫也许能为疯者开脱罪责，但从林时元的
遭遇可以清楚地看到，其他大多数情况不可能。

东方与西方

前面提到，中华帝国是以多种不同的面目存在下来的，比
罗马帝国多维持了许多个世纪。在西方，造成生灵涂炭的政治
46 和社会动乱是家常便饭。有时候这种局面会持续几百年，罗马
帝国的灭亡导致古典遗产的散失，其中包括希波克拉底的医学
传统，目前看来这种损失已无法挽回。在没有印刷术的年代，
传播古典文化依靠的是妥善保存易遭损坏的手稿资料以及费时
费力的誊抄，此外还有一个持续存在的都市有闲阶级，然而这
个阶级已经消失了。伟大的研究古典时代的历史学家彼得·布
朗（Peter Brown）曾说，在西方，随着古代制度受到不可逆的

檀槃陀哩，为神治病的医生、阿育吠陀医学之神，阿育吠陀是一种至今仍在应用的南亚古医学传统。

损失，“古典文化的消失是不言而喻的”。

除去其他地方发生的偶然事件——在中世纪君士坦丁堡存活下来的一小撮古典时代精英，以及下一章会提到的希腊文化在伊斯兰世界的回响——我们完全有可能生活在一个对柏拉图、修昔底德、欧几里得或索福克勒斯一无所知的世界，就像布朗说的那样，“仅存一些莎草纸碎片”。[66]我们也可以把希波克拉底和盖伦纳入这份名单。中国经历过无数政治动荡，却没有发生这样的中断，由此产生的其中一个结果就是，在医学领域，记载于古代典籍之中的智慧，给中国文化阶层对疯癫的观念造成了持续而深刻的影响。

南亚产生了另一个源远流长的医学传统，和中国医学一样，至今还有追随者，而且并不局限于它在古代的腹地。脱胎于印度教传统的阿育吠陀（Ayurvedic）并不是一种静态的医学，在南亚各地也没有一种统一的形态，随着时间的推移有许多其他元素融入其中。不过它的典籍，也就是公元前三世纪到公元七世纪之间用梵文写成的文本，体现了对人体的构成以及身体与精神病症的一套整体认知。（和传统中医一样，它对身体与精神疾病也没有真正的区分。）与体液说和中医一样的是，阿育吠陀强调整体和系统。体内的液体——病素（dosha）是个体与世界的中介，它一共有三种基本类型：风（vata），是冷、干、轻的；胆（pitta），是热、酸、辛的；痰（kapha），是冷、重、甜的。

病素的失调或失衡导致疾病，阿育吠陀医生的任务是辨识造成这种失衡的原因，找到恢复平衡的办法，其中包括按摩，服用取自植物、矿物以及一些较罕见的动物的药物（尤其是鸦片和水银），调节饮食，锻炼，改变生活方式
47 等，此外他们还会诉诸一些仪式性的治疗，包括召唤超自然的鬼神。

印度次大陆在公元十二世纪出现了第一个伊斯兰国家，接下来的一系列侵略最终导致南亚大部分地区被逐步征服。穆斯林统治者带来了另一种医疗体系，一种叫作“优那尼”（Yunani，又称 Unani Tibb）的传统，我们从名字立刻可以看出它的起源，因为它就是阿拉伯语“希腊”的意思。盖伦等

希腊医生的理念，构成了优那尼的权威和内容的基础，不过那些希腊理念时常会通过伟大的波斯医生的著作折射出来，包括马居斯（al-Majusi，亦作 Haly Abbas，994 年去世）、拉齐（al-Razi，亦作 Rhazes，854—925），以及尤为重要的伊本·西那（Ibn Sina，亦作阿维森纳［Avicenna］，980—1037）[67]——我们到后面会知道，他对西方的影响也是极其巨大的。

优那尼不只是宫廷医学，它在社会各阶层取得了相当大的成功，不过并没有撼动阿育吠陀在百姓心目中的地位。[68]这两种体系都认为身体和精神的存在是一个整体，具备影响彼此的能力。消化与排泄、吸入与流出，此外还有保持卫生，这些对保持健康状态都是不可或缺的。然而草药同样也很要紧（其用量在西方医学看来往往已经是毒药了），还有涉及摄取包括铅、汞和砷等有毒重金属的矿物治疗。现代西医认为这些药物可能会导致脑中毒，从而触发精神症状，然而传统印度治疗师的看法恰恰相反，他们认为这些药物可以治疗失常的神智以及失调的身体。时至今日，替代医学的信徒仍有此坚持。[69]

第三章　黑暗与黎明

继承国

48　即使在罗马帝国的鼎盛时期，东部也仍有一个强敌对其构成持续的军事威胁。波斯最初受帕提亚人统治（公元前 247～公元 224 年），后来变为萨珊王朝（244～651 年），公元前 53 年，他们和罗马人在卡莱开战，到公元前 39 年已经基本上攻占黎凡特全境。罗马不时发起反击，有输有赢。两个帝国在四世纪末到六世纪初之间的很长一段时间里实现了相对的和平，不过没能延续下去。在四世纪建立、定都君士坦丁堡的东罗马（拜占庭）帝国在 525 年再次与波斯人开战。双方在 532 年达成“永久和平”，一定程度上是因为拜占庭皇帝查士丁尼一世给了波斯人 44 万块黄金作为贿赂，不过仅仅八年后波斯人就入侵叙利亚。双方你来我往鏖战了将近一个世纪。

如此频繁的征战以及为支持战争所征收的重税，使两国都被严重削弱，而拜占庭一方同时还要抵御分别从北侧和西侧进犯的阿瓦尔人和保加尔人，这让问题愈发棘手。到 622 年，波斯人在军事和政治上成绩彪炳，但付出的代价是国库空虚，军队更是疲弱。拜占庭皇帝希拉克略（Heraclius）在 627～629 年发起的一次反攻曾短暂收复叙利亚和黎凡特，让真十字架回归耶路撒冷。但交战双方都已经虚弱到不堪一击的地步。等到

刚刚开始崛起的阿拉伯人从南方发起攻击时，波斯帝国很快就
瓦解了。拜占庭帝国一开始算是逃过了亡国的命运，但在 636 49
年的雅穆克之战后，叙利亚、黎凡特、埃及以及北非的一部分被阿拉伯人夺取，除了在十世纪末一段相对短暂的时间内夺回过叙利亚之外，拜占庭帝国再也没能被收复这些失地。

自从公元 330 年成为罗马帝国的新都城，君士坦丁堡发展成了一个富有、强大的城市，公元五世纪罗马城被蛮族攻陷后，它就成了欧洲最大、最富有的城市。在九、十世纪，君士坦丁堡的人口数量估计在 50 万 ~ 80 万。统治者在城市周围部署了严密的防线，建造了一系列建筑杰作，并在几个世纪里集聚了东地中海地区的大量财富。它的图书馆保存着大量希腊文和拉丁文抄本，这些文化遗产因此得以幸存，没有像西欧那样，在五、六世纪罗马帝国瓦解后的动荡与混乱中被付之一炬。1453 年奥斯曼土耳其人攻陷君士坦丁堡后，城中的一些文化瑰宝又被基督徒难民带到了西方。就这样，君士坦丁堡以间接或直接的方式，对复兴希腊和罗马文化、摆脱阿拉伯文化影响做出了重大贡献，由此在我们所熟知的西欧变革——文艺复兴中起到了关键作用。

从很多方面看，东罗马帝国的瓦解始于 1204 年的君士坦丁堡之围——十字军圣战者对这座城市进行了一场空前残酷的洗劫。出自古希腊的艺术品和抄本，以及其他有数百年历史的珍宝，遭到恣意毁坏。

> 整整三天，十字军在街上呼啸而过，冲进民宅，抢走一切亮闪的东西，带不走的就毁掉，只有要杀人或奸淫时，或者是要撬开酒窖时才会停下来……修道院或图书馆

> 也未能幸免……宗教书籍和圣像被踩在脚下……女修院的修女被强奸。无论是宫殿还是小屋都被闯入和捣毁。受伤的女人和孩子躺在街上奄奄一息。[1]

50 君士坦丁堡和东罗马帝国从此一蹶不振。等到1453年沦陷时，全城人口不足五万。攻下君士坦丁堡后，土耳其人立即把主要的东正教圣堂圣索菲亚大教堂改成了清真寺——这是一个极具象征意义的举动——并开始城市重建与居民人口的重组，这一次它成了一个伊斯兰文化中心。

这些重大政治事件与疯癫何干？答案是非常有关系。在七世纪初的东罗马帝国，希腊语已经正式取代拉丁语成为官方语言，希腊古典哲学和医学在那里得以幸存并发展了起来。波斯文明同样深受希腊文化影响，萨珊王朝尤其如此。喀瓦德一世（Kavadh I，公元488～531年在位）力促柏拉图和亚里士多德著作的翻译工作，波斯首都附近的根迪沙普尔学院（Academy of Gundishapur）进而成为学术重镇。希腊医学著作被翻译成叙利亚文，本地的医生吸收了这一传统，将其和波斯甚至印度西北部（帝国的势力曾经扩张至那里）的影响融合起来。伊斯兰化前的波斯与古典时代希腊甚至拜占庭的接触几乎没有中断过，不仅通过自己的战争和扩张领土的尝试，还通过公元前334年亚历山大大帝对波斯的征服，后者有段时间把希腊语定为波斯的国语。[2] 因此，希波克拉底派和盖伦的文字和学说——在当时的西欧已大体上不存在——对近东地区的医疗实践仍然发挥着重要影响。这种影响力在阿拉伯人和穆斯林治下变得更强大了，但从复杂的谱系脉络来看，我们所认为的阿拉伯医学和阿拉伯人在医疗上的创新，其源头实际上来自波斯社会和拜占庭，以及希波克拉底和盖伦医学传统的整合。

到了750年，捣毁萨珊王朝制度、控制近东大部的阿拉伯人，扩张了自己的帝国，其疆域东至北印度，覆盖整个北非，包括了大部分的西班牙。这些攻城略地是以一门一神教的名义进行的，632年先知穆罕默德去世时，这种宗教已经统一了阿拉伯半岛。伊斯兰教的扩张如此之迅速，一定程度上是因为在当地统治者的迫害与重税之下，基督徒和犹太教徒是欢迎阿拉伯人的。只需要定额进贡，征服者就会保护和接纳他们，而 51
且，尽管穆斯林军队行动神速，打起仗来作风勇猛、极其高效，但阿拉伯人更倾向于用外交而不是军事手段来达到自己的目的。[3] 他们会从被自己征服的文化中汲取有价值的东西，迅速建立起一种以阿拉伯语为核心的、吞没原有的知识中心并在其基础上发展壮大的高度融合的伊斯兰文化。通过一个纵贯地中海地区的广阔而活跃的贸易网络，他们让这一文明的成就远及四方。[4] 这种新文化经过了近两个世纪的演进，部分上是武力征服的成果，但将知识与理念向西传播的宏图大志也是其中一个原因。

穆斯林从711年开始征服伊比利亚，到了718年，摩尔人已经控制了整个伊比利亚半岛，并进入入法国南部。然而他们的征程将从那里开始走下坡路。基督徒的收复失地运动（Reconquista）慢慢展开。至1236年，今西班牙北部的一半领土已经归属天主教，接下来二百五十年的大小冲突慢慢蚕食着穆斯林的领地。最终，在阿拉贡的费尔南多二世（Ferdinand of Aragon）和卡斯蒂利亚的伊莎贝拉一世（Queen Isabella of Castile）治下——半岛北部诸多相互争斗的基督教王国中最强大的两个，一场战争在1482年打响，将穆斯林从他们在该地区的最后一块领地格拉纳达王国赶了出去，当时那里的阿拉伯化已经和开罗或巴格达这样的城市一样彻底。1492 年，格拉纳达本身也灭亡了，穆斯林和犹太人或被杀，或被强迫皈依天主教，或被驱逐，他们的钱财和产业也被顺手夺去。一个世纪后，西班牙的腓力三世（Philip Ⅲ，1598～1621 年在位）因始终怀疑在宗教裁判所强制下的皈依是否真诚，加上要和叛乱的低地国家——今天的比利时和荷兰——签订停战协议以转移人们的注意力，[5] 将剩下的穆斯林和犹太人赶走。尽管君士坦丁堡在 1453 年被土耳其人占领，并且巴尔干和希腊大部分地方还是处于伊斯兰控制之下，但伊斯兰教在政治和文化上对西方的影响，到十五世纪下半叶已经渐渐减弱。

在那之前的几个世纪里，伊斯兰文化在大大小小许多领域产生了深远影响。阿拉伯人是出色的生意人和水手。西欧人吸收了其航海技术和海图发展等领域的进步，这些对葡萄牙以及后来的西班牙、英格兰和荷兰穿越大西洋的航行是至关重要
52 的。阿拉伯人还带给他们一种奢华生活的新文化、留存至今的建筑奇观，以及让西班牙可以开始种植橙、柠檬、洋蓟、杏、茄子等新作物的灌溉系统。中国人发明的造纸术和印刷术，以及随之而来的书籍和知识，也经阿拉伯人引入西方。（约翰·古腾堡［Johannes Gutenberg］在十五世纪中期开发和使用的金属活字印刷并非首创——中国人和高丽人在此前就已经发展出这种技术，但活字印刷更适用于处理西方字母语言，而古腾堡发明的金属字量产方法及其和油墨、木印版的结合，是真正的开天辟地。）阿拉伯人在 800 年就已经在巴格达建造了一座造纸厂，并把技术带到了西班牙。法国人在十二世纪前往孔波斯特拉朝圣时第一次见到纸张，对此大为惊奇，而德国和意大

利直到十四世纪才出现造纸厂。还有格外重要的一点是，阿拉伯人给这个地区带来了新的、更实用的记数系统，这一次的发源地不是中国而是印度。此前使用的笨拙的罗马数字被阿拉伯数字取代，成为一个影响深远的变革，因为新的记数方式彻底改变了财会和商业实务。

在西班牙——以及被阿拉伯人征服并一直控制到十二世纪末的西西里——阿拉伯文明是一种远比当时西欧任何文明都更富有（不仅指钱财方面）、更复杂的城市文明，同时也更包容与普世。十二世纪的欧洲人怀着恐惧、仰慕和理所应当的卑微心情注视着阿拉伯人的成就。而在知识层面，包括数学、科学和医学等领域，伊斯兰文明给予西方的恩德在未来几个世纪里将越来越重。[6]

伊斯兰与疯癫

在巩固政治统治的过程中，阿拉伯人还带来了他们对神灵和魔咒的信仰，这些法术和咒语的用途是安抚和操纵“精尼”(jinn)，也就是他们认为会带来疾病和不适的恶灵。[7] 这些习俗 53
源自万物有灵的传统，是部落社会的特点，但在引入伊斯兰教后并没有马上消失——尤其考虑到《古兰经》基本上没有提及健康和疾病的问题，[8] 因此没有在这方面给信徒多少指引，也没有鼓励他们摒弃旧传统，至少一开始是这样。事实上伊斯兰教明确承认恶灵精尼的存在以及它的力量，对于多种形式的不幸——其中尤以疯癫最为显著——进行的超自然解释，在一段时期里与穆斯林相安无事地共存。尽管高雅文化吸收了希腊元素，希腊医学也成为伊斯兰医学传统的基础，但对疯癫的超自然解释经过自然主义语言的包装还是保存了下来，当医疗干预缺乏成效时——这是经常有的事——人们往往会寻求宗教解决方案。

伊斯兰教虽然没有遍及基督教欧洲的那种驱魔仪式，但其信徒面对疯狂带来的威胁和困扰，还是会求助于宗教慰藉和神的干预。关于民众观念和习俗，我们手头只有零星的证据，但其中可以明确看出，用超自然疗法应对疯狂，并用恶魔附身来解释，是很常见的。精尼和驱灵师的概念被频繁提起，即便在今天，波斯湾地区仍有一些地方存在一种叫作“札尔”（zar）的成人礼，目的是将恶魔从人身上驱走。（札尔指的是一种和鬼魂附体有关的邪风，仪式的目的是平息鬼魂，减少它的危险影响。）对中世纪伊斯兰疯癫问题有出色研究的史学家迈克尔·多尔斯（Michael Dols），准确捕捉到当时对疯癫做出的宽泛的宗教解释是多么普遍，他说那是“一种大家共有的超自然信仰……在基督纪元初年的异教徒和犹太教徒、基督徒看来，精神失常的原因和可能的治疗方法是超自然的……穆斯林有着悠久的灵疗传统……并且……基督教治疗在伊斯兰社会有着惊人的延续”。[9]

阿拉伯人早年对犹太教徒和基督徒的包容——作为征服者，他们认为这些人虽然堕落，却同样是亚伯拉罕诸教的信徒——也基本上被后来的奥斯曼人延续了下来。在向阿拉伯人进贡后（这不只是保护费，还作为不信仰伊斯兰教的惩罚）。他们可以不再依照传统继续向君士坦丁堡进贡谷子，并且可以
54 过自己的日子，政府基本上不会来打搅。商业和贸易蓬勃发展。占领区的灌溉系统得到修缮，宏伟的建筑拔地而起，知识和文化生活也丰富起来了。在奥斯曼人统治下，对领地的控制主要是政治而非宗教事业：不是一场旨在改变多神教信仰的圣

战（jihad），而是“加萨”（ghaza），一种通过军事手段统一领土的行动——这就是为什么奥斯曼帝国苏丹有个称号叫“加齐”（ghazi）。

在西方，读写能力仅在天主教会中存在着，且发展势力微弱，东罗马帝国的古典时代遗产曾经浩瀚无边，最终也收缩到仅限于君士坦丁堡的城墙之内，而伊斯兰文明以及伊斯兰医学却始终强盛。受过良好教育、过着城市生活、举止温文尔雅的精英阶层，用作为通用语的古阿拉伯语，在从科尔多瓦到撒马尔罕的广阔土地上共享了一种读写的文化。由于所有穆斯林在神眼中都是平等的，叙利亚人和波斯人很快赶了上来，在很大程度上取代了原本打算统治他们的人。762 年，阿拔斯王朝推翻大马士革的倭马亚王朝哈里发定都巴格达后，将一种已经持续了一个多世纪的趋势推向顶峰。来自呼罗珊东北部的波斯人在这场革命中发挥了重大作用，波斯文化的影响进一步加强。伊斯兰教的西传，越过西非进入伊比利亚半岛，进一步加大了其文化影响力。从很多方面来看，中世纪的伊斯兰文明并不只属于阿拉伯人，而是由穆斯林乃至在更广阔的伊斯兰大地上信仰其他宗教的群体一同造就的。[10]

至于阿拉伯医学，在相当长的一段时间里——尽管并非一直是这样——则是非穆斯林创造的。这门医学是牢牢根植于古代异教徒盖伦的体系之上的，但除此之外，还因为接下来几个世纪的医学发展中，许多杰出的医者是犹太教徒和基督教徒。这个传统中最著名的医生大概要属伊本·西那了，这位波斯博学大师的《医典》（见彩图 7）将成为阿拉伯传统中最具影响力的医学综合书籍——事实上很多人认为它是从古至今出版过的最重要的医学典籍。[11]成书于 1025 年的《医典》共五卷，是

对已有医学知识的总结，如医学百科全书一般覆盖了所有形式的疾病和不适。《医典》最终被译成波斯文、希腊文、拉丁
55 文、希伯来文、法文、德文和英文，甚至还有中文版。在欧洲，它一直到十八世纪还在被当作教科书，尽管那时候已经是以希腊和拉丁权威为主。《医典》开篇这样写道：“医学是我们研究健康与不健康的人体之状况，以维持或恢复健康的科学。”阿维森纳的书是综合了权威学说，而不是对个人原创新看法的呈现，他基本上跟随了希波克拉底和盖伦的脚步，不过也有限地采纳了波斯、印度和中国的医学学说。

将古典时代的重要典籍——包括医学及其他领域——翻译成阿拉伯文的努力，在阿维森纳出生前一百五十多年就已经开始了。[12]翻译工作的开展在一定程度上是由于在一些后来被归入伊斯兰世界的地方，希腊语作为通用语的地位渐渐消失了。用阿拉伯语取而代之的工作[13]主要是基督徒学者完成的，他们已经掌握了叙利亚语和希腊语，是经验丰富的翻译者。[14]侯奈因·伊本·伊斯哈格（Hunayn ibn Ishaq，卒于 873 年）声称他和同伴一共翻译了 129 篇盖伦的文章——这在一定程度上是一种保存工作，对盖伦著作的留存及随后的传播做出了重大贡献，因为侯奈因在别的场合还称希腊医学作品非常罕见，需要花大力气搜寻。[15]这一波翻译热潮在接下来的一百年里基本上退去了，不过结下了不少果实。第一，数百份古代文稿得以流传后世（后来还会被带回西欧）；第二，在许多医书中，盖伦的成果格外受偏爱，说明他的体系在当时的阿拉伯世界传播甚广；第三，由于需要将希腊语的医学术语翻译成阿拉伯语，一门系统化的语言得以产生，这让穆斯林医生可以用其来探讨疾病及其治疗方法。[16]盖伦的作品中触及伊斯兰敏感话题的地方

1. 理查德·达德的《仙女们的妙举》（*The Fairy Feller's Master-Stroke*，1855—1864）。达德是一名很有前途的年轻画家，在杀死父亲后被关进贝德兰姆。他的许多作品表现出对细节的极致关注以及超现实特征。

2. 野兽般的尼布甲尼撒，“头发长长，好像鹰毛，指甲长长，如同鸟爪”。这幅对《圣经》故事中的巴比伦王的生动描绘，取自德国雷根斯堡一位佚名画家的作品（作于1400—1410）。

3. 神出面保护他的选民：在叙利亚杜拉欧罗普斯一座公元三世纪犹太会堂的壁画中，雅威的双手从天而降将红海分开，让犹太人通过，后面的追兵却被淹死。

4. 耶罗尼米斯·博斯的《愚人船》（作于 1510—1515）。柏拉图曾将民主和愚人船做比，而德国神学家塞巴斯蒂安·布兰特在 1494 年也用这个寓言讽刺了他那个时代的罪孽。在博斯的画中，一艘载满了各色愚人的船正漫无目的地漂流着。

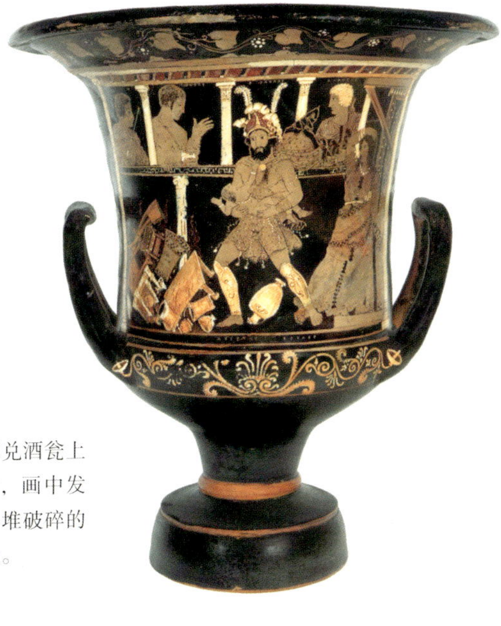

5. 这只出自公元前 340 年前后的红彩兑酒瓮上的画为陶绘家阿斯泰阿斯（Asteas）所作，画中发狂的赫拉克勒斯正欲将自己的孩子扔向一堆破碎的家居物品，妻子惊恐地看着他，无力阻止。

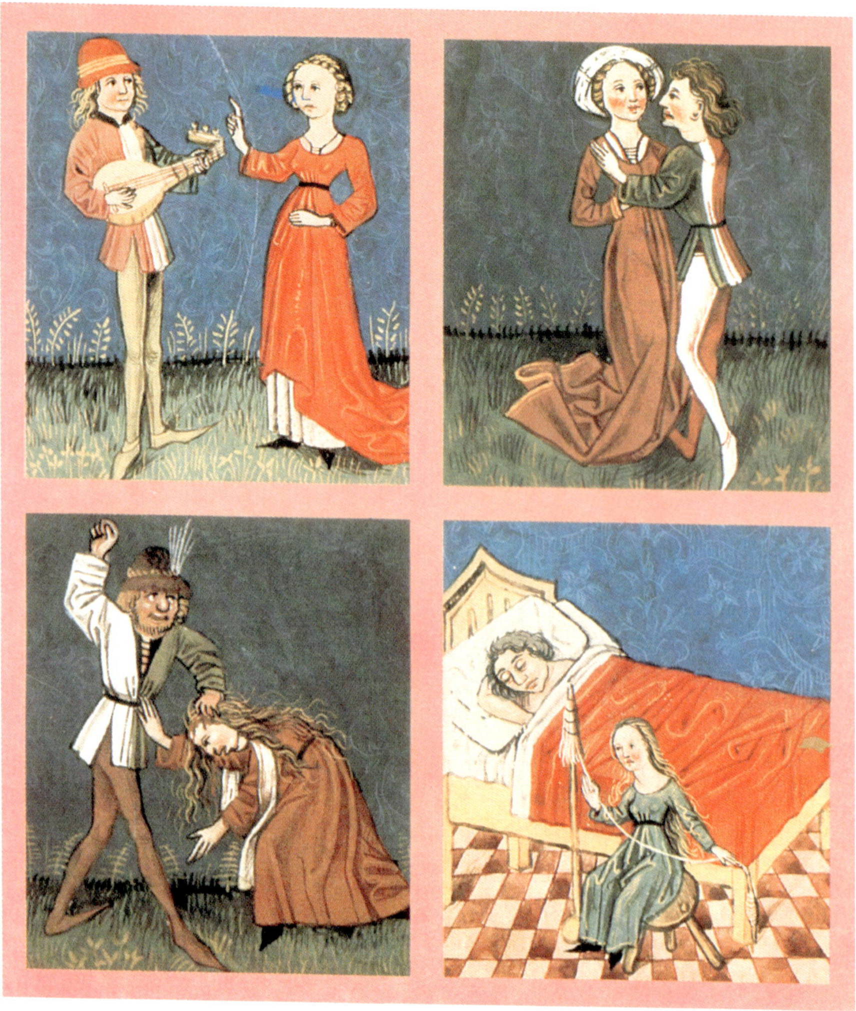

6. 四体液说构成了盖伦医学理论的基础，上图为一名中世纪画家所作的图示。体液不平衡会造成身体与精神的疾病。

7. 伊本·西那（即阿维森纳）《医典》泥金装饰手抄本中的一页，这个手抄本是 1632 年在波斯伊斯法罕绘制的。成书于 1025 年的《医典》是对已有医学知识的汇编，覆盖了所有疾病形式，影响十分深远。（右图）

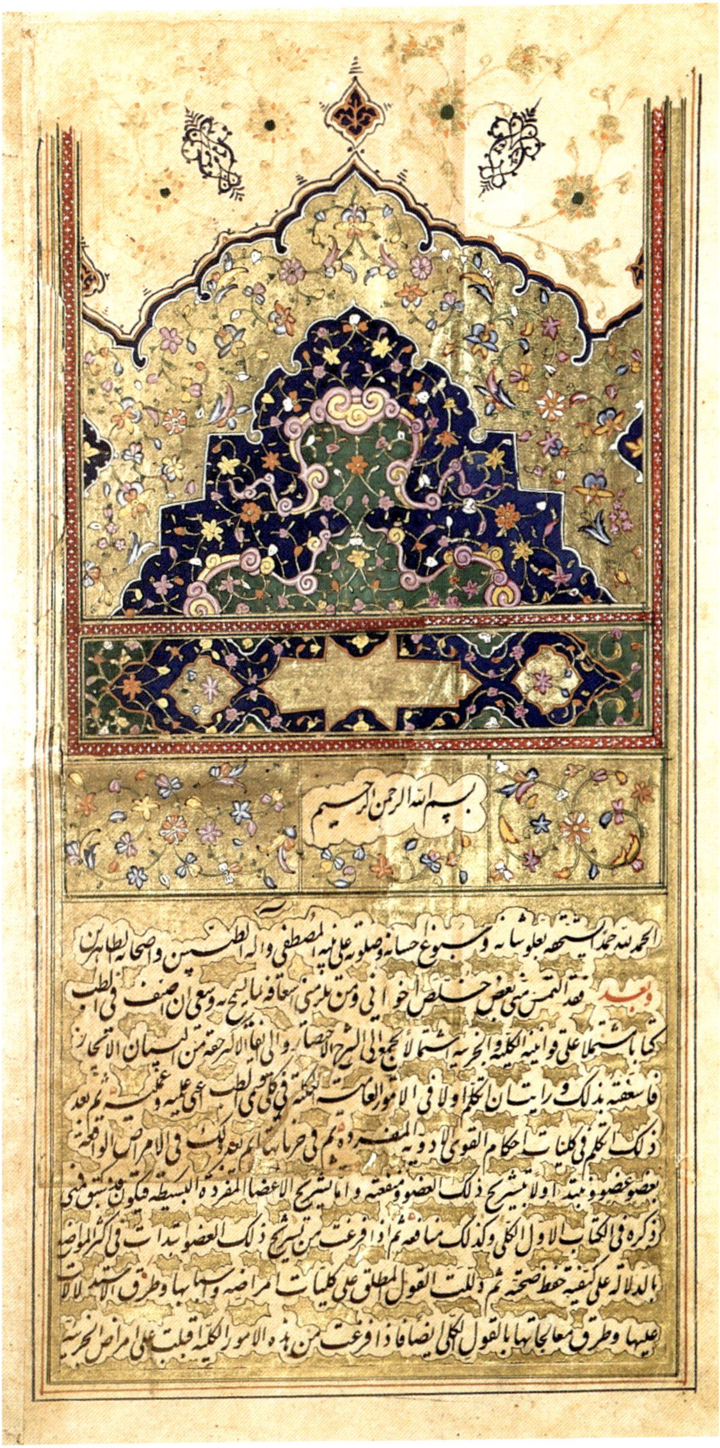

بسم الله الرحمن الرحيم

الحمد لله حمداً يستحقه لعلو شأنه وسبوغ إحسانه وصلواته على نبيه المصطفى وآله الطيبين وأصحابه الطاهرين
وبعد فقد التمس مني بعض خلص إخواني ومن تلزمني مساعفته بالسجية وسعي أن أصنف في الطب
كتاباً مشتملاً على قوانينه الكلية والجزئية اشتمالاً يجمع إلى الشرح الاختصار وإلى إيفاء الأغراض حقه من البيان الإيجاز
فأسعفته بذلك ورأيت أن أتكلم أولاً في الأمور العامة الكلية في كلي قسمي الطب أعني علميه وعمليه ثم بعد
ذلك أتكلم في كليات أحكام القوى الأدوية المفردة ثم في جزئياتها ثم بعد ذلك في الأمراض الواقعة
بعضو عضو فأبتدئ أولاً بتشريح ذلك العضو ومنفعته وأما تشريح الأعضاء المفردة البسيطة فيكون قد سبق مني
ذكره في الكتاب الأول الكلي وكذلك منافعه ثم إذا فرغت من تشريح ذلك العضو ابتدأت في أكثر المواضع
بالدلالة على كيفية حفظ صحته ثم دللت القول المطلق على كليات أمراضه وأسبابها وطرق الاستدلالات
عليها وطرق معالجاتها بالقول الكلي أيضاً فإذا فرغت من هذه الأمور الكلية أقبلت على أمراض الجزئية

8. 这幅在大不里士绘制（1539—1543）的画展现了尼扎米的《莱伊拉和马季农》中的场景，在这则主人公有缘无分的爱情故事里，发狂的马季农戴着枷锁被人带到莱伊拉的帐篷。孩童向他丢掷石头，一条狗恶狠狠地攻击他——穆斯林大多认为狗是不洁的动物，不可以献祭。

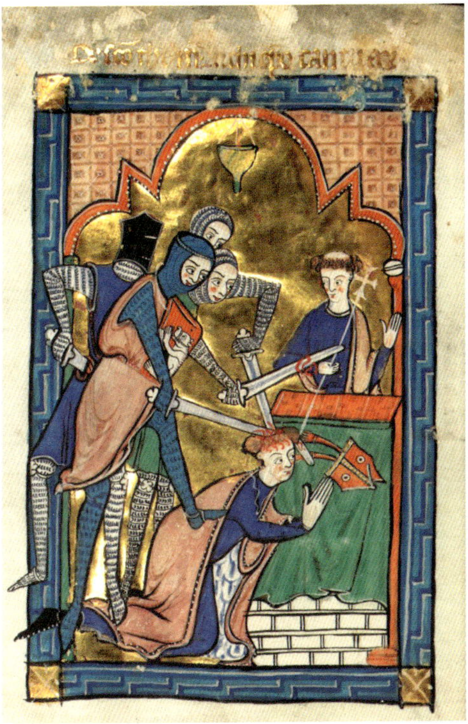

9. 一本十三世纪中期的手抄册中的一页生动描绘了托马斯·贝克特被杀的情景。圣人的血被认为是可以治愈疯癫、眼盲、麻风和耳聋的，当然还有其他许多病症。（左图）

10. 中世纪欧洲深信圣髑的疗效。被普遍认为拥有神奇力量的圣佛依头骨，后来放在了法国孔克修道院内一个华丽的圣物箱内。（左下图）

11. 在基督的祝福下，恶魔逃离被附体的年轻人，这场景出自《贝里公爵的豪华时祷书》。（下图）

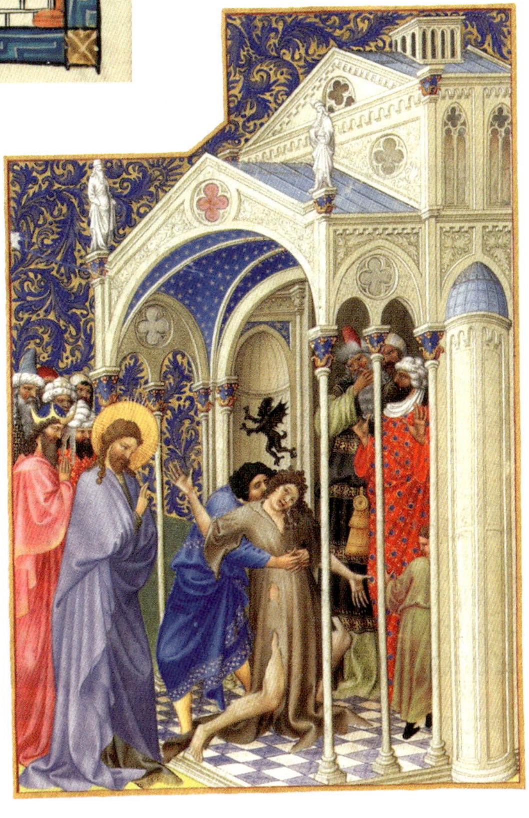

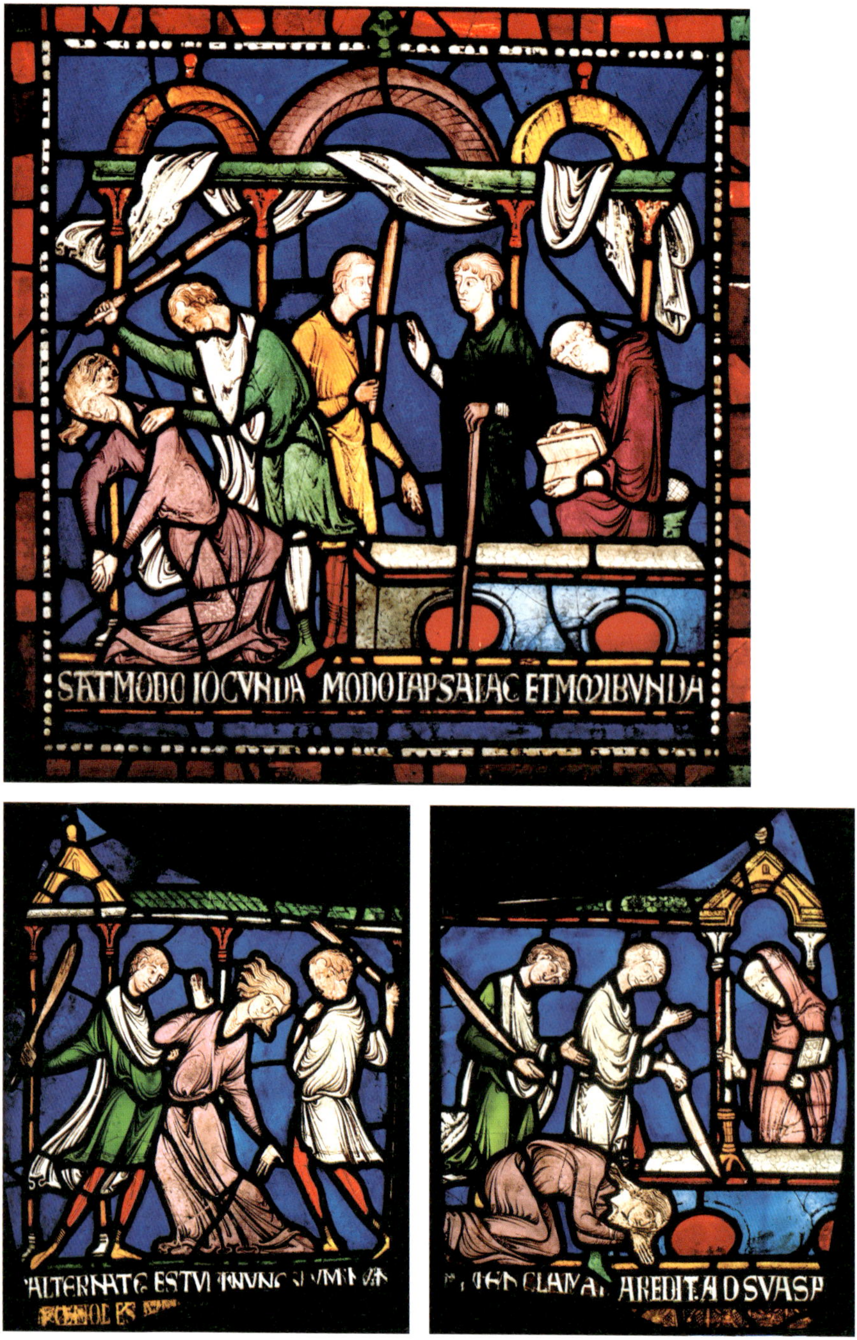

12-14. 坎特伯雷座堂圣三一堂的三面彩窗讲述了“发疯的科隆人玛蒂尔达”的故事，她杀死了自己还在襁褓中的孩子。

少之又少，可以轻易被删去，不会影响连贯性。而盖伦强调健康是和谐、秩序和平衡的产物，这可以被看作是在明确支持穆斯林对神的构想，即一个养育了他们的至高无上的存在。[17]

伊斯兰医学并不是完全静态的。恰恰相反，在某些特定的方向上，它会不断推动原创的研究。从对天花和视觉障碍等各种截然不同的疾病的认知，到从植物、动物和矿物的宝藏中寻找可用于药物的新物质，都取得了新进展。然而，这些工作是 56
牢牢建立在盖伦学说上的，这是从九世纪就打下的基础。伊斯兰医学用大部头的百科全书将知识系统化，并且，由于医学典籍的抄写和再抄写速度非常之快——这在印刷术出现前的年代是非常了不起的成就——严肃的医学理念在伊斯兰治下的广阔大地上传播开来，这也让欧洲得以在后来重新取回它自己的文化遗产。虽然盖伦的理念以及在某种程度上从他的作品概括出来的希腊传统，从文艺复兴开始就在欧洲面临越来越多的批评，并且在十九世纪的医学认知基础上被大部分摒弃，但它们在伊斯兰世界没有出现相应的中断。古代医学传统留存了下来，到了十九世纪都没有发生多少变化，只是在西方帝国主义的施压之下才被勉强放弃。然而，随着古典学说的重现，它们还被简化和掺假，知识力度在后来的版本中大打折扣。[18]

疯癫的多种体现形式很少成为盖伦的主要关注方向，但他的确认同且讨论过古医学中出现的躁狂与忧郁、癫痫、癔症以及谵妄（伴有发热的精神恍惚）的分野，他将这些都归结为体液失衡。他和包括以弗所的鲁弗斯（Rufus of Ephesus，公元一世纪人物，只有零星作品得以传世）在内的其他希腊医学研究者所做的解释，对穆斯林医生有很广泛的影响，[19]这些医生由此也认定恢复精神的稳定归根结底要改变身体的平衡。例如对忧郁有过很多论述的伊斯哈格·伊本·伊姆兰（Ishaq ibn Imran，卒于908年）认为，“由于认为某种不真实的东西是真实的，病人的灵魂中形成了沮丧和孤单的感觉”，其原因是黑胆汁的湿气——这会减弱和破坏人的理性与理解力。[20]有些人是先天的残缺，受一种忧郁的性情所害；有的则是因为无节制的饮食，运动太多或太少，或者是排便没有规律（因此粪便会腐烂，变成黑胆汁），自己惹病上身。伊斯哈格不否认恐惧、愤怒或伤痛会加剧这种形式的疯癫，但这依然是因为积累了过多的黑胆汁而导致情况加剧，然后在“交感上”影响了
65 大脑。这些论述是伊斯哈格晚年做出的，但它们全部基于书本知识，而不是临床经验。[21]在这方面他完全是个代表性的人物。

早期的医院

面向患病和体弱者的医院作为一种慈善机构，最早见于拜占庭帝国（如果不考虑西罗马帝国偶尔会建造的军事医院的话），[22]但这种建立医院的想法早在伊斯兰教兴起之前就已经被近东其他地方的基督徒采纳了。而医院的普及是在伊斯兰教统治下实现的，第一家医院在八世纪末出现，疯癫者也在医院系统收治的病人之列。[23]与基督教一样，伊斯兰教是强调富人对穷人的责任的。随着穆斯林医生的数量增多，他们的基督徒竞争对手自然也会多起来。穆斯林在做善事上当然不可以输给“齐米”（受保护的非穆斯林），因此，到了十二世纪，大的伊斯兰城镇都已经有了医院。[24]

关于那些被关在医院专用病房内的疯人所得到的治疗，我们只能从散碎的片段中看出些端倪。从现存的平面图来看，单人病房和开放式病房时常是结合使用的，到这些见证着伊斯兰

慈善的医院去过的人所留下的评述加强了这一印象。许多人说见到了铁窗和戴着锁链的病人，[25]这应该不足为奇，因为尽管当时的阿拉伯大地上遍布着医院，且这些医院远及西班牙（格拉纳达在1365～1367年建造了一座医院），但留给疯人的房间很有限，这些人中很多可能是危险且异常狂暴的——他们所在的社区很难阻止和控制他们。规模最大的医院可能是1284年在开罗创办的曼苏里医院，最多的时候那里收治了数十个精神错乱者。[26]其他医院肯定没有这么多。

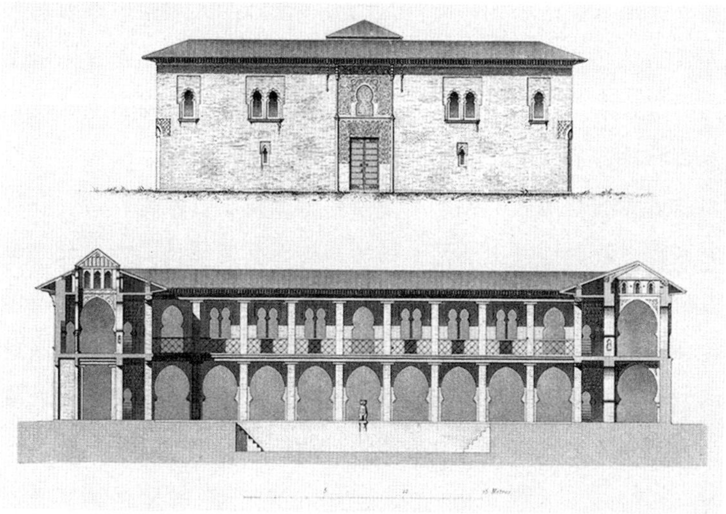

西班牙格拉纳达的阿拉伯医院。伊斯兰世界修建了许多医院，包括专用于处置疯人的。

除了被拴在墙上，病人还时常被打，连阿维森纳都认为这样做是有治疗效果的，认为这种方法能把癫狂的人打得恢复理智。不过，根据盖伦的建议，病人还会有一种对身体起到冷却和加湿作用的膳食安排，以应对灼热的黑胆汁或黄胆汁导致的热和干，正是这两种体液让病人发疯；此外，给病人洗澡也有

66 类似的效果。至于是用放血、拔罐、催吐和催泄以排出有毒的体液，还是服用鸦片以及其他复杂一些的药物来镇静或刺激，具体要看病人是在躁狂还是失魂落魄的状态。阿维森纳列出的可能对这类病有用的物质包括薰衣草、百里香、石榴或梨汁、洋甘菊和黑嚏根草（见彩图 26），此外还有施用于头部的牛奶以及各种油和软膏。几个世纪后，西方第一代“疯大夫”给出的建议也大致如此。

一些疯女人被安排在单独的空间里，这表明其中一些病例在家庭环境里已经无法对付，因为穆斯林男人非常不愿意让外人看到自己的女眷这副模样。然而，无论是男人还是女人，多数的疯人还是在家中由亲人来处理的，这份职责对富人来说当然要容易得多，因为他们随时有可供支配的资源，必要时可以为非正式的禁闭做准备。对伊斯兰帝国里的许多人而言，在远离城市中心的地方生活是不可能指望医院的赈济的，此外，大
67 多数人在经济上无力承担一个精通正规医术的人的服务。出于种种原因，一个疯人只要被普遍认为是无害的、不构成威胁的，就会被弃之不理，“自由地”四处游荡乞讨，任由世人嘲笑和捉弄，更不用说还会被暴力地对待。

恶魔上身与灵疗

在被阿拉伯人征服前，近东许多地方皈依了基督教，尤其是基督教从四世纪开始被罗马帝国定为国教之后。早在公元 300 年，基督教在从安条克到亚历山大港的东地中海地区各大城市已经是一股不可小视的力量，到了四世纪末，它已经可以说是罗马帝国内多数群体信仰的全新的大众宗教了。[27]在这个新的信仰群体里，奇迹的治愈，尤其是通过驱魔仪式来驱走恶

魔，一直有着重要的意义。在三世纪成人洗礼盛行的时候，对健康的人进行“严厉的”驱魔是仪式准备阶段的一部分。[28]从更广的范围来看，基督教传教士在立教之初会通过驱魔和治疗被上身的人来证明，基督的福音可以帮人类击溃无形的敌人。[29]这种说法在《圣经》中得到了广泛的支持，因为正如我们在上一章中讲到的，耶稣在多个场合做过驱魔，还治愈了盲人、聋子和病人。一些基督教神职人员声称自己继承了同样的力量，此外那些后来被奉为圣徒的人也这样认为。

灵疗和恶魔上身的说法就这样在拜占庭帝国确立了下来，并被大众广为接受。有人提出这一发展是随四世纪大众皈依、渗透到基督教中的异教徒思维所致。[30]恶魔的存在以及宗教的疗愈力量是得到大力宣传的，相信这些的也绝非只是平民百姓——即便是有权势的、受过相对良好教育的人对此也深信不疑。[31]不可见的恶魔无处不在，任何地方的灾害和不幸都是由此而起。[32]在经文中给出的大量先例的支持下，疯癫很容易被理解为恶魔附体，病人成群结队地前往——或是被拖去——灵疗圣坛和修道院。

这种做法在阿拉伯人征服之后也没有消失。近东地区人口 68
在至少两三个世纪里依然是以基督徒为主的（在那之后基督徒作为少数群体规模也不小）。这个群体始终在使用各种基于宗教的干预手段治疗疯人。与此同时，由于《古兰经》基本不提及这类问题，穆斯林是没有这种宗教疗愈的传统的。[33]

真主的先知穆罕默德从神那里得到了《古兰经》经文，但不同于耶稣的是，他并没有被描绘成拥有神力的人物。作为神的使者，他没有治愈病人，也不会驱魔或让死者复生。然而在他死后，人们渐渐开始相信他创造过奇迹。圣训（Hadith）

据说记载的是信徒亲眼所见的先知言行，被后人用来作为先知疗愈的依据，[34]它的其中一个目标是对疯癫做出解释和治疗。除了祈祷和念咒，这类治疗还包括一些更切实的身体治疗，跟医生的做法并没有太多不同：切开血管释放血液，用烙铁净化和烧灼头部——人们普遍认为精尼是害怕铁的，这就解释了为什么最后这项技术如此受欢迎。

对圣训的再诠释逐步转变为一场变革。到了后来的中世纪，穆罕默德也已经被当成奇迹的缔造者，伊斯兰教的“圣徒”们则可以施展一些没那么宏大的神恩。[35]阿拉伯人当然是相信妖魔鬼魂的。[36]事实上精尼在《古兰经》开始部分经常出现，也是伊斯兰艺术中的常见题材，关于它的故事在大众文学和宗教宣传资料里随处可见。[37]这样一来，面对疯人的举止和古怪想法，被恶魔纠缠或附体就成了一种解释。

借用一个阿拉伯习语，“al-junun funun”——疯癫是有很多种的。从文字或神秘主义的角度讲，“junun”甚至可以是一种赞誉，意味着放弃狭隘算计的理性后的另辟蹊径。波斯语中用来表示疯人的词“迪瓦内”（divaneh，源自“div”和“aneh”——恶魔般的或被恶魔附体的）包含了这两种意思（“div”这个词本身就在波斯和印度神话中就有很深的渊源）。
69 但是讲阿拉伯语的人用“马季农”（majnun）来特指医学和法律意义上的疯癫，并表达出格外负面的含义。“马季农”的字面意思就是“精尼上身”，它也是伊斯兰文学中的伟大浪漫主义英雄凯斯（Qays）的绰号，他对莱伊拉的痴爱以悲剧收场（见彩图8）。

莱伊拉和马季农的故事有多个版本。它讲述的是命运多厄的恋人，人们不禁拿它和莎士比亚的《罗密欧与朱丽叶》做比，但《莱伊拉和马季农》要早得多，而且产生的文化共鸣也要大得多。最著名的版本可能是十二世纪末波斯诗人尼扎米（Nizami）的长篇叙事诗，[38]但这是一个被反复重述的故事，形式包括音乐、绘画、诗歌和散文。标准的元素是一定会有的，即莱伊拉和马季农相爱。后者渐渐沉迷于自己的情感目标，失去了感知和得体的意识（因此其名字从“凯斯”变成了“马季农”）。讽刺的是，他的执迷达到了将自我奉献给所爱之人的程度，种种极端行为导致他迎娶莱伊拉的想法遭到莱伊拉家人的拒绝，因为和一个疯子结婚是对家族的侮辱。马季农遁入沙漠与鸟兽为伍，时不时不顾一切地企图和爱人联络，并且给她写了无数的诗。他遭到了粗暴对待，咫尺天涯的恋人最终死去，不过在那之前，马季农已经进入一种更明确的疯癫状态。在某些版本里他是戴着镣铐的，但镣铐最终被他挣脱。他就像个沙漠里的隐士，身形消瘦，语无伦次，头发又长又乱，指甲如同那些与他相伴的野兽的爪子，皮肤被晒得黝黑，在地上爬行，有时产生幻觉，两眼放空，有时则会狂暴起来；他是赤身裸体的——这是对伊斯兰社会规范的公然违背。一次，在清醒的时候，他承认，“我是乡亲们的肉中刺，单是提起我的名字都会让我的朋友受辱。任何人都可以来杀我，我是法外之人，杀我者无罪”。[39]这是典型的有关疯癫的刻板印象——不合群，脱离现实和传统道德规范，沦为兽类，一个可怕的被遗弃者，不可捉摸——在很多版本里，他被一个邪恶的精尼附身。

基督教欧洲

在欧洲，罗马帝国分崩离析之后几个世纪的中世纪社会饱受贫困与疾病的折磨，肆虐的暴力和动荡愈发加剧人民的苦难。70这是一个“营养不良”和饥荒严重的世界，饥饿对民众而言是个无时不在的隐忧，很多时候则是现实。[40]疾病也是如此，从触目惊心的低预期寿命数据可以明显看到，中世纪男性的预期寿命为四十五岁，考虑到分娩的危险性，女性的寿命应该更短。1348 年降临的黑死病导致的直接后果是死亡率愈发升高，疫情一直持续到了十四世纪，可能将欧洲人口减少了三分之一。许多人只是勉强活下来，饮食缺乏基本营养，尤其是在冬天；此外还有无法理解、更不可能控制的严重感染，以及各种寄生虫和虫媒疾病（而社会更是无力解决食物和水常年被人畜粪便污染的问题）。这样一来，疾病造成的苦难之重就不奇怪了。[41]残疾和残废的问题也很严重——很多人受到聋哑、四肢残缺、罹患佝偻病、感染麻风病，以及其他缺陷和畸形的困扰。在这些基本上绝望无助、无法自理的不幸者中，我们可能还要加入癫痫、躁狂、忧郁、产生幻觉、痴呆的疯人。

对于芸芸众生在七世纪到十三世纪这段时间的疾苦，我们所知的并不多。我们无法基于个体苦难的详尽证据来得出可靠的推想。随着西罗马帝国灭亡，读写能力的普及度出现了严重而持续的下降，导致让底层人脱离苦海这项向来不易的工作愈发困难，在中世纪社会，不幸的人占了绝大部分。只有修道院和教会成员还勉强具有极为初级的读写能力，而且修道士和教士将大部分注意力放在了宗教典籍而不是罗马的异教徒遗产上。希腊人和罗马人的医学只是这文化忽视的牺牲品之一，但它的衰落对我们了解疯癫在中世纪的境遇非常有帮助。

罗马教会（十六世纪宗教改革后它被称为天主教会）是罗马帝国灭亡后唯一得以幸存并最终兴旺起来的重要机构。最初的基督徒时常遭到罗马统治者的虐待、压迫和折磨，因为他们固执地拒绝进贡，也不愿供奉传统的罗马神祇——这被认为是几近渎圣的侮辱性行为。公开的宗教活动被认为是帝国安定 71
繁荣不可或缺的。公元 64 年尼禄治下开始的迫害，到三世纪达到顶峰，由此产生了许多殉道者和圣人（尽管镇压行动在三世纪时有所缓解）。313 年君士坦丁一世的《米兰赦令》对基督教的正式承认，以及他自己对基督宗教的接受，成为一个关键转折——337 年他在弥留之际皈依基督教，进一步巩固了这一决定。在他之后的皇帝中，只有尤利安在公元 360 年代有过回归异教诸神的明确行动。有了官方的认可（或者应该说没有了官方的压制），基督教势力在接下来的两个世纪里有了稳定的，甚或可以说爆发性的增长。[42]它成了“一个像海绵一样吸纳着人和财富的大教”。[43]然而讽刺的是，同样也是这门宗教，日后终于也带来了新的歧视与仇恨、恐怖与偏狭。

公元 375 ~ 800 年，基督徒向北方和西方的蛮夷发起了一场卓有成效的传教运动。这些社会的部落属性有利于基督教的传播，因为一个首领或重要的长老皈依，往往就意味着整个部落的全面皈依。在这个过程中，一个至关重要的元素是用奇迹和奇观来展现基督教的神的力量，包括捣毁神龛、摧毁异端神庙、驱魔，以及神奇地治愈残疾、癫狂的人。[44]这其中传达的讯息是我的神比你的神强大；你看我们可以毁掉你们的圣物却不受到惩罚。见证我们的奇迹，看我们如何治愈你们的病人和灵魂扭曲的人。例如图尔的马丁（St Martin of Tours，316—397）就经常焚烧异教寺庙，让蛮族相信自己需要敬奉他的神，放弃那些自身难保的异端神明。[45]

神迹从一开始就和基督教有着紧密联系。就官方姿态而言，早期教会是强烈反对法术的，不过在实践中法术和神迹往往很难区分，这种模糊性本身是有危险的。异教徒和基督徒都认为自己的不幸要归咎于恶魔，而对信仰基督教的人来说，这些超人类的造物归根结底是代魔王撒旦行事的。[46]耶稣已经证
72 明了他驱走恶魔、让死者复生、除掉附于人身上的恶魔的本事，而他的神力也被传给了他的使徒："耶稣叫了十二个门徒来，给他们权柄，能赶逐污鬼，并医治各样的病症……医治病人，叫死人复活，叫长大麻风的洁净，把鬼赶出去。你们白白地得来，也要白白地舍去。"[47]人们相信这些神力是被传给了圣徒和主教的。每一场弥撒都会有圣餐礼。借由神迹的奇诡，饼和酒成了基督的肉体与血。然而有些意外的是，早期基督徒会避免把奇迹当作宣传手段。[48]

圣徒与奇迹

后面几个世纪情况就不同了。早期基督徒受迫害时的那些殉道者和圣徒都被重新实体化（更准确说是他们的实体遗存被赋予新的精神功效），用来巩固一套以神力为中心的极具说服力的信念和实务，这种神力往往以圣髑为媒介去治愈病患，实现死后的奇迹。坟墓是拥有巨大力量的，骨骸就更是如此。"异端的寺庙和神坛已经被废弃、改建或拆毁，然而疗愈之神阿斯克勒庇俄斯或阿波罗尼奥斯的古疗法、异象与奇迹仍然会出现在基督教的圣祠里，只是处在一个新的教阶荫庇之下，那就是殉教圣徒。"[49]早在386年，当时尚未皈依的希波的奥古斯丁（St Augustine of Hippo，354—430）记录了自己在米兰郊外一座刚掘开不久的坟墓目睹的奇迹：两位圣人的遗骨让一个盲人重见光明，还驱走了附在另一个人身上的恶魔。曾将坎特伯

雷的奥古斯丁（St Augustine of Canterbury）派往英格兰，向盎格鲁－撒克逊人传播福音的教宗格里高利一世（Pope Gregory I，约 540—604），在他的《对话录》里列出了诸多奇迹、征兆、奇观和疗愈事件。[50]这完全是中世纪的惯常做法。他的虔诚被教众广为传颂，也让他死后立即被一致拥戴为圣徒。

到了六世纪末，圣人墓对教会权力和影响起到的重要作用已经毫无疑问。[51]在后来的几个世纪里，随着朝圣者前来寻求圣人的代祷，墓葬被打开，遗骸被移走——有时候会分成若干份，这样就可以有不止一个地方宣称自己拥有了神奇的疗愈力量，并由此吸引捐款。圣髑迁移的地方可远可近，比如法国中部的蓬蒂尼在 1114 年建了一座熙笃会（Cistercian）修道院，那里的修士打开了阿宾顿的圣爱德蒙·里奇（St Edmund Rich of Abingdon）墓，砍下了他的一只手臂，然后又把墓合上。[52] 73
这样他们就可以在修道院里另设一处地方，供朝圣者膜拜、寻求治愈（以及留下捐赠）。这和牛津郡阿宾顿的另一座古老得多（建于 675 年）的本笃会修道院形成鲜明对比，那里多年来积累了许多从天南地北收集来的圣髑。根据 1116 年的记录，其中包括了“五件基督圣髑、六名使徒和三十一位殉道者的一些遗物、三十九位精修圣人的各类遗骨，以及十六个处女的细小遗骨”——数量如此多的缔造奇迹的圣物吸引了大批信徒前来。[53]第四次东征的士兵们将矛头转向君士坦丁堡，并于 1204 年围困和攻陷它之后，展开了一场肆无忌惮的盗窃和毁灭行动：教堂“被洗劫一空，一箱箱的骨骸被运往西方”。[54]这些圣髑实在太值钱了，以至于史料记载中经常能看到有关它们的盗窃、伪造和所有权纷争。

锡耶纳的圣加大利纳（St Catherine of Siena）于1380年在罗马去世后广受敬仰。她在生前曾声称自己在1368年有一场神秘的婚姻，当时她二十一岁。后来她宣布自己不再需要人间的食物，主要靠圣饼维持生命，尔后不再进食和饮水。她过了几周就死了。锡耶纳人希望保存她的遗体，但是要把它偷偷运出罗马城是不可能的，于是他们选择只留头颅和一根拇指，因为那被认为是不会腐烂的。[55]有关圣人遗体完好保存下来的故事广为流传，或者是棺木被打开后散发出香味而不是臭气——不可思议的“圣香”（odour of sanctity），这些都进一步向容易轻信的人证明，圣髑是可以带来福佑的。

几百年后英国诗人安德鲁·马维尔（Andrew Marvell）会说，坟墓“倒是个美好幽静的地方”。[56]对某些人来说可能是这样，但对真福者（beatified）就不同了。圣人墓可能会很美好——有的会使用大量黄金和装饰物——但远谈不上幽静。遗骨会被转移到圣髑盒里，这是一种非常精致的容器，供朝圣者亲吻和膜拜之用。例如法国隆格多克的孔克修道院供奉着圣佛依（St Foy）的头骨，相传她在三世纪末因为拒绝放弃自己的基督信仰，被罗马人放在滚烫的烤架上活活烤死。（一名修士
74 在九世纪把这件圣髑从阿让的原供奉地偷了出来。）在983～1013年的某个时候，这个公认有着非凡神奇力量的头骨被安放在了一座塑像的银质内腔里，塑像表面贴金，镶嵌着宝石（见彩图10）——俗气到让来访的沙特尔司铎们认为其与异教神像看起来几无二致，事实也的确如此（但这倒是不影响乡下人对它的喜爱）。托马斯·贝克特（Thomas à Becket）的遗骨与此类似，它在1220年被放在了坎特伯雷座堂的一

个饰以珠宝和金饰品的圣祠内，这位圣人为了教会的权利和待遇与亨利二世发生冲突，在 1170 年被四名武士在自己的座堂内杀死（见彩图 9）。

中世纪期间，许多存在残疾、病痛、疯癫的人会到这些朝圣地（见彩图 12 ~ 14）获取慰藉和治疗，有的人可能之前尝试了民间对策——草药、药膏、护身符、当地术士的法事。从十一世纪开始，随着希波克拉底和盖伦医学开始从东方重新进入西欧，还有一些人会尝试放血和排泄、拔罐和催吐治疗，当然还有饮食和生活方式的调整。然而，慢性疾病尤其会促使人们诉诸圣人和殉教者的疗愈力量。流传至今的零散记载有不少。例如在伍斯特座堂的圣沃斯坦（St Wulfstan，1008—1095）墓，有一个精神错乱的女孩躺在那里咆哮了 15 天。[57]我们不知道她后来怎么样了。但是如果真有“神迹”发生，朝圣地会迅速记录下来，因此可以推断她最终仍然是疯癫的。显然，有这样举止的人存在肯定会打乱教堂的日常事务，他们会在那里一躺就是几天甚至几周。在诺里奇也有一桩，“一个女孩陷入了疯狂，被绑着送到了休（Hugh）的墓前，在那里一直待到诸灵节，那天晚上她的嘶喊比平常更狂热，让唱诗班和整个教堂都很不安，令他们无法在墓边的施洗者约翰祭坛做弥撒。到最后她睡着了，等到一群信徒把她叫醒时，她已经好了”。[58]部分治愈和后来的康复会归功于圣人的力量，饱受心理性精神问题（甚至包括失明或瘫痪等当时不被看作精神困扰的问题）困扰的人，当然也完全可能被认为会受益于前往这样一个神圣场所而带来的强大的暗示效果。

许多朝圣地被认为治愈了多种疾病。人们相信圣托马斯·贝克特的血可以治好失明、疯狂、麻风和耳聋，其他的小病自

然不在话下，坎特伯雷因此吸引了欧洲各地的朝圣者来到英
国，直到1538年亨利八世下令拆朝圣地、毁遗骨，并且不得
75 谈论这个谋反的司铎。乔叟的《坎特伯雷故事》讲述的就是
一群前往贝克特圣祠的伦敦朝圣者的故事。[59]

有一些圣人墓确立了比较特殊的名声。在那些寻求缓解
精神压力的人当中，被砍头的殉教者似乎比较受欢迎。这其
中最为重要的是位于赫尔（今属比利时）的圣邓诺祠。圣邓
诺（St Dymphna）的传奇汇集了散布于欧洲各地的民间传说
76 元素，创造出一个引人入胜的叙事，其中涉及乱伦未遂、疯
癫和谋杀等情节。这个爱尔兰少女的生平直到十三世纪中期
才由康布雷咏祷司铎皮耶尔（Pierre）编撰而成，她的父亲
是七世纪初的一位异教徒国王，母亲是基督徒。她十四岁那
年，她的母亲去世，父亲戴蒙（Damon）悲痛欲绝之下产生
了和长相最接近亡妻的人结婚的念头，也就是他自己的女
儿。邓诺和自己的神父一起漂洋过海，逃到了一个叫赫尔的
小乡村住下。但她的父亲没有放过他们，在找到两人后，神
父立即被砍头，而仍然拒不从命的邓诺也被陷入极度疯狂的
父亲砍下了头颅。邓诺和殉教的同伴吉拉贝诺（Gerebernus）
77 被葬在了一个洞穴里，但是遗骨后来被掘出——吉拉贝诺的
遗骨被运到德国松斯贝克（有记载称他的头颅留了下来），[60]
而邓诺的遗骨被装进一个骨灰盒，送到一座小礼拜堂里，那
里后来吸引了许多朝圣者，他们带着发疯的亲属前来，希望
得到奇迹般的治愈。

其中一些疯人睡在教堂里，等待自己恢复神志。1489年一场大火烧毁了原教堂，人们于是重建了一座更精美的新堂。到了1532年，这里已经有十名神职人员在打理，后来又来了

十二世纪的《安条克的圣玛格丽特被斩首》，这幅画是在西班牙比拉塞卡的加泰罗尼亚教堂被发现的。玛格丽特因拒绝放弃基督教信仰而被处决。

意大利维罗纳的圣柴诺圣殿正门右侧铜门板上，展示了圣柴诺驱魔的场景。在圣人的命令下，一个恶魔从加里恩努斯皇帝的女儿口中跳出。像这样的铜板有四十八块，展现了《圣经》主题故事以及圣弥额尔、圣柴诺的生平。

十名咏祷司铎，他们主持的复杂的祈祷、告解和祭献仪式，都是为了寻求殉教圣女的代祷。精神失常者脚踝上戴着镣铐，在教堂里待上十八天，希望能驱走附在他们身上的邪恶魔鬼。如果疯癫仍然存在，很多病患会搬到当地的农民家里住下，赫尔及其周边地区由此在几个世纪里成了某种离奇的疯人聚居地，疯人亲属的捐款成了此地的经济支柱。[61]类似专长于医治疯癫的朝圣地还有拉尚的圣马蒂兰（St Maturinus，又作 Mathurin）墓和阿斯普尔的圣阿卡利乌斯（St Acharius，又作 Achaire）墓，两者都在法国。

治愈精神失常对教徒来说有着特殊的意义，这可能是因为过程往往涉及驱魔。这也许是对神的全能最有力、最无法辩驳的展示了。戏剧性的驱魔仪式是无与伦比的。经过一开始的挣扎，往往伴随着病患突然地发病和尖叫，魔鬼的仆人被赶走了。[62]通过绘画和雕塑对驱走恶魔的场面进行生动描绘在中世纪十分受欢迎，一直到宗教改革时期都是如此。比如在维罗纳那座建于 1100 年前后的大教堂，其青铜大门的其中一块门板描绘了本地主教泽诺（Zeno）将皇帝女儿口中的恶魔驱走。在亚西西的上教堂，一幅乔托（Giotto）在 1299 年完成的壁画描绘了圣方济各把许多恶魔赶出了阿雷佐城。成书于1412 ~ 1416 年的《贝里公爵的豪华时祷书》（*Très riches heures du duc de Berry*）是献给贝里公爵约翰（John，Duke of Berry）的祈祷书，这可能是在那一时期流传下来的法国泥金装饰手抄本中最好的一本，其中同样也有关于驱魔的惊人画面（见彩图 11）。但是驱魔并不一定管用，事实上更多的时候是无效的，而那些失败案例总是能得到辩解，以保宗教信仰的完整性。

文学与疯癫

78 中世纪文化的一个突出特征是涌现出一种大众形式的宗教剧，即所谓的神秘与神迹剧。（神秘［mysteries］就是神迹［miracles］的另一个说法，两个词在当时很大程度上是互通的。）由多部剧组成的神迹剧是讲述、重述圣经故事，向大众传递道德讯息的一种媒介，因为通常会在数天时间里上演一整套戏。起初会在教堂举行宗教庆典，多数是以基督受难以及其他一些受欢迎的题材为主，比如“亚当与夏娃”或“最后的审判”。在十三世纪，这些庆典传播到欧洲各地，开始越来越多地由行会组织，用当地语言演出。

圣母马利亚或身着华美服饰的圣人施行神迹的场面，是剧目中比较受欢迎的一部分。疯癫和恶魔上身是反复出现的主题，它们用触目惊心且富有教育意义的方式向观众证明，沉沦于罪恶会导致罪人被恶魔附体，进而让他发狂。撒乌耳和尼布甲尼撒的故事尤其受欢迎，这既因为娱乐性，也因为他们的人生包含的道德寓意，此外《新约》中的妖魔鬼怪的故事也很受喜爱。这些角色只有两种下场：要么被赶下地狱，要么蒙受圣母或她的某位圣人的恩泽而得救。

神迹剧时常会有精美复杂的场面，由巡游到当地的专业演员和当地人一同在节日期间演出。从西班牙到荷兰、从法国到德国，各地都会有这样的盛大演出，英国的许多大城市也有（不过它们在教改之后因被视作天主教迷信的传播工具而遭到亨利八世的弹压）。[63]没有了教会的直接指导后，这些获得新生的戏剧时常脱离经文，为追求戏剧效果而吸纳俗世观念，夸大《圣经》故事的教谕。希律（Herod）也是一个流行的题材，在基督教传统中，这位罗马帝国的犹太地之王就是那个为了除掉年幼的耶稣而屠杀无辜的人。随着早期的拉丁文版本经过本地语言的再创作，一个存着弑神之心的邪恶疯子的故事被添油加醋，越来越极端，最终希律成为渎神和疯狂罪人的化身，天父用理智的丧失和最痛苦的死亡作为对他的惩罚。[64]这是一种 79
无限的暴力、狂躁、愤怒的疯癫——同时也是一种天谴。《切斯特组剧》（*The Chester Cycle*）以一系列戏剧讲述了希律的命运及其凄惨的结局。

> 我的双腿双臂溃烂；
> 我作恶多端，
> 我看到恶鬼成群结队，
> 从地狱来这里找我。[65]

最伟大的中世纪文学作品但丁的《神曲》对地狱做出了生动的描绘，对中世纪读者来说，这也是在将疯癫当作神的惩罚。在和他的向导、诗人维吉尔（因为不是基督徒而被打入地狱外围）见面后，但丁开始了地狱之旅，那是个充满了无尽之苦的地方，悲惨的灵魂在那里承受着精心安排的永久折磨。这里是“让情欲压倒理性”的纵欲罪人，那里有位于自杀者森林边缘的沸腾的血河费列格通河，以及燃烧的沙漠。暴食与贪婪，欺骗与堕落，异端与渎神，偷盗与杀人，违背誓言：犯下这些罪行的人都会分门别类地接受查验。在第八层地狱第十囊，也就是离撒旦咫尺之遥的最后恶囊，是一些作伪者、江湖骗子和造假的人、撒谎者和假冒者，他们的命运是染上麻风、水肿——以及疯癫。特洛亚国王普利阿姆斯的妻子赫枯巴王后

所承受的，是看到她那两个死去的孩子，

> 她发了疯，像狗一般狺狺狂吠起来——
> 悲痛使她精神错乱到这等程度。[66]①

又走了几步，但丁和维吉尔见到了最残暴的疯癫：

> 但是，
> 从未见过忒拜的疯人或者特洛亚的疯人攻击任何对象、
> 80 杀伤野兽或者伤人的肢体像我所看到两个惨白裸体的阴魂那样残忍，
> 他们跑着乱咬人，
> 如同猪从圈里被放出来时一样。[67]

但丁驻足不前，这时伤风败俗的密耳拉从他身边匆匆经过，咆哮着，阴沉而可怖。她曾经通过改变自己的容貌来勾引父亲，让他犯下乱伦的罪孽。疯癫是赤裸、暴力、兽性的，但首先是深重的罪过。而这些都和文明背道而驰。

疯癫是罪孽的结果，这是许多中世纪作家所持有的强烈观念。[68]但是这个等式完全可以倒转过来：罪本身是疯癫。事实上那是最严重的一种疯癫，因为违背神的法则可能会让自己堕入万劫不复之境，被抛入但丁绘声绘色地在我们脑中呈现的那个阴曹地府，面对无尽的恐怖：人的肢体被刺穿或砍断；一个

① 本书引用的《神曲》译文，均采用田德望译，人民文学出版社，1990 年第 1 版。

人被从头到脚劈开，“肠子垂到他的两腿中间，心、肝、脾、肺以及那个把咽下去的东西变成屎的脏口袋都露了出来”；一群人永无止境地转着圈，被一个鬼卒用剑劈砍，然后就继续在“悲惨的路”上绕，等回来时伤口已经愈合，却再次被劈开；还有一个万劫不复的人被刺穿喉咙、削去鼻子，仅剩下一只耳朵，“喉管露在外面，一片血红色”。[69]这样别出心裁而骇人的刑罚不胜枚举。看到要以如此难以想象、毫无怜悯的折磨为代价，除了疯子，还有谁会愿意让自己的欲望和诱惑压过理智呢？用十四世纪末什罗普郡利乐夏尔（Lilleshall）修道院院长约翰·米尔克（John Mirk）的话说，“平生为恶，必以恶终”。[70]

医学与疯癫

根据中世纪观念，一切疾病，不论精神上的还是身体上的，都是“堕落”的结果。夏娃对亚当的致命诱惑导致人类被逐出天堂，堕入一个腐化、混乱、溃烂的世界。在这个世界里，疾病是神给罪人的许多惩罚之一，是他们应得的苦难，是在提醒他们死后的下场可能会是什么样。心灵与身体的困扰可以促使他们幡然醒悟，或者加快下地狱的步伐——肉体上的禁欲和患
病心灵的苦痛只不过是先让他们尝下滋味。用德国美因茨大主 81
教、高产的经文注疏作者拉巴努·莫鲁斯·玛格内提乌斯（Rabanus Maurus Magnentius，约780—856）的话说：“疾病乃恶行所致之症……发热是贪婪燃烧的肉欲……麻风肿胀是膨胀的自我傲气……他的身上有疥癣，他的心灵已毁于肉体的欲望。”[71]

正是通过这种基督教观念，心灵被毁往往会成为对疯癫的解释，也由此形成了人们对疯癫的态度。但是从十一世纪开

始，人们重新寻找别的方法去解释疯癫并处理其危害，其中一种方法涉及前基督教传统的重生。将给中世纪欧洲造成重大影响并带来文化转型的经济和政治变革，成为这场复兴的背景。

随着迁徙的人群开始定居，政治体制也稳定下来，最终建立的封建制度带来了社会经济状况的改善，基督教欧洲因此变得更繁荣、更都市化、更安全了。基督教世界力量与自信渐长的其中一个表征与证明，就是伊比利亚半岛的收复失地运动。教宗亚历山大二世（卒于1073年）在1064年宣布，为基督教收复阿拉贡的人可以得到三十年大赦。教宗乌尔班二世（1042—1099）则试图说服将士们继续扩大战果，此后更有圣殿骑士团（Knights Templar）等军事修会的加入。摩尔人被逐步击退，不过残余的伊斯兰政权一直到1492年攻陷格拉纳达后才被彻底逐出西班牙。

赶走摩尔人的其中一个结果，是和讲阿拉伯语的文化与文明更亲近了，尽管西班牙的基督教统治者对这些文化与文明的拥护者展开了迫害、杀戮和驱逐。还有一个结果是发起了一系列十字军收复“圣地”的战争，这同样也不可避免地拉近了与伊斯兰文明成果的距离。正如本章一开始提及的，罗马计数系统向阿拉伯系统的转变给数学进步铺平了道路，与之类似的
82 根本性变化都可以归因于文化接触的增加。希腊医学被重新引入西方也是这样，其中既包括直接获取了大部分已在罗马政权崩溃时散佚的盖伦作品等文献，也有间接的形式，即通过阿维森纳等伟大的穆斯林医生的注疏与整理。一些修道院里保留了零散的拉丁文典籍，在当地以及毗邻社区扮演着土郎中角色的修士们会查阅它们。然而，这样流传下来的文献是稀少而散碎的。最富有的修道院顶多也只掌握着八到十本医学抄本，而多

数修道院顶多只有一本。[72]但如今数量更多、涉及面更广的医学文献来到了西方。

当时正在兴起的大学推动了这一进程，起到同样作用的还有在新出现的城市空间形成的行会，包括医学行会。在萨莱诺、那不勒斯、博洛尼亚、帕多瓦、蒙彼利埃、巴黎、牛津和剑桥，医学教学先是以非正式的形式进行，尔后有了更多的组织。古典时代以及此后的阿拉伯时期的叙利亚文、波斯文和阿拉伯文典籍，被翻译成希腊文，以及当时在新兴文化阶层已经成为通用语的拉丁文。学院派医学开始站稳脚跟，通过他们的行会，获得新知的医生们试图巩固自己的优越地位，在医疗市场上实现一定程度的控制和垄断。在后面这个目标上，他们显然失败了，形形色色的江湖医生在接下来的几百年里依然兜售着自己的医术。但是他们的医学理论在精英阶层有了越来越大的影响力，这让他们可以在一个不断扩张的市场上施展自己的技能。

作为识文断字的文化人，他们更容易创造出一种共同的医疗文化，他们掌握着一个复杂的知识体系，让他们可以用系统的方式去诊断和开方。印刷机的发明让书本的大规模生产成为可能，书籍得以在广阔的地域里迅速流传开来，打破了主要由修道院把持的古老誊抄传统。医生们可以交流想法，在一个很大的地域范围内形成共同意识，还可以本着他们对古代的了解来获得文化权威。

1525 年在威尼斯出版了一套号称是全集的希腊文版盖伦文集，它成为拉丁文译本的基础。部分希波克拉底文集也是在那年出现的。到了那个世纪末，西欧各地已经出版了将近六百
种盖伦文集。而穆斯林名医的著作的印刷版出现的要更早，从 84

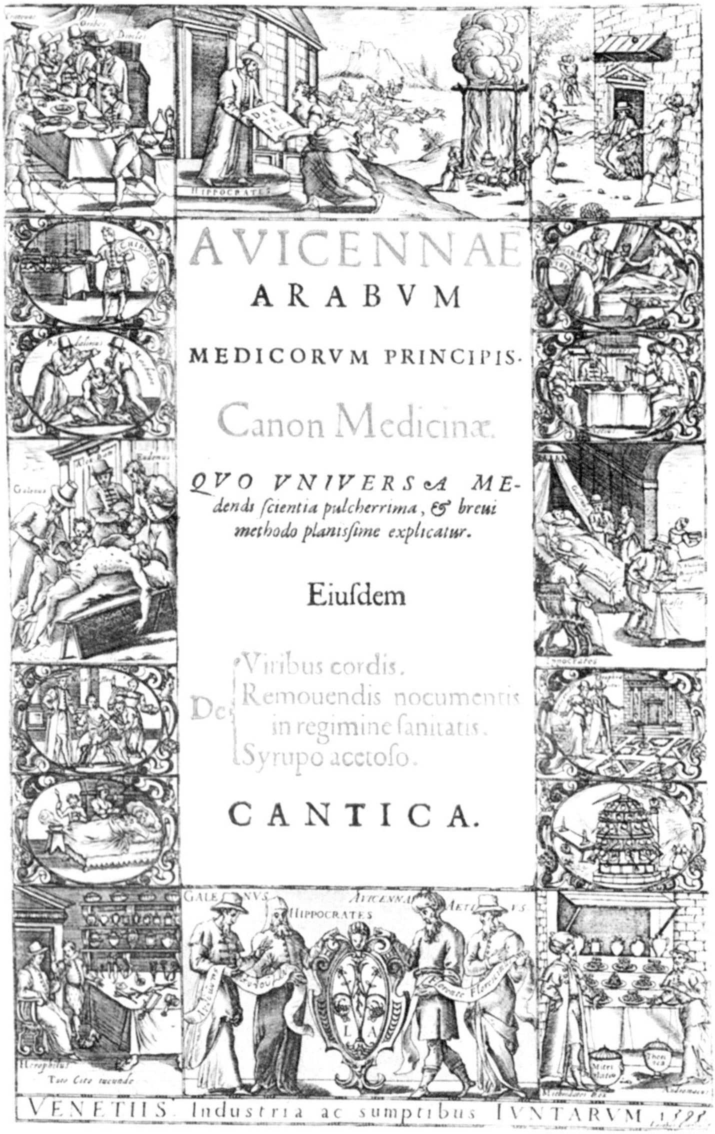

阿维森纳《医典》一个早期版本的书名页，该书拉丁文译本于 **1595** 年在威尼斯出版。

中可以看到阿拉伯人在古典时代医学复兴中发挥了何其大的作用。阿维森纳的《医典》于1473年首次印刷，两年后重印。在盖伦的作品有第一个印刷版之前，《医典》已经出到第三版，到了1500年则出到了第十六版。其他的医学作品纷纷得以出版，包括拉齐、阿威罗伊（Averroes，亦作伊本·鲁世德［Ibn Rushd］）、侯奈因·伊本·伊斯哈格、伊萨克·以色来利（Issac Israeli）和马居斯。[73]从很多方面看，欧洲严肃医学是阿拉伯语世界滋养和发展出来的医学的一种延伸，不过这种联系后来被掩盖和遗忘了，一直到十六世纪才有改观。从医者发现，他们手上有了一个无比强大的知识架构，它可以解释症状，为治愈疾患指明方向。同时，它还让病人相信，世上有人懂得他们的苦痛是从何而来，也知道如何缓解这种苦痛。

从伊斯兰世界引入的革新不仅限于这些典籍。东部的十字军和西部的西班牙军队都见过穆斯林的医院，这些机构现在也开始在西欧出现。许多医院一开始依附于修道院，几乎都是宗教而非医疗机构。他们会接收旅行者和朝圣者，此外还有孤儿和老人，但是他们也会向病人提供救助。随着规模渐渐扩大，这些机构开始突破其宗教出身，具备了更鲜明的医疗机构性质。其中有些是比较小的，但巴黎、佛罗伦萨、米兰和锡耶纳的一些医院可以容纳几百名病人。

有些医院开始专门从事疯人的管理。伯利恒医院最终成为英语世界最著名的疯人院。人们常称它为“贝德兰姆”（Bedlam，本书一般将使用这个名字），它朝着疯人院演变的过程是逐步发生的。1247年，贝德兰姆始创于主教门的伯利恒圣玛丽修院内，就在伦敦城的城墙外，在最初的几年里，它会接收各种需要帮助和无依无靠的人以及陌生人和朝圣者，这是早期医院的常见做法。但是在十四世纪末，贝德兰姆在疯人护理方面出了名，不过接收的病人数量还是很少的。85 1403 年有记载称院内有六名“失去理智的人”（menti capti）。直到十七世纪末，收治疯人的数量才超过一百人。在 1632 年，教士唐纳德·勒普顿（Donald Lupton，卒于 1676 年）写道，“如果要把所有不能控制自己的人都关进去的话”，医院就有些太小了。[74]

西班牙出现了一连串效法阿拉伯人的收容所——到十五世纪有七座，分别在瓦伦西亚、萨拉戈萨、塞维利亚、瓦拉杜利德、马略卡岛帕尔马、托莱多和巴塞罗那——专门进行疯人的收容禁闭与护理工作。这些地方在中世纪时期对疯人进行过怎样的处理，我们目前只能靠推测。几个世纪后，将疯人与社会隔离开来将是常规做法，但务必明确的是，这些机构在中世纪和近代早期是例外，不是制度；多数疯人依然要由他们的家人负责，且仍留在社会中，要么被判定为危险人物，被通过各种特殊手段禁闭起来，要么判定为无害，任其四处闲逛（和等死）。

掌握了体液医学后，一些医生开始像盖伦和希波克拉底等先辈那样，试图去理解疯癫，并把他们手头的万灵药用于治疗精神失常。他们的方法是一个将疯癫归因于身体的知识体系，他们认为这是一种自然的，并非超自然的状况。但医生们很慎重——并且对自己的地位还没有十足把握——也会承认一些病例是恶魔附体，有时会将病人转给神职人员。对疯癫的这两种截然不同的解释最终会发生冲突，但在当时，医生和其他人一样，在精神困扰方面会诉诸各种解释和处置方法。在如此绝望与痛苦的情形下，何不尝试一切可能缓解病情的方法呢？这样的想法和做法让我们觉得是矛盾的，事实可能也的确如此。但疯癫并不存在独一的含义，对策也就不是唯一的。有些病连医生都无能为力，这样的病人会被送到朝圣地，这是管理那些地方的宗教人士时不时会炫耀的事例，尤其对为数不多的后来患者康复了的案例加以吹嘘。他们时常鄙夷地认为，根本从一开始就不应该蠢到去向人类医生求助。[75]但是最终他们中也有一些人承认，疯癫有时是心理压力或灾祸、肉体创伤或身体剧烈失衡的结果。上帝留下的不解之谜仍然很多。

第四章　忧郁与疯癫

仙子、鬼怪、哥布林和巫婆

86 历史学家喜欢称十五世纪末到十八世纪初的欧洲为近代早期（early modern era）。这是一个宗教、政治、文化和经济发生剧变的时期，出现了封建制度瓦解、民族国家兴起、欧洲贸易和市场扩张、环球航行以及绝对君主政权的壮大。天主教会在欧洲失去了部分领地，新教改革以多种形式在各地生根，对公教改革的反抗也基本上取得成功，尤其是在北欧。这段时间还出现了被我们过分概略地称为“文艺复兴”的宏大文化变革：古典知识的复兴；印刷文化的传播；艺术、建筑、音乐、文学、戏剧和知识生产的骚动；科学革命的萌发。除了你能想起的伴随着宗教改革的那个充斥宗教战争和流血事件的世纪，还有一个看起来跟前述变革不太协调的东西，那就是席卷全欧洲的猎巫运动。运动中盛行名副其实的审判、酷刑和处决——所谓处决，多数时候是指活活烧死这样痛苦的死亡，不过也有一些女巫是被吊死、淹死、分尸，或死于一堆石头下。

欧洲对女巫的迫害十分狂热，在许多地方旷日持久，[1] 因而吸引了极大的关注。十八世纪启蒙运动中那些秉持正统的人鄙夷地称之为虚假和愚蠢之举，认为它是大众蒙昧和迷信的产物，再加上基督教会利用底层人民的盲目轻信，从中推波助澜——

这其中最为显著的是罗马教廷，至少在法国哲学家伏尔泰（1694—1778）等人看来是这样。（事实上，猎巫在新教地区也 87
是普遍且残忍的，和天主教地区并无不同。）女巫通常被认为是魔鬼的同盟，事实上很多女巫据称曾和魔鬼交媾。（她们在酷刑之下招供——接下来等待她们的是更加可怕的折磨，为的是杀死她们。）她们自身是被魔鬼附体的，这导致被她们所害的人也被附体。人们将许许多多的不幸归咎于她们，其中有些是降临于个人身上，有些波及整个社区（比如庄稼歉收、传染病和灾难性的天气）。估计有五万到十万名女巫死在迫害者手上，直到 88

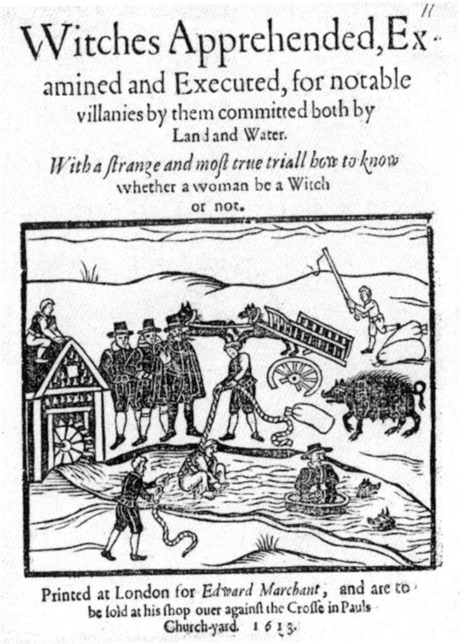

《捕获女巫》（1613），此画记载了来自英格兰贝德福德的“萨顿嬷嬷和她的女儿玛丽·萨顿的多番恶劣行径”。这幅木刻版画中，玛丽被扔入河中，这是“一个检验女人是否为女巫的古怪但绝对可靠的办法”。两个女人随后被判定是女巫并被处决。

这波企图杀死她们的狂潮终于消退（尽管人们不见得从此相信她们已经不存在）。

近代人大多和伏尔泰以及哲学家大卫·休谟（David Hume，1711—1776）一样，对此类超自然事物心存怀疑，对作为女巫世界存在依据的魔鬼和魔法等概念有一种理性的蔑视。我们知道，在近代早期之前的几个世纪里，恶魔附体已经被视作某一些疯癫的主因，早前的精神病学史学家对那个妖孽横行的世界大感困惑，并不认同它的设想，然而他们非常乐意把对女巫与对疯人的迫害合在一起看待。他们认为，女巫（以及被施了巫术的人）只是以另一种面目出现的精神病人，只是不明就里地被那个时代的鬼魔论所累。

这当然是说不通的，不仅因为被认定是女巫的多数（尽管绝不是全部）是老年女性，然而古往今来在社会各阶层都会出现疯人，无论男女老幼。有一些女巫在今天的人看来是属于发疯了，然而有一些疯人仍然被认为是恶魔上身或遭天谴。两个类型有重合的时候，不过在当时的人看来，他们截然不同——从多数方面看的确是这样的。在十六、十七世纪，社会各阶层无论有没有文化都认为撒旦是存在于日常生活中的，整个世界到处是精灵和鬼怪——他们会以从经文中读到和自己亲眼看到的东西为证据。他们生活在一个死亡无处不在的世界中，因此撒旦也同样无处不在。两者是同样真实的。撒旦总是在寻觅可以诱惑的灵魂，以及可以招致麾下的罪人，让他们放弃抵制自己的阴谋，把他们变成邪恶的工具。

天主教捍卫者认为新教改革派是撒旦的代理、与黑暗势力狼狈为奸的异教徒。马丁·路德（Martin Luther，1483—1548）等人的反击变本加厉。罗马教宗是“反基督的”，“并旦”，英国神学家乔治·吉福德（George Gifford，约 1548—1600）表示，“他的伪宗教是……凭借［撒旦之］力建起来的”。[2] 对多数新教徒来说，驱魔仪式是在耍花招，魔鬼假装离开他依附的身体，为的是让容易蒙骗的旁观者愈发坚信天主教鼓吹的迷信和偶像崇拜。路德本人对这些神职人员的假模假式大加斥责：

> 谁能把那些以基督或马利亚之名驱走邪灵的诈骗行为 89
> 罗列出来！……这样的魂灵现身，体现和证明了炼狱，为死者举行的弥撒，为所有圣人举办的仪式，朝圣，修道院、教堂和礼拜堂存在的意义……但这些都源自恶魔，为的是维持他的憎恶和谎言，继续迷惑与蒙蔽人……倘若他愿意，被一个恶徒驱走对魔鬼是小事，然而魔鬼没有真的被驱走，只有把人更结实地掌握住，把他们困在他那可耻的骗术里。[3]

英国哲学家托马斯·霍布斯（Thomas Hobbes，1588—1679）痛斥了“关于仙子、鬼怪、哥布林和巫婆法力的粗鄙之见”，[4] 但这种观点在当时是异类。否定巫术和附体的观念，就会威胁到基督教的真理和人得到救赎的希望，甚至是在走向无神论。用英国教士、皇家学会（Royal Society）院士约瑟夫·格兰维尔（Joseph Glanvill）的话说，这意味着“否认魂灵、来世以及其他所有的宗教原则”。[5] 他还说，只有一个“得意忘形、自命不凡的傻子，才会言之凿凿地说不存在巫婆”。格兰维尔不是一个自然哲学家（“科学家”的时代也尚未到来，这个词本身直到十九世纪才出现），不过他是这门新学科最积极的守护者，在很多问题上，他的言论代表了当时最杰出的自然哲学家的立场。

和格兰维尔同时代的知识阶层中极少有人怀疑恶魔和女巫的存在，同时也相信他们的行为是遵循自然法则的。[6] 后面这一点非常重要：撒旦不具备推翻自然法则的神力。他和他的喽啰们可以制造奇观，但那不是神迹。后者只有神可以做到，因此，人们在“奇妙”（Mirum）和“神迹”（Miraculum）的区分上投入了格外多的热情。“撒旦别无他法，”法国加尔文派神学家朗贝尔·达努（Lambert Daneau，1530－1595）阐明了这一共识，“只能利用自然手段和原因……至于其他的或者需要更多力量的，他做不到。”[7]

专攻医术（Physick）的人和从事物理（Physics）研究的人一样，在他们的世界里给邪灵留了一个位置，他们和宗教人士争论的并非自然与超自然的对立，而是两者的边界在哪里。在医学中，这意味着要判断一个病例是应该用体液说来解释，
90 还是要归之于神或魔鬼的作用。这是一个微妙的问题，学者之间是存在不同意见的，就具体的病例产生的争议不见得体现的就是神学与医学的差异。恰恰相反，学院派医学作者以恶魔为病原的时候并不比那个年代的神学家少，在这类问题上，医学的名门正派和那些专论巫术的人并没有多少差别。在对恶魔的研究中，权威著作《恶行辑要》（*Compendium Maleficarum*，又称《女巫全书》）的作者、天主教驱魔师弗朗切斯科·马里亚·瓜佐（Francesco Maria Guazzo，生于1570年）非常依赖
91 “其他饱读诗书的医生”发表的文章。[8] 医生和神学家——无论新教还是天主教——都相信某些形式的疯癫是一种精神上的痛苦，是被附体或因罪受天谴的结果，但是他们同样也都愿意相

信其他形式的疯癫是一种疾病，由身体创伤或由对精神有影响的身体失常导致。[9]

雅克·卡洛（Jacques Callot）画作《被上身的女人》（又名《驱魔》，约1618）。一个显然处于癫狂状态的赤脚女人双臂伸展，身体向后弯曲，她被两个男人控制住，左侧的神父在请求圣母马利亚驱走附于她身上的邪灵。

忧郁的疯癫

在十六、十七世纪关于疯癫的论述中，一个格外突出的特色是忧郁明显成为学界热点，许多文艺复兴时期的人物在欧洲各地用当地语言探讨此话题。[10]对这种病痛的阐释，很大程度上有赖于当时刚刚流传开来的阿维森纳的，以及更久远的以弗所的鲁弗斯和盖伦等人物的著作，这些成果都让英国医学和神学家安德鲁·布尔德（Andrew Boorde，约 1490—1549）所称的“一种邪恶的忧郁体液”成为热门话题。“染上这种疯病的人，”他写道，“永远在恐惧和惊骇之中，认为自己永远也不会好转，灵魂或身体总有一个有了危险，或两者皆有。为此他们总是四处乱跑，不知道身在何处，除非有人看住他们。”[11]他们心中的黑暗与阴霾大多要归咎于黑体液——黑胆汁，或者是经过烟熏火燎的、刺鼻的黄胆汁，这两种体液的残留物会让身体出问题。

根据古代传统，忧郁被认为有多种成因。据蒙彼利埃解剖学教授安德烈亚斯·劳伦修斯（Andreas Laurentius，他在医学上谨遵盖伦理论正统）说，有些病例“皆因大脑有恙”。但是忧郁也有可能更多是全身的失常，“当……身体的大致温度和质地是忧郁的”，或者还有一种形式，“气胀性或惊恐性忧郁……起因在肠道，但尤其在脾、肝和一种叫‘肠系膜’的薄膜”——“一种干和热的失调”，他还在另一个地方称之为“疑病症”（Hypochondriake）。[12]

92 忧郁起因的多样性，与它在症状上的多变是一致的。“所有患忧郁症的人”，劳伦修斯说，“都有幻想上的困扰”，但是很多时候“他们的理智也会出问题”。[13]与他同时代的英国医生蒂莫西·布莱特（Timothie Bright，1551？—1615）也这样认为。正如忧郁这个词所提示的，它的表现有“恐惧、悲伤、绝望、流泪、哭泣、抽噎、叹气……”，以及“无缘无故地……既不能得到安慰，也无法安心，尽管并没有什么可害怕或不满意的事情，也不存在危险”。但是体液的扰动，及由此导致的失调，“会对大脑的实质和精神产生毒害”，进而“给幻想制造出可怕的对象…… ［并且］ 不需要外部原因就可以炮制骇人的空想”，这样一来“本身无法自行做出判断的心就只好相信大脑的错误报告，爆发无节制的情感，失去理智”。[14]因此，忧郁的人除了旁人都能明显看出的情绪和情感扰动以外，还可能存在幻觉和妄想。

染上这类疾病不是值得羡慕的事情，而且更糟的是，人们普遍认为“所有忧郁类疾病都是难以控制的、漫长的且极难治愈的”，因此“令大夫大为痛苦与煎熬”。[15]注意饮食、适当锻炼、充足的新鲜空气及健康的环境、热水澡，以及舒缓的音乐和睡眠，对情况的改善都是必要的，此外还有训练有素的医生善用的那些传统手段，如放血、拔罐、刮擦、催吐和催泄——这些方法都会被以一种谨慎且持续的方式使用，让身体恢复平衡，从而缓解理智所蒙受的困扰，释放情绪和幻想。

然而同样在这一时期，忧郁在有修养的阶层又是一种时髦，学者和才子似乎格外容易沾染这种病症。这依然是一种有古典时代渊源的风气。随着人们再度接触到古典知识，亚里士多德式的自然哲学也得到复兴，而这种哲学传统向来主张忧郁和杰出成就密切相关——亚里士多德的一些最忠诚的门生，甚至也许还有他本人，都是这样认为的。一个人有了忧郁的体液，在智力和想象力上似乎都会得到促进，诗人约翰·德莱顿（John Dryden）的著名诗句“天才与疯子比邻。从天才到疯子，只有一步之遥”[16]是对这种联系的赞美。拉斐尔因此将沉思的米 94
开朗基罗作为赫拉克利特的原型，放在了他在梵蒂冈的壁画《雅典学院》（1509/1510）中，而阿尔布雷希特·丢勒（Albrecht Dürer）的著名版画《忧郁 I》（1514）里那个带翅膀的创作天才也饱受忧郁症的折磨。

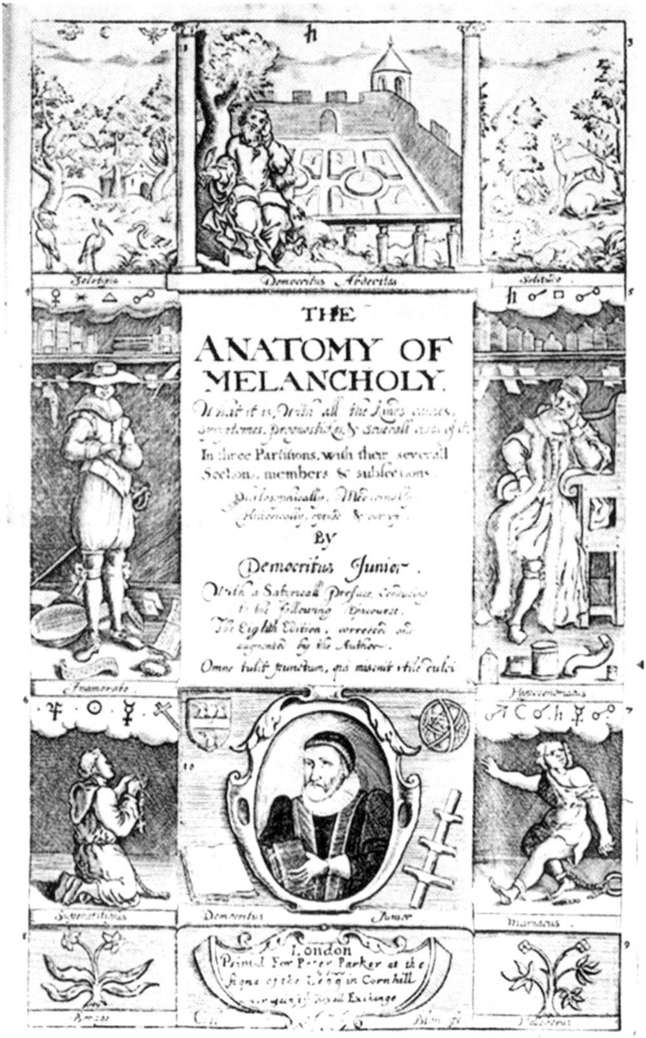

《忧郁的解剖》。这幅卷首插图首次出现在罗伯特·伯顿这本著名著作的第三版中。画中描绘了多种形式的忧郁疯病以及与疯癫相关的动物、药草和占星符号，其中一个画面描绘了一个在说胡话的躁狂者，他拉扯着自己的锁链，面部因愤怒而扭曲。

文艺复兴时期研究忧郁症最杰出的论著《忧郁的解剖》（*The Anatomy of Melancholy*）中用很长的篇幅详述这种观念，作者牛津学者、神学家罗伯特·伯顿（Robert Burton，1577—1640）以笔名“德谟克利特二世”（Democritus Junior）于1621年出版此书。整部巨著的最终完成版在伯顿死后于1660年出版，全书有将近1500页，汇集和整理了关于忧郁的西方传说和学问，纳入了先人的作品，但又显得高它们一等。伯顿本人的忧郁性情也许促使他去赞美忧郁症和创造力之间的关联，尽管他对黑体液造成的毁灭性抑郁肯定也很清楚。他承认“别人是听来、读来的，我是自己感觉和实践得来的”，并挖苦道“他们通过书本获取知识”，而“我是靠忧郁”。和许多先人一样，他觉得“恐惧和忧伤是多数忧郁的真正特点，与忧郁息息相关”，这些情绪在“没有任何明显的外因”的情况下突然降临到患者头上，将忧郁症与疯癫的另一种主要形式——躁狂区别开来。[17]

伯顿在书中大量引用医学前辈们的文字，和他们一样，他认为忧郁症大体上是一种体液失衡的产物，尤其是黑胆汁过剩。他反对找“术士、巫师、法师等”寻求治愈的倾向（或者用他的话说，是“不当的治愈”），赞许那些“上帝选中的人”——主要是通过“上帝的使节”，也就是医生提供去热或缓解痛苦的手段。因此要放血和用药以“向上或向下清洗”，要有蚂蟥和切开术、烙水泡和拔罐，但也包括其他医生的惯用手段，即关注所谓的非自然因素：“饮食、积滞与排泄、新鲜空气、身心锻炼、睡眠和行走，以及心情的激动或不安”。[18]最后伯顿还奉劝那些不想惹上忧郁的苦痛与麻烦的人，“别独处，别闲散”。[19]

然而，并非所有的忧郁症都能以这种方式来解释或医治，这是一个非常重要的限定条件。即便是在给出医疗干预建议的时候，伯顿也要求忧郁的读者们“先祈祷，然后找大夫；不
95 是选其一，是两者都要有”。[20]但是一定要先祈祷。这是忧郁起因于身体时的疗法。然而忧郁也可能有其他的来源，那时候医学的意义就有些模糊了。伯顿用很大篇幅论述了宗教忧郁，他和那个时代大多数有文化的人一样，能深切感受到活跃在人世间的撒旦，以及它在人们生活中现身并诱惑和折磨他们的能力。“妖魔的力量究竟有多大，”他写道，“它们能不能造成这种或者其他的疾病是一个值得思考的严肃问题。”“很多人认为自己可以对付身体，但无法触及头脑。然而经验告诉我们不是这样的，身体和头脑都是可以应对的。”“一开始是幻想，然后来势汹汹，任何理智都无法阻挡……忧郁的人是最容易受魔鬼诱惑和幻觉所害的，最利于取悦魔鬼，且恶魔最擅长左右他们”——不过“是通过执迷、附体还是别的什么，我无法确定，这是个难题”。[21]

在这一点上，伯顿从根本上仍然是认同和他同时代或略早于他的医学人士的，他们认为心智、身体和灵魂密切结合。比如，曾经是医生、后来领受神职的蒂莫西·布莱特就认为，对于那些“因罪的意识而得病的灵魂”，唯一有效的对策是心灵的慰藉。饱受如此煎熬的人并不是染上了“天然的忧郁”，不管它与“心灵的衰弱”多么相像，而对于这类病例，医学手段不会起作用。[22]安德鲁·布尔德提出过，除了源于身体的疯癫，“还有一种疯癫。得上这种疯病是被恶魔永远附体，成为邪恶的人”。[23]在巴塞尔大学教授医学的费利克斯·普拉特（Felix Platter，1536—1614）见过的一些忧郁症患者“让自己

相信他们是中邪了，被上帝抛弃了，并且……惧怕最后的审判和永恒的惩罚”。和其他形式的“神志疏离”一样，这类困扰时常是“天然的，对大脑即理智的所在地有一定影响”。然而，这同样可能是“源于一个邪灵的超自然原因”。当疾病依靠的是“来自恶魔的超自然诱因”时，治疗的手段就“不可能来自医生”。“恶魔需要通过教士和信徒因耶稣之名祈祷才可以强行驱除”，而不是用医疗手段。[24]

受命守护灵魂的教士对身体疾患产生兴趣也并非稀罕事。 96
西欧各地都不存在行之有效的资质认证系统，好把治疗的任务交给一个特定的专业群体，一旦神职人员要去处理信众的身体疾患，那么自然也要对精神有恙的人施以援手。圣公会教士理查德·内皮尔（Richard Napier，1559—1634）（见彩图15）就是这样的一位地方上的实践者，由于他的一些笔记意外得以幸存，加之现代精神病史学家迈克尔·麦克唐纳（Michael MacDonald）的细致发掘，我们对内皮尔的病人、他们的病痛以及得到的治疗有了很多了解。他的病人中可能有5%是出于精神困扰——发狂、闷闷不乐、忧郁、恍惚和绝望而求助于他的，这些人中既有平民百姓，也有他管辖下的白金汉郡教区的富人，还有人不远万里前来寻求他的建议，希望他能治愈各种各样的身体疾患。作为一名出身牛津、领着圣公会优厚“俸禄”的教士，内皮尔用各种方法来满足他们的需求。

和他的同代人伽利略一样，内皮尔也是一名占星家；和艾萨克·牛顿一样，他对炼金术也颇有研究。从中我们可以看到，在十七世纪，即便学富五车之人的精神世界，也和我们今天有很大不同，他们会用一个共同性的框架把我们如今觉得相互矛盾的精神世界融为一体。[25]内皮尔在医治病人时采用了这些秘术，小心记录他们的症状，还会使用占星术之类的办法辅助他预判病情。同时，他也给他们放血、催泄和催吐，让他们佩戴有星象符号的魔法护身符。如果“有人郁郁寡欢、头脑紊乱或为巫术、魔法或妖术［所害］”，他建议“先给他们放血……然后说‘主啊，我祈求你，让撒旦的污秽从这男人或女人或孩童身上出来，她或他已经被害苦了’”。[26]这种将魔法、宗教、超自然力量和医学混为一谈的观念，在知识阶层和平民中是一样的，他们都认为若要对各种疾病的病情发展施加影响，就可以——事实上是必须——将这些手段融合起来。存世的内皮尔笔记时间跨度为 1597～1634 年，在此期间有成千上万的病人来找他看病，也给他带来了相当可观的财富。

97 理查德·内皮尔治疗了许多种精神病症，其中有的很轻微，有的则相当严重。他的病人中女性居多：1286 个女性精神失常病例，男性的只有 748 例，而他也并不掩饰自己对女性以及她们智力的蔑视。要辨析这种性别差异的原因是很困难的。这究竟是反映了当地人口的性别比例失衡，女性倾向于向医生吐露内心秘密，大量慢性妇科病让许多女性的生活无比煎熬，还是那个年代的女性更容易罹患精神病症？连投入数年试图解开这个谜题的麦克唐纳，也只能承认自己无法下定论。病人中有穷有富，但大多是中等收入水平的人——农民、工匠及他们的配偶，不过随着内皮尔名气大起来，从 1610 年代中期开始，一些贵族也慕名而来，其中有伯爵和伯爵夫人，甚至还有一位公爵的兄弟。许多人处于悲苦与绝望之中，往往刚经历过伤痛之事。还有一些人表现出了感知障碍，频频出现幻觉或妄想。内皮尔常称这些人是“眩晕的”或“恍惚的”。对于那些行为严重失常的病例，比如会胡言乱语和行为不可预测的；

威胁或实际使用过暴力，会危及人或财物安全甚至带来毁灭的；还有明显处在自毁边缘的：他发现，每二十个精神不正常的人当中就有一例，此时他会使用“疯狂”或“错乱”来形容这样的病人。对病人自身以及他们的家人来说，这是最糟糕的、最痛苦的精神失常形式，同时也是最困难、最紧急的：他们无视常人的行为约束，不在乎社交礼节和社会等级，完全不知道自己下一步会做什么，他们的行为令人作呕，同时没人能控制。如果精神错乱者戴着镣铐，往往是因为他们引发了恐慌，而不是抓住他们的人有多残忍。[27]毕竟这是一些企图把世界翻个底朝天的疯子。

划出边界

当然，一个精神失常病例具体应该属于医学还是神学范畴，要确定这样一道边界是很复杂的，而这个问题自然也会频频引发职业上的嫉妒和争议。在离内皮尔不远的南安普顿从医的约 98
翰·柯塔（John Cotta，1575—1650）坚持认为，“一切被认为由恶魔而起的疾病……都有必要去看医生”。[28]他看不起那些插手医疗事务的“无知业者”，尤其是“教会的人、代理牧师、主持牧师，在这个王国泛滥成灾，他们与世隔绝，坐在自己的豪华办公室里，拿着税金和其他霸占来的他人财物”。[29]也许他的近邻内皮尔就是他的目标之一，但我们无从知晓。然而这背后的职业冲突是很明显的，尽管柯塔并不否认“有许多东西拥有巨大力量和奇效，盖过了理性和自然在起作用……真正的恶魔在作祟”。[30]

至少从表面看，这类冲突在伦敦有一次格外凶险的展现，事情始于伊丽莎白女王在位最后一年，也就是1602年的4月。一个名叫玛丽·格洛沃（Mary Glover）的年轻女子要给住在附近的老妇人伊丽莎白·杰克逊（Elizabeth Jackson）带个信。但是杰克逊对玛丽心怀怨恨，把她逼到角落，对她大加辱骂与诅咒，希望她“惨死”。这个十四岁的姑娘最终逃脱出来，但陷入了失常状态。她时而出现呼吸困难、失语或失聪的情况，经常无法进食，她的身体有时扭曲成一个几乎不可能做到的姿势；时而则好像是瘫痪了。玛丽（她的父母是虔诚的清教徒）引来人们的围观，他们从她的行为得出结论——恶鬼附体。杰克逊夫人很快被逮捕、审判，被认定是一个巫婆。由于巫术法规被暂时停止实施，她得以免遭处决。在杰克逊的庭审中，一位名叫爱德华·乔登（Edward Jorden，1569—1633）的伦敦医生作为被告的证人出庭。他坚称玛丽·格洛沃不是中了巫术，而是生病了，受困于“子宫的窒息”，亦即癔症（hysteria，来自希腊语“hystera”，即子宫）——子宫在体内游走，导致一种窒息的感觉，会出现突发性憋气或吞咽困难——正如我们看到的，这是另一种有古代根源的疯癫形式。

此事似乎是迷信世界和科学世界的碰撞，一方笃信玄奥的东西，而另一方是以绝对自然主义的视角来看待世界的。乔登在庭审后写了一本小册子，坚持玛丽·格洛沃需要吃药而不是圣职者的干预。“为什么，”他问道，“在一个关乎人体（理应属于医学范畴的对象）行动和性情的问题上，不选择由医生来定夺，而是听从我们自以为是的想法，然而在应属圣职者、
99 律师、工匠的领域我们遵从这些专业人士的观点？”[31] 在对玛丽·格洛沃行为的解释上，科学以自然世界为依据，而宗教诉诸超自然，二者不应当是完全矛盾的吗？

只不过事后我们才得知，乔登的干预是由伦敦主教理查德·班克罗夫特（Richard Bancroft，1544—1610）促成的，首

要目的是进行宗教宣传，用以败坏将格洛沃的行为归咎于恶魔附体，希望通过驱魔仪式或祈祷和禁食的方式驱走恶魔的那群人——清教徒和天主教徒——的名誉。乔登的医学院同仁大多相信格洛沃的确是中了巫术，班克罗夫特的阴谋从两方面看是失败的：首先杰克逊被裁决为巫婆；其次玛丽·格洛沃的清教徒亲友在审判后聚集在她床边。一场大战开始了。清教徒们祈祷着。年轻的姑娘浑身抽搐。她的身体扭曲成了一个环形，后脑勺碰到了脚跟。她的症状严重起来。突然之间，她大叫着神降临了，主解救了她。她被治愈了——或者以在场者看来，是恶魔被驱走了。接下来的整个十七世纪，她的故事一直为清教徒津津乐道。还有什么比这更能证明自己的宗教信仰才是货真价实的呢？[32]

癔症始终是一个极具争议性的诊断，即使在医学人士中也是如此。除非有意视而不见，认为精神疾病只是迷思，一个贝德兰姆病例——脱离于我们共同认知的现实之外，似乎跟我们并不在一个精神世界里的人——是任何人都能辨认出来的，尽管围绕这类问题的成因以及对策依然存在激烈争议。然而癔症是特例，除了在患病者及其身边的人之间制造情感混乱之外，这种变色龙般的疾病可以“模仿”几乎所有疾病的症状，而且似乎会随所处的文化环境而改变。不管是真是假，它的情形和成因引发了许多争议（接下来的几百年里始终都是）。被诊断患有癔症的人时常会拒绝这一标签，而很多人觉得这更像是装病和欺诈，并非真有病。另外，正如我们刚刚看到的，它导致的怪诞表现，在一个灵怪出没的世界很容易被联系到恶魔附
体。然而它带来的困扰从未消失，只是有时处在疯癫“王国” 100
的边缘，有时则显得更接近中心；有时被人遗忘，有时则成为

精神失常的典型表现。

清教徒用玛丽·格洛沃的“驱邪”事迹宣传他们的基督教宗派这一做法，也同样成了标准手段。早期基督徒使用神迹这个宝贵的武器来推动他们的诉求。在文艺复兴时期（同时也是宗教改革和反宗教改革时期），通过驱魔的方法解救被困于非理性和疯狂世界的人变成了新教徒和天主教徒比拼各自主张的机会。绝大多数清教徒不接受罗马教廷的仪式，包括天主教的驱魔仪式，但取代它的是在病榻边的漫长祈祷和禁食，一旦有了理想的效果（这当然和天主教徒进行驱魔时没什么不同）便据此宣传，称疯癫的男女被治愈表明了神恩的眷顾，同时证明他们的教义之真。希望在这两种极端之间找到一个位置的圣公会教徒，对两者都颇为鄙视。比如先后在奇切斯特和诺里奇任主教、又成为约克大主教的塞缪尔·哈斯内特（Samuel Harsnett，1561—1631），先是指责了清教徒驱魔师约翰·达瑞尔（John Darrell），[33]然后直指天主教的大主教们，[34]在此期间，他对恶魔与巫术的存在也提出了质疑，并对一些据信属超自然的现象给出了自然主义的解释。在哈斯内特看来，驱魔是精心安排的“骗局”，设局的人会“打开幕布，看着他们的木偶戏”——“神迹剧”既是一场“盛大演出”，又是一种“神圣的障眼法”，这两种特点共同构成了一出“悲喜剧”，无论是天主教司铎还是清教神职，都在蒙骗各自同样容易上当的信众。于是就有了这样神奇的讽刺局面，至少在英格兰，教派之争通过此事以及此后一些事件改变了对精神错乱根源的认知，促进了更世俗的疯癫观念的形成。

然而，这一过程是出人意料且绝非有意的。莎士比亚读到了哈斯内特对驱魔连篇累牍的攻击，这很多方面影响了他在

《李尔王》中对疯癫的呈现，该剧在 1606 年首演。例如爱德伽装疯时自称是被魔鬼附体——“可怜的汤姆”被“叫作‘弗力勃铁捷贝特’的恶魔”纠缠，还有奥别狄克特、霍别狄丹斯、玛呼和摩陀。这些惊悚的名字都直接取自哈斯内特记述的耶稣会假驱魔仪式。爱德伽的装疯因此就成了对天主教伪造附体以欺骗世人的写照与嘲弄，甚至具体到了其中的一些形象——奇怪的嗓音、麻痹、诅咒——以及莎士比亚所使用的语言。[35]装疯还让人想起多产的卡拉布里亚哲学家、多明我会修士托马索·康帕内拉（Tommaso Campanella，1568—1639）的著名例子，他在 1599 年险些被作为异端和叛乱者处死，靠装疯躲过一劫。[36]然而在莎士比亚笔下，通过爱德伽这个例子，恶魔附体的疯癫被作为一种伪术——一个被自己的私生子兄弟追杀的角色，孤注一掷地用装疯保住性命——呈现了出来，然而对李尔本人错乱的刻画则明显是用了另一种笔调：其根源并非超自然，而是全然的人性。疯癫被自然化。这是一个逐步的过程，国王饱受严寒与风雨，但更重要的是遭受一系列难以承受的心理冲击：被自己的两个女儿背叛；渐渐认识到自己的愚蠢与罪过；科迪利娅的死。“啊！不要让我发疯，不要发疯，天哪，”李尔哀求道，“制住我的怒气，我不愿发疯！”但是，正如观众所知道的，李尔已经疯了——也许弄人（Fool）也是如此，弄人的精神状态让他可以尽情道出凡夫俗子不敢吐露的真言。

戏剧潜力

疯癫是贯穿于多部莎士比亚戏剧的主题，有悲剧也有喜剧。在这两种文学体裁中，疯癫扮演了很不一样的角色，在非常不同的层面呈现，然而莎士比亚这样反复以此为戏剧手法，与他的同时代和相近时代的人是一致的。商业性的戏剧在伊丽莎白执政末期出现，最初的那些戏剧家经常将疯癫作为剧情的一个元素。在莎士比亚推出自己的第一部剧作之前，疯癫的戏码已被证明具备了剧团想要的那种票房号召力。莎士比亚对这种剧情手法的运用营造了比前辈更强的效果，从中我们看到了对疯癫和人性更丰富的观察。不过在他所处的时代，作家和艺术家对疯癫问题的着迷显然达到了前所未有的程度。

在莎士比亚的上一辈乃至更久远的年代，古典学说在欧洲的全面复兴拓宽了人们对希腊和罗马文学的了解。当然，这种复兴和文艺复兴时期的一大特征——对古物珍玩的倾慕与狂热——是互为因果的，事实上“文艺复兴”这个名称正是由
102 此而来。在意大利、法国、西班牙乃至英格兰，古典时代对戏剧产生的最重要影响来自公元前三世纪末到公元前二世纪初的普劳图斯（Plautus）喜剧，以及公元一世纪的塞涅卡（Seneca）悲剧。十六世纪作家接触到的并非更早的希腊戏剧，而是这些罗马戏剧，这些剧被他们翻译成本国语言，成为他们的模型——一开始意大利人和法国人对它们的改编十分呆板，而西班牙人和英格兰人则更自由（也更成功）。[37]

在希腊模型的基础上，普劳图斯用自己的喜剧进行政治讽刺和社会评论，当时罗马共和国与迦太基和汉尼拔的第二次布匿战争即将结束，与希腊的第二次马其顿战争刚刚开始。普劳图斯大量使用程式化的情节和人物，例如说大话的士兵、聪明的奴隶和好色的老人，揶揄权威与权力的自负与倒错。[38]从塞涅卡的剧作标题——《阿伽门农》、《俄狄浦斯》、《美狄亚》、《疯狂的赫拉克勒斯》（*Hercules Furens*）——我们已经可以清楚地看到，他的灵感来源也是希腊。但是他的悲剧是按照罗马

帝国的文化进行了改编的，尤其是卡里古拉和尼禄在位时期：一个极端邪恶的世界，充斥着酷刑、乱伦、阴谋和暴力致死，这些在他对悲剧故事的诠释中都以直白的形式反复出现。

在塞涅卡的悲剧中，我们看到的躁狂疯癫是暴力、激动、不受控制也无法控制的怒火，十六世纪英国戏剧中以最惊悚的方式呈现出来的精神错乱也是这样，而观众对此显然十分受用。塞涅卡的《菲德拉》（*Phaedra*）是根据欧里庇得斯的《希波吕托斯》创作的，但在对似火激情、乱伦欲望、狂躁情绪和血腥死亡的描绘上，它显然比后者要骇人和放纵得多。还有塞涅卡的《提厄斯忒斯》（*Thyestes*）中阿特柔斯的行为。依据古典神话，阿特柔斯把弟弟的儿子抓来杀死，做熟了给他们的父亲食用，看着提厄斯忒斯享用这样的食物并打饱嗝，让他有种窥视他人的快感。呈现在舞台上的纯粹的恐怖和背德恶行，以及冲击着观众感官的施虐举动，是十分惊人的，在《疯狂的赫拉克勒斯》中更是夸张，疯狂的主人公在舞台上公然用箭射穿了一个儿子的喉咙，然后把另一个儿子逼到角落

> 发疯地让他一圈圈地旋转，猛地 103
> 掷出去；他的头撞在石头上发出
> 巨响；屋子里到处是飞溅的脑浆。

至于他的妻子，他用一根棍子凶狠地击打，直到

> 她的骨头被打碎，
> 她的头从血肉模糊的身体脱落，
> 完全掉了下来。[39]

在十六世纪末英国的复仇悲剧中也出现了类似的主题，这种戏剧类型很快成为启发它们的古罗马戏剧的一种补充，随后更是取而代之，其中最早也最具影响力的巨作是托马斯·基德（Thomas Kyd）创作于1584～1589年的《西班牙悲剧》（*Spanish Tragedy*，又名《赫罗尼莫又疯了》[*Hieronimo is Mad Again*]）。剧中情节相当血腥，有一连串的绞杀、刀刺和自杀，还有一个人为避免在受刑时招供而咬掉了自己的舌头。这些都是围绕着几名主人公的发疯展开的。

基德的一切，到了莎士比亚那里都会被更进一步。1594年首演的《泰特斯·安德洛尼克斯》（*Titus Andronicus*）太过暴力和恐怖，以至于莎士比亚死后几百年里一直都有人认为此剧是不可以演出的，甚至对它是否真的出自莎士比亚之手都有质疑——尽管无论局部还是整体，几乎没什么证据表明它不是。在全剧开场，打了胜仗回到罗马的泰特斯命他的两个儿子杀死被擒获的哥特人之女王塔摩拉的长子，为他战死的几个儿子报仇。两个儿子欣然受命，砍下阿拉勃斯的四肢，将他开膛破肚，焚烧其遗骸。接下来，泰特斯杀死了自己的一个儿子，因为他胆敢质疑父亲的突发奇想；没过多久，塔摩拉其余的儿子（他们的母亲已经嫁给了由泰特斯推上王位的皇帝）设法杀死了皇帝的弟弟，奸污了泰特斯的女儿拉维妮娅（还割掉她的舌头，砍掉她的双手，让她不能告密），并将杀人罪行推到了泰特斯剩下的两个儿子身上。上当的泰特斯将自己的左手砍下交给皇帝，因为他得到了承诺，只要这么做就可以保住已经在劫难逃的儿子们的性命——结果他那砍下的手被还了回来，同时回来的还有他儿子的头颅。泰特斯也许是因为疯了，
104 也许是装疯（这个手法此后莎士比亚会在《哈姆莱特》中再

次使用)，他煽动国王把自己交给塔摩拉的两个儿子来看管。他随即割断了他们的喉咙，用一个盆接他们的血——盆由他那被截肢的女儿用残肢捧着。

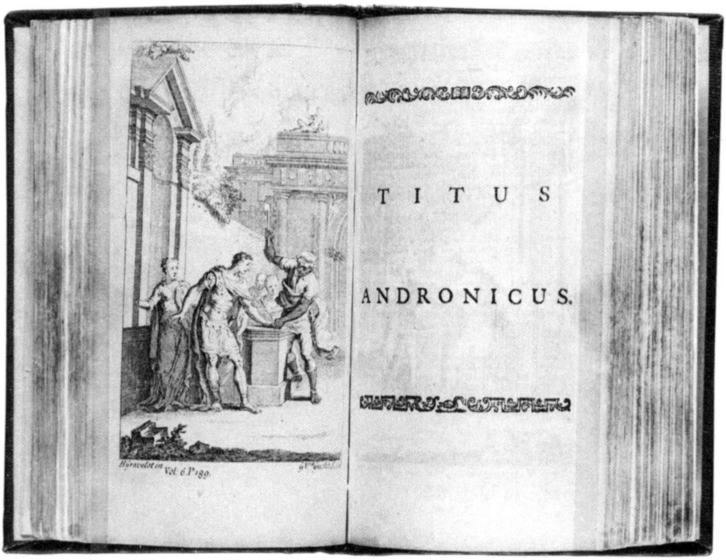

失常世界的疯癫。泰特斯·安德洛尼克斯让人砍下自己的手，这只是莎士比亚同名剧作中一系列非理性行为之一。

接下来的那场盛宴，他邀请了塔摩拉和皇帝。在杀死了被强奸、截肢的女儿（她被人“强行奸污”，因此必须得死，只有这样才能让她免于继续受辱）之后，泰特斯开始实施最后的病态复仇。他对询问塔摩拉儿子下落的皇帝说：

嘿，他们就在这盘子里头，
那烘烤在这面饼里的就是他们的骨肉，
他们的母亲刚才吃得津津有味的，

也就是她自己亲生的儿子。①

在宣告塔摩拉吃了自己的儿子后，泰特斯顿了顿，让她有时间体会这一幕的恐怖，然后一刀刺向她的心脏。皇帝萨特尼纳斯反过来刺死了泰特斯，后者剩下的两个儿子之一路歇斯将
105 整个混乱的场面推向高潮——他用自己的匕首杀死了皇帝。血腥的故事此时已接近结局（而这只是全剧种种恐怖场面的一小部分）。在全剧第一场参与截肢和杀死塔摩拉长子的路歇斯登基称帝，并完成了最后一个复仇之举：塔摩拉的秘密情人，一直在背后出谋划策的邪恶人物艾伦，被叫上前来接受判决。

把他齐胸埋在泥土里，让他活活饿死；
尽他站在那儿叫骂哭喊，不准给他一点食物；
谁要是怜悯他救济他，
也要受死刑的处分。

对此艾伦回之以轻蔑：

我不是小孩子，你们以为我会用
卑怯的祷告，忏悔我所做的恶事吗？
要是我能够随心所欲，
我要做一万件比我曾经做的更恶的恶事；
要是在我一生之中，曾经做过一件善事，

① 本书引用的莎士比亚作品的译文，均采用朱生豪等译《莎士比亚全集》，人民文学出版社，1994 年版。

我要从心底里深深懊悔。

“殷红的血流”,[40]堆积的尸骸,肆意的奸污、截肢和人肉喂食,冤冤相报的杀戮场,在这种种血腥场面中,疯癫悄悄潜入舞台:这里没有不显山露水的、内在的疯癫,而是以没完没了的杀戮、暴力和堕落表现了出来,是来自一个错乱世界的疯癫。道德准则已经解体,人性彻底毁灭——不止一个人物要用自己的苦难来娱乐观众。

这部极受欢迎的戏获得了巨大的商业成功。老百姓花一便士进场看戏,上流人则坐在楼上的包厢里,装作是来欣赏戏中诗句的。直到半个世纪之后,剧评人才开始回避它,观众也感到无法消受这扑面而来的恐怖——反感持续了几百年,其间只有寥寥几次破例,直到刚刚过去那个血腥世纪的最后几个十年,这些地狱般的残酷场景才得以重现,而这部剧似乎也再次被认为是可以接受的娱乐了。

十六世纪末的伦敦涌现了一批商业剧院,它们大多在已成 106
形的城区的边缘,像《西班牙悲剧》和《泰特斯·安德洛尼克斯》这样的复仇悲剧频频上演。但是,剧目的种类很快多样起来,舞台上的疯癫也有了一种新的、更丰富的样貌。莎士比亚和他的同代人创作了大量的娱乐内容:喜剧、历史剧等数之不尽的戏剧类型,而且观众也开始能够欣赏更高雅的娱乐形式。

无穷多样的疯癫

在这个过程中,疯癫成为剧作家的惯用手段:不只是老一套的狂躁人物形象,以咆哮、口吐白沫、双眼翻白、激烈的言论和暴力的行动为特征的那种疯癫;而是纳入了一个新的、更宽泛的疯人范畴，成为娱乐或喜剧的源头，或是作为一种情节设定，也许可以起到释放或创造紧张气氛的作用。在真实世界里，詹姆斯一世时期的精神错乱者很少被关进疯人院——事实上，除了那座日渐破败的小型慈善医院贝德兰姆（只接收少量病人），现存史料中完全找不到有关专门禁闭疯人的场所的记载。然而疯人院场景，尤其是以贝德兰姆为背景，或围绕着贝德兰姆人的情节，在十七世纪的最初几十年里依然司空见惯。

有时候疯人的存在非常不自然，与剧情几乎没什么关系。例如托马斯·米德尔顿（Thomas Middleton）的《调换儿》（*The Changeling*，1622）的一整个分支情节讲的就是关在阿里比乌斯疯人院里的疯子，那剧中的疯人院显然仿照了贝德兰姆。发疯的戏码是一种消遣，一段插曲，与悲剧故事主线几无关联，但可以趁机奉上一场肆无忌惮又取悦众人的疯子舞蹈。相形之下，约翰·弗莱切（John Fletcher）在《朝圣者》（*The Pilgrim*，1621）中把女主人公和她的父亲送进了疯人院，疯戏就不是那么无关紧要了，尽管依然带来不少逗乐和消遣。那里的疯子角色包括一个“雌貂一样……淫荡”的女人，和一个一本正经、乍看很正常的年轻学者。就在即将出院的时候，有人不经意间提到了天气，他的疯癫瞬时展现出来。“骑上海豚，”他斩钉截铁地对众人说，“我会让整个世界颤抖，因为
107 我是海神尼普顿。”过了一会他又下令：“我的海马！我要向北风发起进攻，打破他的膀胱。”

观众的热烈反响推动了这类嬉闹场面的流行。但疯癫也开始被用于一些更严肃的目的。适合用于讽刺的疯子形象成了戳穿伪装、展开争议性社会反思的工具。清教徒自然成了目

标——这些无趣的人对戏剧以及它的一切理念都心怀憎恨：托马斯·戴克尔（Thomas Dekker）的《诚实的娼妓》（*The Honest Whore*，1604）里的清洁工，可能是剧作家第一次进行此类尝试的产物，当然后面还会有很多。那个清教徒？——“他完全没希望，除非他能掀掉教堂尖顶，用敲钟绳上吊。”[41] 为了暗示疯癫与正常的区别有多么微妙，他还问道：“为什么呢？……为什么要是所有的疯子……都来到这里，城里就不剩什么人了。”这是对莎士比亚的一个尖刻笑话的再利用，戴克尔让哈姆莱特对小丑（一个不知道自己在跟哈姆莱特说话，而且坚信他已经被送去英国的人）说：“嗯，对了。为什么他们叫他到英国去？”小丑立刻答道：“就是因为他发了疯呀。他到英国去，他的疯病就会好的，即使疯病不会好，在那边也没有什么关系。”“为什么？”哈姆莱特问。“英国人不会把他当作疯子，”小丑说，“他们都是跟他一样疯。”

和他的同时代人一样，莎士比亚很擅长在悲剧里穿插一些有喜剧效果的情节，在喜剧里含沙射影地提及疯癫，开一些时有严肃内涵的玩笑。这些剧里同样有借疯癫及其治疗方式的刻板印象发挥（和传播）的意象。“爱情不过是一种疯狂，”他在《皆大欢喜》（1599/1600）中对我们说，“我对你说，有了爱情的人，是应该像对待一个疯子一样，把他关在黑屋子里用鞭子抽一顿的。那么为什么他们不用这种处罚的方法来医治爱情呢？因为那种疯病是极其平常的，就是拿鞭子的人也在恋爱哩。”（詹姆斯·雪利［James Shirley］在《笼中鸟》［*The Bird in a Cage*，1633］中说疯人院是“一个用鞭子让我们恢复理智的地方”；约翰·马斯顿［John Marston］在《你会如何》［*What You Will*，1601］中下令“关窗，让房间暗下来，拿鞭子：这家伙疯了，他在乱叫——说话语无伦次——精神错乱”。)

但在莎士比亚的作品中我们尤其可以看到，疯癫得到了更加丰富的描绘，在其病原方面，作者强调自然而非超自然的因素，这是在顺应和推动对魔法或天谴之类解释的摒弃。扰乱自
108 然秩序，尤其是对激情的唤起，被认为对身体有着巨大的伤害——无论身体还是精神健康都受影响。例如梦游的麦克白夫人再度回到杀死邓肯的噩梦中：

> 去，该死的血迹！去吧！……谁想得到这老头儿会有这么多血？……这儿还是有一股血腥气；所有阿拉伯的香料都不能叫这只小手变得香一点。

怀着远大抱负的麦克白夫人起初是坚定不移的，比她那优柔寡断的丈夫强得多，但她的心理最终还是崩溃了，被自己目睹的恐怖场面击垮。“这种病我没有法子医治”，躲在角落里的医生说，“她需要教士的训诲甚于医生的诊视。”

另一个更不幸的例子是被哈姆莱特的残酷逼疯的奥菲利亚——他恐吓、背叛她；假装爱她，然后把她甩在一旁；杀死她的父亲。她失去了理智。虐待和伤痛让她“失去了她的正常的理智。我们人类没有了理智，不过是画上的图形［即人类外在的仿制品］，无知的禽兽”。我们如何得知她疯了？这个原本端庄的少女回到台上，唱起粗俗的歌曲。她前言不搭后语，令人困惑。然后她消失了，观众得知她迷乱中来到了河边，爬上一棵柳树的树枝，然后

> 落下呜咽的溪水里。她的衣服四散展开，

使她暂时像人鱼一样漂浮水上；
……
她的衣服给水浸得重起来了，
这可怜的人歌儿还没有唱完，
就已经沉到了泥里去了。

在疯狂之中，她不再像以前那样，对身边的男人表现得服服帖帖，而是向他们夸示自己的身体（至少她是这样说），到最后她逃脱了人生的桎梏，但是付出了生命的代价（见彩图17）。

至于哈姆莱特本人，他是一个为当时的人所熟悉的戏剧类型的主人公，但这部戏剧将他塑造得别有不同。他踌躇、犹豫、反复无常，是纠缠不清的典范；无法选择“生存还是毁灭”，是行动还是拒不行动；在后世眼中，他生动地代表了一个持续困扰着人们的问题：理智和疯癫之间的界线在哪里。哈姆莱特是疯了，还是只是在装疯？“天上刮着西北风，”他自己对我们说，“我才发疯：风从南方吹来的时候，我不会把一只鹰当作了一头鹭鸶。”然而，从很多方面来看并不是这样的：他那勤于反省的忧郁；他对自杀的沉思；他对奥菲利亚的死以及其他许多事做出的不恰当、不遮掩的情感反应。 109

对于众多呈现于舞台的疯癫形象，一个最显眼的特征是他们是面向所有人的。正如关于哈姆莱特的精神状态的争论提醒我们的，“同样”的奇观，在不同的观众群体中，在持不同文化期待的人当中，可能会有非常不一样的理解。这种对疯癫的描绘是任何人都可以借鉴的，无论此人有没有文化。我们不能忘记，那个年代的剧场有着非常庞大而多样的观众。一些伦敦剧院里会有多达三千人挤在一起看戏，其中有社会各阶层的人，尽管也有一些剧团——例如大幕（Curtain）、环球（Globe）、玫瑰（Rose）和天鹅（Swan）等剧院会进行只面向贵族观众的私人演出。鉴于维持一个广泛而多样的剧目的必要性，像宫务大臣剧团（Lord Chamberlain's Men，莎士比亚的剧团）这样稳定的专业剧团开始涌现，让平民百姓和达官贵人有了许多机会领略舞台上呈现的疯癫。

小说与寓言

然而戏剧并非唯一被越来越多地用于再现和探讨疯癫的虚构手段。在十六世纪，街头传唱的叙事曲和市井歌谣经常以疯癫为主题，除此之外，还有一些日渐精进的文学形式在向文化阶层提供娱乐与启迪，以及描绘错乱的精神。卢多维科·阿里奥斯托（Ludovico Ariosto）以罗兰的疯病为题写就的史诗《疯狂的罗兰》（*Orlando furioso*），以意大利文原版及多语种译本在十六世纪欧洲广为流传，对其他作家产生深远影响。1516年在费拉拉首次上演的《疯狂的罗兰》将多个元素巧妙地糅合在一起，有罗兰的骑士爱情故事，有亚瑟王传奇，还有狂暴的赫拉克勒斯这样的古典神话。

110 罗兰的暂时疯癫只是这部鸿篇传奇故事中的一个元素，但主人公因对异教徒公主安杰丽卡的单相思而发狂，不只是全诗的核心片段以及书名来历，还成就了最生动的几段诗文。"Furioso" 在意大利语中有狂乱、暴怒和发疯的意思，还让人想到希腊神话中惩罚人类罪行的复仇女神厄里倪厄斯。[42]因安杰丽卡的私奔而疯狂的罗兰"没有武器，赤身裸体地游走着"。然而，他的疯狂如此危险，以至于"他所到之处的人都如临大敌"。人们见到他来了，纷纷四散逃开。

被他抓住的会付出代价，
让你们胆敢靠近一个疯子……
有的人被他一掌拍死
有的被头碰头脑浆四溅

在这场野蛮而肆意的暴力中，他的杀戮与复仇悲剧中的躁狂暴行是呼应的——事实上英国剧作家罗伯特·格林（Robert Greene，1558—1592）就把全诗改成了一出戏，此剧于1591年在伦敦上演，此后一年再度演出。疯狂的罗兰还出现在十七世纪初的另一部描绘疯子的作品中，它就是塞万提斯那部影响更为深远的《堂吉诃德》。塞万提斯的故事不仅再一次唤起人们对罗兰和骑士时代的记忆——毕竟，阿隆索·吉哈诺的癫狂乃至变身为游侠堂吉诃德，正是源于他对骑士小说的过分痴迷与狂热——而且作者在主人公的江湖闯荡中时常毫不掩饰地使用来自《疯狂的罗兰》的典故。

不过，堂吉诃德的疯癫与滥杀无辜的罗兰有着截然不同的形态，尽管其中也不乏打斗和流血。堂吉诃德的蠢行从根本上是逗乐而非骇人的。人人都知道他是个疯子。他有幻觉，陷在自己的执迷之网中无法挣脱，与周围的人显然不在同一个遵从常理的现实中。穿着锈迹斑斑的盔甲首次出征期间，他来到一座被他误以为是城堡的客栈，他祈求被他当作领主的店主授予自己骑士头衔。那人拒绝了。但是第二天上午，堂吉诃德和一帮脚夫打了一架后，店主改变了态度，给了他一个骑士头衔，好把他糊弄走。从此以后，我们的游侠就中了邪。在他自说自话的英雄历险中，所遇之人都在嘲笑他，指称他是个疯子，攻击他。他错把风车当巨人并发动进攻的事家喻户晓；他还把羊群当成敌人的部队，开始攻击、宰杀它们：“他边喊边冲到了羊群中间并开始狂扎乱刺起来，那果敢、威猛的劲头，还真像是在跟不共戴天的死敌拼杀一般。”[1]

罗兰对安杰丽卡公主的单相思让他发狂。他在乡间横冲直撞，毁掉所见的所有人和物。他赤身裸体，用一具尸体当武器，击杀四散逃离的人们。

112 然而，赶羊的人自然对他的行为大为恼火，他们不打算袖手旁观。他们朝他扔石头，把受伤的他从马背上打了下来。也许这能让他恢复理智？恰恰相反，当忠诚的桑丘抱怨他为什么攻击那些可怜的畜生，指着小小战场上的尸骸说它们是羊不是

① 本书引用的《堂吉诃德》译文，均采用张广森译，上海译文出版社，2006年第1版。

人时，堂吉诃德用无懈可击的疯人逻辑做出回应。外表是有欺骗性的：这些其实是士兵，他刚刚和他们英勇作战来着，但是“这个找我别扭的恶棍看到我一定会通过这场战斗名声大振而心生妒忌，所以就把对阵的两支大军变成的羊群”。[43]

我们由此得知，疯子不受理据和经验的影响，因此，通过没完没了的考验和磨难，堂吉诃德成了一个悲喜参半的人物。他的生活与他的幻觉和妄想是不可分的，以至于待到终于恢复理智（在比小说第一部晚了十年才出版的第二部的结尾），他很快就离世了。

小说本身自然活得好好的。第一部早在1611年就已经有了英译本，其他各种版本也迅速在欧洲各地出现。它无疑开创了一个文学流派，即以疯癫为根基，在一个走向混乱的世界里思考着表象与现实。它的力量如此巨大，在今后的几个世纪里一直在激发艺术家的灵感，让他们将它那惊人的文字意象转化成素描和油画等迥然不同的表达形式。一开始是在小说插图版中的素描作品，但在此后的几百年间，包括多雷和杜米埃（见彩图16）、达利和毕加索等艺术家都对它表现出浓厚的兴趣，试图将塞万提斯的文字变成一系列令人难忘的画面。

疯癫与艺术

从意大利文艺复兴时期的宫殿到（略晚一些的）欧洲各地的同类场所，在王室和贵族的资助下，艺术迎来了繁荣期，从十五到十七世纪，艺术创造有了迅速而非凡的进步。（天主教国家的）教堂寻求新的祭坛画，成了视觉艺术的有力资助者。印刷技术的进步，尤其是雕版技术，让艺术品可以批量复制，传播给广大的受众。与建筑师、雕塑家不同的是，画家无法直接模仿古典时代，最起码的一个原因是罗马绘画直到十八世纪才被重新发掘出来。罗马镶嵌画以提供诸多神话题材著称，并且产生了相当大的影响，然而对那些致力于不同媒介的艺术家而言，它们没法被当成直接的模型来使用。因此，艺术家们虽然喜欢出于古典神话的主题，但是用新的方法在画，他们号称回归古典根源，实际上根本不是那么回事。他们会从希腊和罗马文学作品中寻找灵感，但是在艺术风格上，依靠的是想象力的激荡以及各种技术革新，这些革新在社会习俗从中世纪末期向着文艺复兴过渡的过程中出现。[44]

用于表示疯癫的视觉象征与符号有很多。其中一些取自中世纪对地狱和“最后的审判”的描绘。罪人行将落入地狱深渊的骇人画面，如今经过改动，被用于刻画那些承受着难以言表的痛苦的人。贝德兰姆的病例中有咬人的狂暴人物，他们四肢紧绷、扭曲着，目露凶光。人们时常可以看到躁狂病人，他们穿的衣服破破烂烂，或者毫无羞耻地赤裸着，缺乏得体服饰这一点，代表着他们远离了文明社会以及失去了理智。弗拉芒雕塑家彼得·克萨韦里（Pieter Xavery）繁复纠缠的陶土人像《两个疯子》（*Twee kranksin nigen*，1673）（见彩图 21）就是一个惊人的范例：站立者戴着镣铐，嚼着自己的胡须，撕扯自己的衣服，他脚下躺着一个只露出一半身体的人，身体扭曲着，双眼上翻，张大嘴咆哮着恶语，肌肉隆起，头发打着结，全身一丝不挂如同刚降生的婴儿。患病者被描绘成暴怒的化身：眼珠子翻白，抓着蓬乱的头发，拉扯身上的锁链，摆出各种躁动、翻滚、比画的动作，明显已经不受控制。他们时常让人觉得暴力一触即发，面孔已经被愤怒吞噬，手中杀气腾腾地挥舞着武器。老勃鲁盖尔的《疯狂的梅格》（*Dulle Griet*）是一幅约作于1562年的板面油画，描绘了一个疯女人手持一把剑，急匆匆地走在一个地狱般的场景中（也许就是在地狱门口，也许是在讽寓此人犯下愤怒、暴食、贪婪、淫荡等死罪的后果），她嘴巴大张着，衣服凌乱，头发打了结，把随手抢来的东西塞进自己的篮子，对周围的一切视若无睹。这是一派名副其实的末世景象，或者是一个向着疯癫一去不复返的世界。[45]

还有一些绘画和素描展现了疯人对体面的毫不在乎，这些人会公然吐口水、呕吐和便溺，露着恶狠狠的神情，吐着舌头，剃着光头或者头发直立着。这类肖像中最著名也是流传最 114
广的一幅出现在十八世纪初，是乔纳森·斯威夫特（Jonathan Swift）的《木桶的故事》（*A Tale of a Tub*）中的插图。由伯纳德·伦斯（Bernard Lens）作于1710年的这幅版画，描绘了贝德兰姆内一间地上铺着稻草、窗户有栅栏的病房，整个场景让观者不禁倒吸一口凉气。它的前景是一个半裸的疯子，他正将便壶里的污物泼向窥视他的人。忧郁症患者远没有那么暴力，他们会显得很疲惫、漠然、抽离，往往是坐着的，带着一种近乎痴呆的表情，他们面色发黑（这是暗指在他们体内流动着的黑胆汁，在丢勒1514年的版画《忧郁Ⅰ》中人物的脸上也清晰地显示了这种特征），耷拉着脑袋，身体几乎在极度的哀伤和苦痛中垮掉了。

有些场景则用新的视觉形式重现了古典时代的疯人形象。例如彼得·保罗·鲁本斯（Peter Paul Rubens）画过索福克勒斯的《忒柔斯》中的场景，色雷斯王在不知情的情况下吃了儿子伊第斯的肉，谋求复仇的妻子而后奉上了孩子的头颅。还有一些艺术家创作了寓言式的图画，捕捉了作为阈限人物（liminal figures）的疯人的感受，他们反复走入想象空间，若隐若现地藏

伯纳德·伦斯在 **1710** 年为乔纳森·斯威夫特的《木桶的故事》所画的贝德兰姆病房。在前去消遣的探访者的注视下，前景中戴着镣铐的裸体病人将便壶里的污物泼向窥视者——你。

匿于文明存在的边缘。中世纪晚期和文艺复兴初期最令人动容的一组图画，将疯人描绘成某种发狂的人类货物，他们被社会抛弃，挤在一艘船上漂向远方。这幅《愚人船》（*Narrenschiff*）

（见彩图 4）描绘了一群被蒙骗的朝圣者在莱茵河或惊涛骇浪的大海上航行，用一场永无终点的远航寻找遗失的理智，德国人文主义者塞巴斯蒂安·布兰特（Sebastian Brant，1457—1521）在 1494 年用讽刺的语调叙述了这场航行，书中附有大量木版画，其中三分之二出自阿尔布雷希特·丢勒之手，那是丢勒第一次接到重要的作品委托。[46]许多艺术家后来对这组作品进行了再利用，它们的惊人水准导致六百年后法国著名哲学家、历史学家米歇尔·福柯（Michel Foucault，1926—1984）受了迷惑，错误地以为这些杰作描绘的东西都是真有其事，而非只是艺术虚构。福柯承认这些画脱胎于早期的一系列文学造物——德妇之船（Ships of Virtuous Ladies）、王公和贵族战争之船（Ships of Princes and Nobles）、健康船（Ships of Health），然后还有愚人船——但是他坚持认为只有最后这一个是“实际存在的”，而且在当时的欧洲大城市“相当常见”。[47]然而，它当然只存在于艺术作品中。

愚人和蠢行

从教皇与王子到穷人与农夫，愚人的无处不在却成了伊拉斯谟（Erasmus，1466—1536）的《愚人颂》（1509）的核心主题，这篇由穿成小丑模样的女人发表的颂词，成为文艺复兴时期人文主义的重要文本。虽然起了一个这样的书名，但伊拉斯谟的主要目的并不是讲述疯癫的种种形式。蠢行被用来当作一面镜子，映照出全体人类的道德沦丧，而不只是那些被鄙为疯人的正常人。然而，通过将愚蠢的含义颠倒过来，伊拉斯谟也表明了一点，疯癫也许并不像他的同代人认为的那样，是一种完全负面的现象。他宣称最好、最真实的愚人是信基督的愚人。从这一点上来说，基督教人文主义的某些流派试图把蠢行、疯癫与神秘主义联系起来，以表明至少某些“愚人”是应该用另一种眼光去看待的。

伊拉斯谟的肖像，最著名的也许当属小汉斯·霍尔拜因（Hans Holbein the Younger）所作的那幅。作为亨利八世治下声望最高的宫廷画师，他为国王及其身边人所画的几幅肖像是今人非常熟悉的，其中最出名的有托马斯·莫尔（Thomas More）和托马斯·克伦威尔（Thomas Cromwell）。然而较少为人所知的是，伊拉斯谟创作了《愚人颂》十几年后，霍尔拜因也塑造了愚人的形象，并将其纳入由九十四幅木版画组成的《旧约画集》（*Icones Historiarum Veteris Testamenti*），那是他在宗教冲突纷起的
116 十年里创作的，意在呈现《圣经·旧约》中的主题。愚人像被设计为《诗篇》第 52 章的配图，画中包含了一些关于愚人的老套元素。孩童跟在愚人或疯人身后嘲笑他，他身上的衣服破破烂烂，几乎无法遮盖身体。霍尔拜因刻画的人物少了一只鞋，一件羽毛做的斗篷取代了伊拉斯谟喜用的小丑帽，他抓着两根木杖或棍子，其中一根被夹在腋下。这件额外的物品成了疯癫的标志，日后被艺术家们反复取用。霍尔拜因的愚人日复一日地前行，不知要去往何方，用空洞的眼神望着周遭这个世界。

伊拉斯谟的文章是他 1509 年去拜访朋友托马斯·莫尔时写下的，只用了几天时间。这部作品于 1511 年在巴黎首次出版，不过第一个“授权”版本是再过了一年才出版的。该书在伊拉斯谟有生之年出了三十六版，从原文拉丁文翻译到了德文和法文。它的第一个英文版出现在 1549 年，在之后的几个世纪里产生了深远影响，这一点也许是作者自己也没想到的，当初他只是打算写出来供莫尔和朋友消遣的。（它的拉丁文标

题“Moriae Encomium”是用莫尔的名字玩的双关①，暗示在幽默的外表下，伊拉斯谟隐藏了自己的严肃意图。）

作为早期文艺复兴时期伟大的人文主义思想家之一，伊拉斯谟一生中有相当一部分时间是在编辑权威的希腊文和拉丁文版《圣经·新约全书》，旨在勘校此前拉丁文版本的不足，为基督教教义做注释，培养古典学识与文学品味。他会怒斥天主教廷的种种弊端，但终归是一名虔诚的信徒，与同时代的马丁·路德等抗罗宗改革派有激烈分歧，无论是在神学上，还是在他们与罗马对抗的立场上——他认为那是一次可能引发混乱与暴力的背叛，会毁灭他所尊崇的正统。伊拉斯谟常被视为宗教包容的早期倡导者，这既激怒了路德，也让他本人（死后）遭到自己生前希望改革但始终诚心以待的教会的讨伐。教宗保禄四世（Pope Paul Ⅳ）把他的所有作品都列入《禁书目录》（*Index of Prohibited Books*），反宗教改革的领袖人物指责他是新教改革这场“悲剧”的始作俑者之一，这既是因为他没有用足够强硬的措辞去斥责路德，也因为他对经文的批判削弱了教会的权威。

然而伊拉斯谟的思想还是顶住了两个阵营的攻击得以传 117
世。他的学养、敏锐、风趣，他对理性和克制准则的强调，他的悲天悯人，最终让他有了许多追随者。那些让同时代人愤怒而后人仰慕的东西，在《愚人颂》里有充分的展现。无论富室权臣还是信徒俗众，在这篇满溢着讽刺与悖论的鸿文中都成了靶子。王公与教皇，僧侣与神学家，迷信的蠢人（“像这样的事真是愚蠢到顶，我自己几乎要替他们害羞脸红”②），[48]文化

① More与希腊语moriae（愚人）形近。

② 本书引用《愚人颂》的译文，均采用《愚人颂》，许崇信译，沈阳：辽宁教育出版社，2001年第1版。

人的矫饰，无知者的蛮横，在文中都受到了时而柔和、时而尖锐的讽刺。道德败坏的人受到尖酸的讽刺，无论身份贵贱，愚
118 蠢的行为都会被揭露。随着愚人将话题渐渐引向要害，笑话他人缺陷的人很快就后悔了。幻觉、自欺欺人、对奉承的无力招架，一一得到评述。伊拉斯谟鄙视迷信，怒斥花钱买救赎的行为，以及那些兜售赎罪券的教士。[49]他对圣人崇拜以及圣人坟墓可神奇治愈病患的故事嗤之以鼻。[50]他用疯狂来形容这些行为，以让读者看到他们自己的道德堕落。

在小汉斯·霍尔拜因的《鹿特丹的伊拉斯谟的肖像》（1523）中，学者伊拉斯谟将双手放在一本书上，他身后的搁架上还有一些书。

没人能幸免，包括伊拉斯谟自己。（在写给托马斯·莫尔的信中，他预见了会有“不实之词说这篇东西狠狠地咬了你一口……这看上去该算是讽刺呢，还是告诫和劝说呢？再者，

难道我没有多次进行自我批评吗?")[51]说到底，愚人是这世界必须接纳的幻象，只有这样，尘世生活才能幸福，腐败和歹毒的领导者才得以粉饰他们的行为。这对“某个商人、士兵或法官”是不可或缺的，他们“相信，他只需从一大堆掠夺来的钱财里面拿出个小硬币，便可一劳永逸地把自己造成的像整个雷尔纳沼泽那样脏的一生洗刷干净。他相信，所有他的伪证、贪欲、酗酒、争吵、欺诈、叛变和背信弃义，都可以采用达成协议的办法而一笔勾销，并且在这之后，他就又可以自由自在地着手去干新一轮的罪恶勾当了”。[52]

基督教最终被作为愚人之最拿出来示众。[53]是愚蠢让信众放弃了世间的欢愉，信奉来世的幻景。这里他复述了使徒保禄的话，他说“我们为基督的缘故算是愚拙的”，甚至包括救世主自己。因为“基督尽管是上帝智慧的体现，也让自己显得有点像个愚人，目的是要对人的愚蠢助以一臂之力，所以他呈现出人的本性，看上去具有人的形式；正如他让自己成为罪人，才得以为众罪人赎罪那样。基督也不希望众罪人用其他方法赎罪，他希望用的只是十字架这种愚拙之举……”[54]“一言以蔽之,”愚人总结道，“基督教与愚昧有着某种血缘关系，但与聪明却毫不沾边。”[55]到头来，也许虔诚的信徒和疯子之间并没有多少差别——伊拉斯谟应该知道，这个主题会让人想起柏拉图和苏格拉底在探究某些类型的疯癫时采用的更正面的诠释。[56]

事实上柏拉图哲学在伊拉斯谟的文章中多次出现。例如他援引了亚西比德将苏格拉底的外表和一尊西勒诺雕像做比较一事，这种小雕像外表上看丑陋且畸形，但里面正是神的形 119
象。[57]因此愚人对我们说：

> 初眼看上去是死的，要是你往里面看却是生的，反之也同，生的却是死的。同样的道理可适用于美与丑，富与贫，默默无闻与大名鼎鼎，博学多才与孤陋寡闻，刚强有力与软弱无能，出身贵族与门第卑微，幸福愉快与伤心悲哀，交上好运与命运乖蹇，朋友与敌人，健康与损害，——其实，只要你打开赛利纳斯盒一看，便会发现一切刹那间全都颠倒过去。

在另一处地方，作者又以柏拉图的“洞穴喻”为依据，赞颂了过着快乐生活的愚人，他们满足于相信影子，拒绝看到洞外现实的智者。但在文章末尾探讨基督教“愚性”时，愚人再度似是而非起来：那些拒绝俗世诱惑与虚荣，以求来世获得永久幸福的人是明智的，尽管舍不下物质世界之美好的人会耻笑他们。愚人提出，表面的东西也许会遮盖更深刻的真理，而真理才是智者要追求的。正如在《愚人颂》中反复展现的那样，反讽在与反讽针锋相对。

宗教改革与反宗教改革

伊拉斯谟死后的几年里，激进的新教徒和反改革的天主教徒之间发生了激烈的冲突，书籍和异教徒被一同投入火海，他那公允评判和包容异见的姿态，在当时是无人问津的。事实上伊拉斯谟在世时就已经遭到两个阵营的攻击，他拒绝支持极端派，这被认为是知识分子怯懦的表现。而他批评迷信、驱魔、恶魔附体以及对圣人陵墓的盲目崇拜，势必在当时不会产生多少共鸣，这一点直到一个多世纪后才有改观。在他去世后，这些被长期公认的信念在视觉艺术中反复浮现，在十六世纪和十七世纪初的伟大绘画作品中继续得到表达。

其中十七世纪最有力的典范是鲁本斯作于 1618 ~ 1630 年的一组画。这些受托作品原是祭坛画，并被视为施展巴洛克新美学的武器，用于反宗教改革派与加尔文派及其他叛道者的战斗中。教会激进派希望通过这些画来巩固自身的正当性，以应 120
对其权威所面临的新一轮挑战，同时也让在堂内膜拜神灵的信徒与这一建制传统建立有力的联系。鲁本斯的祭坛画幅面巨大，感官刺激强烈，色彩丰富，让观者得以见证圣人（或圣品候选人）在恶魔及其喽啰面前是何其强大。以他在 1617 ~ 1618 年所作的《圣依纳爵·罗耀拉的奇迹》(*The Miracles of St Ignatius of Loyola*) 为例，当时依纳爵已列真福品，但尚未封圣（要等到四年后的 1622 年）。两个恶魔附体的人物被束缚着，依纳爵站在高高的祭坛上，手臂抬起做出祝福的姿态，小小的恶魔飘出，仓皇逃离这神圣的所在（见彩图 18）。

但改变也并非完全没有。与中世纪对驱魔的描绘相比，其中一个不同在于脱离了原来的《圣经》直译主义。按照以前的传统，治愈中邪者的工作是由基督亲自进行的，而现在这类神迹是受基督点化的信徒来执行。这当然引起了当时的新教徒的强烈反对，那些生活在西属尼德兰以北的加尔文联合省的教徒是不会容忍这样的天主教宣传的。他们秉持直译旧约，反对一切偶像，这意味着在精心布置的祭坛后方挂起画作是令他们深恶痛绝的做法。（在他们反抗西班牙国王腓力二世的过程中，一个关键事件是 1566 年的所谓“破坏圣像运动”，数千座教堂的宗教塑像和装饰被拆除。）不过荷兰有一个例外，可以在竖琴遮板上绘制《圣经》场景，在他们那些极尽简朴的建筑物中，那是少数几处视觉装饰之一。大卫·荀林慈

(David Colijns) 在 1635 ~ 1640 年的某个时候为阿姆斯特丹新侧堂 (Nieuwezijds Kapel) 绘制的竖琴遮板画，在当时可能是有政治潜台词的，它提醒世人注意非理性的统治者是危险的 (这在荷兰人眼里可不是小事，为了从信奉天主教的西班牙独立出来，他们断断续续抗争了八十年)。总之，它生动再现了《撒母耳记上》中的一个场景：发狂的扫罗 “把枪一抡，心里说，我要将大卫刺透，钉在墙上。大卫躲避他两次”。大卫徒劳地用音乐安抚这个残暴的人，这样的场面，画在一台竖琴的遮板上，自然是很恰当的 (见彩图 19)。

121 音乐当然不是文艺复兴时期艺术呈现的唯一一种疯癫疗法。考虑到医学对疯癫问题的认知水平日渐提高，这一进展不算意外，并且医生的形象往往是十分突出的。这类绘画作品中，最受青睐的题材莫过于开颅取石，这是一种古老的观念，表明人们认为疯癫的出现是存在身体上的原因的。从耶罗尼米斯·博斯 (Hieronymus Bosch) 作于约 1490 年的画作 (又名《愚人治疗》，见彩图 20) 到十六世纪中期彼得·怀斯 (Pieter Huys) 所画的开颅取石等，这类场面比比皆是。在博斯的画中，医生戴了一顶类似傻瓜帽 (dunce's cap) 的漏斗形帽子，这有可能是在暗中讽刺医生的傲慢，不过此类题材的其他画作看不到这样一面。此类画作所指的做法，对应的可能就是现实中相对常见的头部穿孔术，即在颅骨上挖或钻出一个洞，作为缓解头疼或颅压的治疗手段，有的还会对颅骨进行烧烙。

困惑与复杂

由此可见，在漫长的十八世纪来临前，疯癫在欧洲文明中的地位是一言难尽的。艺术家和文学家对它倾注了越来越多的兴趣，而很多地方仍然认为精神失常是某种超自然力量的结果——不过这样的看法正招致越来越多的质疑，尤其因为印刷术的发明，以及古希腊和罗马医学对精神疾患的看法被重新发掘出来，身体紊乱导致精神扰动的理论获得了新生。疯人大多仍是被任由四处游荡，他们的血亲要对他们负责。只有一小部分的确被关了起来，其中大多没有亲戚朋友，或者实在太过危险，唯有禁闭起来才能解决问题。然而，就靠着贝德兰姆之类的地方收容的那一点点病人已经足以激起剧作家和公众的想象了。生活效仿了艺术，疯人院的数量不久后开始激增；对疯癫的自然主义解释在有文化的阶层会得到更广泛的接受。然而改变是缓慢的，并且间有停滞。旧的传统与观念仍然有很大势力，也继续影响着人类的思维。

第五章　疯人院与疯大夫

世人态度的转变

122 这是一个骇人的场面：三张脸从囚室窗户探出来，怒目圆睁，头发凌乱；一个年轻小伙子，一个笑呵呵的傻子，躲在自己的藏身处张望着，他的前面是两个巨大的人物，暴怒的躁狂者，其中一个正忙着啃自己的肉，两人显然并没有意识到身边这个人乃至整个世界的存在。这块浮雕由彼得·范库沃尔登（Peter van Coeverden）在1686年制作，竖立在荷兰城市斯海尔托亨博斯的“疯人院”（dolhuis）门前，两个多世纪前，那里被建造起来以收容六名躁狂病人。在北海的另一边，罗伯特·虎克（Robert Hooke）设计的一座如宫殿般宏伟的新贝德兰姆（原先那座如今已经破败落寞），在复辟时期的1676年落成。新贝德兰姆的位置选在了穆尔菲尔兹的边界地带，就在老城墙外，可谓恰如其分（见彩图22）。门口摆放了两尊更加令人惊叹的宏大雕塑，均出自盖厄斯·加布里埃尔·西伯（Caius Gabriel Cibber）之手。左侧的这尊是一个几乎侧卧在一张麦秆床上、一脸茫然、四肢伸展的忧郁病人。它对面的是一个怒不可遏、戴着镣铐的躁狂病人，此人双拳紧握，肌肉绷着，激动，狰狞，头歪向一侧，脸已经扭曲成野兽般的模样。由此可见，十七世纪末的疯人收容所已经开始用新的方法来宣传自己，这种用于禁闭疯癫和道德败坏的人的机构，在许多欧洲社会有了更重要的地位。

得了疯病意味着无所事事，至少不具备一般的劳动能力。一直到近代，这都意味着失去理智的人将被归入一个贫困、卑鄙、伤残、孤寡、年老的群体。各类生活无法自理的人被堆到一起，很少有人费心去区分他们。当然，从某些方面来看，没 123
人会分不清瞎子和疯子、孩子和老人、放荡和堕落，但是从社会层面上讲，关键在于他们都是无能且贫困的人，至于他们的不能自理是源于什么，就无关紧要了。

彼得·范库沃尔登的一块浮雕（1686）描绘了斯海尔托亨博斯疯人院的病人。三个疯人从各自的囚室探出头来，前景是另外两个疯人和一个在扮鬼脸的小男孩。

到了十七世纪，情况开始发生改变。原因是多方面的。在北欧，贸易的复苏、城镇的扩张以及市场关系的延伸，似乎让社会对穷人有了一种更世俗、更怀疑的态度，尤其是对那些无

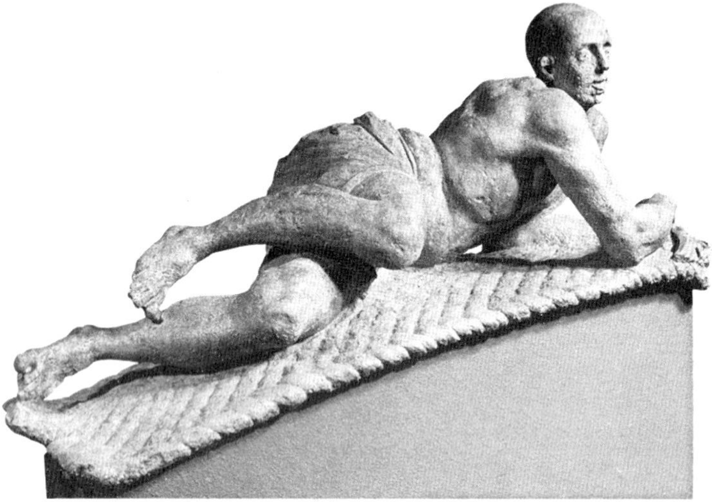

忧郁与躁狂的疯癫（约 1676），西伯所做的两尊巨型雕像高高摆放在贝德兰姆入口。在史诗《许珀里翁》中描写“负伤的泰坦”时，在贝德兰姆附近长大的约翰·济慈肯定想到了这里。

所事事、游手好闲的人。在联合省（今荷兰）、英国以及该地区其他一些地方，间歇性地出现了一些针对这类人的、被称为感化院（bridewell）或惩教所（house of correction）的新型禁闭场所，人们希望他们能在那里得到管教，学会劳动。荷兰早在十五世纪就已经有了第一家“dolhuizen”，也就是疯人院。它们的规模很小，顶多接收十名病人，但是到了十六世纪末、十七世纪初，多家疯人院不得不扩大规模，因为病患的家人以及社区都需要处置疯人的办法。本着荷兰特有的创业精神，这些疯人院的扩容往往不是靠善款，而是开设抽彩给奖活动，即
124 用高额奖金吸引市民购买彩票，得到所需资金。在阿姆斯特丹，1592 年隆重开奖的彩票是提前一年出售的，由于关系到巨额奖金，整个开奖过程耗时六十八个日夜。（阿姆斯特丹疯

人院是1562年由亨德里克·范吉思普［Hendrick van Gisp］捐建的，此前他怀有身孕的妻子遭到一个疯女人的袭击。）疯人院靠彩票销售所得进行了大规模扩建，在1617年完工。莱顿（1596）和哈勒姆（1606~1607）也相继效仿，不过它们的开奖过程均只用了五十二个日夜。

天主教欧洲的专制君主政权不喜欢此类商业手法，然而闲散和脱离社会的人在他们看来也是一个政治威胁，可能引发混乱和无序。在这一点上他们同样在采取行动：使用从农民那里征来的税款去“清理”街上的穷人，消除他们眼中的危险。乞丐、流浪汉和娼妓被关押，其他可能无益于这个由劳动和就业构成的稳定世界的人也包括在内。这些人中有相当一部分被关进新机构，此类机构中最出名的是在十七、十八世纪法国十分普遍的“综合医院”（Hôpitaux généraux）和乞丐收容所（dépôts de mendicité）。闲散和不能自理的穷人不再被无视， 125

但要被强制劳动——至少按照设想是这样的。

早在中世纪，多种手段就已经被用来把最暴力、最危险的疯人从社会中清除出去，为消除他们的威胁而将他们关起来，给他们戴上镣铐。因此，可以想象在放荡和懒惰者被纳入管教和约束范围的同时，一些精神失常者也会在其中。然而在那些热衷于增建惩教所的人看来，疯人并非他们的首要目标。事实上，尤其是在荷兰，人们有意不让病人和疯人进入这类机构，毕竟这样一个强调高强度劳动、纪律和秩序的地方，是不太可能容忍他们存在的。因此，当疯人构成足够大的威胁时，荷兰人倾向于把这些人放在专属于他们的地方——疯人院，斯海尔托亨博斯的那家，正是此类机构的鼻祖。

法国第一家也是最大的一家全科医院是 1656 年奉旨修建的沙普提厄医院（Salpêtrière），其所在地原是巴黎的一座火药厂。它也收治了一些精神失常者——一开始可能有一百人左右，法国大革命爆发后疯人的数量增至原来的十倍，只不过在那之前的许多年里，它关的绝大多数是女性。然而精神病患始终是很小一部分，例如到了 1790 年已经有超过一千人被关在那里，精神病患占了不到十分之一。巨大的房间里挤满了各种
126 给社会添乱的问题人士（见彩图 23）。1788 年法国外科医生雅克·特农（Jacques Tenon，1669—1760）发布对巴黎医院的批评报告时，对这家医院里鱼龙混杂的情况进行了简要总结。

> 沙普提厄是巴黎最大的医院，可能也是欧洲最大的。这家医院既是一个妇女之家，也是一座监狱。它接收的人有：怀孕的女人和女孩，乳母和她们的乳婴；年龄在七八个月到四五岁之间的男童；全年龄段的女童；高龄已婚男

女；胡言乱语的疯子、傻子和癫痫患者、瘫痪者、盲人、跛子，长了癣的人，以及各类绝症患者。医院的中央是一个关押女人的房子，包括四个不同的监禁区："普通区"大多是放荡的女孩；"惩教区"是堕落但被认为还有希望的人；"监狱区"仅限于国王下令关押的人；"强制区"是法庭下令打上烙印的女人。[1]

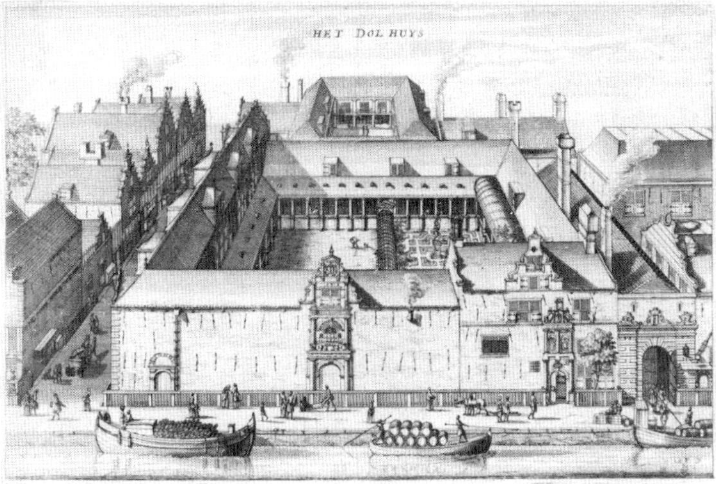

阿姆斯特丹疯人院的改造和扩建工程于 1617 年完工。这幅雕版画可能出自 J. 范·米尔斯（J. van Meurs）之手，出现在 1663 年。

这段话表明（对疯子的收容并非这家医院的出发点），福柯曾经主张的十七、十八世纪"大收容"时代与实情相去甚远——如果再把目光从人口稠密的法国首都转移到其他地方，这一点就更明显了。 127

例如在法国南部的蒙彼利埃，地方政府在十七世纪的最后十年建起了一座综合医院，但到了十八世纪初仍有人在控诉“毫无理智、不通常理的人在城中游荡，犯下各种各样的暴行”（“des gens qui roulent la ville et commettent plusieurs désordres se trouvant déporvus de raison et du bon sens”）。一个事件最终促使当局采取行动：有疯人先是杀死了自己的妻子，然后烧毁了自己和邻居的房子，政府官员就与当地医院协商，建造了十二间病房，把有暴力行为的疯人关起来严加看管。在十八世纪接下来的时间里，医院靠着多方捐助，又添置了一些病房，到了大革命爆发时已经有二十五间，不过统共才收容了二十个疯人——这可是在一座有三万人的城市里。[2]

蒙彼利埃是一座医学教学重镇，其医学院的声望仅次于巴黎的医学院。[3] 然而，我们不要因为病房位于医院内就产生不切实际的想法：对精神失常者的处置基本上没有得到医学方面的参与和关注。[4] 因失常举动而被关起来的那几个病人，都是因为对社会构成了明显威胁——一个男人在夜里企图放火烧了整个居民区，另一个人袭击和伤害了许多人，有的还到当地教堂毁坏神像和装饰；或者他们的行为可能会给一个家庭带来耻辱或丑闻，“放荡”的年轻女性就会被关起来，因为她们对性的嗜好（也可能是卖淫）让家人蒙羞。他们得到的照料虽然谈不上多好（病人被关在大概八英尺见方、加了栅栏的病房里），但是由天主教仁爱会（Les Filles de la Charité）的修女负责的，从中可以看到当时的人认为他们带来的是社会问题，不是医学问题。[5]

地方医院收容的疯人数量较少，所以我们可以看出大多数疯人被安置在了别的地方。过去几个世纪里，看管疯人的责任主要由其家人承担，考虑到底层的贫困和糟糕的生活条件，他

们使用的方法是粗暴而直接的。精神病患被戴上镣铐关在阁楼 128
或地窖里，有的是在附属建筑中，处境很不理想。如果找不到家人，有一些发疯的穷人可能会被关进监狱或当地的乞丐收容所和救济院，和其他见不得人的社会群体生活在一起。条件好一些的家庭不把疯人关在家里，而是交给宗教机构，这种禁闭形式通常会有密札（lettre de cachet）的官方授权，也就是国王签署的命令，授权对令中提及的人进行无限期关押。这方面最著名的例子当属萨德侯爵（Marquis de Sade，1740—1814）。密札会否决一切诉诸法律的机会或上诉依据，而萨德一再犯下情色劣行，促使他的岳母蒙特勒伊夫人（Madame de Montreuil）设法取得了这种授权令。她会有此对策可能是因为萨德与她的次女有染，当然还有他频繁地找妓女寻欢作乐，并让她们去勾引身边的每一个人。如果事实的确如此，那么她这么做是违背了萨德妻子的意愿的，因为后者一直配合他行事。但是在编造借口把他骗到巴黎后，蒙特勒伊夫人成功地把萨德关进了监狱，他先是被关在文森城堡，之后被转到巴士底狱，在革命者冲进这座巴黎监狱释放犯人十天前，他被转到了沙朗通（Charenton）的精神病院。[6] 在重获自由一段时间后，萨德在1803年重新被关进沙朗通，此后一直到1814年去世，他再也没能出来。

到了十八世纪初，法国还有了私立疯人院，美其名曰“疗养院”（Maisons de santé）。[7] 通过一个正式（而昂贵）的法律程序，精神失常者可以被合法地送入这类地方。这种通过地方法院听证获得禁令的方式，通常是由病人家属主动要求的，不过偶尔也会有国王的命令。在裁决前，地方法院会听取证据，时常还会和疯人交谈，从而判断是否要授权把他或她关押起来。这种程序还有一个目的是保护个人财产。然而，除了费用高昂外，这个办法还会被认为有碍于“家族尊严”和体面，因此很多人是不愿意采用的。更常见的做法是用无所不能的密札，授权将病人托付给这类机构。然而这种做法也有不利的地方，尤其是密札的授权标准十分宽泛，导致疗养院背上了丑闻和恐怖的名声。[8] 同时人们也注意到，这种手段会被用来压制国王的政敌和批评者，让那些举止乖张、引起不和的贵族闭嘴
129 （闭嘴是有多重含义的）。把惹麻烦的人渲染成疯子显然是个让人很难舍弃的选项，这样的事例今后还会见到，然而禁不起诱惑的后果是，对精神病患的禁闭被染上了一种专制的气息。对这种噤声和监禁的专横手段的不满情绪一直在积蓄着，终于在路易十六治下爆发，从 1770 年代开始，巴黎和地方议会乃至最后的三级会议都反复抗议这种做法。密札逮捕制度最终在大革命后的 1790 年 3 月 27 日的国民制宪会议上被废除——这一决定加大了处置危险疯人的难度，直到 1838 年立法将疯人禁闭规范化后，这些难题才得到彻底解决。

疯癫的呈现

如果说在法国，对朝廷专制和暴政的普遍担忧导致人们怀疑一些人是蒙冤被关进疯人院的，那么在英吉利海峡对面，疯人院沾染的则是另一种恐怖。私立营利性疯人院开始在英格兰涌现，因为条件好的家庭希望能有个地方托付精神失常的家人，让自己免去在家庭内看管疯人的负担和麻烦。十八世纪见证了消费社会的崛起，市场和贸易飞速增长，日渐壮大的中产阶级开始享受一定程度的优裕生活。[9] 更多的货物和服务被纳入贸易，给一些创业技能培训带来商机。开设礼仪和舞蹈课

程，教授音乐和绘画，成了许多人的收入来源。

随着民众识字率的提高，通俗小说有了更大的市场，格拉勃街（一条以聚集创作通俗小说的作家而闻名的伦敦街道）的文人们向大众供应了许多令人心旌摇曳的故事，连高端文学市场那些更有抱负的作家如今都有了更多的读者。艺术领域也是如此，像威廉·贺加斯（William Hogarth，1697—1764）这样的精明人抓住新的商机，向权贵主顾出售昂贵的油画，然后把同一幅画做成雕版量产，卖给热衷攀比的暴发户。除通常的富人 130
政要的肖像外，贺加斯还会画一些新颖的社会评论题材：有一幅是住在格拉勃街一间阁楼里的潦倒作家，还有一系列批判十八世纪伦敦种种罪恶的作品——贺加斯称之为“世风画”——涉及的题材包括《时髦婚姻》（*Marriage à-la-mode*）、《勤与惰》（*Industry and Idleness*）、《残暴四部曲》（*Four Stages of Cruelty*）、《金酒小巷》（*Gin Lane*）和《妓女生涯》（*A Harlot's Progress*）。

这其中最著名的当属《浪子生涯》（*A Rake's Progress*）。作品用八幅画描绘了汤姆·雷克韦尔的败落，此人从富有、吝啬的商人父亲那里继承了巨额遗产，随即大肆挥霍在无节制的享乐、饮酒、赌博和嫖妓上。在最后一幕中，衣不遮体的汤姆戴着镣铐，躺在贝德兰姆的地上，他被自己放纵的生活逼疯了，身边是各种各样疯狂的人，这一切都被两个穿着精致入时的女士看在眼里——她们是看热闹的贵族还是妓女，如今只能由我们猜想了。铁窗、镣铐、裸体——这些都是伴随着精神失常的老一套，而病房的人群中包括了一个戴着主教冠、手持宗座十字架的疯天主教徒，一个狂热的天文学家，一个相思成疾的忧郁病人，一个陷入幻觉的舞蛇者，一个错乱的音乐人，还有一个向往着当上国王的人——他全身一丝不挂，只戴了一顶假王冠，在往麦秆上小便。这是一场可悲的检阅仪式，呈现了以各种形式表现出来的无理性和罪孽所致的疯癫。该画作于1733年完成，贺加斯在那年年底开始接受印刷版的订购。不过他很有远见地把出版时间推迟到了1735年6月25日，也就是《雕刻师版权法》（Engravers' Copyright Act）正式通过那天，因为这样一来，每一套画贺加斯可以收2基尼，待榨干了这个市场后，他又制作了更小、更便宜的版本，只卖2先令6便士。

购买贺加斯作品的主力是贵族艺术赞助人以及比较有抱负的商界人士，同样是这群人，还构成了另一种艺术形式的受众主体。结合诗歌、舞蹈、戏剧和音乐的歌剧，通常被认为起源于十六世纪末文艺复兴时期的佛罗伦萨，代表着一种复兴希腊戏剧的努力。歌剧起初大多是在宫廷演出的（在那里，奢华的场面被认为是对财富与权力的恣意展示），后来才开始为付费观众演出——虽说这些人仍是非富即贵。这股潮流始自威尼斯（上演的是蒙特威尔第的作品），很快在意大利各地流行起
131 来，最后传播到欧洲其他地方。到了贺加斯的时代，这种艺术类型已经吸引到重要作曲家的参与，也渐渐确立了在富有阶层的号召力，这种情况一直保持到今天。

歌剧中的这些壮观的舞台场面和情节有意夸大的程度几乎到了过度与荒诞的地步，情、爱、背叛、悲痛、复仇、暴力和死亡，一概被放大。这样一来，无论是作曲家还是观众都能第一时间注意到疯癫在情节剧中的潜力，而极度狂热的激情也可以处于精神错乱的边缘，进而变为彻底的疯狂。如果歌剧表演者可以一边唱着咏叹调一边面对悲伤、承受痛苦与垂死，那么当然也可以表现疯癫。[10]作为一门艺术形式，歌剧可以利用诗

《浪子生涯》的结局呈现了汤姆的下场：罪恶与放纵的代价是丧失理智、被关进贝德兰姆。这是根据原画制作的版画。

歌扭曲和延展语言极限的潜能，将这些属性与表现性的戏剧行动、布景和服装结合起来，在传达无理性方面的优势得天独厚——展现它，用放大镜观察它，某种程度上甚至可以驯化它。通过艺术的巧妙设计，歌剧必定可以揭露世界的瓦解与碎裂，而且它有一种第二“语言”，可以放大、阐述甚至与言语 132
和视觉形成对位，那就是音乐习语（idiom）和声音，一个技巧娴熟的作曲家可以利用这些来刻画人物、气氛和情境。

亨德尔的《奥兰多》（对《疯狂的罗兰》的改编）于 1733 年 1 月 27 日在伦敦首演，当时贺加斯正在创作《浪子生涯》。亨德尔使用的是通常庄严优雅、井井有条的巴洛克音乐习语，然而他仍然充分利用这个机会，将表演、言语和音乐合在一起，用第二幕的一大段戏呈现奥兰多的崩溃与癫狂。他聪明地运用了各种音乐手段来提示精神失常的爆发，以及奥兰多与现实的脱节。一开始基于节奏的简单管弦乐，随着剧情发展渐渐躁动起来。在弦乐部的齐奏中，小提琴的声音越来越尖利，旋律增强，总体节奏也在加快。和弦越来越狂热。竖笛和柔音中提琴给出了不寻常的色彩，以表示奥兰多的心思正在飞离现实。七种不同的速度和五次变拍增加了音乐的跌宕曲折。令人极度忧心的主题元素经过多次重复，最终再次出现，在更加狂暴而复杂的器乐伴奏中得到加强。此时的音乐已经乱作一团，象征着一个失去方向的世界。（亨德尔甚至在咏叹调之前的伴奏宣叙调中使用了几个小节的 5/8 拍，这在巴洛克音乐中实为罕见，想必给当时的听众更是增添了一丝不安。[11]）最后，发狂的奥兰多以为自己登上了卡戎的冥河渡船，要去阴曹地府走一遭。“Già solco l’onde nere”（“我已冲破黑浪向前行进”），陷入疯癫的奥兰多唱道。

亨德尔之后，从文学中取用素材的歌剧作曲家还大有人在。[12]将近半个世纪后的 1781 年，正值古典主义时期，莫扎特的《依多美尼欧》以特洛伊战争过后的克里特为背景，用愈发丰富的方式将管弦乐的色彩、剧本和戏剧行动结合了起来。莫扎特的音乐和亨德尔有鲜明差别，其节奏更复杂，起落幅度更大，编曲更多元，管弦乐的编排尤其不可同日而语，因为莫
133 扎特会使用多条旋律线。开场的序曲就宣告了危险正在迫近，汹涌的大海，上天也仿佛在发怒，某种力量企图打破秩序。随着剧情展开，我们看到埃拉克特拉满怀着对伊莉亚——和埃拉克特拉争夺伊达孟特王子的那位被俘的特洛伊公主——的嫉妒，要求复仇女神对情敌施加报复，计划遇阻后，她在自己最

后的咏叹调里慢慢走向了狂暴的疯癫。音乐获得了一种剧烈的张力。埃拉克特拉表达了她的绝望与愤怒，她的音调升高，后来渐渐散碎开来，变成歇斯底里的呼叫，而躁动的管弦乐伴奏在切分音和波动的和弦元素中混入了不谐和音，这种爆发性的组合唤起了她那暴戾、痛苦的灵魂。[13]亨德尔在《奥兰多》中使用了反复手法，可能是要提示疯癫带来的冲动，这在埃拉克特拉的咏叹调中也能听到。正如丹尼尔·哈茨（Daniel Heartz）所说，无论是埃拉克特拉的歌唱中结结巴巴地重复，还是剧中所用的“一种回音音型，在弦乐中不停地重复着，就像某种挥之不去的执念”[14]，都体现了这一点。和昏睡戏（sommeil，及其与梦境的关联——在梦境这样一个现实的桎梏和支配有所松解的世界中，疯癫的错乱实现起来毫不费力）一样，疯癫戏也成为一种得到共识的固定程式，为经常看歌剧的人所熟悉。[15]

把疯人关起来

如果说随着受众群的扩大，艺术和写作已经成为一种谋生——甚至致富——的新手段，不用再局限于教会和贵族阶层那些传统金主，那么一些更加稀松平常的事也在带来商机。负责处理生活中一些令人不悦的事务，显然就属此类。例如尸体的处理渐渐被交给一个专业群体——殡仪师（undertaker），他们接手了这项传统上由家人处理的苦差事，将其精心打造为一种服务卖给丧属。

在法律和道义上已经等同于死亡的疯人也是这样，他们的破坏和扰动会彻底毁掉私人生活。这样一种饱受困扰的关系对社会结构和家庭和睦构成了威胁。躁狂与抑郁者无时无刻不会带来混乱与无常，他们造成了一系列实际问题，以及各种各样的喧闹与纷扰。受辱和出丑的危险是时刻存在的，而在物质资源使用上的不智，以及家庭财富的消耗，还可能引发财务灾
134 难。在自身往往承受巨大痛苦的同时，疯人也在折磨身边的人，为了摆脱这些苦恼，许多体面人越来越倾向于——也有能力——出钱让别人来处理。

这就是围绕精神错乱（lunacy）——十八世纪英国人逐渐开始用错乱这个说法——产生的新行业的结构基础。此时，具备足够经济实力的人空前之多，他们愿意花一大笔钱换取悄无声息的协助、咨询和保障，给精神错乱者带来的问题找到实际的解决方案，因此一个非正式的疯人院系统应运而生，以处理最严重的精神病患。这类疯人禁闭机构向疯人家人提供了一种机制，可让外人无从窥探他们发了疯的亲人，因此对有身份的人来说，这也是避免羞辱和污名的一种手段。最严重的精神失常就是一场灾难，在应对（在当时仍然相对较小的）部分精神病患时，最好的办法就是将他们关到这类新型疯人院里去。

在整个十八世纪，这些疯人院始终既没有执照，也没有得到像样的监管，再加上这一行讲究的是不事张扬，因此往往会选择一些与世隔绝的阴森所在。人类的这一种苦难制造的商机吸引了来自五湖四海、社会背景不一的生意人——这反映出他们所处的社会阶层有着良好的流动性和创新性。神职人员——无论是正教还是非国教——认为看护病人和有难的灵魂是他们的职责，他们中一些人对疯人的管理产生了兴趣。例如格洛斯特郡的浸礼会牧师约瑟夫·梅森（Joseph Mason）于 1738 年在布里斯托尔附近的斯塔普顿办了一家小型疯人院（后来将它搬到了附近的一个叫费西旁兹的村子），并作为家族产业传

承了下去。(其孙约瑟夫·梅森·考克斯于1788年在莱顿得到医学学位，成为疯人院五代家族经营者中的第三代。) 然而在这一行里谋生的人三教九流，有商人和投机者，也有希望贴补家用的寡妇以及各种号称有些医学知识的人士，其中包括自学成才的文盲药剂师，以及雷丁的安东尼·阿丁顿（Anthony Addington，1713—1790）这种传统内科医学科班出身的医生。

这门生意的效益有时候相当不错。著有《论疯癫》(*A Treatise on Madness*，1758）一书的先驱人物（以及有个很切题的姓氏的）威廉·巴蒂爵士（Sir William Battie，1703—1776）[①] 135 出身贫寒，但他到死时已经攒下10万~20万英镑的身家——相当于现在的数千万英镑，赚到了足以封爵的财富和声望，当上了皇家内科医学院院长。阿丁顿靠疯人院挣到的钱给他儿子亨利的政治生涯提供了启动资金，后者最终当了三年的英国首相（1801~1804)，并承袭了爵位。当然，并不是谁都能这么风生水起，多数人只是勉力打拼，过上普普通通的日子，然后可能会把生意传给下一代。世代相传，把赚钱的生意和经营秘密保守在家族内部，在一开始就是疯人管理这一行的特色。

商人趋利而为，因此大多数进入错乱者管理这一行业的经营者看上的是富裕阶层的病人。不过一些相对贫穷的病人也前所未有地被放进了这种专业化的环境里。对于某些格外会惹麻烦但又没有家人来负责禁闭和控制的病人，堂区负责人偶尔会做主，把他们送到这类新型疯人院里。雇佣劳动的兴起加强了 136 地域流动性以及工作与家事的区分，劳动阶层家庭越来越感觉

① “Battie”一词的音、形近“batty”，后者在英语中有“疯狂”“反常”的意思。

位于霍克斯顿的惠特莫尔府（**Whitmore House**）。这幅水彩画描绘了十八世纪和十九世纪初伦敦的一家大型私立疯人院。托马斯·沃伯顿在**1800**年购置了这处物业，这个曾经的屠夫学徒在这里做过看门人，后来靠着精明的——虽然谈不上新鲜——手段娶到了原房主的遗孀。

到在家中照看疯人的艰难，这对那些来到伦敦的外地人影响格外大，他们极易受到经济灾难的冲击。以市场为导向的社会，可能也让世界观有了一种微妙变化。人们对生存有了一种更精明的态度，血缘和家庭和睦的重要性有所减弱，这就导致更多的精神错乱者被推向社会。地方上的绝大多数疯人院当然仍是很小的，顶多可以接收十几个病人，不过在伦敦，这类机构有时会膨胀到极其可观的规模。在1815年，托马斯·沃伯顿（Thomas Warburton）在贝思纳尔绿地拥有的两间疯人院“白屋”（White House）和“红屋”（Red House），加起来接收了

635 名病人，而霍克斯顿的乔纳森·迈尔斯爵士（Sir Jonathan Miles）的疯人院有多达 486 名病人。（迈尔斯与海军部签了一份报酬丰厚的合同，负责禁闭与拿破仑作战期间发疯的水兵。）

来自贫困和中产阶层的成千上万名精神错乱者，被关进了十八世纪中期开始渐渐增多的慈善收容所里。新贝德兰姆（1676 年完工）在 1728 年为收容长期病患开设了更多病房，并在 1751 年收购了一家竞争对手，彼时在穆尔菲尔兹另一头的圣路加医院（St Luke's Hospital）也已落成。地方上很快出现了模仿贝德兰姆的疯人院，尽管不及原版精致。这些疯人院有很多是新建的全科医院的一部分——在莱斯特或曼彻斯特就是这样——也就是十八世纪的慈善人士开始捐建的那种医院。

1666 年的大火吞噬了伦敦相当一部分地区，贝德兰姆就是作为伦敦重建计划的一部分而建起来的（尽管它原有的建筑未被烧毁），与此同时，它还是献给君主制复辟的一份贺礼——庆祝英国摆脱疯狂的克伦威尔联邦制及其对尊卑等级和神授秩序的攻击。然而，到了十八世纪中期，曾经用来彰显伦敦富人善心的新贝德兰姆那堂皇的外观和奢华内饰，已经被许多人视为一无是处的虚荣和浮夸。何况它所在的地段十分肮脏破旧，这让它的宏伟富丽打了折扣，因为克里波门和穆尔菲尔兹这两个毗邻的区域都是泥泞、破败的贫民窟，到处是懒汉、弃儿、罪犯和形形色色的流浪汉——讽刺的是，绞刑示众架也在那里，上面悬挂着任其腐烂的尸体。

圣路加医院的创办人坚信“行善的建筑应恪求朴素与简 137
单”，[16] 当时的欧洲人普遍持这样一种态度。例如奥地利医生约翰·彼得·弗兰克（Johann Peter Frank，1745—1821）就表示，有益健康、通风的空间和效率应该是一家医院的“最佳也是唯一的装饰”；而在巴黎，科学家让-巴蒂斯特·勒鲁瓦（Jean-Baptiste Le Roy，1720—1800）抱怨“人们总是喜欢花哨、虚浮，看不上除了一丁点儿实际的用途外什么也没有的东西”，他主张“伟大、极端的简洁，尽可能地纯粹——怎么强调都不过分，在这类建筑上，这才是真正、唯一值得追求的壮美”。[17]

然而，无论外观简朴还是华丽，这些慈善收容所甚少关注禁闭其中的疯人的特殊需求，尽管建造它们的目的就是供少量精神错乱者之用。病人被不加区分地关在一起，连男女都不一定分开。住宿上有集体的大房间也有单间，后者关着一些较难管束的病人，他们被一端固定于墙壁的锁链粗暴地锁着。在营利性疯人院，缺乏专用建筑的问题更加严重，图利的经营者不愿花钱建造——何必呢？——而是对已有的建筑进行粗略的改造，往往是在一些风光不再的地段找座破败的大宅，因为这样
138 有利于控制改造的成本。一个世纪后，热衷于收容改革的人开始思考更人道的、专门的建筑，作为其设施方案的关键一环，他们的目标是对失去理智者进行管理，并让他们恢复理智。但是早期疯人院的建立者没有那样的抱负，尽管它们的出现标志着一种观念的形成，即精神错乱者最好还是离开家，到别处去。围绕着这一观念，疯癫问题的全新格局形成了。

如果说安全和与社会的隔离是疯人院吸引客户的核心优势——对病人家属或许还有更广泛层面上的社区是这样，甚至也包括病人自己——那么对并不合适的旧空间进行改造以适应新用途就会导致各种强调拘禁功能的权宜手段出现：高墙和窗
139 户上的栅栏是为了防止逃跑；对那些基本上不愿意或无法遵守社交礼节的病人，为了便于完成日常的管理，常常要用到铁链

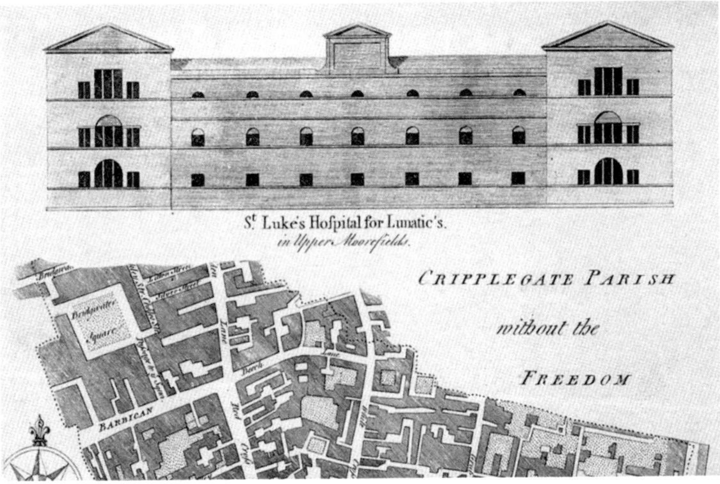

1751 年创办的圣路加精神错乱医院。位于穆尔菲尔兹另一侧的圣路加有意选择了朴素的风格，与贝德兰姆富丽堂皇的外饰形成鲜明反差。

和镣铐。收容所和疯人院在经营管理中可以依情况自由裁量，加上它们毫不掩饰的监狱式形象，以及进而在理智与疯狂的世界之间造成的分隔，很快催生并加剧了萦绕在它们周围的恐怖氛围与谣言。

来自病患们的痛苦控诉开始出现，他们认为，是家人与道德败坏的疯人院管理者串谋把他们关了起来。如果说法国人担心的是臭名昭著的密札带来的王权滥用，英国人的不满则在于践踏生而自由之公民的权利。今人了解亚历山大·克鲁登（Alexander Cruden，1699—1770）主要是因为他是《钦定版圣经》的首个《语词索引》（Concordance，1737）的作者（该书至今仍在出版和使用），他曾经谈起自己被关在疯人院里，这段惨痛的经历导致这位“伦敦市民饱受伤害”。他坚称疯人院堪比

在托马斯·罗兰森（Thomas Rowlandson）对圣路加医院内部的描绘中，女病房的层高被夸大了，病房里有一些发疯的人，其头发和衣服蓬乱，而且室内几乎没什么陈设。

“不列颠天主教裁判所”（作为一个虔诚的加尔文派信徒，这种形象在克鲁登眼里尤其糟糕）。[18]在写文章赚钱方面创意无限的丹尼尔·笛福（Daniel Defoe，1660？—1731），曾经写了一本小册子控诉如今在上等人中十分盛行的可憎之事。

> 他们自称上等人，其实是最坏的，他们稍有丁点儿不满就把自己的妻子送进疯人院，这样可以无所顾忌地去做那些苟且之事……淑女绅士们被匆匆送进这些地方……这些被诅咒的疯人院，就算他们刚进去时还是正常人，野蛮的待遇也足以让他们发疯。[19]

一系列的官司表明他们所言非虚，其中一些还以胜诉告终。被以这种方式关起来的有男人也有女人。威廉·贝尔彻（William Belcher）在哈克尼区的一家疯人院被关了十七年（1778～1795），最后在一位名气很大的伦敦疯大夫（贝德兰姆医生托马斯·孟罗［Thomas Monro］）的协助下重获自由，他曾公开讲述自己“穿着束缚服被捆绑与虐待，戴着脚镣，被用一支牛角灌药，被打倒在地，被一个根本没见过我的委员会判定为精神错乱……”被关在那个“过早到来的思想棺材里”让他一直渴盼着自由。[20]因此，疯人管理终归是一门不太光彩的生意。十八世纪医生威廉·帕格特（William Pargeter，1760—1810）曾就疯癫撰文，虽说他没有开办疯人院，但对这类地方的名声颇有微词。

> 想到疯人院，多数人很容易产生强烈的恐惧和警惕情 140
> 绪，他们有一个并非全无凭据的猜想。当一个人倒了大霉，住进这样一个地方，他不但会被残酷对待，而且无论是否康复，他都很有可能再也看不到墙外的世界。[21]

小说困境

小说家们看到一个新兴市场正在显现，于是迅速开始发掘疯人院的戏剧潜力。像托比亚斯·斯摩莱特（Tobias Smollett）这样有身份的作家，都把自己的仿英雄体英国版堂吉诃德、《朗斯洛·格里弗斯爵士》（*The Life and Adventures of Sir Launcelot Greaves*，1760）中的同名主人公被抓住，送进了邪恶的伯纳德·沙克尔开的疯人院。越是面向底层市场的作品

（时常会有一些没有公开承认的秘密爱好者，明面上鄙视这类底层的玩意儿），对疯癫的利用就越粗俗。对精神错乱者的生活展开不着边际且耸人听闻的想象，这种做法看来是写手们难以拒绝的。这种设定带来了淫秽的娱乐，还给读者一种愉悦的恐惧。很快，哥特小说和煽情小说（sensational novel）中充斥着疯人院的场景——在这些煽动情欲的情境中，无助的女主人公被关了起来，与文明社会隔绝，在那些囚禁她们的无情恶棍手中，她们的贞洁和神智受到危及。再加入几下抽打和一些锁链，就有了一层性虐色彩。

也许有些讽刺的是，已经成为这类耸动写作代名词的格拉勃街，其位置几乎就在贝德兰姆附近。[22]然而法国人在远离医院高墙的地方发展出了自己的惊悚、妖邪、淫秽小说，叫作黑色小说（romans noirs）；而德国也不甘落后，创造了某种被他们称为战栗小说（Schauerroman）的类型。

这一小说流派的早期代表作家是伊丽莎·海伍德（Eliza Haywood）。她起初在1729年匿名出版了中篇小说了《悲苦孤儿——疯人院之恋》（*The Distress'd Orphan, or Love in a Mad-house*）。在十八世纪剩下的时间里，这本书持续不断地发行着各种正版和盗版。这个极受欢迎的故事讲述了品行高尚的阿尼莉亚被诡诈的叔父吉拉尔多非法关了起来，之后被悄悄送进一家疯人院。失去双亲的姑娘继承了一笔遗产，为了将财富据为
141 己有，作为她监护人的吉拉尔多企图逼她嫁给自己的儿子。她拒绝了。于是他把她关起来等她改变主意，之后又在深夜安排了一驾马车，“让疯人院派来的两三个男人押解着她”去疯人院，为了阻止她的抗议，他们“捂住了她的嘴”。严酷的禁闭威胁到了女主人公的贞洁，让读者浮想联翩：“铁链哐当作

响，野蛮看守的粗暴对待引起一阵阵嘶喊，中间夹杂秽语与谩骂，从房子的一角传来亵渎神明的诅咒声，让她的双耳不堪折磨；而在另一个角落有人像狗一样嚎叫、嘶喊、怒吼、祈祷、布道、诅咒、歌唱、哭泣，一切交织在一起，变成了一场让人 142
完全不知所措的混乱。”最终她被自己昔日悄悄爱上的男人马拉松上校及时解救出来——他装扮成一个名叫“拉弗摩尔”[①]的忧郁乡绅，让这位“瑟瑟发抖的”恋人踩着自己的肩膀越过了疯人院的高墙。爱情终于有了回报，对阿尼莉亚进行不当监禁的坏人得到了流放和死于非命的惩罚。[23]

这将是在整个十八世纪被反复再利用的情节线索，一直到玛丽·沃斯通克拉夫特（Mary Wollstonecraft）的《玛丽亚——女人之罪》（*Maria: or, the Wrongs of Woman*, 1798），[24]事实上一直到维多利亚时代初期夏洛特·勃朗特（Charlotte Brontë）的《简·爱》（*Jane Eyre*, 1847）里都有所体现（尽管是一个家宅禁闭的设定）。没有了疯人院和疯大夫，但对疯癫和兽性的古老刻板印象无疑还在。发疯的伯莎·梅森躲在阁楼里，而在庄园的另一座房子里，对此一无所知的简·爱正竭力抑制自己对英俊的罗切斯特先生的情欲。然而这种幸运的不知情没能一直保持下去。突然间，她和与世隔绝的罗切斯特夫人——一个有着无法抑制的欲念的女人——见面了：

> 屋子的那一头，有一个身影在昏暗中来回跑着。那是什么呢，是野兽呢还是人？乍一看，看不清楚；它似乎在用四肢匍匐着；它像个什么奇怪的野兽似的抓着、嗥叫

① Lovemore，其字面意思可以理解为“更多的爱”。

“阿尼莉亚在叔父的命令下被连夜押送到一家疯人院”，它是伊丽莎·海伍德《悲苦孤儿》1790 年版卷首插图。

着；可是它又穿着衣服；密密层层的黑发夹杂白发，蓬乱得像马鬃似的遮住了它的头和脸。①

这是刺耳、狂暴、危险、毁灭性的疯癫。这是一个穷凶极恶的疯女人。

---

① 本书引用的《简·爱》译文，均采用《简·爱》，祝庆英译，上海：上海译文出版社，1980 年版。

15. 出自佚名画家之手的理查德·内皮尔（1559—1634）的肖像。内皮尔是英格兰白金汉郡大林伍德教区长，还是一名占星家、炼金术士、魔术师和疯大夫。各地患有神经紊乱的病人慕名而来，由他择吉日吉时，用司铎的法术和医术加以治疗。

16. 堂吉诃德手持长矛，向被他错以为是敌人的羊群冲去，一旁是骑着疲惫的毛驴的桑丘·潘沙；杜米埃的油画速写（1855年）。（上图）

17. 约翰·埃弗里特·米莱斯的《奥菲丽亚》（1851—1852）。为了呈现这个被逼疯的悲剧人物，米莱斯在细致入微的背景上下了很大工夫。（下图）

18. 鲁本斯的《圣依纳爵·罗耀拉的奇迹》（约 1617—1618）。此画幅面巨大、细节丰富，意在用神圣的力量打动虔诚的信徒，以助反宗教改革的声势。被邪灵附身的人衣不遮体地躺在前景。画面中满是各种在受罪的人，小小的恶魔从他们头顶飞出，被圣依纳爵驱离。

19. 大卫·苟林慈在 1635~1640 年绘制的竖琴遮板画，这块遮板原本安装在阿姆斯特丹新侧堂。画中的大卫弹奏着竖琴，希望以此安抚发狂的扫罗王，但没有奏效，扫罗正在将长枪掷向他。荷兰加尔文派痛恨一切偶像崇拜，像这样的画屏十分少见。

20. 耶罗尼米斯·博斯的《愚人治疗》（约 1490）。一名医生——可能是江湖庸医——正在用手术刀将病人脑中据说导致了疯癫的东西取出来。当时的人普遍相信有“疯石”的存在。（右图）

21. 彼得·萨维里作于 1673 年的陶土像《两个疯人》（*Twee kranksinnigen*）可能是为疯人院设计的。和萨维里的许多作品一样，这件雕塑尺寸不大，但是不乏有力的细节和动感。（左图）

I. Maurer Delin

Publishd ac

The Hospital of Bethlehem

Printed for John

22. 一幅描绘伯利恒医院的雕版画。这家医院通常被称为“贝德兰姆”（始建于1675~1676年），为了展现伦敦政府的善心，以及英国内战和英联邦动荡之后的君主复辟和“合理规则”，医院建筑的设计极尽奢华。

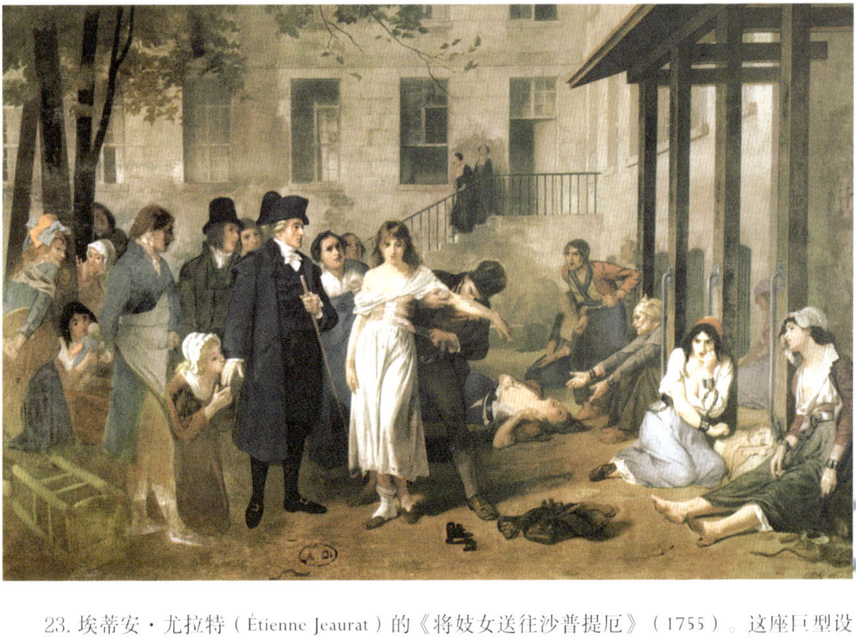

23. 埃蒂安·尤拉特（Étienne Jeaurat）的《将妓女送往沙普提厄》（1755）。这座巨型设施里关着各色品行不端、惹是生非的人物，其中以女性为主。（上图）

24. 托尼·罗伯特－弗勒里（Tony Robert-Fleury）的《1795年菲利普·皮内尔给沙普提厄疯人解开锁链》，画中描绘的这个著名事件造就了几十年后的一场迷思。（下图）

瓦尔特·司各特爵士（Sir Walter Scott）的《拉美莫尔的新娘》（*The Bride of Lammermoor*，1819）给出了一个十九世纪早些时候的狂暴的疯女人形象——露西·阿仕顿。她被诡计多端的母亲怂恿着嫁给了非她所愿的人（在母亲的诓骗下，她误以为未婚夫抛弃了她），在婚礼之夜得知真相后，她杀死了自己的新婚丈夫，陷入疯狂进而自杀。司各特的小说又启发了多尼采蒂的歌剧《拉美莫尔的露琪亚》（*Lucia di Lammermoor*，1835），后者对情节进行了诸多改动，但背叛、疯癫与谋杀的核心元素没有变。在她捅死丈夫后的高潮段落，发狂的露琪亚穿着血迹斑斑的婚纱出现在台上，在演唱了最后一段高难度的咏叹调后死去。这个故事具备了歌剧热衷的各种元素，多尼采 143
蒂则格外擅长将表演、演唱和对配乐的编排结合起来，以增强疯癫的紧张、狂暴和惊悚之感，那将是情节发展的最后转折。歌剧版最终比小说更具生命力，也许不算意外。《拉美莫尔的露琪亚》在今天仍是标准剧目之一，二十世纪的伟大女歌唱家玛丽亚·卡拉斯（Maria Callas）和琼·萨瑟兰（Joan Sutherland）都曾多次出演该剧的女主角。正如我们在多尼采蒂的例子中看到的（他的其他许多歌剧作品里都有疯癫戏，只是相对没那么暴力），哥特小说家不是唯一拿疯癫做文章的群体，而我们日后知道，不当禁闭的故事直到十九世纪还在涌现，而在那时，收容所已经成了一个阴森而独特的存在。[25]

另一个十八世纪作家群体，所谓的感伤派（sentimental） 144
小说家，将自己的读者精确定位在希望跻身（或自认为属于）上流社会的人。尤其是在英国这样充满流动性的社会里，社会地位不再被视为永远不变的东西，品位与感受的不同成了一个宝贵的机会，可以用来划出自己的地位边界，创造与他人的区

在多尼采蒂歌剧《拉美莫尔的露琪亚》的一场戏中，发狂的露琪亚在新婚之夜杀死丈夫阿图罗，穿着血迹斑斑的婚纱出现在台上，开始演唱“甜美的声音”，在这段咏叹调中，她想象自己即将嫁给真爱埃德加。

别。这就带来一个机会，某个特定阶层的读者希望强调高雅文化与大众文化的不同，通过自己在文学作品上的选择来彰显自己更高层次的修养、理性和感受力。这些品质让他们这样的人跟普通老百姓拉开了距离，那些下等人至今还在愚蠢的迷信、下三烂的态度和粗劣的品行中怡然自得。[26]

对于这个愁云惨雾但利润丰厚的文学市场，开发得最成功的要属亨利·麦肯齐（Henry Mackenzie），他的《多情男人》（*The Man of Feeling*）成为这一流派的经典。小说于1791年4月出版，两个月即售罄，至1791年已经出到第六版。书中的一个关键情节是主人公哈利去了贝德兰姆，有人向他保证，那些病人的滑稽举动会给他带去无穷乐趣。然而恰恰相反，他的所见所闻——“锁链撞击声，他们的疯狂号叫，某些人的低声诅咒，这一切形成了一幅难以言表的惊人画面”。看到这些被当作“供人观瞻的野兽”的关着的疯人，他流了不少鳄鱼的眼泪，并匆匆离开了。“只要给［贝德兰姆］看管人一点微不足道的赏钱，任何人都可以看到这世间最凄惨的痛苦，我以为这做法是不人道的，尤其是当人看到这折磨势必会痛苦地意识到，这是他们无力去缓解的。”[27]

以上诸多种情绪浮夸的作品呈现了被监禁疯人的命运，但这类呈现不应被认为是公允或准确的。十九世纪的改革者将对疯人院行业进行全面的控诉，对他们来说，用最黑暗的笔触描写旧制度时期的疯人院是非常关键的武器，这样做十分有效地激起了当时人们的道德良知，让他们相信有必要做出改变。恐怖景象当然是存在的，改革者也很乐于去重现它们。但是换一个角度来看，无法无天的疯人院行业至少积累了在制度环境内处理精神失常者的经验，同时还展开了一些实验性的治疗。

管束任性妄为者

在很多人看来，颠覆了理性这个“灵魂之最高权威”[28]就 153
是在肆无忌惮地释放欲望和情绪。1700年发表了首篇关于疯癫的英文法学论文的约翰·布莱德尔（John Brydall，约1635—1705?）说道，“幻想占了上风，如马车般恣意奔驰”[29]，文明的外表被撕去，人之为人的一切征象都荡然无存。法国哲学家、数学家帕斯卡（1623～1662）也谈到一个人失去理智意味着什么。

> 我很能想象一个人没有手、没有脚、没有头（因为只是经验才教导我们说，头比脚更为必要）。然而，我不能想象人没有思想：那就成了一块顽石或者一头畜生。[30]①

对在思考疯人本体地位的人而言，得出这样的结论似为必然。在1718年的一次“医院讲道”（Spital sermon）——一项为伦敦穷人募捐的年度活动——中，教士安德鲁·斯耐普（Andrew Snape，1675—1742）代表“那些郁郁寡欢的人，那些失去了最为珍贵的理性之光”的人说道：

> 心神的狂乱……剥夺了理智之魂的一切高尚而卓越的禀赋，令忧郁的人堕为无语无感的造物：相比错乱的理智，连粗野的本能都成了更可靠、更安全的向导，相比由此而失去人性的人，任何一种温顺的动物都要更好接近，也少一些危害。[31]

一个人如果认同这样的论述，就会认为疯癫是需要严加控

① 本书引用的《思想录》译文，均采用《思想录》，何兆武译，北京：商务印书馆，1985年第1版。

制的。因此，在使用减液、排泄、放血等传统医学手段的同时，还需要对病人加以管教。就我们所知，脑和神经系统解剖研究先驱（率先提出“neurologie”［神经病学］一词的）托马斯·威利斯（Thomas Willis，1621—1675）在牛津大学期间没有接触过疯人，但他对相应的治疗有很明确的看法。

> 欲校正或减轻疯狂和动物精神的过度……威胁、捆 154
> 绑、击打是和医学同样必要的。当一个疯人被安置在有专业用途的院舍内，医生就应照此行事，雇工亦需精干，应就其行动或行为或举止予以警告、责骂或惩罚。疯人的治愈，最行之有效或必要的，是让他们对折磨他们的人产生一种仰慕与敬畏之情……惩罚和强硬对待之下，狂暴的疯人会得到更快、更确凿的治愈，比医生的治疗或药物效果更好。[32]

威利斯的研究，以及他在疯癫病原学中对神经系统和脑的提及，标志着对疯癫的解释开始背离自希波克拉底和盖伦以来一直为医学人士所推崇的体液说，在十八世纪初，他的看法将得到追随者的宣扬和完善。上流社会医生盯上了治疗“神经”病患——这些人的不稳定精神状态时常被人鄙称为“幻想病”（maladies imaginaires）[33]——这个有利可图的新市场，普遍采纳了威利斯的理念，他们对治疗贝德兰姆式的疯人似乎也没有太多兴趣，但这位先师立下的种种规矩，倒是被他们奉为金科玉律。在他们看来：

> 行医要畏首畏尾，否则就是最大程度的残忍［知名

> 医师、贝德兰姆院长尼古拉斯·罗宾逊坚决地向读者如此表示]。[唯有]通过最剧烈的手段进行的治疗摧垮顽固之人的精神[并]用强迫性的方法来削弱他们的虚假力量。[34]

这样的思维，对那些真的在负责治疗发狂之人的医生也是有影响的。疯人院的管理者并不喜欢他们挥鞭子的本事被声张出去，毕竟那对招揽生意没什么好处。但是严酷的对待方式在许多疯人院里都是常见的，连英王乔治三世（1738—1820）这样的九五之尊都遭到过殴打和恐吓。在林肯郡开了一家疯人院的弗朗西斯·威利斯（Francis Willis，1718—1807）在1788年被传召前往治疗国王，当时的宫廷医生对国王的精神错乱束手无策。威利斯明确了他打算采用的手段：

> 155 正如死神无所谓他去的是穷人的棚屋还是君王的宫殿，疯狂对其目标也一视同仁。为此，对交到我手上的人我不会区别对待。就是说，若尊贵的国王暴躁起来，我会认为我有义务将他置于同一个管束制度内，这和在邱园为他服务的园丁没有区别：说白了，我会给他穿上束缚服。[35]

威利斯还是有所隐瞒的。他的手段远不只是穿上一件束缚服那么简单。他在另一篇文章中得意地表示：

> 恐惧的情绪是精神错乱者能够支配的第一种情绪，往往也是唯一的一种。在这方面做些努力，可以使他们摆脱那些困住他们的幻象，让他们回到现实，哪怕这意味着要

承受痛苦和折磨。[36]

他说到做到。当时的后宫女官哈克特伯爵夫人（Countess Harcourt）对国王接受的治疗有更详尽的记叙：

> 不幸的病人……不能再当人来看待。他的身体被一台机器锁了起来，不能动弹。他有时会被锁在一根柱子上。他经常被打、挨饿，相比之下威吓与粗暴的语言已经是最好的待遇。[37]

国王果然康复了（不过，我们在第七章中将看到，那只是暂时的），威利斯得到了一笔可观的报酬。

弗朗西斯·威利斯的干预手段在某种程度上是独创的，但他对管理和治愈疯癫病患的基本思路——据一个近距离的观察者说，他试图把他们当成“马术训练场里的马”来调教[38]——是当时业内的共识，且不只是在英国。人们发明了一些新机器，用于激发恐惧，把病人吓得回过神来。其中最令人胆寒的一例来自根特一家疯人收容所的经营人约瑟夫·吉斯兰（Joseph Guislain，1797—1860）。他在1826年发表的《论疯狂》（*Traité sur l'aliénation mentale*）一文中详细绘制了一种装置，他称之为“中国庙”。荷兰名医赫尔曼·布尔哈夫 156
（Herman Boerhaave，1668—1738）曾提出，濒临溺死的感受可能有助于让疯人回过神来。吉斯兰对实现这一效果的方法做出了改进，并得意地展示出来：

> 它包括一座中式小庙，里面是一个可移动的铁笼，铁笼

> 重量较轻，可以借助滑轮和绳子，沿导轨靠自重下沉到水中。在用于疯人的处置时，需将他带入笼内，一名用人在外面关上门，另一人负责开闸，这样一来病人就会下降，被关在笼子里沉入水中。在制造出想要的效果后再将笼子拉上来。

他还有些多余地评价道："该过程多少有些危险"（"Toute fois ce moyen sera plus ou moins dangereux"）。[39]

美国疯大夫本杰明·拉什（Benjamin Rush，1746—1813）发明的机器可能稍稍没那么可怕，他称这种装置为"镇静仪"，有着类似的妙处：

> 我设计了一种椅子，它被引入我们［宾夕法尼亚］医院，用于疯癫的辅助治疗。它会捆绑和束缚病人身体的每一部分。通过保持病人躯体竖直，它可以缓解血液向脑的涌动。通过阻止肌肉的动作，它会降低涌动的力量和频率，而头和脚的位置方便我对头施用冷水或冰，对脚用温水。它的效果令我甚感欣喜。它对舌头和情绪有镇静的作用，对血管也有类似效果。在 24、12、6 小时内，有时候只需要 4 小时，最难管束的病人也会平静下来。我称它为"镇静仪"。[40]

查尔斯·达尔文的祖父伊拉斯谟斯·达尔文（Erasmus Darwin，1731—1802）从古典时代得到启发，提出了一个稍有不同的想法：也许摇摆的动作可以打破疯癫筑起的"壁垒"，让病人重新接触到常理的世界。该建议在英格兰和爱尔兰都得到了热烈的响应，并迅速传向欧洲其他地方。布里斯托尔附近

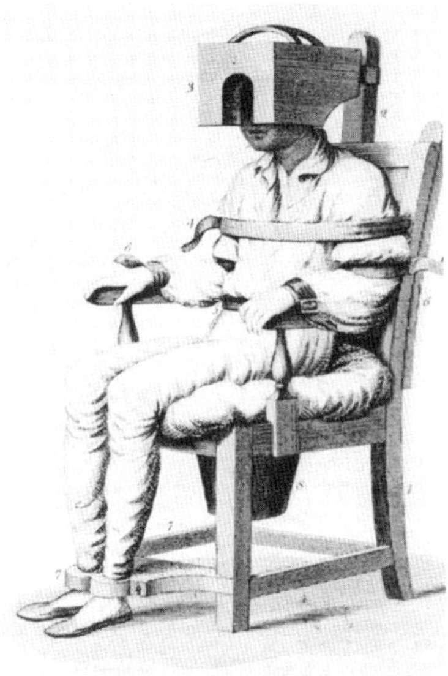

“镇静仪”（1811）。它的发明者本杰明·拉什宣称：“它的效果令我甚感欣喜。”然而，我们并没有关于病人反应的记录。

一家疯人院的所有人约瑟夫·梅森·考克斯（Joseph Mason Cox，1763—1813）率先根据这种方式进行开发设计。他自豪 157
地宣传了自己的摇摆椅的惊人功效，即只要把病人绑在上面，就可以控制住他们的道德和心理压力。它巧妙地利用了“存在于心灵和身体之间的同感和相互作用”。它们“轮流［充当］媒介，随着害怕、恐惧、愤怒等情绪被摇摆的动作激发，受试者开始起反应，身体发生各种变化，而旋转运动会导致病人筋疲力尽、面色苍白、汗毛直立、眩晕等，产生新的联想和思绪”。一切都可以极其精确地调校：施用于胃，可以产生
“暂时或持续的恶心，部分或彻底的呕吐”；进一步加大强度 158

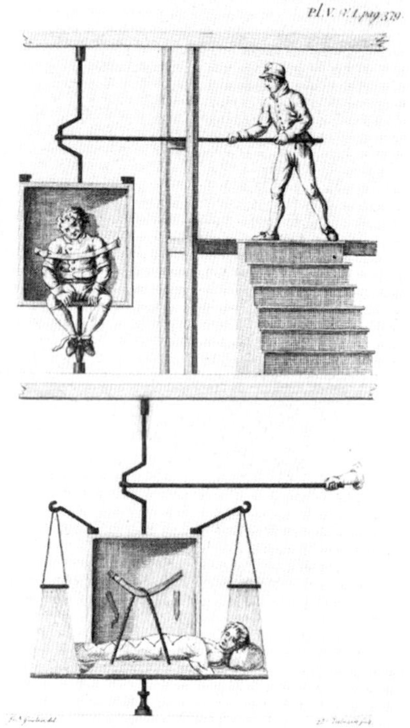

约瑟夫·梅森·考克斯的摇摆椅很快有了更复杂的版本。上面那一种是对病人进行旋转，这样的设计可以给脊柱提供更好的支撑；下面的可以让病人躺着接受治疗。

还可以引发“最剧烈的抽搐……焦虑，令身体每一部分都产生震荡”；遇到顽固的病例，还可以将摇摆椅“放置于黑暗中，之后用不寻常的响声、气味或其他有力的动因强制施加于感官，功效或有惊人地提升”。[41]不过还有一种更巧妙的办法就是“增加摇摆的速度，每六到八分钟突然变向，偶尔暂停，让循环骤停，其结果是肠胃与膀胱即刻开始连续排泄”。[42]

159 如此精妙绝伦的仪器，还有什么改进的余地呢？都柏林疯大夫威廉·桑德斯·哈拉兰（William Saunders Hallaran，约1765—1825）几乎立刻想出了一个方案：他设计了一个更安全的版本，座椅可以“更好地支撑颈椎，预防向侧面摆动导致头部进入眩晕状态”。[43]他个人为仪器的功效做出了证明：“自投入使用以来，即使遇到最躁动、最不服管束的病人，我也知道如何用直接的方式建立绝对权威。”[44]

尽管获得如此盛赞，并且一开始就在欧洲和北美迅速普及，这些治疗机只流行了一段时间。例如柏林夏里特医院（Charité）很快引进了考克斯的摇摆椅，但到1820年代就将其禁用了。公众和业界的观点，像考克斯的仪器一样剧烈地摇摆，只不过摆向了另一边，原本显得合情合理的疯人干预手段，如今被许多人认为是不可理喻、不能接受的东西。

收容所和疯人院只是收治了很小一部分疯人，在这些地方尝试用恐惧和威胁来控制他们的同时，其他人在更近距离地研究疯人的管理问题，且有了不一样的心得。他们不愿意用蛮力让不能自控的人守序。这些男人（偶尔还有女人）通过试错认识到，他们的病人不一定完全丧失了理智。对于站在这样不同立场上的人来说，这些病患不是动物，而是自己的同类，若用更细致、更有技巧的方法去处理，也许可以诱使他们约束自己的行为，抑制他们的疯癫，令他们过上和常人差不多的生活。

仁爱与人道？

有意思的是，这个新流派的关键人物是在不同的地方几乎同时出现的，包括意大利、法国、英国、荷兰和北美，他们彼此间并无关联，但都最终为公众所接受。他们目睹这个世界明显正在被人类的行动改变——运河的开掘，河道的截弯取直，新的城镇几乎一夜之间拔地而起，选择性繁殖创造出新的动植物物种，一切都以空前的规模进行着——自然不可改变的旧观念受到质疑，这甚至包括了人性的不可变。如果说启蒙运动的 160
思想家们认为人最初就是一块白板（tabula rasa），人生经历会在白板上留下印记，那么将人类技巧合理运用在这块白板上，能产生怎样的效果呢？正如十八世纪哲学家爱尔维修（Helvétius）的名言："教育万能。"

在对子女的养育方面，人们开始摒弃以"压抑邪恶，或粉碎意志"为主要目的的旧观念。[45]这种从上层社会开始的变革的理论基础，在1693年由启蒙运动思想家约翰·洛克（John Locke）做出阐述：

> 鞭笞是惩罚儿童的方法中最坏的一个……我们用来使儿童遵守秩序的奖励与惩罚是另一类的……儿童一旦懂得尊重与羞辱的意义之后，尊重与羞辱对于他的心理便是最有力量的一种刺激。如果你能使儿童爱好名誉，惧怕羞辱，你就使他们具备了一个真正的原则。[46]①

这几乎就是一个世纪后的1795年，所谓"道德疗法"的倡导者开始使用的表述和手法。"对一个精神错乱者的头脑进行有益的处理"，曼彻斯特收容所医生约翰·费里雅（John Ferriar，1761—1815）说，首先取决于"形成一种自我约束的习惯"，这就需要"对希望与忧虑进行控制……给一些小恩惠，表现出信心，指出表面上的差异"，而不是进行胁迫。[47]斯塔福德郡一家地方疯人院的管理人托马斯·贝克维尔（Thomas Bakewell，1761—1835）也强调了唤醒疯人"道德感受"并使之成为某种"道德准则"的必要性：

---

① 本书引用的《教育漫话》译文，均采用《教育漫话》，傅任敢译，北京：人民教育出版社，1979年第1版。

> 权威和秩序当然是需要维护的，但是最好通过仁爱、施恩、无尽的关注，而不应有严酷。错乱者并非全无领会能力，我们也不应该这样去看待他们。恰恰相反，他们应该被当作理智的人来对待。[48]

至于在其他地方盛行的那些比较残酷的方式：

> [可怕的错乱者] 可能会被训教得对管理者唯命是从，一刻也不耽搁，起床、坐下、站起、行走、奔跑，只需管理者使个眼色就会照做。这样的绝对服从，甚至表现 161
> 出爱戴的样子，在那些可怜的动物身上也常可以看到，它们被拿出来展览，以满足我们对自然历史的好奇心。然而，看到这样的奇景，我们都不禁思考是什么样的待遇让凶残的老虎对它的主人俯首帖耳，那些方式是会让仁慈之心颤抖的。[49]

这一新流派中最常被提到的两个人分别是贵格会教徒、茶叶和咖啡商人威廉·图克（William Tuke，1732—1822）和医生菲利普·皮内尔（Philippe Pinel，1745—1826）。前者在1792年创办了一家疯人院叫约克疗养院（York Retreat），其孙塞缪尔在前文中刚刚被引述过；后者据说解放了沙普提厄（见彩图24）和毕塞特（Bicêtre）医院的疯人，也就是大革命时期收容贫穷的男性和女性精神错乱者的两大医院——这件事我们在第七章还会提及。但是像图克这样主张用一种新方式对待疯人的还有很多：曼彻斯特医生约翰·费里雅，和布里斯托尔附近的私立疯人院布利斯林顿院（Brislington House）的所有人爱德华·朗·福克斯（Edward Long Fox，1761—1835），都在倡导类似的理念——事实上图克为约克疗养院聘请的护士长凯瑟琳·艾伦（Katherine Allen）就来自福克斯的机构。

皮内尔解放疯人的故事，则是在事件发生几十年后出现的讹传——有人称之为“童话”[50]。他的道德治疗观是在给毕塞特和沙普提厄疯人病房的非医学管理人让-巴蒂斯特·普辛（Jean-Baptiste Pussin，1746—1811）及其妻子玛格丽特·普辛（Marguerite Pussin，1754—?）打下手时形成的，两人在管理疯人方面有着丰富的实践经验，这正是皮内尔一开始所缺乏的。[51]然而，皮内尔对这些改变进行了“理论化”，而且首次对法式道德治疗进行了系统性陈述，还参与了新方法的制度化过程。道德治疗推动了乌托邦乐观主义的兴起——人们觉得找到了一种新的、更人性化的、有效的治疗形式，这种形式和改良的疯人院有着密不可分的关系，并且催生了收容的时代。这是一场名副其实的疯人大禁闭运动，在十九世纪席卷欧洲和北美洲，最终借助欧洲列强的王权推广至其他国家和大洲。我们将在第七章再次提及疯人收容体制。

第六章　神经与神经质

疾病的归属

有的疾病是任何人都不希望扯上干系的，大家都会第一时间把责任推到别人头上。比如梅毒（见彩图25）在十五世纪末由哥伦布的船员带回欧洲，后来在十九、二十世纪被送进收容所的人当中，有一大部分是由于此病。在它进入欧洲以后，英国人立即将它称为法国病，而法国人喜欢说这是那不勒斯病，因为他们的军队在围攻那不勒斯的时候很多人染上此病（而法国的雇佣兵日后成了水痘肆虐欧洲的原因之一）。那不勒斯人不接受这个称号，管它叫西班牙病，而葡萄牙人为了精确起见，倾向于称之为卡斯蒂利亚病。突厥人不甘示弱，将他们一股脑都包括在内，称之为基督教病。 162

然而在十八世纪初，另一种疾病却被英国人欣然认领了，尽管此前他们一直忌讳被诊断患有此病。你或许会觉得这样的反应有些奇怪。人们说这个民族格外易感此病，而他们却自豪地接受了这个标签。身为苏格兰移民的食疗医生乔治·切恩（George Cheyne，1671—1743）在1733年就此题发表专著，并在书名中提出“英国病”（English malady）一词；自然有人会问，这种说法为何于英格兰“优越阶层”有如此大的吸引力？为什么他们这么急着认同它？谁会希望被打上病人的标签呢？

切恩是如何将一种耻辱变成了极其敏感的标志的呢？而这“病”究竟又指的是什么？

“梅毒治疗”（1690）。重病需要下重手，包括发汗和烧灼，不过施治者往往是些江湖庸医。

切恩的副标题对最后一个问题给出了初步回答。他称这是“一部关于各类神经疾病的专论，关乎脾憋（Spleen）、郁气（Vapours）、低落，季肋与子宫瘟热”——相当拗口，不过十八世纪作者的确对冗长的书名情有独钟。在论述这林林总总的病症时，他承认这是“外国人以及所有大陆邻国异口同声地加诸本岛国的一种羞辱，神经困扰、脾憋郁气和情绪低落被他们揶揄为‘英国病’”。英国人被认为是一群格外神经兮兮的人，容易出现各种歇斯府里的精神崩溃，受到季肋病（hypochondria，简称季病［Hyp］）的侵袭。“Hypochondria”一词在当时的含义和现今不同（尽管有莫里哀的《无病呻吟》［*Le Malade imaginaire*］①），指的是源自季肋部（hypochondrium），也就是上腹部的疾病。 163 164

在当时的许多人看来，癔症和季病（以及许多类似的病）是同一枚硬币的两面。先后在威廉三世和安妮女王朝中任御医的知名上流社会医生理查德·布莱克莫尔爵士（Sir Richard Blackmore，1654—1729）认为，它们是同一种病症的不同表现。

> 的确是这样，身体多个部位的失调与烦乱发作，以及动物精神的困惑与消耗，在女性身上的体现要明显而激烈的多。原因在于，［女性的］精神素质更易变、不稳定和软弱，神经机理更柔嫩与敏感，但这并不能说明她们的本性和基本特性与男性相比有何不同。症状是两性都可能有的，差别只在严重的程度。[1]

① 今指“疑病症”，更接近《无病呻吟》中的描绘。

但是布莱克莫尔又遗憾地写道，“这种女性的郁气和男性的脾憋是双方都不愿意接受的标签”，并且任何医生若是胆敢做出这种诊断，都有丢掉饭碗的危险。他声称一个医生“除非成心想得罪东家，否则不敢向这些病人道出他们瘟热症的真实性质和名称”。[2] 这方面布莱克莫尔是有发言权的：他的同僚约翰·拉德克利夫（John Radcliffe，约 1650 - 1714）就因冒险向当时的安妮公主（后来的女王）提出她的症状源于癔症，被就地免职。

考虑到当时对这类诊断的普遍看法，拉德克利夫显然应该料到公主殿下会有此反应。莫里哀的讽刺喜剧对医生有不少贬损之辞，称他们是一帮自命不凡、不学无术的人，用蹩脚的拉丁文来掩饰自己的无知，将病人早早送进坟墓——威廉·贺加
165 斯在自己的漫画中也描绘了这种自负，称自己的一幅伦敦名医群像是“殡仪师聚会”（The Company of Undertakers，或“庸医会诊”［Quacks in Consultation］）。不过莫里哀同样没有放过慵懒的富人们的丑态，这些人总爱想象自己病了，并且很容易被身边的医学人士蒙骗。《无病呻吟》（1673）的主人公阿尔冈错误地认定自己是一个时日无多的久病之人，这成了全剧的核心元素，而讽刺的是，剧作家本人在饰演此角期间因严重的肺部大出血而死——被切实存在的肺结核夺去了生命。

对这些炫耀着种种神秘多变症状的人——如今一些人正试图给这些症状打上神经疾病的新标签——大加嘲弄的文学人物，在莫里哀之后还有很多。比如英国诗人亚历山大·蒲柏（Alexander Pope，1688—1744）就以笑话那些染上“郁气”的淑女为乐。《秀发遭劫记》中的恩不理公然嘲笑那些崇拜“司

脾灵女王”① 的“上等人”：

……任性的女王，你好！
十五到五十的女子受你管教，
你给女性以智慧，给人以郁气，
还给人诗的灵感或歇斯底里；
对不同的脾性你有各种高招，
让人们有的写剧本，有的吃药。

蒲柏本人患有多种疾病——曾作名句“漫长的疾病，我的生命”[3]——但是他非常注意把自己遭受的真实折磨和这些时髦的造作区分开来：在弥留之际，他怒气冲冲地说，“我这辈子从来没得过季病”。[4] 他的朋友、同为讽刺作家的乔纳森·斯威夫特（Jonathan Swift，1667—1745）晚年罹患失智症，留下部分财产在都柏林创办了一家疯人收容所。斯威夫特自己在诗中说：

他把仅存的财产拿出捐献，
为傻子和狂人修建疯人医院。
还带着讥讪的意味说道，
这种医院咱们国家最需要。

① “司脾灵”为“Spleen”音译。本书引用的《秀发遭劫记》译文，均采用《秀发遭劫记》，黄杲炘译，武汉：湖北教育出版社，2007 年第 1 版。

但也不忘向大家明确，他从来都“和脾憋没什么关系”。①

166 嘲弄这些时髦人士不是什么难事，他们抱怨着自己的倦怠以及各式各样令人不适但不至于要命的症状，旁观者会倾向于称他们是在无病呻吟。许多文人参与其中。因此也就可以想象，和此前的安妮女王一样，面对一连串的嘲笑和蔑视，那些诉称有不可名状之痛苦和精神低落的人，很少能接受癔症或季肋病这样的定性。有什么办法呢，在当时“粗野无知的人”动不动就将“神经瘟热……说成某种耻辱”：要么宣称这是“轻度的精神错乱，是脑染上瘟热的初步迹象”；要么就用更常见的说法，即只是纯粹的幻觉，无非是“胡思乱想，情绪不佳，暴躁易怒或个性使然；若是［女］性，则为柔弱、幻想或撒娇”。[6] 这就再一次带出那个尴尬的问题：乔治·切恩是如何将一种被世人引以为耻的东西变成一项荣耀的？

失调的神经

首要的一点是，切恩强调郁气和脾憋、癔症和季病根本不是空想出来的毛病，而是真正的疾病，随着医学终于突破希波克拉底和盖伦的体液说，切恩和当时的多数医生开始认识到人体有一种新的活力源泉——神经，而这种疾病的根源就在于此。这些病人不再被斥为心怀不轨的装病者，他们的痛苦“是和天花或热病……一样的身体瘟热之症”。[7] 因此，这些病绝非无关紧要或凭空想象，而是“瘟热的一个门类，伴有剧烈而可怕的症状，先人对此知之甚少”——这种病很常见，

---

① 本书引用的《咏斯威夫特教长之死》译文，均采用吕千飞译《咏斯威夫特教长之死》，辑录于上海译文出版社 1988 年版《英国诗选》。

已经占了当时“疾病的将近三分之一”。[8]

切恩的看法基本上呼应了当时医学界正在形成的一种共识，其依据是前一个世纪里托马斯·威利斯的人脑和神经系统解剖，以及托马斯·西德纳姆（Thomas Sydenham，1624—1689）的临床实践，后者在当时深受医界同仁的敬仰，被誉为“英国的希波克拉底”。脑和神经组织保存技术上的进步让威利斯可以看到前人所无法想象的东西，在此基础上，他展开了一系列前所未有的实验和观察。他认为：

> 神经［神经系统］的解剖……解释了发生在我们体 167
> 内的种种行动与情绪的真正、真实的原因，在此之前这些都是极难解释的。许多不可见的疾病和症状诱因，原本常被归咎于巫婆的咒语，如今得以被发现并有了令人满意的解释。

病理辨析的措辞不再局限于体液的紊乱。“动物精神”在体内游走，为脑收发消息，从而让人体有了活力，而这些精神的紊乱是一切疾病与病状的隐秘源头。这是针对“脑及神经枝干”[10]的作用提出的一个全新概念，它对大大小小的各种精神疾病的病原研究无疑格外有意义。无论是贝德兰姆式的疯癫，还是较轻微的忧郁、癔症等，都是脑紊乱或神经扰动的症状。

法国哲学家勒内·笛卡尔（René Descartes，1596—1650）几十年前就已经提出将身体当作机械的主张，关于神经系统的新观念为理解身体机械的动力来源和原理提供了手段。此后的几代人愈发重视这种新颖的视角，因为它似乎让医学与伽利略和牛顿的机械哲学取得了一致。而在这一过程中，它并未对传统的治疗构成多少冲击，既没有质疑古人的智慧，也不曾惊动已经深入民间观念和医学信条中的疗法积累。它是完全现代和新潮的，却又毫不抵触传统和先贤经典所推崇的常用临床干预手段。因此可以想见，在思考疯癫病理，甚或尝试治疗乃至寻求治愈可能时，相当一部分医学人士倾向于采用神经领域的用语。

威利斯的研究和著作首次对脑和神经系统进行了细致的测
168 绘。他明确了脑的多项特征：脑干、脑桥、髓质及至今仍被称为“威利斯环”的脑底部动脉环，小脑和脑皮质的折叠，以及中脑结构。这些综合在一起，让我们对脑的实体存在建立了全新的认识，并重新设想了脑作为思维器官的作用。随着这些解剖发现的进步，神经系统可以——也的确正在——被看作神经和心理世界之间的接口，尽管当时的威利斯（乃至他之后的几代人）尚未意识到这一点。

与威利斯同时代的托马斯·西德纳姆并不欣赏这位竞争对手的解剖研究，认为它们没什么临床价值。但是他也认识到了神经紊乱的重要性，甚至提出这类问题“比任何慢性病都要多见”。然而，这不等于西德纳姆能接受威利斯在解释神经疾病缘由时依据的还原论生理学。西德纳姆倾向于强调“心神的困扰，这是此类疾病的常见原因”。[11]不过，两人的学说仍然成了切恩那一代人构建其神经疾病主张的基础，倚仗先辈的九鼎之言，他们可以证明自己在治疗的是正经的疾病。

然而，显然没人会质疑梅毒是真正的疾病，却没有人愿意为其冠名。“英国病”有什么不同之处呢？在切恩看来，这是因为它是一种文明病。这里面暗含着一种可能是下意识的对比：梅毒让人想到放荡不羁的欲望，动物的激情打破了理性的控制。作为一个以优雅和斯文为标志的文明人，一旦沾染上这种象征着罪恶的疾病，就很难洗清了。而与此恰恰相反的是，切恩认为越是文明和开化的社会（以及个人），越容易出现神经疾病的肆虐。断言英国人易感神经虚弱之症的外国人以为这是一种指责。然而事实与此相去甚远，这类疾病在英国显贵阶层的流行，实际上是其高雅修养和民族优越的明证。

未开化的人基本上可以免受这个新的疾病门类的摧残，因为“节制、锻炼、狩猎、劳作和勤奋会保持液体甘甜，固体坚硬”。当一切都“简单、直白、诚实、节俭时，疾病就很少或完全没有了”。[12]相形之下，现代生活充满了刺激、诡诈和紧张。致富的希 169
望和对成功的追求，必然加剧人们头脑中的“焦虑和担忧”。此外，正在建起世上最富有、最成功的商业社会的英国，“在世界各地烧杀抢掠，取得的大量用于宣泄、享受和无度放纵的物质……足以激起甚至填满最庞大、贪婪的胃口”。[13]另外还有英国得天独厚的气候，“我们的空气潮湿，天气多变”起到了促进作用——何况“我们的

这幅作于1732年的雕版画仅仅暗示了乔治·切恩体态的肥硕。事实上他走几步就得歇口气，要不就得选择坐轿子。

土壤肥沃丰饶，我们的食物肥美充实，百姓（依靠与万国通商）绰有余裕，上等人做着悠闲轻松的工作（恶魔在这个群体里格外猖獗），还有在庞大、拥挤因而对健康不利的城市里生活对体液的影响……"[14]

如果说这些话是在有意唤起民族自豪，那么切恩在进一步论述神经疾病的社会定位时，则聪明地迎合了成功人士的自命
170 不凡。按照他的说法，神经疾病是社会地位的产物和证明。"傻瓜，或软弱、愚蠢的人，迟钝和笨拙的家伙，很少会惹上郁气或精神低落"——不会比"一个愚笨、土气、榆木脑袋的小丑"多多少。[15]因此下等人在很大程度上对这种疾患是免疫的。而"英国的上流人物"就不同了，他们过着的更考究、文明的生活，导致他们的神经系统也更文雅而柔弱。因此神经方面的疾患多见于那些"天资最活跃、敏锐的人当中，他们的官能最聪敏且有灵气，他们的精神最热诚且深刻，尤其是他们有着最锐利的感受和品味"。[16]

连伟大的怀疑论者大卫·休谟都没能抵挡这些奉承话，在谈及人性时承认"一个做散工的人的皮肤、毛孔、筋肉、神经，与一个名门绅士不同；他的情绪、行为和态度也是这样"。这还促使詹姆斯·包斯威尔（James Boswell，1740—1795）用一系列的自传体散文来明确自己作为上流社会一员的身份（尽管他用的是"季肋病人"这个笔名）。他彻底上了切恩的钩，声称"我们季肋病人在陷入沮丧时也许会这样安慰自己，说我们的痛苦表示我们高人一等"。[17]①

---

① 本书引用的《人性论》译文，均采用《人性论》，关文运译，北京：商务印书馆，1980 年第 1 版。

需要花费真金白银的实际行动，比言语更能证明切恩的高论有多大号召力。《英国病人》在两年里出了六版，此后一直有稳定的销量。更能说明问题的是，该书的出现对这位好大夫的生意和收入有极大帮助。在人生的最后十年里，切恩曾得意地向他的朋友、出版商、小说家塞缪尔·理查森（Samuel Richardson）报告，他的收入翻了两倍。理查森跟他差不多同属一个阶层，但是切恩的新主顾来自英国社会的最顶层，包括一位公爵、一位主教、基督堂的法政，以及从切斯特菲尔德伯爵（Lord Chesterfield）到亨廷顿伯爵夫人（Countess of Huntingdon）的各路贵族。如此显赫的客户群体，就算当时最炙手可热的上流社会医生都会羡慕。从这本书让切恩在金钱和社会地位上获得的成功也可以看出，书中的理念受到了社会何等的追捧。类似的现象今后还会有，一些会被身边人怀疑的身体和精神症状，却得到了医生的积极承认，医生出面证明这些 171
人患有真正的疾病，他们的痛苦和折磨并非“全是他们想出来的”，理应给他们病人应得的待遇，不应该给他们扣上伪装和欺骗的污名。至于患上神经疾病可以助他们步入高雅文明阶层，则是大多数病人欣然接纳的意外收获。

和切恩一样，伯纳德·德·曼德维尔（Bernard de Mandeville，1670—1733）、尼古拉斯·罗宾逊（Nicholas Robinson，1697—1775）和理查德·布莱克莫尔等名医也认为，神经系统是理解人体奥秘的一把新钥匙，他们对这类“疾病”采取了相同的处理方式。但是他们在陈述自己的想法时采用的新词汇，掩盖了一种根深蒂固的疗法保守主义。神经的语言也许是新的，对它的治疗却依然是西方医学已沿用千年的“去热”手段——放血、催泄、催吐等，此外还有注意饮食和作息。

并不是所有人都这么看。身为贝德兰姆院长的尼古拉斯·罗宾逊可能是其中最强硬的还原论者：

> 显然［他声称］一旦头脑感到不适、消沉或沮丧，就充分表明器官——头脑用以行使行动力的东西——受到了侵袭……而当神经……一切正常，通过感觉传达的想法就是正常、恰当和清晰的；智力会根据自然法则对客体做出评价和判断……但如果这些器官的结构或构造恰好出现紊乱，机器的运转不良，头脑的感受则被更改并受到变化的影响，就不奇怪了……从最轻微的脾憋和郁气症状，到最确凿的忧郁疯癫和精神错乱疾患，［各种精神失常形式］……不是空想出来的怪念头或幻觉，而是真正的头脑疾患，它们源自真正的、机械性的物质和运动影像，一旦脑的状况偏离其自然标准时就会这样。

172 至于如何处理“运转不良的机器”，他的态度也很明确。医生一定不能犹豫，要采用“最烈的催吐、最强的催泄和大量放血……要反复使用这些手段往往”。[19]他强调：

> 毕竟，当疾病的性质决定了必须使用最剧烈的治疗手段，畏首畏尾才是最残酷的选择，尤其是当只有这样做才能令病情得到缓解时。[20]

与罗宾逊同时代的神经医生没有采取如此极端的看法，不过他们对疾病的理解是一样的，也认为有时候需要用极端的手段让身体恢复平衡。在十八世纪，病人的确也习惯了医治自己的人使出如此“勇武”的手段。不过，想在愁肠百转的淑女和郁郁寡欢的绅士中招揽生意的上流社会医生，肯定会考虑到这些文雅考究的人愿不愿意让自己柔嫩的神经承受如此粗暴的对待。理查德·布莱克莫尔就表示，对那些焦虑和沮丧的病人，抚慰、镇静的方法要比可怕、痛苦的方法更有可能取得成效，后者可能会给已经不稳定的神经造成更多冲击，这样做非但不能治愈疾病，反而可能“摧毁”病人。因此在布莱克莫尔这一派人看来，罗宾逊那一套凶狠的疗法只适用于贝德兰姆。他们希望自己的候诊室里坐满这些敏感的时髦人士，赞美这些病患有着细腻过人的情感，只要采用一种更清淡的生活方式就能有大幅改善病情，或许还可以再开一些鸦片作为辅助。

他们可以拿出托马斯·威利斯本尊的权威学说来支持自己的立场。威利斯说过贝德兰姆式的疯癫需要最强悍、最暴力的干预（毕竟疯人被“精神的咆哮和灵魂的嘶喊”困扰着，唯有“得到他们的尊敬或畏惧，仿佛你是在折磨他们的人”）。他同时又认为，较温和的神经疾病“应多用奉承恭维以及更温柔的疗法医治”。[21]权贵阶层习惯并且喜欢听到下人的奉承，而多数医生无疑仍然属于这个群体。

英国上流社会当然不是神经疾病的唯一源头，正如法国或 173
那不勒斯人不是梅毒的唯一源头一样。威利斯的学说流传开来以后（他的作品使用的是拉丁文，这在当时仍是受过教育的欧洲人的通用语言），很快被其他人继承下来并得到进一步发展。作为莱顿大学医学教授和十八世纪最著名的医学教育家，荷兰医生赫尔曼·布尔哈夫的学问庞杂，他更像是知识的整合者，而不是原创的学者。但是他的影响力极大，并且在依然崇敬希波克拉底和古典时代作者的同时（和当时多数医生一样，他认为医学权威的首要来源在书本里），他能够注意到学者们就神经的重要性正在达成的共识，尤其是这对精神病理问题的意义。

从 1730 年 9 月到 1735 年 7 月（距离他去世还有三年），布尔哈夫就神经疾病做了 200 多场讲座，在他去世后由他的学生雅克布·范·埃姆斯（Jakob Van Eems）编辑出版的两卷本文集只收录了部分讲座内容。[22] 布尔哈夫有着深远的影响。俄罗斯沙皇彼得大帝曾是他的听众；欧洲的王公贵族派他们的私人医生来求教；他的同僚阿尔布雷希特·冯·哈勒（Albrecht von Haller）称他是"全欧导师"；他甚至收到了一封来自中国的信函，地址只是写了"欧罗巴名医布尔哈夫台启"（the illustrious Boerhaave，physician in Europe）。和威利斯一样，布尔哈夫认为轻度神经虚弱可以用劝导的方式治疗，或者对大脑施加影响，以产生和失常的诱因相反的情绪。至于陷入彻底疯狂的病例，布尔哈夫也和威利斯一样，建议用更重的治疗手段，在该情况下他所说的"共通知觉"（sensorium commune）已经被控制，需要用强力冲击让它摆脱失常的状态。

古人用的药包括有毒的嚏根草（见彩图 26），另外建议用一定剂量的汞和铜，如果这些还不够，他们会考虑用更剧烈的干预手段：体验濒临溺死，或让疯人在空中旋转，把他们像金龟子一样钉住。[23] 在布尔哈夫看来，这些始终是假定的方法，但是正如我们在前面已经看到的，十八世纪晚些时候有人已经
174 开始实践它们了。与此同时，还有许多人在争论神经系统是一些输送动物精神或神经液的空心管，还是一种可松可紧的神经纤维，让脑可以和它管辖的其他部位联络。

轻度的神经疾患受到英国上流社会医生的格外关注，并且

给他们带来大量出手阔绰的病人，这些人渴望得到医学专业人士的加持，证明自己患有一大堆让一般人觉得可笑和可鄙的病症。然而后来人们得知这种病是无处不在的，无论是潮湿以及其他英式的气候特征，还是如今已经司空见惯的那些商业社会的刺激，都不足以解释它的破坏力。奇怪的是，德国人、奥地利人、法国人似乎都很容易染上类似的疾病。该如何看待它们？又该如何治疗它们？

狂热与精神痛楚

对这类困扰的宗教解释和治疗并未消失。在英国，约翰·卫斯理（John Wesley，1703—1791）和乔治·怀特腓德（George Whitefield，1714—1770）领导的福音派复兴吸引了众多追随者。如果说牛顿和科学革命的追随者坚持新哲学的唯物论、机械论基础，追求一种根植于理据原则的基督宗教形式——主宰一切的上帝只是一个神圣的建筑师，站在远处凝视着自己创造的奇景，那么蜂拥前往循道宗露天集会的狂热信徒表现出的则是极端的宗教信念和情感苦难。他们的牧师得到了启示，转而去启发他人，虽然卫斯理等人并不反对在民众中推广体液医学（他的《基本医学》［*Primitive Physick*］是一本畅销书），但他和怀特腓德还是很热衷于提供宗教慰藉，并寻找那些存在精神困扰的人，为他们祈祷，并施以援手。他们在田间地头举行的复兴集会，是表达情感和宗教喜悦，向承受着疾病、痛苦和烦扰的人提供祈祷和安慰的场合。在循道宗信徒看来，心灵困扰有着深远的精神意义，他们的那种赤诚的宗教责任感强调罪过与罪孽的折磨，用救赎的承诺来缓解对永罚的恐惧，这是在延续古人的一种融合宗教与

魔法的疯癫因果律，与如今更受世人认可的自然主义解释相
176 斥。天谴与恶魔附体在循道宗信徒眼里仍是对人类精神困扰的合理解释。卫斯理本人就坚信存在着魔妄想，并积极提倡通过禁食和祈祷的集体仪式，给陷入精神困扰的人带去疗愈。[24]

但是在 1640 年代的内战中，英国统治阶级看到了这种“狂热的”宗教会发展到什么地步——彻底堕入无度、危险、荒诞的境地，颠覆既有秩序和社会等阶，达到一种毫无理性的状态，这些都是他们不想看到的。对宗派分裂和社会动荡心有余悸的贵族和有产阶级选择了一个理智、矜持、以端庄持重著称的宗教，哪怕因此要与自然哲学家和医学人士——乃至疯大夫——结为同盟，也在所不惜。

其结果是一场直指“狂热派”的嘲笑、戏仿和讽刺运动，这在贺加斯的漫画以及霍勒斯·沃波尔（Horace Walpole）——英国历史上在位时间最长的首相罗伯特·沃波尔爵士（Robert Walpole）的小儿子——的讽刺评论中有所体现，更不用说斯威夫特和蒲柏的讽刺作品了。循道宗信徒的人被指责说，他们非但不能治愈疯癫，反而是一个诱因。病患有许多的郁气、风和呼气（afflatus），他们的牧师在制造受感染的幻想、无理性的想象、盲信和蠢行，同时自己也表现出这些状态。循道宗“不得体”的崇拜形式，他们对恐惧和狂热的传播，以及他们对地狱之火和永罚的夸张祈求，任何一个脑子清醒的人看到这些奇景，都会立刻意识到他们和荒谬、疯癫的世界走得有多近，而这些仪式就是为了把那些好骗的、迷信的人带向疯狂。许多疯大夫认为，在给治疗精神错乱这一行创造客源这方面，卫斯理和怀特腓德

是功不可没的。[25] “弱势性别”中贫困的、情感脆弱的和智力欠缺的那部分人，格外容易走向疯狂，不过男人如果着了魔也会这样。

贺加斯 1762 年的作品《轻信、迷信与狂热组画》(*Credulity, Superstition and Fanaticism: A Medley*)——对此前一年的《刻画狂热》(*Enthusiasm Delineated*)的再加工——嘲弄了这些骗子的荒唐之举。在画中，我们看到牧师的喧嚷让会众陷入迷狂。很多人出现了歇斯底里的狂喜，甚至僵直性的呆滞。有人在啃咬着基督像，这暗示了贺加斯憎恨的另 177
一个宗教形式——天主教——与食人狂、兽性和疯癫之间的联系。在讲坛上张牙舞爪的牧师选择了一句应景的经文（摘自《哥林多后书》第 11 章第 23 节）——“我说句狂话”——在他利用民众盲信的同时，前方那个测量观众热情程度的温度计的读数，正势不可挡地从欲念（一个好色的贵族站在昏厥的女仆身旁，将一尊圣像塞进她的裙子）升至语无伦次的癫狂。挂在天花板上的球标示着地狱的各个区域，而前景中的两个人物代表狂热派牧师们给信众设下的一些骗局：生下一群兔子和一只猫的玛丽·托夫特（Mary Toft）；以及“比尔斯通男孩”，他的假神迹包括口吐钉子和订书钉。有一对著名的斗鸡眼的乔治·怀特腓德也在场，他头顶上的一个天使拿着一块牌子，上面写着“金钱陷阱”，这是在嘲笑他说自己的圣堂是一个“灵魂陷阱”。一个马耳他犹太人在窗外冷眼看着这基督教的疯癫场面。牧师们夸张地嚷着地狱之火和永罚多么危险，他们就是看准了这些既没钱又没脑子的人说什么信什么，用恐吓和煽动的方式榨干会众仅有的那点儿钱财。

威廉·贺加斯的《轻信、迷信与狂热组画》（1762）是对愚人和宗教狂热的讽刺。前景的温度计显示着欲念的读数正急速升至“疯癫”和“语无伦次”的刻度，讲台上的斗鸡眼教士是循道宗创始人之一乔治·怀特腓德，疯大夫们声称他宣讲的教义使许多容易上当的人进了疯人院。

驱走恶魔

英国权贵阶层希望有一个庄重的宗教，它不要刺激与过度。而在德国西南部的巴洛克天主教地区则是另一个世界，与卫斯理和怀特腓德同时代的约翰·约瑟夫·加斯纳（Johann Joseph Gassner，1727—1779），一个名不见经传的奥地利神父，在1760年代~1770年代的埃尔万根主持了许多驱魔仪式。加斯纳吸引了众多患有各种疾病的人，这些疾病包括眼盲、舞蹈躁狂（所谓的圣维图斯之舞）、癫痫、耳聋、呆滞、癔症和狂热。事实证明，有关魔鬼以及人可能被恶魔附体的观念，并没有随着启蒙运动和所谓理性时代的到来而立即消失，反倒是牢牢留在了大众的想象中。一桩闹得沸沸扬扬的丑闻随之而来。[26]

病人来求加斯纳的祝福，走的时候已与常人无异——至少看起来是这样。圣徒升坛作法后，病人不再受精灵和恶魔的附体与纠缠，恢复了神智。消息传开后，人群围了上来。加斯纳 179
神父开始巡游，到各地主持圣事。北方的新教徒大骂天主教的迷信和蠢行。然而治愈的病例越来越多。这一切意味着什么？当权者又是如何应对由此可能激起的骚乱的？焦躁与宗教激情，加上可能有成千上万的农民前往某地寻求治愈，这对秩序显然是个威胁，无论世俗还是教会当局都不敢怠慢。这两个领域在政治格局错综复杂的南德意志地区往往是交汇、重叠并时有冲突的。

慕名来求加斯纳行圣事的，终归不是柔弱优雅的淑女绅士——他们需要的是切恩或布莱克莫尔这类人的服务，不过加斯纳的确也曾吸引到（似乎还治愈了）一位伯爵夫人，即沃尔

约翰·约瑟夫·加斯纳在驱魔。这位施瓦本神父施展法术，令恶魔从病人口中飞出，像这样的处置中邪者的场面在文艺复兴时期的作品中很多见。显然，恶魔附体的观念在启蒙时代仍然很有市场。

费格和弗里德贝格总管玛丽亚·博纳蒂娜伯爵夫人（Countess Maria Bernardina Truchsess von Wolfegg und Friedberg），我们知道精神抑郁的萨克森卡尔王子（Prince Karl of Saxony）的母亲至少考虑过咨询加斯纳，看看他能否成功干预。一些贵族及其女眷也来过，不过接受这位仁慈的神父治疗的千千万万人大多出身平凡，跟那些蜂拥前去听循道宗讲道的信众差不多。只不过德意志南部采用的不是新教的儆醒祷告，而是古老的驱魔仪式——施法令恶魔离开他们的身体，神奇地消除他们的身心痛苦、瘫痪和苦恼。但这要取决于加斯纳神父是否认定他们适合接受治疗，他在这方面是非常挑剔的。

德国各地爆发了一场通过小册子进行的论战，论战还波及了法国部分地区，不免令人回想起古代宗教战争。加斯纳在教会高层有人撑腰，并且他很注意只在天主教公国里驱魔。在其他地方，精明的天主教教士会小心行事。新教一直在毫不留情地痛斥天主教的迷信。此外教士还有一些世俗责任需要考虑，因为在当时德国南部很多地方，主教同时也是俗世的统治者，只不过他们的教区和公国范围不见得一致。在那些他们没有独揽教会监督（prelate）和王公两权的地方，教士是贵族的后裔，他们会去积极维护自己的利益。对社会秩序的世俗关切， 180
以及加斯纳的圣职所构成的动乱隐患，一直困扰着他们。毕竟女巫狂热的记忆并不遥远，如果加斯纳的驱魔圣事重新勾起了民众的恐惧，新一轮的宗教热情和烧死女巫的狂潮可能会爆发，后果不堪设想。

由于彼此间的嫉妒，天主教的监督们大多是无法联合起来的。有关加斯纳驱魔的消息刚刚开始传出时，康斯坦茨主教（Bishop of Constance）立刻试图弹压，让人们对这类活动产生怀疑，巴伐利亚教会议会和奥格斯堡教会权力机构也很快效法，禁止加斯纳进入他们的领地。不过在别的一些地方，世俗和教会当局要友好一些。比如雷根斯堡的采邑主教安东·伊格纳兹·冯·富格尔（Anton Ignaz von Fugger）就给予了支持和保护，在弗赖辛和艾希斯堡也是这样。然而，上层的政教权力阶层觉得还是需要干预。此前曾下令禁止迫害女巫的奥地利女王玛丽亚·特蕾西亚（Maria Theresa）无法容忍加斯纳的所作所为，1775 年夏，她派了两名和她一样持怀疑态度的医生前去调查这个问题神父。不久，神圣罗马帝国名义上的统治者约瑟夫皇帝下诏将加斯纳逐出雷根斯堡。教廷的干预则要晚一些，不过最终也决定此事不能再继续下去。受加斯纳在教会里的敌人怂恿，教宗庇护六世（Pope Pius Ⅵ）最终做出审判：对神父采取的耸人听闻的手法加以斥责，称他这是在宣扬多数疾病是因恶魔而起或恶化的“错误”观念，要求他收手。加斯纳被要求停止驱魔，回到小乡村彭多夫做一个普通的堂区司铎。被世人遗忘的他于三年后去世。

加斯纳在“开化”的君主与圣座诏令下收手，但民众并没有因此不再相信恶魔和附体的存在，不过从中的确可以看到上流社会正在摒弃过去宗教对疾病和苦难的阐释，尤其是对疯癫。在表象之下，大众意识中无疑是信恶灵的。这种观念有《圣经》为证，此外还有传统的力量，对于那些依然相信老派宇宙论的人来说，它似乎是对许多日常感受的合理解释。在过去大行其道的朝圣以及对圣人、圣祠的崇敬并没有在当权者的号令下立即消失。但是在受过教育的人群里，这些信念成了无知和迷信的表现。识文断字的人是明白事理的，至少他们自己这么认为。

不可见的力量

如果传统天主教徒有看不见的恶魔和魔鬼（加斯纳从未声称自己看到过那些被他从病人身上驱走的东西，尽管流传下来的图画所呈现的并不是这样的），那么启蒙运动思想家们自有一套左右着感官世界的不可见的力量：自牛顿的引力之后有了电和磁，而如今可能又找到了一种无形的影响力。就在加斯纳打磨着自己的驱魔技术和名号之时，娶了一个富家女为妻的维也纳医生弗朗兹·安东·麦斯麦（Franz Anton Mesmer，1734—1815）宣布他发现了一种新的生命力——“动物磁流”（animal magnetism），一种在所有人体内都存在的强大流体。不仅如此，他还有能力操控这种流体用于治病。没有神，没有恶魔，没有宗教驱魔仪式，只有据说非常喜人的效果——生活在帝国都城的富人和时髦人士纷纷慕名而来，许以他超过其妻子已经带给他的财富和名望。

麦斯麦在1775年前往巴伐利亚，向科学院讲演他的理论体系。院士们为之倾倒——麦斯麦治疗了他们中的一员，对其他病人实施催眠，还展示了各种令人赞叹的手法——学院表决同意授予他院士头衔。麦斯麦转而向他们保证，加斯纳的成功治疗——如果有的话——表明他对那些前来求医的人的触碰其实应该是无意中使用了动物磁流的力量。

在满怀感激地离开巴伐利亚那个乡野之地，回到位于哈布斯堡王朝权力中心的宜人家宅后，麦斯麦继续为皇亲国戚们服务。妻子的财富让他得以住在维也纳的一座豪华大宅里，邀请四海宾客来分享他那超凡脱俗的艺术品位，了解他新发现的神奇疗法。约瑟夫·海顿是常客，此外还有莫扎特家族。事实上少年沃尔夫冈的第一部歌剧《巴斯蒂安与巴斯蒂安娜》（*Bastien und Bastiene*）正是在麦斯麦的宅邸里首演的（麦斯麦术①本身也出现在了作曲家的《女人皆如此》中）。利奥波德·莫扎特表达了对宅邸的赞叹：“庭园无与伦比，有门前大道和雕像，
182 有一座剧场、一座鸟舍、一座鸽房，高处还有观景楼。”[27] 为了证明自己的音乐品位和才能，麦斯麦成了一名高水平的玻璃琴演奏者，那是美国博学家本杰明·富兰克林（Benjamin Franklin，1706—1790）极为擅长的乐器。这位良医随即开始通过演奏柔和、舒缓的抒情乐曲来给自己的病人催眠。

起初麦斯麦会用特制的磁铁来放大自己的力量，以改变病人的动物磁流，但他后来放弃了。他声称自己已经发现疾病源于体内动物磁流阻塞物或障碍的发展。他的疗法靠的是用目光和指尖找到堵塞的地方，然后对磁流进行疏导。他会把病人双膝夹在自己两腿间，用手指在全身摸索，通过一种类似按摩的方式让病人进入昏睡或临界状态，有点儿类似癫痫发作。这意味着体内堵塞得到了疏通，动物磁力得以自由流动，尤其是头与脚这两极之间，前者利于接收来自天的磁流，后者则与地接触，作为磁流的另一个来源。（麦斯麦用二十七条建议概括了自己的研究发现，第一条就讲道：“天体、土地和生物体之间存在相互影响。”）有时他会用铁棒去接触病患诉称有疼痛的地方，以此增强自己的触碰和凝视的力量。

这种治疗过程的性意味再明显不过了，也引来新学说的反对者的阵阵嬉笑声和粗俗的评论。麦斯麦的精力主要放在身体的经线上，不去碰磁极，而且他似乎格外关注上腹部和胸部，

① Mesmerism，即催眠术。

也就是传统医学所说的季肋部。在他的第二十三条建议中，他说侧重于这里“可以即刻治愈神经疾病，并缓解其他病症”。

他在维也纳的病人中，最著名的可能是双目失明的玛丽亚·特雷莎·帕拉迪斯（Maria Theresia Paradis，1759—1824）。这位十八岁的年轻女子在三岁半时毫无缘由地失明了。宠爱她的父母动用了维也纳的一切资源，试图治疗她以及教她如何克服自己的残疾。在去看麦斯麦之前，她已经接受了数千次电击，希望能通过刺激恢复视力，但毫无效果。与此同 183
时，富有的父母还请了许多教师，想方设法让她学习她这个身份的年轻女性应有的一些观赏性技能。她特别接受了充分的大键琴和钢琴训练，并且似乎在这方面颇有天赋。[28]盲人女孩抚 184
琴作乐的形象为她赢得了众多仰慕者，其中还包括玛丽亚·特蕾西亚女王本人。

麦斯麦医治了她。她声称自己的视力恢复了。很快就开始有传闻说两人已经超越了医患关系。大概是出于嫉妒他能吸引到众多出手阔绰的神经方面的病人，麦斯麦的敌人开始散布谣言，说玛丽亚·特蕾莎·帕拉迪斯是他的情妇。而帕拉迪斯则发现如今自己的琴艺不再那么引人注目了。一个盲人女孩可以弹钢琴是不一样；可如果眼睛能看得见了，在家境优渥的女性当中能找到几百个比她强的。

这些香艳故事可能并非空穴来风。不管怎么说，几周后麦斯麦突然只身离开维也纳前往巴黎，和妻子断绝了一切关系。帕拉迪斯小姐不幸地再次失明，但这让她很快就恢复了作为一名盲人钢琴家的声望，重新得到玛丽莎·特蕾西亚女王的恩宠。与此同时，维也纳上流社会医生对这位同僚的离去似乎也没什么意见。

麦斯麦术相当受欢迎，但也遭受到不少批驳，其强烈的情色意味经常被人拿来当笑话。图中这名麦斯麦术士被画成一头驴，在用自己的“魔指”治疗一名女病人。

1778 年 2 月，麦斯麦已经在巴黎安顿下来，开始在贵族中招揽生意。几周后他就搬到了旺多姆广场，此后一直春风得
185 意。他的收费不菲，不过没人有怨言，毕竟他承诺可以让这些富有的主顾从多年的病痛中解脱出来，但对于这一点还是有许

多人是持怀疑态度的。患有神经疾病、癔症和精神失常的人纷纷前来寻求他的救助。一年后，麦斯麦出版了《忆动物磁流的发现》（*Mémoire sur la découverte du magnétisme animal*），这本书进一步推广他的这一重大成就，并且还介绍了多项技术进步，以求让更多的人可以受益。

上流社会的男男女女围坐在塞满金属物的麦斯麦磁桶边。音乐响起，麦斯麦医生站在一侧，“似乎总是在沉思着什么……病人们，尤其是女病人，开始抽搐，进而得到康复”。

其中最出名的一项技术是磁桶（baquet），这种内部塞满铁质填充物的桶状装置里插着一些高度可调节的铁棒，围坐的病人可以通过铁棒将它的效用施加于需要特别关注的身体部位——胃、脾或肝，以及一些不便明言的部位。病人们坐成一圈，被一根绳子串联起来，形成一个麦斯麦环（更像是在模拟一个电路），等待疗效产生。麦斯麦时而用手触摸，时而弹奏玻璃琴，以加强装置的效用，多数时候，精神病人会很快出现晕厥、昏倒或抽搐，麦斯麦的一个助手会把格外严重的病人搀起来送到一个小房间，里面摆着床垫，避免病人在抽动时伤到自己。服务面向不同社会阶层，麦斯麦在隔壁安排了一个“穷人桶”。柔软的地毯、镜子、厚窗帘和星象画都是为了增强气氛。当时有人描述了治疗的场面：

> 麦斯麦先生的宅邸就像一座神庙，各阶层的人集聚到一起，包括修道院院长、侯爵夫人、女工、士兵、医生、小女孩、助产士，这里面有垂死之人，也有身强体壮之人——他们都被一种莫名的力量吸引。里面有磁棒、盖着的桶、棍、绳、花丛以及包括玻璃琴在内的乐器，悦耳的琴声会激发大笑、哭泣和强烈的喜悦。[29]

麦斯麦非常希望自己的伟大发现能得到官方认可。他游说巴黎的法国皇家医学会和科学院，希望得到他们的首肯，但没能如愿。与此同时，他开始磁化树木，这样就可以让更多穷人受益于他的疗法。这只会加强他此刻已经开始形成的江湖郎中
186 形象，让他受到更多怀着敌意的同行的批判。然而，批评声并没有起到多少作用。众多达官贵人筹款帮麦斯麦在外省创办麦斯麦术诊所，他因此积累了大笔财富。看起来，法国人和背信弃义的英国人一样容易患上神经病，得了这种轻度精神疾病的人纷纷赶来，接受据说可以让他们脱离苦海的治疗，同时又不必忍受传统的放血、催泄、催吐的痛苦和不适。

然而到 1784 年，麦斯麦术正大行其道之时，问题出现了。看到麦斯麦能吸引这么多富有的客户，他的对手们咬牙切齿。他们鄙夷地谈论着他的疗法，认为那本质上是骗术，而且集体治疗活动存在危险的、色情的意味。美丽的女子为他的力量所左右。她们的激情被点燃，发生晕厥和抽搐，两眼迷醉地望着

那个让她们神思恍惚的男人，之后顺从地被带进摆放着床垫的“临界室”。这显然是对公德的一种威胁，然而即便最有修养的贵族女士似乎都无法抵御麦斯麦的魅力。他的批评者们打着正义的幌子，想方设法要消除这个竞争威胁。

在麦斯麦心怀嫉妒的对手怂恿下，法王路易十六任命了一个委员会，以对麦斯麦的理论进行检验。委员会的成员包括当时最具盛名的几位学者：安托万·拉瓦锡（Antoine Lavoisier）；天文学家让·西尔万·巴伊（Jean Sylvain Bailly）；约瑟夫·吉约丹（Joseph Guillotin），此人后来发明了一个国王本人将亲身体验的装置[①]；因用闪电和电流做实验而闻名的美国驻法大使本杰明·富兰克林。这是一个令人生畏的组合，然而实际上他们调查的不是麦斯麦本人，而是已经与他闹翻的前助手夏尔·德龙（Charles D'Eslon），且并未关注麦斯麦术的疗效——这才是麦斯麦的病人们最关心的问题。至于在是否存在一种叫“动物磁流”的液体这个关键问题上，他们的结论很明确：无法找到证明其存在的物理证据。为了支持这个结论，他们引证了一系列别出心裁的实验。

在有身份、有学识的阶层，委员会的报告造成了相当大的负面影响，麦斯麦一直渴望得到的官方认可于是变得更加遥不可及了。然而在实务层面，它似乎并没有打消人们对这种疗法 187
的向往。这些科学家自己的研究也是建立在其他某些不可见力量的存在之上的，他们彼此间的深奥讨论对那些寻求治愈神经疾患的人来说无关紧要。麦斯麦的信徒们不屑地称，一帮自有盘算的学究当然会炮制出这么一份报告。

① 指的是吉约丹发明并以他名字命名的一种断头台（Guillotine）。

然而，不堪的往事很快被翻了出来：1784 年 4 月 16 日耶稣受难节，巴黎上流社会和国王参加了大斋期的圣灵音乐会（Concert Spirituel）。弹奏大键琴的盲人乐师不是别人，正是维也纳的玛丽亚·特雷莎·帕拉迪斯。她和麦斯麦那传说中的风流韵事再次被人提起。[30]由于帕拉迪斯小姐决定在巴黎再待六个月，流言进一步扩散开来。此外，麦斯麦曾受邀前往里昂，向普鲁士国王腓特烈二世的弟弟公开展现麦斯麦术的价值。那是一场灾难性的失败。颜面扫地的麦斯麦逃离巴黎，在人生剩下的二十年里没再做过什么为人所知的事。

如此突然地离开巴黎后，麦斯麦术的影响力自然再也无法向 1780 年代中期鼎盛时看齐。不过总的来说这种疗法依然是有市场的，因为在接下来的一个世纪里，参加麦斯麦术集会活动的人数稳步增加。查尔斯·狄更斯多次尝试麦斯麦术，而那绝非什么不寻常的趣味。他的朋友、小说家威尔基·科林斯（Wilkie Collins）经常把麦斯麦术写进自己的作品里。[31]只不过到了此时，麦斯麦术已经更像一种娱乐，而不是治疗手段。它渐渐落入灵媒和怪力乱神之流的掌控，这种转变当然更不利于它得到医生或多数科学家的认可。虽然用着他的名字，但麦斯麦术与发明它的人没有什么关系了。直到麦斯麦去世几十年后，这项他开创的技术才迎来一次复兴——只不过换了个名字，而它之所以能树立起权威，靠的是一种与神秘的磁流截然不同的东西。

第七章　大禁闭时代

发神经还是发疯？

作为一套阐述疯癫病因的语汇，神经学说是有吸引力的， 188
这一点不仅限于医学人士。对顶尖医学家而言，探索错综复杂的脑和神经系统无疑是一个越来越有意思的课题，而对普通的医疗从业者来说，神经作为疯癫病因的说法，意味着明确了精神状态紊乱的根源在身体中。与此同时，受过教育的世俗民众也在更多地用一种自然主义视角看待世界，他们厌恶那些没文化的人仍在固守的“迷信”，基于自然主义的阐述让他们可以展现自己高人一等的修养，并带来一种宽慰——造成深重苦难和恐怖的疯癫原来是可以用理性去认知的。富有的人，尤其是平常无所事事的那些，很容易染上抑郁或倦怠的毛病，或者罹患各种神秘的精神和身体病症，他们尤其喜欢神经学术语，因为它们证明了这些病的真实性，不用再被冷眼旁观者斥为装病或幻想病。

然而，神经病患是否同样乐意视自己的困扰为某种轻度的疯癫就很难说了，因为社会仍然倾向于将疯子赶到某个偏远阴暗的角落去。精神失常者失去了最重要的人类特质——理智——很容易就被划为另一个存在秩序（ontological order）的造物。在十七世纪初，莎士比亚说疯人没了更真实的自我，

失去了判断力，已与“图画”无异，也就是人类外在的仿制
189 品——“无知的兽类”。[1] 然而，十八世纪作家的看法比这还要极端。“寡欢之人，没了最可珍的光，理性之光”，教士安德鲁·斯纳普在一次布道会上说，“失常者”已经堕落为“比哑巴和蠢人更低级的寡欢之人”。[2]《世界周报》（*The World*）上的一篇未署名的文章（疑为塞缪尔·理查森所作）也表达了类似看法，称疯癫将“屹立于天地之间的理性动物变得蝼蚁不如”。[3] 可以想见，接下来的几代人几乎逐字逐句地重复着“疯癫是最可怕的疾病”这样的套话。[4]

因此，当北美洲的末代君主乔治三世感到自己正在失去理智时，他会坚持对所有还在听他讲话的人说：“我是神经质……我没病，只是神经质。”[5] 然而，他的确是疯了。他片刻不停地说话，直到口吐白沫；他的烦躁和错乱越来越明显。最终有人转述御医理查德·沃伦（Richard Warren，1731—1797）的话说：“脑病发作太过剧烈，就算活下来，恢复智力的希望也很渺茫。”[6] 乔治变得暴躁、疑神疑鬼、不可捉摸，越来越失控，他彻夜不眠，常有淫秽之举。他从1788年10月开始处于这种状态，直到次年三月似乎出现了奇迹般的康复。几年后他旧病复发，然后又好转，同样的情况在1804年重演。然而到了1810年病魔再次袭来后，他再也没能恢复。在生命的最后十年里，乔治完全失去了理智——一开始是语无伦次，四处游荡，尔后出现了痴呆和失明问题。

每一次国王病情复发，都会引发一场宪法危机，到1810年，这一问题通过任命王子乔治为摄政王得到了解决。秘不外宣的国王病情引起了许多流言蜚语，同时也凸显了轻度的神经疾患和更深重而极端的疯癫有着云泥之别。巧合的是——基本

上也只是一个巧合，因为欧洲和北美各地都出现了类似的变化——在英国国王反复发疯的同时，在精神疾病可以且应该以怎样的方式管理这个问题上出现了关键性的观念转变，家人乃至全社会开始倾向于用收容机构来解决疯人带来的问题。

收容体制崛起

在认定应该将疯人与社会隔离，并决定营建一个更加庞大 190
的新机构网络来实现这一目标后，疯人大禁闭时代到来了，作为西方世界面对精神失常问题的一项重要举措，这种做法将一直持续到二十世纪最后十年。对神经衰弱者的管理将继续通过非正式方式进行，有这方面困扰的人仍然是来去自由的，但陷入躁狂与忧郁、错乱与失智的人就不一样了，他们很快将在一个全新的环境里接受磨难。各地收容机构成为处置贝德兰姆式疯人的首选方案。利用社会空间集中收容疯人的新趋势出现后，新一类的收容医学专家应运而生，他们的组织性和自我意识逐渐增强，其作为专业人士的身份认同与收容机构网络的存在和扩张有着莫大关系。而这种扩张本身也源于政府在其中发挥了越来越大的作用，它们的资金和治理迅速将收容机构推广到了欧洲和北美各地：这对中央权力几乎不受约束的法国和奥地利帝国来说也许并不算意外，但这种扩张在英国和美国的势头同样强劲，尽管对中央集权和政府行动的怀疑已经深嵌于那里的文化和政治体系中。

这一波机构热潮存在一个根本的悖论。此次运动被广泛誉为精神病患待遇的一次科学和人道进步，而推动进步的道德信念和热情则是源于对旧疯人院体制恶行的揭发。在法国，让-埃蒂安·多米尼克·埃斯基罗尔（Jean-Étienne Dominique

Esquirol，1772—1840）踌躇满志地来到巴黎，师从大革命时期的名医菲利普·皮内尔，并于1802年在赞助人的帮助下开办了自己的保健院（maison de santé），也就是私立疯人院，还在1811年成为沙普提厄医院的普通医生。为了取悦复辟的波旁王室，他在1817年开始就精神疾病做讲座，并于次年得到内政部的委托，到全国各地对疯人状况进行评估。他的报告记录了各种骇人景象：

> 我看到他们赤身裸体、衣衫褴褛地躺在地上，只能靠干草抵御那地方的阴冷。我看到他们被粗暴地喂食，缺乏
> 191 可以呼吸的空气、润嗓的水以及基本的生活必需品。我看到他们被那些实际是狱卒的人随意摆布，成为其残暴管理的受害者。我看到他们被关在狭小、肮脏、虫鼠滋生的地牢里，没有空气和光，被锁在洞里，这些地方用来关野兽都是说不过去的，而那些野兽倒是在各国首都，由嗜好奢侈享受的政府耗费巨资养着。[7]

在十九世纪的第一个十年里，英国议会对疯人院的状况展开了一系列调查，得到差不多的结果。各地治安法官和自称的慈善家纷纷讲述被收容禁闭的疯人所遭遇的骇人故事。银行家亨利·亚历山大（Henry Alexander）每到乡间游历必去当地收容疯人的地方参观，他称自己去德文郡塔维斯托克的贫民习艺所参观了疯人病房，尽管是在院长百般阻挠之下好不容易才得以入内的。

> 我此生从未闻到过如此令人作呕的气味，同行的一位

> 朋友［进到第一间病房后］说他不能再走下去了。我进了一间，然后要求再看一间。我想如果他们能活过今晚，我至少可以看看他们……那股恶臭让我几近窒息；几个小时后吃东西的时候，我还是能闻到那种气味，无法脱去——不要忘了，这些病房在那天上午是清洗过的，还提前几个小时开了门。[8]

在专门用于禁闭疯人的地方，情况只会更糟。曾在伦敦最大的两家营利性私立疯人院——托马斯·沃伯顿的红屋和白屋——任药剂师的约翰·罗杰斯（John Rogers）作证称，院内到处是跳蚤和老鼠，房子又冷又潮，导致许多病人有坏疽和肺结核；此外病人还会受到护士的肆意虐待。棍棒和鞭子是常用的工具，而女性病人经常被强奸。失禁的病人会定期被拖到院子里，被泵压的冷水冲洗。在贝德兰姆，有证词称裸体女人被 192
随意拴在墙上，男人也会如此。“他们的裸露和他们的禁闭模式……看上去与狗窝并无分别。”[9] 不过比起约克收容所，他们还是幸运的，那里有病人经常被强奸和杀害，大多数病人无人照看，满身的污秽，[10]其中有一部分病房还被有意遮掩了起来。约克郡治安法官戈德弗雷·希金斯（Godfrey Higgins）陈述道：

> 条件极为可怖和污秽……墙上涂满粪便；每间病房的通气孔也被粪便部分地堵塞……随后我上楼……进入一个房间……长十二英尺、宽七英尺四英寸的空间，里面有十三个女人……那天上午从病房里出来……我感到身体极度不适，无法继续待在里面。我吐了。[11]

为了掩盖在那里的滔天罪行，收容所的医生们放火烧了房子，导致收容所的一座翼楼被烧毁，多名病人被烧死，但还是有许多罪证没有被毁灭。近三十年后的一次全国性调查显示，各地的状况并没有发生多大改变。[12]

在法国，埃斯基罗尔早在1819年就已经拿出了一个全国收容制度方案，不过在将近二十年后的1838年，国民议会才立法要求各行政区要么开设收容所，用公费收容疯人，要么拿出别的方案，改变疯人的待遇。[13]此外，该法还规定："任何人在得到政府授权之前不得管理或创办面向疯人的私立机构。"这些规定花了不少时间才得以贯彻。两年后，全国已经创办了七间这样的收容所；但此后一直到1852年也才增加了七间，其中四间附属于全科医院。各省依然有许多宗教性质的私立机构，法律要求这些机构设一名医疗主管，但实际上这些人仍坚持自己的神职身份，其运作模式的基础还是基督徒慈善。他们的天主教支持者认为，如果道德手段是治愈疯癫的捷径，那么以本教修女的坚定与慈爱应该足以担此重任。这种观点受到了当时新涌现的异化医学家（médecins aliénistes）的质疑和强烈抵制。日后我们将看到，向世俗化公立制度的转变是一股不可
193 逆转的潮流。不过接下来几十年里，宗教和医学这两种疯人管理模式尴尬地共存着，双方的紧张关系有时候会演变为公开冲突。[14]但不管怎样，如今法国人在遇到精神障碍问题时想到的是收容机构，而不是原来的居家看护。

英国也在1845年通过立法，要求各郡县用公费创办收容机构，而面向富人的私立收容机构则要经过精神错乱管理委员会（Commissioners in Lunacy）的审批，这个新成立的机构还对新生的疯人收容体制有着全面的监管权。和法国一样，改良

派最初是在 1816 年推出类似计划的，但遭到相当大的阻力——反对者的理由主要是新建收容所的成本高昂，而且此举有扩大中央集权的意味。鉴于一贯的吝啬和地方势力对国会权威的抵触，这些政策即使在立法后实施起来也很迟缓。不过到 1860 年，收容制度革命基本上已经完成了。全国各郡县都建造了收容所，这种机构成为疯人处置问题的首选解决方案。至于那些以营利为目标、只接收付费病人的私立收容所，则渐渐习惯了白厅精神错乱管委会的监管。

德语地区的情况要复杂很多。在奥地利，朝廷于 1784 年在巨大的维也纳全科医院内建造了一座令人压抑的愚人塔（Narrenturm），将疯人监禁、用锁链拴在安装了铁栅栏的病房里。这和十九世纪改革者们的理想大相径庭，尽管布鲁诺·格尔根（Bruno Görgen，1777—1842）于 1819 年在维也纳开了一座小型私立院舍，和欧洲其他地方新建的收容所差不多，但朝廷对这些新潮流始终不感兴趣，直到 1853 年才又创办了一家公立收容所。[15]

十九世纪初的政治分裂和拿破仑军队的蹂躏造成了一个群雄割据的德国，以及一系列错综复杂的后果。随着拿破仑的败退，莱茵河以西的日耳曼王公们趁机夺取了教会财产，许多城堡和修道院被改为禁闭疯人的地方。还有一些地方则建起了全 194
新的收容所：先是 1811 年在萨克森的索能施坦（Sonnenstein），然后是 1825 年莱茵兰的锡格堡（Siegburg）、1830 年的萨赫森堡（Sachsenburg）以及 1842 年的伊兰瑙（Illenau）。到了十九世纪中，老神圣罗马帝国政治版图上可能有五十家收容所，其中多达二十家是私立的（不过规模都不大）。它们当然不是协调一致的机构，不过其中许多收容所称自己用的是一种现代的疯癫管理方法，采纳了其他地方正在运用的处置技术。[16]

意大利也在拿破仑的军事冲击下陷入乱局。但1815年拿破仑被最后一次击败并放逐后，意大利回到了奥地利外交家梅特涅亲王那句名言所说的状态——充其量只是“一个地理名称”。1815年的维也纳会议对承自中世纪城邦的那些分散的、造成国家政治分裂的独立政体进行了统合，恢复了奥地利对欧洲大陆东北部的统治，以及天主教宗在罗马和教宗国的权力。现代意大利的大部分地区，一直到1860年还是四方割据的，罗马和教宗的领地直到1870年才被纳入王国。

因此，和德国一样，这里没有出现统一的疯人收容模式。始自中世纪的古老监禁设施，比如在罗马（约1300年）、贝尔加莫（1352年）和佛罗伦萨（1377年），都是以禁闭疯人为主要职能的宗教机构。威尼斯于1725年在圣塞弗罗岛设了一个教会管理的“疯人院”，这里一开始只接收男性（和拜伦一同前往参观的雪莱将其称为“一座无窗、丑陋、阴沉的老房子”），[17]1844年，在另一座岛——圣克莱门特——上的一座老修道院开始接收女性病人。将修士的房间改成精神病患的病房不是什么难事。在托斯卡纳，佛罗伦萨当局于1774年批准对精神病人进行关押。十五年后，佛罗伦萨医生温琴佐·基亚鲁吉（Vincenzo Chiarugi，1759—1820）提议宣布使用锁链为非法行为，并在圣多罗德医院引入了一种道德疗法（这家医院除了疯癫病人以外也有其他的患病者），后来又将之推广到圣博尼法乔医院（见彩图28）。然而，这场改革随着1820年基亚鲁吉的去世戛然而止。

十九世纪上半叶，在这些多少有些古老的宗教设施的基础上，一系列新的收容所加了进来，其中包括1813年在阿韦尔萨、1818 年在博洛尼亚、1827 年在帕勒莫和 1841 年在热那亚所建立的。十九世纪下半叶又建了一些，尤其是在意大利的北 195
部和中部，其中有些直接由地方政府创办。意大利异化学家卡洛·利维（Carlo Livi，1823—1877）在 1864 年痛心地斥责意大利的收容措施是欧洲最落后的，并将之归咎于“政府的懒惰与疏忽”，[18]直到 1890 年，意大利也只有 17 个省具备公立的疯人管理服务。在全国许多地方，仅有的一点机构看护服务还是以宗教为本的慈善组织提供的。意大利的 83 家收容所中，只有 39 家由政府出资。到那个世纪末，全国的机构总共才收容了 2.2 万名病人（其中不到 4000 人在意大利南部以及西西里和撒丁岛，尽管南部的人口更多）——这个数字远比其西欧国家低。[19]

收容所在沙皇俄国的普及比意大利还要慢。克里米亚战争（1853～1856 年）结束后，俄国政府试图对帝国的医学教育进行改革并首次使疯人的机构收容制度化。极富声望的圣彼得堡军医学院创办了一家培训学校，开始培养一些收容所医生。与 196
此同时，沙皇开始敦促地方政府在帝国全境创建一个收容所网络。各地方自治局要严格执行来自首都的建造方案，这导致有人抱怨此举没有考虑地方的特殊性。但项目的实施进度终归是很迟缓的。莫斯科一直在磨洋工，其疯人应对措施是俄罗斯帝国各城市中最原始与匮乏的。[20]即比起其他国家，俄罗斯的精神病治疗有更浓厚的政府背景。

也许是由于边疆社会的现状，集中生活在城市中心的人较少，在很长一段时间里，英国的美洲殖民地一直在家中或社区其他地方的临时安置地管理疯人，在 1776 年宣布独立后的几年里，情况渐渐发生改变。贫民习艺所和救济院开始接收一些穷人；作为流浪者和罪犯惩罚手段的监狱和惩教所开

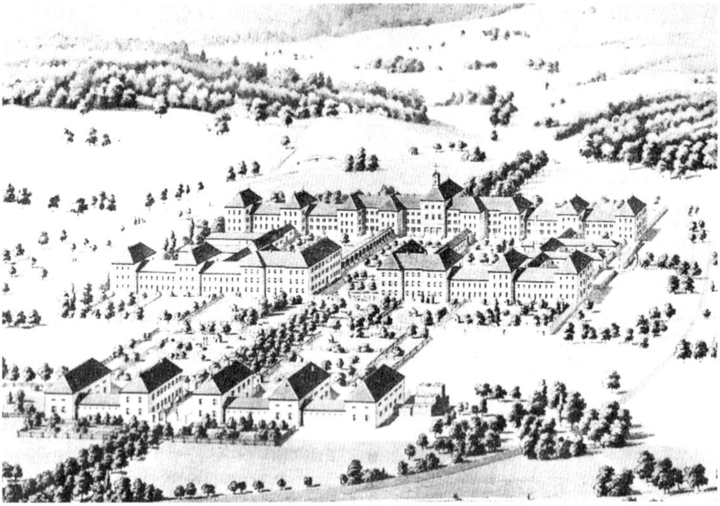

柏林巴登的伊兰瑙收容所（1865）。这里始建于1842年，最初计划容纳400名病人，但其规模很快就扩大了。政治上四分五裂的德国没有建起过合理的、集中的收容体制，而且包括伊兰瑙在内的多数德国收容所建在偏远的乡村地区。

始建立起来，这和欧洲的情况是一致的。另外一些小型慈善收容所也建立了起来，深受当时欧洲尤其是英国发展趋势的影响，约克疗养院的贵格会教徒进行的道德治疗已经产生国际影响。这些所谓的企业收容所（corporate asylum）并没有制造出欧洲改良派揭发的那种丑闻，然而北美改良派翘楚、杰出的伦理倡导者多萝西娅·迪克斯（Dorothea Dix，1802—1887）还是创作了一系列对应的警世故事，以推广她的疯人院改革。

由于精神状态不稳定，迪克斯曾在英格兰小住，尔后回到故乡波士顿，在那里的坎布里奇监狱，她发现一些疯人被跟罪犯关在一起。她很快走上了争取改革的道路。她向本州议员发出的第一封请愿书，无论是语调还是内容都酷似欧洲人发出的那种控诉：“恕我冒昧，先生们，我想提请诸位注意本州监狱内关押疯人的状况，他们被关在笼子、橱柜、小隔间和牲口圈里！他们戴着锁链，赤身裸体，被棍棒抽打得服服帖帖！”[21]例如在纽伯里波特济贫院，她称自己发现一座废弃的棚屋里藏着一个男性疯人，并且不是在院子里，而是在停尸房，“用尸体的凝视代替活人的陪伴”。在那附近还有一名病友，是个女人，被锁在一个漆黑的“地窖里”，她在里面已经连续不停地号哭了“几年”。[22] 197

多萝西娅·迪克斯，这位伦理倡导者义无反顾地四处奔走，誓要让美国每一个州都建起收容所。

在接下来的几年里，迪克斯走遍了全国，她深入美利坚荒原，涉水走过洪水泛滥的密西西比，成了一名闯入南方的北方改革者，无论走到哪里，她都会迫使当地的男性政客了解被禁闭的疯人处境何其恐怖。她会在每一个州搜集当地的事例，如果很少有这样的事例或者很难找到，她会毫无顾忌地编造和夸大一些信息。这些靠不住的故事只是偶尔给她带来麻烦。大多 198
数时候，尽管当时女性被全然排除在政治和公共生活之外，她的坚持和专注，她积极的游说和羞辱，还是能摧垮一切障碍。她一再让政客屈服，迫使他们多少采纳一些她的建议。在南方，她的成功很大程度上也跟她对万恶的蓄奴制视而不见有关。精神病患属于一个被压迫的、不幸的阶层，是受苦受难的同胞，迫切需要立法干预和赈济。而奴隶在她眼里似乎是不存在的，或者是她不屑一顾的。

美国的联邦制意味着疯人收容措施的推行是断断续续的，因为立法工作必须逐州进行。但是迪克斯小姐势不可挡，各州一个接一个地就范。在击溃了最后几道防线后，她曾一度将自己的精力投放到苏格兰。为了保护仅存的一点政治自治，苏格兰政府一直让疯人留在自己的家中或者各式各样的私立慈善机构里，他们不希望被《英国济贫法》的国家强制措施削弱权力。这是迪克斯不能接受的，很快，她证明自己的说服力在英国政客身上同样有效。一个外国人（还是一个女人！）的干预引起了苏格兰当地的抵制，然而她还是向威斯敏斯特施压，要求北方的加尔文派教徒施行以税金兴办收容所的英格兰模式，接受错乱管委会的监督。一场旋风般的运动之后，法案成功通过，她也回到了美国，在位于特伦顿的新泽西州立疯人收容所的一间病房里度过了垂暮之年，她常称这座收容所是她的第一个孩子。[23]

迪克斯提出，疯人收容机构是一个文明的标志，“在所有文明的、皈依基督教的国家都已经普及，无视这一趋势将是一种严重的过失”。[24]维多利亚女王的御医詹姆斯·柏哲德（James Paget，1814—1899）也表达了这样的看法，他称现代疯人收容所是“对世间真正的文明做出的最神圣的鉴证”。[25]收容所是十九世纪中期的骄傲，人道与科学成就的象征。人们对这些新建的设施寄托了一种近乎乌托邦式的期待，这让它们显得格外有吸引力。

因此——这在今人看来也许有些不可思议——对迪克斯以及在欧洲的同道而言，解决疯人院（见彩图 29）和其他疯人禁闭机构问题的办法就是建造收容所。这些收容所的运作模式 199
和他们曾经嘲弄的那些当然是很不一样的，但终归还是收容所。疯人收容体制的重大变革迅速展开，创造了持续一个多世纪的疯人大禁闭时代，并在一定程度上借由西方帝国主义的扩张传播到了全世界。

帝国精神病学

在英国的殖民地——加拿大、澳大利亚、新西兰——原住民部分灭绝或被边缘化，仿照英国收容所的疯人收容机构以相对较快的速度建造了起来。[26]早期移民大多为男性，收容所起初接收的大量男性病患反映了这一点，而且这里的暴力情况似乎要比欧洲严重。在南非的开普殖民地，收容所机构化的实现要晚一些。罗本岛（日后将因隔离关押纳尔逊·曼德拉等非洲民族主义者而恶名远扬）在 1846 年创立的时候相当于一家“综合疗养院”——实际上是“垃圾场”，接收麻风病人、慢性病患者、疯人等各色讨嫌的人；然而在 1890 年代以前，那里的精神病患数量始终在两百以下。[27]

在那些只有少数白人官吏生活的殖民地，收容机构出现的时间还要晚一些，例如尼日利亚直到二十世纪初才有第一家收容所，而且也只是纯粹的监禁场所。那里到了 1930 年代中期才出现建立治疗机制的意向，但几乎没什么切实的进展。[28]多数的“土人”依然由家人管理和处置，传统的约鲁巴医生会给予一定的辅助，他们有时会用某种萝芙木属植物进行草药治疗。讽刺的是，1950 年代的西方精神病医生也尝试过用提取自萝芙木的生物碱（利血平）治疗病人（见彩图 27）——印度民间医学也会利用它的镇定作用来缓解疯癫——不过他们很快开始转而使用自己研制的精神病药物。[29]

200 在印度，不列颠东印度公司在遇到有员工发疯时，通常会把他们打发走，让他们回伦敦，但是随着发疯白人数量的增多，这样行不通了。发疯的欧洲人形象显然对白人至上思想构成了威胁，因此，将大英统治者中的疯人妥善隐藏起来以免被公众看到，就成了设立专门场所的重要动机。[30]又过了一段时间，殖民当局才开始对发疯的“土人”实施局部管控，并慢慢开始引入西方的处理模式和西医方法。[31]

法国在马格里布、印度支那等地也有殖民地收容机构，全然隔绝于它们名义上所服务的社会，双方尴尬地共存着。[32]其中的一家收容机构，阿尔及利亚的卜利达-茹安维尔医院（Blida-Joinville Hospital），在 1953 年任命了一个名叫弗朗茨·法农（Frantz Fanon，1925—1961）的马提尼克黑人青年为精神科主任。法农此前已经通过《黑皮肤，白面具》（法文原著 *Peau noire, masques blancs* 于 1952 年出版）一书对黑人知识分子在白化世界中的处境发起了尖锐的批判，他在上任后立刻着手废除收容所内的种族隔离制度。然而随着阿尔及利亚独立战争爆发，在得知法国曾使用酷刑手段后——他的病人中施刑者和受刑者皆有——他立即辞职，加入了阿尔及利亚民族解放阵线。在短暂一生的最后几个月里，他出版了《全世界受苦的人》（*Les Damnés de la terre*），提出暴力是殖民压迫者唯一能听懂的语言。这本书畅销全球，曾对争取独立的人们产生深远影响，并促使宗主国的许多人开始反思种族主宰的心理后果。有人说殖民精神病学往往是在为帝国霸权服务，但这一次无疑是不同的。

日本引入西式收容所比欧美晚了大约一个世纪。这张1910年的照片呈现了一个被关在家中的病人，这和十九世纪改良派描述的欧美家庭应对发疯亲属的情况相同。

即便在没有直接屈从于西方帝国主义的国家，比如中国和日本，或者像阿根廷这样早早摆脱了殖民束缚的地方，最终也开始发展疯人收容模式。倡导者称这是一项文明社会的标志。阿根廷虽在1810年摆脱了西班牙的统治，但直到十九世纪中期才实现国家统一。待解决了内忧外患之后，大量欧洲的移民又开始拥入。在布宜诺斯艾利斯，新兴的“港口人”（Porteño）精英阶层希望被人看作文明国家的国民，得到欧洲人的认可，于是他们很快就引入了收容制度。 201
一家面向女性病人的机构于1854年创办——那可是罗萨斯独裁统治的年代，在有修养的阿根廷人看来这是阿根廷历史上的一段野蛮时期——接收男女病人的慈善机构紧接着开始在布宜诺斯艾利斯出现。[33]

1898年美国传教士嘉约翰（John G. Kerr，1824—1901）在广州创办了中国第一家西式收容所。1912年北京创办了一家市政收容所，不过早年是由警察管理的，因此采用的是传统的方法，主要用于把公众嫌厌的疯人清除出去，算不上西方的模式。此后在1920年代~1930年代的一系列努力一定程度上是受洛克菲勒资金的推动（参见本书第348页图片），以“改革”市政收容所，同时将成效尚未明确的西方精神病学，介绍给对此基本一无所知的中国人，但这些努力收效有限，且只维持了很短一段时间。正在走向现代化的精英阶层认为，西医是抵御西方列强掠夺、提振国力的关键，但实际上这方面并没有取得多少进展，尤其是考虑到这本身带有的文化帝国主义意味。[34]

日本也存在类似的状况。直到1919年，明治政府才通过一部《精神病院法》来推动疯人治疗的机构化，此时距离欧洲和北美开始实施类似举措已过去近百年。而当时日本已有的各种机构里可能已经禁闭了3000名精神病患。新法促使被禁闭的疯人数量急剧增加，到1940年收容人数已达2.2万。然而即使在那个时候，被置于院舍内的疯人，相对日本的5500万总人口来说也只是极小一部分，入院率不及英美的十分之
202 一。[35]到1940年，日本的许多疯人仍然是由家人负责看管的，如果他们有令人厌恶的举动，就会被严密禁闭起来，尤其是在不服管束和狂躁的时候。即便有过治疗，可能也是用传统的偏方以及基于宗教方面的干预，并不遵循西方精神病学的原则。

在文化和政治层面上，帝国主义向全世界普及了疯人机构化管理的理念，然而除了尽心效仿宗主国的移民殖民地外，绝大多数地方没有出现对精神病人全面禁闭的情况。面对原住民的思想和做法，西方医生无疑有种居高临下的姿态。而在一些地方，精神困扰及其应对方式本已经形成顽固而完整的传统，当地民众反过来也会对西方的理念表现出排斥的态度。在这种环境下，试图改变当地民俗的帝国精神病学遭到了几乎是万众一心的抵制。学科的践行者拼命无视、压制和摒弃本地人的看法，注定会处处受挫。

道德疗法

建于1792年的小型机构约克疗养院（第五章略有述及）在英语地区有极大影响力。它所开创的管理方法，当时在英国内外还有一些地方也在摸索，然而，被各地改良派引为启发和榜样的版本，却是由从事茶叶和咖啡生意的图克家族所提出的。约克疗养院摒弃了锁链，而且各种肢体暴力和强迫也都被禁止。许多同样要在一个屋檐下管理这么多躁狂病人的机构也开始打破此前的共识，强调“建立自律习惯”的重要性，在摸索过程中，他们认识到这是可以通过小的奖励来实现的。这种举动可以暗示一种信任，即认为病人可以控制自己，并且在这么做时能得到认可，而不是受到胁迫。[36]威廉·图克和他的孙子塞缪尔对这些经验进行了梳理和发表。[37]

这些对心智健全者有作用的激励和情绪似乎对疯癫者也同样有效。他们中几乎所有人都还残留着一点点儿理性，我们可以通过巧妙控制他们的环境并加以利用，就能够鼓励他们压制自己任意妄为的倾向。事实上，唯有“把病人当成有理智的人，其思想状态才有可能足以”让人去教他学会管住自己。 203
在精心构建的封闭治疗环境下，通过行走、说话、劳作、和管理人喝茶，病人可以学会控制自己。“病态的倾向”是无法说理或驳斥的。“现在采用了相反的方法。一切手段都是为了诱使人摆脱那些他们偏好但并不快乐的思绪。”[38]

连威廉·图克为他的新机构取的名字“疗养院”（Retreat）都反映了它的职责：提供一个人道的、关爱的环境，让那些无法面对这个世界的人得到抚慰。这个环境中，一个关键因素是疯人所处的实体建筑，因为疯癫者对周围环境是十分敏感的，一切会让人联想到监狱的东西都要不惜任何代价予以避免。因此疗养院看上去有种家居氛围，窗上的栅栏伪装成了木头的样子；在园区周围用“哈－哈”（ha-ha，一种隐蔽的壕沟）取代令人生畏的高墙。劳作是有意义的，但不是像后来
204 那样，被当作一种降低成本的手段，而是因为“在诸多诱使病人形成自制的方法中，规律的工作可能是大体上最有效的”。[39]就具体方法而言：

> 我们可以看到，一切可能给病人带去快乐的东西都能增加他自制的意愿，因为这唤起了他的希望，他不想失去这欢愉，同时还可缓解在其精神错乱时常伴随的心情烦躁……因此从疗效的角度看，安慰病人就成了最为重要的事。[40]

约克疗养院，它被英语国家疯人管理制度的改革人士奉为模范机构，没有与世隔绝的高墙和铁窗。

疗养院的经验指引着英国精神错乱管理制度的改革者们，催生了他们对收容所的热情。包括苏格兰异化学家威廉·亚历山大·弗朗西斯·布朗（William Alexander Francis Browne，1805—1885）在内的一些经验丰富的倡导者表示，像这样的道德治疗是未来收容制度的基础，是能让疯人恢复理智的“道德机器”。[41]美国最早的一批收容所就是仿照图克的机构模式创办的，连其外形都是。费城和纽约的贵格会教徒直接联系了图克家族，并将他们得到的建议出版成书。他们创办了弗兰克福疗养院（Frankford Retreat）和布鲁明戴尔收容所（Bloomingdale Asylum），随后在康涅狄格州和波士顿又分别建起了哈特福特疗养院（Hartford Retreat）和麦克莱恩收容所（McLean Asylum）。[42]多萝西娅·迪克斯在四处奔走宣传收容制度的好处时，正是拿这些改良派的新收容所作为范例的（并使用了它们的统计数据）。

在大革命后巴黎的凶险气氛中，菲利普·皮内尔也得出了颇为相似的原则。他的道德治疗在很大程度上利用了毕塞特医院非医学管理者让-巴蒂斯特·普辛和他的妻子玛格丽特的经验（见第五章），他们在疯人管理方面自行得出了许多和图克相同的结论，只不过是在大得多的环境内进行的，也没有那么多人关注。[43]在他们的指引下，皮内尔表示：

> 我非常仔细地检验了对精神病人使用铁链的效果，并与弃用铁链后的情况做了比对，我对更明智、更温和的管束方式已经不再有任何怀疑。同样的一群病人，多年来一直被锁链拴着，持续处在一种愤怒的状态，如今却可以只 205
> 穿一件简单的束缚服，平静地走着，与人交谈，而在以

> 前，任何人要想靠近他们都得冒着巨大的危险。不再对他们凶狠地吼叫或高声恐吓后，他们的错乱状态渐渐地消失了。[44]

与其英国同行一样，皮内尔坚信“错乱的病人很难在家人的怀抱中康复……对病人的隔离越彻底，治疗越方便”。亲人在场“总是会加剧他们的烦躁和不服管束的性格”，可一旦到了一家收容所里，由专业人员处置，他们就会“变得温顺而平静了”。[45]作为对这一过程的辅助，收容所的内部布置是非常重要的。从最严重的患者区域，到处于疯癫程度逐步减轻的各个阶段的病人病房，最终来到康复病房，实体的分界加强了道德界限，加之病人越来越自由，有了工作和消遣的机会，这个体系进一步诱使病人去控制他们的官能和感受。例如在整个过程的中间阶段，

> 病人是不受束缚的，有完全的行动自由，除非因偶然原因出现暂时的扰动。他们在树下或隔壁一个宽阔的围场里漫步，一些接近康复阶段的病人可以和女佣一起劳作——忙着压水，打扫屋舍，清洗鹅卵石地面，还能做其他一些强度不一的重活。[46]

各地的道德治疗倡导者异口同声地强调了整个机构由一人主管的重要性——这个人要清楚每一名病人的特点，根据个案的特殊性迅速调整疗法，时刻留意收容所员工的动向，防止他们虐待病人。皮内尔去世后，他的首席助理埃斯基罗尔成为法国最权威的异化学家，他详述了这一共识：“在某种程度上，医生必须成为

异化病院生活的主导者。一切的运转是由这个人驱动的。他必须监管所有的行动，因为他的职责就是监管一切思想。”[47]

秉持道德治疗原则的改良派收容所，和曾经让精神病患备受煎熬的疯人院和监狱不可同日而语，新一代的收容所监管人也势必和他们的前辈有很大不同。在过去，“看护疯人的工作被部分医生和其他投机人士把持着，给这一行创下无以复加的坏名声，导致正规的、受过教育的医疗人士不愿与他们竞争，甚至不愿获取从事这一行的资质”。那些江湖郎中如今终于被有着“严明操守和信誉”的专业人士取代，这些人具备： 206

> 道德与身心的果敢与坚定，在危急时刻能够保持镇静和决断力……让整个人充满了一切尽在掌握的影响力……在扰动出现时加以抑制，要用严厉同时也要用秩序的宁静去管理最疯狂、凶蛮的病人。[48]

在这样的人手中，人道和治愈可以说十拿九稳了。

如果假定其倡导者的说法都是真的，这些新机构是“缩微世界，现代生活中的所有令人不快的成分，都尽可能被排除了”。[49]约翰·康诺利（John Conolly，1794—1866）在维多利亚时代中期成为最著名的英国异化学家，他认为：

> 这样的地方能让人平静；能重燃希望；让人心满意足……一切通往有害的或致命的复仇以及自毁的情绪都会消失……清洁和端庄将得到保持或恢复；绝望本身有时会被欢快或无忧无虑的平静取代。放眼世间，［这就是］应该由人性主宰一切的地方。[50]

几乎在所有引入收容制度的地方，都伴随着一种乌托邦式的期待。然而，只有在新大陆，这种终于可以成就一番宏伟事业的感觉才最为强烈。第一代美国收容所主管对道德治疗的前景充满热情与乐观。他们报称近期病例治愈率可以达到七至九成，但他们都比不上威廉·奥尔（William Awl，1799—1876），这位弗吉尼亚医生宣布在十二个月里，他的近期病例治愈率达到100%，创下“全愈大夫”（Dr Cure-Awl）的美
207 名。这种在“治愈率狂热”推动下的统计数据，在努力游说州议员的多萝西娅·迪克斯手中发挥了重要作用。“所有的经验表明，”她对他们说，“只要进行通情达理的治疗，疯癫和感冒发烧一样是可被治愈的。”因此收容所从长远上看是大有可为的，同时在人道上也是一次大进步。[51]

十九世纪改良派人士坚决主张病人应按性别隔离、收容。但像这张**1848**年的画所描绘的这种精心安排的疯人舞会，展现了新型道德疗法感化疯人的力量。

比起最糟的传统疯人院，依循道德治疗原则的收容所可以提供一种更人道的环境，这一点不太会有人质疑。然而，实际上法国哲学家米歇尔·福柯及其追随者仍对此提出了疑问。福柯有句名言，称“道德治疗”是一种“庞大的道德监禁”形式，这种态度虽说可能有点儿夸大，但至少道出了基本的真相。苏格兰异化学家和倡导者 W. A. F. 布朗坦承：“有一种谬论甚至认为，道德治疗就是要亲切和人道地对待疯人。”[52]这种新方法试图将收容所变成一台“巨大的道德机器”，它的目标是确保“权威的印象永不磨灭，深深印在每一次的交流中”。[53] 208
在自己的实践中，布朗号称他会“把日间活动中的纪律和检查延续到宁静的夜间和病人的睡眠中，由此可以将控制渗透到疯人的梦里”。[54]不羁的想象必须得到驾驭、驯服和教化，哪怕是对那些已经进入深度无意识状态的病人。

菲利普·皮内尔没有这类夸张的说法，但他也明确提到道德治疗的两面性：亲和（douceur）必须辅以“约束性的装置[服装]”，要想病人自愿“甚至必须首先征服，然后再谈鼓励”。[55]和图克的疗法一样，皮内尔派道德治疗是一种更优秀的疯癫管理方法，在控制那些原本只有暴力才能管束的病人时表现出的效用，让它的影响力经久不息。

从疯癫到精神疾病

换言之，无论是在思想上还是时间上，道德治疗都是有可取之处的。越来越多的医学人士开始力图改革精神疾病的治疗方法，把它变成一个医学的专有领域，然而他们发现有一个严重的不利条件：说不清为什么这件事交给医生来做是最佳选择。在法国，由宗教人士运作的收容所始终没有消失，这就让这个问题显得尤为突出，不过随着新收容所的涌现，在其他地方基本上也都能感觉到分歧的存在。

说到底，皮内尔在疯人管理的实践上就是吸取了两位非医学专业人士的直接经验。在多年的工作中，他们面前呈现出的“接连不断的各种疯癫现象”让他们具备了“多样而详尽的知识，而那正是医生所欠缺的”，即医生与病人的接触时间很短暂，“大多局限于……短暂的探视”。[56]不仅如此，皮内尔对绝大多数疯癫的医学治疗方式颇不以为然，比如从放血到被他鄙夷地称为“用来抵御精神异化的一大套粉末、精油、甜酒、糖浆、药饮、外用药等”，哀叹许多病人要被迫忍受“完全凭经验得出的混乱药方带来的痛苦折磨”。[57]医者应放弃“他们对繁复的药物治疗的盲信”，并认识到“药物在整体规划中应该
209 是次要手段，只有在合适的时候使用，而那是很少见的”。[58]

除了与皮内尔有关联的那些机构，巴黎疯人（包括前面提及的萨德侯爵）还有可能被关在沙朗通的精神病院。在旧制度时期，由慈善兄弟会（Frères de la Charité）于1641年创办的沙朗通精神病院除了用于禁闭疯人和残疾人，还收押了国王用密札抓来的那些敌人，因此有着非常不光彩的名声，以至于革命党人曾经下令关闭它。然而由于不知如何处置被释放的疯人，收容所没过两年就重新开张了，只是变成了完全世俗的机构。所内被禁闭人员的日常管理由不具备医疗资质的神职人员弗朗索瓦·西蒙内·德·库尔米耶（François Simonet de Coulmier，1741—1818）负责，沙朗通精神病院有一名督政府指派的医生，不过“道德手段”（moyens moraux）还是由库尔米耶来实施，而那才是病患管理的主要方式。在很长一段时间里，“沙朗通精神病院内一直在进行着一场外行与医学人士之

间的暗斗，但始终没有一个结果”。[59]

在海峡对岸，威廉·图克的孙子塞缪尔·图克几乎同时指出，“疗养院的经验……对医学的声誉与影响不会有太多助益。我不应该……诉诸失败的医药手段，反倒不用那些成功的”。[60]谈及约克疗养院的治疗法时，他会把道德治疗和医学治疗方式严格区分开来，两者互不相干，并强调即便是受邀前来治疗病人的医学人士，到头来也同意“医学尚不具备应对最危重的人类疾病的手段”。[61]由非医学人士始创与实施的道德治疗已经给疗养院带来令人艳羡的康复成果，纽约的布鲁明戴尔收容所和费城的弗兰克福疗养院也将遵行让非医学人士担任主管的原则。

由于收容所的普及带来新的职业机遇，此时有意从事疯人治疗的医学人士空前之多，这种局面所带来的威胁是显而易见的：如果医学人士所做的只是医治身体病痛，那么在精神疾病治疗上，他们凭什么享有特别的权威呢？他们的威望，他们的精妙学问，乃至他们的生计，都危在旦夕。[62]在使用医学方法
的收容机构内种种触目惊心的丑闻被英国国会揭发后，形势愈 210
发危急，那些积极参与制定一套新的官方收容制度方案的外行人士，对精神疾病医学治疗的有效性表达了强烈质疑。

然而仅仅过了四分之一个世纪，医学在精神疾病处置上的无上权威地位就已经基本确立了。宗教收容在法国继续存在着，这的确给那些批判法国异化学家的人提供了一些制度依据。不过约克疗养院在 1837 年设立了一名医学主管，北美的布鲁明戴尔收容所和弗兰克福疗养院也分别在 1831 年和 1850 年有同样举措。法国、英国和美国的法律要求收容所有医学员工。从象征和实际层面上讲，这些改变标志着一个极其重大的时刻，许多一直以来与疯癫密不可分的含义如今被权威的医学

视角取代。正如之前的“疯大夫”一样，“疯癫”也开始显得像一个令人反感的用语，一种对病人的诋毁。

尽管一些医学人士对道德治疗采取了敌对和蔑视的态度，但是这样的策略很难成功。事实上，大多对精神失常问题有兴趣的人接受了新方法，但是如果能把医学和道德治疗合理地结合起来，效果可能会比单独运用其中一种方法好得多。像皮内尔和1795～1816年担任贝德兰姆药剂师的约翰·哈斯拉姆（John Haslam，1764—1844）等人都曾公开承认，尸体剖检虽然正在揭示肺结核、肺炎等疾病的原理，但在精神失常的问题上没有取得同样的成果。多数疯人的大脑与其神智正常的姐妹弟兄并无不同，因此对精神疾病的生物学基础做出的推断始终是一种假说，并没有任何确凿的解剖发现作为支撑。事实上皮内尔还要更进一步，明确质疑了多数疯癫病症的器质基础：

211 这是对人性最致命的偏见之一，可能就是出于这种可憎的原因，几乎所有精神失常的人都落入了被遗弃的境地。他们的疾病被看成绝症，被归于大脑或头的其他部位存在器质性损伤。对于那最终无法被治愈或成为其他致命疾病的错乱躁狂病例，所有结果都是通过解剖尸体得到的。从我收集到的多数事实来看，我可以明确告诉你，与表现出的症状相比较可以证明，这种失常的形式总的来说是纯粹的神经问题，并非大脑实质有任何器质性缺陷。[63]

但这条路是有危险的。如果疯癫缺乏一种实体的基础，如果它的根源和治疗属于社会和心理范畴，那凭什么把精神失常病例交予医学人士处理呢？是否真的有什么理由让人相信，唯独医生有资格对发疯的人与正常人进行区分？

一些医学还原论者，比如贝德兰姆外科医生威廉·劳伦斯（William Lawrence，1783—1865）主张医学已经明确“就心理层面而言……心智，人类的伟大特权”只是脑的一项功能。身心的区分是一种迷思，一个分类错误。事实上，精神失常的症状“与脑的关系，一如呕吐、消化不良、烧心与胃的关系，咳嗽、哮喘与肺的关系，或是所有机能失常与它们相应的器官的关系”。[64]或者用十八世纪法国医学家、哲学家皮埃尔·卡巴尼斯（Pierre Cabanis，1757—1808）的一句简单有力的话说，脑分泌思想就像肝分泌胆汁。[65]然而这种直白的唯物论，加上此类观点在英国被和法国大革命的血腥暴行联系在一起，导致有身份的人对它避之不及。因唯恐有人对这些观点产生认同感，医学界展开了迅速而冷酷的行动。比如被斥为对道德秩序构成威胁的无神论者劳伦斯，就明目张胆地否认了永生而无形的灵魂的存在。眼看职业生涯要毁于一旦，他才同意把含有这些恼人言论的书召回并销毁。他这种退让的效果不错：他随后成为维多利亚女王的御用外科医生，被封为准男爵，但教训是深刻的。

讽刺的是，大西洋两岸的医学人士随即琢磨出了一个有说服力的主张，意在证明精神障碍毫无疑问是源自身体的，而这一主张依据的恰恰就是笛卡尔对心脑的区分。法语中“心灵”（mind）和“灵魂”（soul）是同一个词：l'âme。一旦主张心灵或灵魂会得病，或者具体到痴呆或失智之症会致人死亡，基督教乃至文明道德的根基就会被动摇。相比之下，把疯癫归于 212
身体就不会导致这一问题。正如 W. A. F. 布朗在 1837 年所写：“一旦采纳这一原则，错乱就不再被认为是一种智力的疾病，而是神经中枢的疾病，智力的运用有赖于一个完好的神经中枢，所以出问题的是脑而不是心灵。”[66]阳间的永生与无形之物，从根本上是紧密依赖物质的，因此会腐化感觉器官。事实上在1830年，尚在伦敦大学学院当教授的约翰·康诺利就写道：

> 不仅如此，以无形之灵魂对有形之器官的依赖，无论是由它接收还是发送，都意味着神经实质各部位的血液循环里的一点点紊乱将干扰一切感官，一切情绪，以及与外部和生活世界的一切联系。[67]

布朗提出，由此也可以解释为什么医学治疗也许能带来痊愈，因为纾解脑受到的刺激，“镇静、无恙、不变、永生”的心灵将重新成为日常生活的主宰。[68]

这是一个相当吸引人的三段论，神学家们纷纷点头称许。医学人士的威廉·纽纳姆（William Newnham，1790—1865）在《基督教观察》（*Christian Observer*）上撰文，大赞这种对精神紊乱问题的解决思路：

> 一个留存至今的重大讹误出现了，那就是把脑的紊乱看成精神问题；只需要——实际上也只允许——进行道德治疗……脑仅是心灵的器官，并不是心灵本身，它的紊乱源于它不再是灵魂主宰的各种行动与情绪的合宜载体。[69]

半个世纪后，美国异化学家约翰·格雷（John Gray，1825—

1886）依然在采用与他那1920年代的同行们完全一致的观点。从中我们可以看出，这种对身体的形而上的认同，对于异化学家确立自身在这一领域的权威地位是何其重要。[70]

“肿块与疖子”，或身体疾患的精神疗法

然而，如果精神失常是源于一种医学上的疾病，那么构成 213
道德治疗的社会与心理武器取得如此成效，又该做何解释呢？在一些人看来，维也纳医生、脑解剖学家弗朗兹·约瑟夫·加尔（Franz Joseph Gall，1758—1828）和他的合作者约翰·施普尔茨海姆（Johann Spurzheim，1776—1832）在十九世纪第一个十年提出的学说，有助于应对这些困难。今天，颅相学已被视为“肿块与疖子”的伪科学，它试图在性格、行为与颅骨的形状之间建立关联，认定颅骨是对脑内构造的反映。但是在它沦为笑谈和游乐场的娱乐消遣之前，很多人认为颅相学是一门严肃的学问。欧洲和北美的权威专家纷纷关注它，认为它有助于理解人类的行为和心理。

加尔通过研究认定，脑是一个器官的集合，每一个精神机能都对应脑内的一个具体区域。他和施普尔茨海姆采用新技术对脑进行了细致的解剖研究，这些研究成为他们的脑构造和机能多样性观点的实证基础。他们的结论是，从一个具体器官的相对大小，可以看出相应精神机能的强弱，而且体积是会增大、缩小的，这种变化幅度之大可以直接关系到相应精神机能是得到运用还是被忽略，就像肌肉的发达或萎缩一样。饥渴、居心不良、谨慎、好斗——这许许多多的心理倾向，都在脑内有相应的区域，视力、听力等能力也是这样。加尔认为，在婴儿期的大脑发育过程中，颅骨的构造会依循脑内各部位的相对

发育情况来形成。反过来这也意味着，一个人的性格和精神能力可以通过头部的构造来推断（见彩图30）。心灵之谜此刻也许可以解开了。如果组成脑的各器官出现失衡，性格、思想和情绪就会受影响。在极端情况下，心灵失衡最终会变成某种精神失常。

乍一看，这是一套通往全面唯物主义的学说，保守派思想家眼中这类观点包含的一切社会、道德动荡隐忧，它都具备。然而意料之中的是，当加尔和施普尔茨海姆开始宣扬他们的发现时，维也纳当权者觉得受到了冒犯，而且在因该理论会“置宗教与美德于险境”[71]，加尔被禁止教授它之后，两人被迫
214 前往巴黎。在法国首都，他们遭到右翼势力的抵制，但得到了与神职人员作对的左翼的支持。他们有了一群热心的听众，并且受众逐步扩大到整个欧洲和北美，这在很大程度上要归功于施普尔茨海姆的巡回讲座，以及一些人不遗余力的推广，比如苏格兰人乔治·库姆（George Combe，1788—1858，他的《人的体质及其与外物的关系》于1828年首版，卖出20万本，出到第九版），和意大利人路易吉·费兰内塞（Luigi Ferranese，1795—1855）。

以他们的经历，加尔和施普尔茨海姆应该很清楚自己的学说被定义为唯物主义意味着怎样的危险。他们小心翼翼地想摘掉这个标签。组成脑的各种器官“为官能的表现提供了物质条件”，但是他们强调，官能本身却是“灵（l'âme）的特性”[72]之一（至于他们是怎么知道这一点的，以及灵与肉如何共存，就被有意糊弄过去了）。一年后，施普茨海姆在有关精神失常的专论中说得更直接一些：“据我所知无形的存在本身不会有任何疾病或任何失常，比如心灵或灵魂。灵不会得病，

就跟灵不会死一样。”[73]

不见得所有人都会相信这些自免于责的说辞，也不是所有异化学家都有足够的勇气去接受新学说，但是对多数人来说，这种吸引力是很难抵挡的。法国学者中持怀疑态度的还是占多数，但是一些知名法国异化学家对这一理念充满热情。颅相学在英格兰和苏格兰的势头还要猛，在美国也是如此，两大收容所的负责人和主要的非医学改良派人士都开始勠力弘扬它的真理与功效。法国的埃斯基罗尔、英国的康诺利和布朗、美国的阿马利亚·布里根（Amariah Brigham，1798—1849）和塞缪尔·B. 伍德沃德（Samuel B. Woodward，1790—1838）等众多声名显赫的收容所医生成为颅相学的拥趸者。

毕竟，如果精神失常是一种来自大脑的生理障碍，那它就毫无疑问是一个医学问题。施普尔茨海姆对最初的学说进行的修正，尤其有助于解释为什么通过训练和强化脑内一些休眠的、发育不良的部位，道德治疗是可以影响精神疾病的病程的。然而，颅相学同样为针对身体的那些相对常规的医学处置 216
留出了余地。理论上颅相学对脑的运转情况给出了一种清晰的生理解释，由此有望就精神官能的正常与不正常达成统一的阐述。它的基础是那个时代最尖端的脑解剖研究，当时的医学界正围绕着病理解剖学家在太平间的发现进行着一场全面的疾病理论转变，有了它，从古时“疯大夫”手中接过这一行当的边缘专科得以站在科学医学的最前沿。它同时也解释了为什么新近出现的病例治疗效果比那些长期患病者要好，因为前者是机能性变化，后者是结构性变化，而且在过了某个临界点后，脑组织的缺陷就无法挽回了。同时，一种在关注精神失常及其治疗的医学人士中间开始形成的有影响力的观点，也因为它而

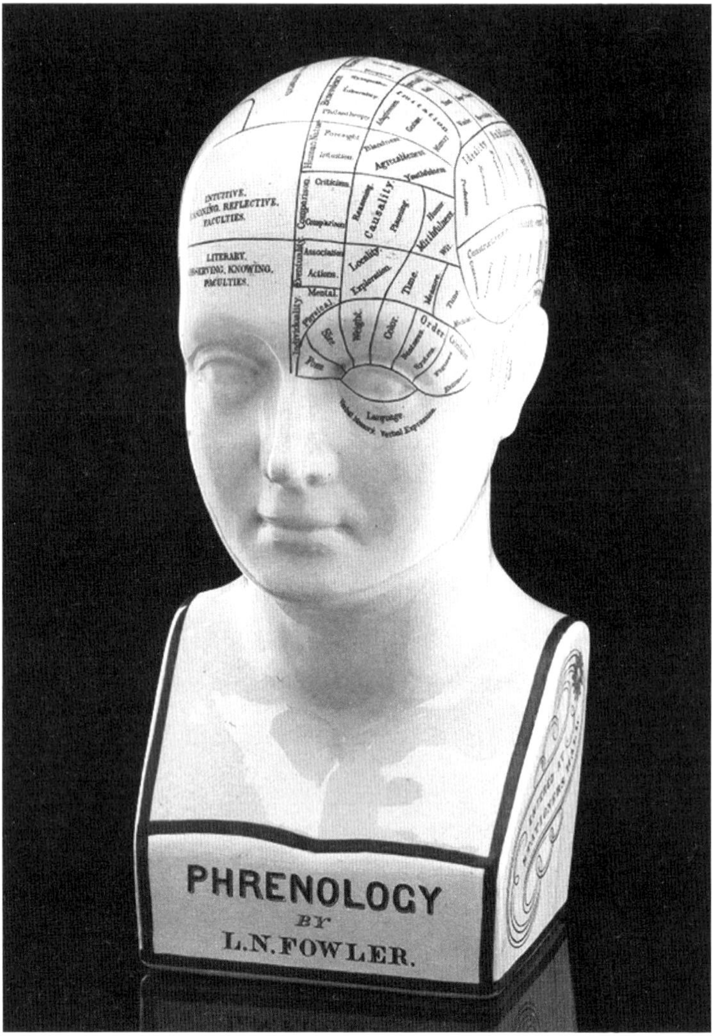

L. N. 福勒制作的一具颅相学模型，他的事务所专门从事这种头像的大规模生产。

名正言顺起来：精神失常可以是局部的，不是全面的，可以影响精神生活的某些方面，而对另一些方面毫无影响；躁狂可能会表现为单狂（monomania），一种单一的病态偏执，并非全面的失常。收容所的兴起，以及随之产生的大量专事精神失常治疗的固定职位，已经在影响人们对疯癫的认知，同时也大幅改变了疯癫研究的形态。

颅相学被当作严肃科学的时间并不长，也就区区四十年。颅骨学（Craniology）一向被当作笑料，江湖医生也喜欢用它来坑蒙拐骗，这反映出它在大众中很受欢迎，但也败坏了颅相学在有修养的阶层中的名声。这门学科一直在奋力地跟唯物论撇清关系，因为唯物论这一点一直在抑制它对宗教和政治保守人士的吸引力。在当时，威廉·卡朋特（William Carpenter，1813—1885）、弗朗索瓦·马让迪（François Magendie，1783—1855）和让·皮耶尔·弗卢昂思（Jean Pierre Flourens，1794—1867）等人在脑和神经系统解剖方面取得的越来越多的新成果，让这种学说越发显得不可信，最终变得不堪一击，人们对它的态度也就明确起来。颅相学终归还是免不了成为一门惹人嘲弄的学问（见彩图31）。

马克·吐温少时在密苏里州汉尼拔见过云游四方的颅相师，他用自己特有的怀疑眼光看待这些人的表演，到后来更是抓住一切机会戳穿颅相的骗局和妄想。他曾匿名前往旅居伦敦的美国颅相师洛伦佐·福勒（Lorenzo Fowler，此人靠批量生产陶瓷颅相模型发了大财）的办公室，以检查和读解自己的肿块与疖子。“福勒一脸漠然地接诊，了无兴趣地摸了摸我的头，用厌倦而单调的声音评估着我的品性。”原来吐温还是有不少优秀品质的，但每一种都对应了一个缺陷，把优点的效果 217

抵消了。然后福勒宣称他在吐温的脑壳某处发现了一个坑，此处没有对应的肿块。这对于阅尽人间头颅的福勒来说是闻所未闻的："这个坑代表着幽默感的全然缺失！"吐温未做评论。过了三个月，他再次去了那里并亮出了名号。一切都改变了："坑不见了，现在那里——打个比方——是一座珠穆朗玛峰，高三万一千英尺，是他见过的最高的幽默肿块……"[74]

疯癫与太平间

对异化学家来说，从严肃科学到笑料的转变似乎是无关紧要的。等到颅相学名声扫地的时候，它已经完成了自己的使命——击溃道德治疗给医学权威构成的挑战。医学人士对收容制度的控制权已经被写入法律，这种制度已成为约定俗成的，管理日益增多且缺乏自理能力的疯人的收容守则。几乎没有人还在怀疑疯癫源自脑和神经系统病变的观点，在从事精神疾病治疗的专业人士中间更是完全没有。在十九世纪末有一小部分异化学家开始背离这一信念，但在那之前的很长一段时间里，对疯癫的生物学解释基本无人质疑。

然而，许多异化学家在十九世纪初的几十年里自信满满地宣告，疯癫的秘密将在太平间里揭开，这自然也是有失斟酌的。不过也有一个例外——一个重要的例外：1822 年，年轻的沙朗通精神病院助理医师安托万·贝尔（Antoine Bayle，1799—1858）对约 200 具精神病人的尸体进行了解剖（那时候巴黎的巨型公立医院可以源源不断地提供死亡病人）。贝尔将其中一些病人存在的一组症状归纳为"全身麻痹"（paralysie générale）——语言障碍；手足失控；感官逐步丧
218 失；偶尔伴随剧烈的精神病症状，并由精神错乱发展为失智进

而死亡，死因一般是随着吞咽反射动作麻痹导致的窒息。具体到其中的六个病例，通过脑部剖检可以看到典型的损伤：脑膜炎症以及大脑萎缩。

“全身麻痹”在英语世界又称“麻痹性痴呆”（General Paralysis of the Insane，简称 GPI），是一种相当常见的疾病。至十九世纪末，欧洲和北美收容所收治的男性病患中，有两成属于这种情况。许多人一开始以为，这代表着多数甚至所有精神失常病人的晚期状况，但后来它渐渐被视作一种与众不同的精神错乱类型，自有一套尚未辨明的病理。它的破坏力是不可阻挡的，病情的发展可能也是无常的，但结局必定凄厉恐怖。从长远看，贝尔的发现极大地巩固了精神疾病源自大脑的观念，[75]不过这对他本人并无多大助益：自他在沙朗通的导师安托万-阿萨纳斯·霍耶尔-科拉尔（Antoine-Athanase Royer-Collard）于 1825 年去世后，与竞争对手埃斯基罗尔全无交情的贝尔遭到排挤，完全无法找到一份收容所医生的差事，最后当起了医学图书馆图书管理员。

异化学家已经可以娴熟地识别出 GPI 的早期症状——轻微的说话困难，步态的微小变化，瞳孔对光的反应也会不一样，尽管这些错乱的病因一直到二十世纪初都还处于争议中（在本书第八章有所述及）。然而到 1840 年代时，他们不得不承认其他的精神错乱形式无法在疯人的脑中被识别出来。这方面的努力全都无功而返。不过，精神错乱是一种身体疾病的论断倒是没有因这些失败而遭到广泛质疑——也的确没有理由去质疑。“精神错乱是纯粹的脑病”这一粗暴论断势必意味着“医生如今已是疯人的可靠监护人，今后也应该是这样”。[76]

约克郡西赖丁精神病院一名患有麻痹性痴呆的女性（不过在 GPI 患者中男性要多于女性），1869 年。在这张照片拍摄时，人们还没有把 GPI 和梅毒感染这个看起来风马牛不相及的原因联系起来。

可靠监护人

在十九世纪上半叶，这种“可靠监护人”的数量在稳步增加，到了1840年代，他们已经组织了职业协会，开始通过 220
出版期刊来交流收容管理方面的信息，发展出一系列有关疯癫病理与治疗的专业论著，而且——并非偶然地——建立起一种集体身份认同。

在英国，他们在1841年首次会面，自称其组织为“疯人收容所与医院医务官学会”（Association of Medical Officers of Asylums and Hospitals），二十五年后这个拗口的名字被改成了“医药心理学会”（Medico-Psychological Association）。一开始还没人去创办和编辑一本专业期刊，不过福布斯·温斯洛（Forbes Winslow，1810—1874）在1848年创办了一本《心理医学和精神病理学期刊》（*Journal of Psychological Medicine and Mental Pathology*）作为一项个人的生意尝试，他拥有一家面向富人的私立收容所，因此这件事看上去有些让人起疑。此时的收容机构运营者已经出现某种程度的分化，一种人开办的是以富人客户为主的小型营利性收容所（尽管名声不太好，这类收容所在疯人管理行业中是比较赚钱的，因为它们会进行半遮半掩的宣传，更像是做买卖赚钱，而不是提供一项专业服务），另一种人则致力于建立一个更庞大的、能迅速普及开来的公立收容网络，这也是大多数精神病患的归宿。尽管有温斯洛的阻挠，他的对手们还是在不到五年的时间里拿出了自己的期刊——一开始叫作《收容所期刊》（*Asylum Journal*），然后是《精神科学收容所期刊》（*Asylum Journal of Mental Science*），到1858年干脆放弃了“收容所”一词。和其他地方一样，专业协会的名称以及期刊的刊名都在表明，这个新行当的出现和经过“改良”的新收容网络的创建是紧密相关的。

在美国，13 名收容所负责人在 1844 年齐聚费城，成立了“美国疯人机构医学主管协会”（Association of Medical Superintendents of American Institutions for the Insane）。其中一位成员、在由提卡任纽约州疯人收容所所长的阿马利亚·布里根（Amariah Brigham）创办了一份美国期刊，它有个令人赞叹的名字——《美国疯狂期刊》（*American Journal of Insanity*），刊物的排版印刷是由收容所中的一些病人负责的。(《美国疯狂期刊》直到 1921 年才改名，用了那时候更体面的说法《美国精神病学期刊》[American Journal of Psychiatry]。)

法国的潮流正相反，他们的异化学家直到 1852 年才创办“精神病学会”（Société médico-psychologique），但早在十年前的 1843 年就有了《精神病学年鉴》（*Annales médico-psychologiques*）。在德国，政治上的分歧导致任何把收容所医生联合成一个单一组织的努力都将遇到不小的阻力，这些医生必须在各种各样的
221 政治环境里行事。不过早在 1827 年就有人想创建学会，以改进对疯人的实际治疗，还有人曾试图在德国自然科学家与医学家协会（Association of German Natural Scientists and Physicians）开辟一个精神病学分支机构，但这一尝试距离实现还很遥远。与此无关的另一个机构德国疯人医生学会（Verein der Deutschen Irrenärtze）直到 1864 年才第一次召集会议，此时距离《精神病学与精神法医学综合期刊》（*Allgemeinen Zeitschrift für Psychiatrie und psychisch-gerichtliche Medicin*）创刊已经过去大约二十年。（该机构于 1903 年改名为德国精神病学会[Deutscher Verein für Psychiatrie]。)

各地的这些学会和期刊在职能上都差不多。每年一度的专业协会会议对收容所主管们来说是离开各自机构的难得机会。作为这些机构的负责人，无论他们能得到多少薪酬、保障和地方权力，都是用很大代价换来的。他们的机构在当时的欧洲各地都人满为患，里面的工作人员酬劳微薄，往往也得不到什么尊重，因此的确用不着被迫与人竞争。然而现实是，他们是一群被困在自己的收容所里与世隔绝的人，比被他们看管着的那些病人好不到哪去。与此同时，刊物让他们可以围绕管理实务——如何给巨大的建筑物供暖、处理供水和清理污物等——展开持续的交流，还可以展开一些涉及精神错乱的病理和治疗、分类以及这一行面临的政治问题的更高层次的思考。在一个各类医学期刊遍地开花的时代，这一点也表明了异化学渴望被当作总体医学事业的一分子，巩固了其主张——对疯癫的科学应对是有活力、有前景并且蒸蒸日上的。无论从个人还是集体层面看，这一新兴专业可以通过出版物来推广自己。期刊还有助于将异化学家和老一辈的疯大夫区分开来。在过去，号称掌握着疯癫治疗秘方的疯人院经营者或者庸医比比皆是。相比之下，将一个人的理论发表出来并加以讨论会营造出一种开放与中立研究的形象。

“精神病学”一词由德国医学家约翰·克里斯蒂安·赖尔（Johann Christian Reil，1759—1813）在 1808 年提出，结合了希腊语“灵魂”（psykhe）和“医学治疗”（tekhne iatrike），不过这一概念直到十九世纪末才在德语世界以外的地方得到重视。那些疯人治疗专业人士喜欢自称收容所所长、医学心理学 222
家或异化学家（最后这个词当然是法国人的发明）。[77]意大利的精神科医生鄙视“灵魂”这个词，认为它让人联想到魂魄、心灵和宗教，他们有自己的说法——精神错乱学（freniatra），他们的专业学会创建于1873年，用“意大利精神错乱学会”（Società Italiana di Freniatria）这个名称来彰显他们世俗、科学的身份，直到近六十年后的1932年才采纳“精神病学”一词。无论管自己叫什么，这些医生的身份与权威地位——虽说谈不上有多少——终归源自他们所掌管的机构。有一个几乎没有争议的主张是：“一个疯狂的人……不可能找回自己的理智，除非……依据一种治疗模式……并且只有在一座专门的建筑中才可以得到充分施行。”[78]他们的共识是，现代收容所是“一个［用于］精神错乱诊治的专门机构”。[79]用美国业界翘楚卢瑟·贝尔（Luther Bell，1806—1876）的话说：“一家收容所，或者更恰当地说，一家面向精神失常者的医院，完全可以被当作一种有着奇异而特殊设计的建筑装置，在这方面它并不逊色于任何有专门用途的宏伟建筑。它无疑是一件治疗器械。”[80]

如果以这些“治疗器械”所吸引到的病人数量来衡量其实效性，可以看到在各地都是相当成功的。收容所就像巨大的磁铁——其磁力远强于麦斯麦的磁桶——将大批精神错乱病人纳入它们的范围。不管新建多少家收容所，总会有越来越多的精神错乱者出现，并把它们填满。这个势头持续了多年。《泰晤士报》在1877年的一篇报道中尖刻地表示：“以这种势头增长下去，疯人有朝一日会成为多数群体，他们会解放自己，把正常人关进收容所。”[81]在英苏边界以北，《苏格兰人报》（*The Scotsman*）有文章指出：“我们再怎么建造，明年都会发现需求还是无法满足……这项工作看起来没有尽头，就像在往没底的壶里倒水……我们本以为耗巨资兴建的收容所可以减少精神错乱者，结果这类病人倒是出现了大量的、持续的增长。”[82]三十年后的 1908 年，德国精神病学家保罗·施罗德（Paul Schröder，1873—1941）仍在抱怨“需要机构收治的病患”数量存在“令人不安”的增长，而这种增多现象“与人口增长并无关联”。[83]

然而，随着病人数量的持续增加，收容所的所长们所承诺的疗效却没能实现，至少治愈率并有他们说得那么高。收容所不仅在数量上增多，其平均规模也在不断扩大。这在相当程度上就是一个单纯的算术问题：如果每年收治的病人只有三分之一或五分之二得到“改善”或“治愈”，只有 10% 死亡（这样的数据在多数机构里是比较常见的），经年累月之下，病例肯定会积压，被收容的病人中，慢性病患的占比将越来越大。然而现在可以选择把别扭、难缠乃至不可理喻的人关在机构里，而不用硬着头皮把他们限制在家居环境内，一个意想不到的病患来源便出现了。一个人需要惹了多大的麻烦才有资格被送入收容机构似乎是找不到什么永恒不变的标准的，但久而久之，所谓“贝德兰姆式疯癫”的范围越扩越大，越来越多错乱的灵魂被认定需要禁闭管理。无论是威廉·图克打理的那种宜人的小型收容所，还是埃斯基罗尔面向私人病患提供的服务，基本上都已经被取代，仅供大富大贵之人享用。此时的机构动辄收容着三四百乃至上千病患。 223

这些变化对异化学家而言是很不妙的，由于无法实现自己承诺的疗效，他们不可避免地将遭到抵制，这最终导致一些政府机构越来越不情愿把大量公共资金“挥霍”在这个无底洞里，就连异化学家自己作为专家和专业治疗者的身份都面临威胁。另外，这些尴尬的状况导致专业人士大感挫败，他们开始寻求收容所诞生以来无法兑现承诺的原因，并为这些数量大幅增加，如今已成为十九世纪显著特征的疯癫博物馆的永久化提出新的理论依据。这些地方曾经声称是人道机构，是抚慰与康复之地，如今再一次在公众眼中沦落为“用于方便托管成堆社会渣滓”的地方，[84]它们是堆放多余人的仓库，“社区中残酷的丈夫的橱柜”。[85]

第八章　退化与绝望

文明存在之错乱

从十八世纪初开始，患上某种较轻微的神经疾病已经时常 224
被认为是一个人要为文明付出的代价，事实上那是最精致考究的人尤其向往的病症。一个世纪后，这类想法开始拓展开来，将最严重、可怖的贝德兰姆式疯癫也包括了进去。异化学家和他们的支持者认为，精神失常是一种文明病，一种文明人的病。与此形成反差的是，这种病和原始的“野蛮人”基本上毫无交集。卢梭式的“高贵的野蛮人”显然对精神失常的病魔是免疫的。

随着文明的进步，生活变得更复杂、更“不自然”了，步调加快，生活越来越不安定，多了压力，少了稳定。以法国、美国革命为代表的政治动荡催发了激情与野心，而基于市场的新经济秩序正带来剧烈的经济变革。古人的信仰与尊卑制度被摒弃。对财富的疯狂追求让心灵备受侵扰，野心膨胀到不可控制的地步。国民焦虑在民众的身体与心灵上也得到了反映。过去那些对人民的欲念和期待构成约束的手段——教会、家庭、地域与社会流动性的不足、传统的巨大权威——都被解除了。奢侈的生活和方方面面的放纵无度已经削弱了道德与心理力量——至少当时的人是这么认为的，这就解释了疯人数量

法国异化学家 **J－É. D.** 埃斯基罗尔在他发表于**1838** 年的论文《论心病》（***Des Maladies mentales***）中收录了一些素描作品，这些作品描绘了像此图中这样饱受疯癫折磨的病人。

为何激增。和那些得了神经疾病的人一样，这种病最常出现在那些野心最大、地位最高、教养最好的男男女女中。这一点已 226
经出现在许多流露出忧虑的时评作品里。

菲利普·皮内尔和他的爱徒埃斯基罗尔曾提出，摒弃旧制度对国民的精神健康也许是有益的。毕竟那是一个“时日无多”的社会秩序，它最值得称耀的部分已经“深陷于柔弱与奢侈之中”。大革命带来的公民自由必定是有益处的，“活力与干劲”取代了倦怠与无聊。[1] 然而，“恐怖统治”迅速打击了他们的这种自大。皮内尔的思想出现转变：由大革命释放出来的激情对稳定性有着可怕的影响，不仅对国家，对国民也是如此。[2] 埃斯基罗尔表示，“我们的革命苦难”是疯人数量激增的首要诱因。[3] 时间让他吸取了这个教训，并坚定了自己的主张：“疯癫是社会的产物，也是道德和智识影响的产物。”[4] 在欧塞尔担任收容所主管的亨利·吉哈赫·德·卡约（Henri Girard de Cailleux，1814—1884）在 1846 年表达了一种很快将成为共识的观点：

> 思想和政治制度的变动，让曾经固定和稳定的职业变得不确定起来……轻率而不加节制的野心对许多人的心灵造成了过度刺激，让他们筋疲力尽，无法应付这样的挣扎，最终堕入疯癫的深渊……还有一些人……挫折和痛苦令他们偏离了理性的指引。[5]

说来奇怪，美国革命时期首屈一指的医生、费城的本杰明·拉什的思考，已经有了一道和皮内尔、埃斯基罗尔差不多的轨迹。在他看来，

> 独立意味着我的同胞们一直被振奋人心的自由影响着。道德、政治与身体愉悦之间有着牢不可破的关系；如果说，经选举产生的代议政府的确是最有益于个人乃至国家繁荣的制度，那么当然也是最有益于人的生命的。[6]

这种益处只会累加在支持独立的爱国者身上。那些错误地坚持效忠于不列颠君主的人患上了“革命病”（Revolutiana），身心
227 健康受损。不过，拉什和皮内尔、埃斯基罗尔一样，很快用上了另一套说辞。

> 原来在胜利的助推下，对自由的过度热情导致许多人产生了无法用理智打消，也无法被政府控制的观点和行为……［并］构成了一种精神错乱类型，鄙人斗胆将这种病称为“无法症”（Anarchia），以示区分。[7]

拉什的新词并没有得到普遍认同——准确说是根本没人注意到——但是他的这个新立场的基本要点成为下一代美国异化学家的正统观念。塞缪尔·B·伍德沃德是1833年创办的马萨诸塞州伍斯特州立收容所的首任所长，在他眼里，危险无处不在：

> 政治冲突，宗教剧变，贸易过度，债务，破产，突遭不幸，希望破灭……今时今日似乎都凑到了一起，往往会对精神错乱的产生起到作用。[8]

1844年在费城聚首并成立专业协会的那十三位异化学家中，还有一位是艾萨克·雷（Isaac Ray，1807—1881），他坚信

“精神失常的病例目前在大多数——甚至可以说所有——文明社群都出现了增长”。[9] 他的同行普林尼·厄尔（Pliny Earle, 1809—1892）则认为“社会进步和精神失调病患数量的增长存在持续的对应关系”，并明确提出一个问题：“为达到最高等的社会文化状态而承受如此折磨值得吗？”[10] 高危人群正是工作最勤奋、最有上进心、最成功的那些人：

> 在社会处于未开化状态时，精神错乱是很罕见的。造成如此反差的其中一个原因无疑就是简单而自然的生活模式被奢侈和虚假取代。还有一个更重要的原因是，在无知、没有教养的人群里，精神官能是休眠的，因此人不那么容易出现失常。[11]

英国人认为应以法国大革命为戒，认识到政局不稳的危险性（他们的那些去大西洋彼岸殖民地定居的同胞对此知道的越少越好），但是他们的异化学家倒是欣然接受了欧洲大陆和北美的观点。托马斯·贝多思（Thomas Beddoes, 1760— 228
1808）曾谈及“文明的国家足以产生精神错乱”。[12] 亚历山大·莫里森（Alexander Morison, 1779—1866，见彩图 32）则称疯癫“在南美、在印第安部落里是很少见的”。“不妨假定，”他郑重提出，“我国的文明和奢侈程度的提高，辅以遗传之特性，容易导致人口中……精神失常的人的占比增加。”[13] 因此，富裕远不能抵御精神错乱的侵袭，反倒是农业人口，尤其是乡下穷人，“在很大程度上不会染上精神错乱”，而中产和权贵阶层就没有这种免疫力了，他们容易染病，正如他们容易“激动……并且会形成不利于精神平静和健康的思维和行动习惯”。[14]

这种对疯癫的社会地理学论断为公众所接受，并成为精英阶层支持收容所建设的又一个理由。在人生的角逐中最为奋进，不断受到高强度竞争、投机和野心直接毒害的那些人，原来就是最容易被疯癫的幽灵缠上的。向上层的突破有着最可怕的风险：

> 如今拥有钢琴、阳伞、《爱丁堡评论》以及去巴黎的欲望的这个阶层曾经认为那些东西是属于另一个种族的，而它们是神经质和精神疾病的真正源头。[15]

然而，各地的事实都证明，这些对疯癫的社会定位做出的预测都是错误的。被确诊为疯子的人数出现的剧增，大多是在贫穷和中等阶层。将挤在公立收容所里的大量病人都称为穷疯子存在一定程度的误导——他们绝非都来自“流氓无产阶级”。然而，所有依赖公共资金的人都会被认为是穷人，而且疯癫导致一个人基本上不可能谋生。它的巨大破坏力意味着，除非大富大贵，一般人染上此病都有倾家荡产之忧，再加上精神失常给家庭生活带来的制约，令境况愈发恶化。即使那些最初有一定经济保障以及财务独立的人，很快也开始潦倒，被迫依靠公共资金的补贴生活。这样一来，他们就有了通常会让“体面”阶层避之不及的名声，但是在这种情况下，他们没什么选择。走投无路之下，他们只能放下尊严。“穷疯子”这个标签掩盖了相当程度的社会异质性，不过，认识到这一点不等于可以改变根本的现实。到了1850年代，已经基本上没有人会怀疑，大部分被正式判定为疯子的人来自需要打工糊口的底层。

亚历山大·莫里森的 1826 年《精神疾病讲座纲要》（***Outlines of Lectures on Mental Diseases***）卷首使用了躁狂和忧郁病人的形象，这个一年一度的系列讲座持续了多年，对他的事业有很大帮助，同时也促进了医学在精神错乱管理中的专业地位。

信心渐失

与此同时，对疯人命运的悲观看法也再一次抬头。事实证明，异化学家们无法实现他们承诺的高治愈率，慢性病患的积压不可避免地导致收容所过度拥挤。在十九世纪最后三十多年里，绝望的人群和对慢性疾病的恐慌一直纠缠着精神病学，在更广泛的层面上影响了有关疯癫的性质的文化观念。在美国，异化学家庆祝该国专业协会——今日之美国精神医学学会的前身——成立五十周年的集会上，知名的费城神经学家塞拉斯·威尔·米切尔（Silas Weir Mitchell，1829—1914）斥责了精神病学家，称他们手里掌管着成群的“活尸”，而这些可怜的病人“连对希望的记忆都已经没了，一排排地坐着，心智迟钝到不知何为绝望，他们被护理员看管着，只是一台台无声、狰狞［原文拼写误］的机器，吃了睡睡了吃”。[16]如此看来，纵使有专家，疯癫也不是能用道德疗法治愈的（哪怕是将道德与医学审慎地融合起来也不行），它是一种惨重而残酷的无期徒刑。

230 在各地都可以看到，异化学家对自己给出的疗法正渐渐失去信心。面对瞬间黯淡下来的事业前景，那些在乐观情绪高涨之时入行的人要设法适应新现实。以最著名也最有力的收容制度改良倡导者之一 W. A. F. 布朗为例。他是一名专注而卓越的收容管理者，有幸在苏格兰西南部的邓弗里斯掌管着一个资金实力在欧洲数一数二的收容所。他投入了大量精力治疗自己的病人：给他们开了阿拉伯语、希伯来语、希腊语、法语和拉丁语课程；创办了一家剧院和一份文学杂志，让病人参与撰稿；提供音乐、舞蹈表演，以及朗读会和演讲，还有其他各种避免倦怠、给予刺激的活动；率先开始使用煤气灯，用来照亮苏格兰的漫长冬夜。（当他点亮煤气灯时，当地人纷纷聚集在收容所门口，以为会看到爆炸的奇观。）尽管尽了最大的努力，五年下来，他给出的治愈率却降到了三分之一多一点。经营了快到十年的时候，他哀叹道，无论有怎样的乌托邦畅想，

> 受托照看失常者的人须明白，比之原本提出的疗效标准，或镇静与健康对躁动、反常的心性的作用，实际的益处是十分不足的……须明白此病很难对付，其破坏也是难以清消的，即便有时病人看起来已经恢复理智。[17]

“看起来已经恢复”是一个很说明问题的表述。情况只会继续恶化。到了 1852 年，布朗绝望地说，“恢复健康、重建规矩和平静的办法少之又少”，他所付出的努力“收效甚微，以至于同情和关怀被视若无睹，需以苦痛、暴力和惩戒为主导”。[18]五年后，他终于得以逃脱收容所的苦海，得到一份薪俸丰厚的虚职——以精神错乱管委会长官的身份，负责督管苏格兰的收容所。然而他的言论依旧直白：

> 人们习惯去掩饰心性的堕落，而那往往是精神错乱的症状。然而，管理大量精神失常者的真实困难的确应予以揭露：将不自觉的劣化、兽性、惊恐等暴露出来是有益处的，这些问题在自觉行为中也很常见。由此呈现出的盲目 231
> 狂热或恶毒暴行，是古人轮回说的完美实现和鉴证，疯人以淫秽和肮脏为傲；吞咽着垃圾或粪便，做着连野蛮人也许都会视为遗俗和忌讳的残暴行径……这些行为并非移植在粗陋的习俗、恶意或被人忽略的训练，以及性格的原始元素之上生长而成的。它们针对的是最精致、优雅的社会阶层，最纯净的生活，以及最细腻的感情。出身尊贵的女士喝下自己的尿液……其高雅优美的外形上满是粪便……诗是用血浆或更加恶心的材料写下的……病患之中……有的尽情施展自己那错乱的想象力，在墙上涂抹喷淋污物；

> 有的用粪便冲洗或涂抹自己的全身，填满房间里的每一处缝隙，包括他们的耳朵、鼻子、头发里；有的把这些珍贵的“颜料”藏在床垫、手套、鞋子里，然后誓死保卫他们的财产。[19]

因此怪不得布朗在南方边陲的同行、埃克塞特的德文郡收容所所长、《精神科学期刊》（*Journal of Mental Science*）编辑约翰·查尔斯·巴克尼尔（John Charles Bucknill，1817—1897）会哀叹，异化学家们“一辈子生活在精神病态的环境里”，还有“精神医生多少也会因看了太多精神病而被传染”[20]——换句话说就是他们也疯了。

在这番告白中，有一点显然很奇怪，那便是一个至今仍宣称旨在治愈病患的机构原来可以给它的管理者造成如此毒害。不仅在英格兰和苏格兰，所有普及了收容制度的地方面临的问题都是差不多的：痛苦、乏味、难以控制的暴力、拥挤、悲惨都是难免的，再加上要管理一群混杂在一起的员工（他们通常不会像异化学家那样看待自己的病人），还有病人的顽固抵抗——尽管他们往往是默不作声的，但是被迫来到这里，与院舍生活的禁锢与乏味进行斗争。

被噤声的疯人——图画与文字的抗议

232 收容系统对精神病患进行的是双重意义上的噤声。不仅因为病人不具备读写能力或病情过重无法进行自我表达，将病人与社会隔离，基本上就已经抑制了他们的声音，使他们无法为后世所知。新的收容网络的特点之一是带来了繁多的统计数据，然而这些数据更多的是在揭示禁闭的施行者而非承受者的状况。病例记录对被收容者的描述稍多一些：他们是如何被送到这里来的，在被判定为疯人之前和之后的症状与行为，然后简要说说他们对收容所生活的反应。然而，对于病患在收容系统中的表现，我们所了解到的东西几乎都经过了医生的眼睛和耳朵的过滤，只有极少数例外。

一个病患被收容的原因会被记录在疯癫证明文书上，这种明确禁闭合法性的文书的副本通常会被装订成册，有时还会补充病患家属提供的细节。因此条目是定期添加的，有的是日常的编修，有的是对异常情况的记录。久而久之，对长期患病者会停止记录，或者顶多是例行公事。在规模不断扩
大的收容所中，病患成了一个无名群体。被收容多年的病 233
人，其病历往往被分成了许多册，这就很难将他们在收容所的经历串联起来。记录在单张纸片上然后归档的病历，此时还远未出现。

对病患的外表和表情进行记录，最初是通过素描和版画。这在一定程度上是受颅相学观点的影响，即头骨的形状可以揭示疯癫背后的某些东西。随着银版法和摄影技术的进步，病患被放在了镜头前。在贝德兰姆的档案库之类的地方，至今可能还能找到早期的玻璃负片，其中有些照片特意记录了病患入院时以及“痊愈”后的表情。到了十九世纪，开始对《人与动物的情感表达》（*The Expression of the Emotions in Man and Animals*，1872）中的课题产生兴趣的达尔文，与在1869年5月~1875年12月担任约克郡西赖丁疯人收容所（West Riding Lunatic Asylum）所长的詹姆斯·克赖顿-布朗（James Crichton-Browne，1840—1938）进行了密切的交流，詹姆斯于在任期间收到了一些病患照片，这些人看上去正陷入某种强烈

的情感。

偶尔也会有反客为主的情况，即由病人来记录他们对医生、病友及所在收容机构的印象，不过这种情况非常少见。有时这种记录会落实到纸面上。泰斯赫斯特的一名病人写道，她感觉自己是被所有人踢来踢去的“人肉足球”。[21]1868 年从宾夕法尼亚疯人院逃离的埃比尼泽·哈斯克尔（Ebenezer Haskell）起诉了这家禁闭他的机构，并用一本自出版的小册子揭发了他被囚禁的经历，他用一幅触目惊心的画记录了美国独立纪念日那天，管理员脱光一名病人的衣服，拽住其四肢进行虐待的情景。接下来的一幅画描绘的是他自己从医院的高墙跳下，礼帽牢牢地戴在脑袋上。[22]无论是他还是下面提到的几名发起抗争的病人，他们对这段禁闭经历的看法无疑都是可信的。

许多病人声称自己是在精神完全正常的情况下被强迫入院并遭到虐待的，埃比尼泽·哈斯克尔就是其中之一。他出版了一本小册子记录自己的经历——图中是他在接受以治疗之名进行的惩罚。

还有病人用画来呈现他们的妄想，有的画粗陋而拙劣，有的则极具震撼力。有时病人会在身边的东西上描画与涂抹，甚至画到负责管理他们的人员身上。这类资料大多彻底消失了，尽管在收容所的旧纸堆里还能找到零星一些。不过有时会有一些小有成就的专业画家被收容，他们能创作出相当精彩而动人的作品，并被保存下来，偶尔还会拿出来做公开展示。

理查德·达德（Richard Dadd，1817—1886）在 1840 年 234
代初是个相当有前途的艺术家，直到有一天他砍下了父亲的头颅，然后逃亡巴黎，最终被法国当局逮捕。达德被关在贝德兰姆（后来被转至 1863 年在布罗德莫尔投入运营的一家专门收容疯人罪犯的医院），他在里面继续作画，此外还能给那些处在疯癫病痛中的病人，以及有着丰富细节的幻异梦境画速写（见彩图 1）。他于 1852 年画的一幅格外令人难忘的肖像描绘了愁容满面的亚历山大·莫里森爵士，后者是当时贝德兰姆的客座医师，达德应该就是在其安排下得以继续画画的（见彩图 32）。后来我们得知，院方反过来也给达德拍了照片，因此我们可以看到他创作《矛盾：奥布朗与提泰妮娅》（*Contradiction: Oberon and Titania*，1854～1858）的样子。

大约四十年之后，文森特·梵高（Vincent van Gogh，1853—1890）也将画下一系列肖像：在阿尔勒负责医治他的异化学家费利克斯·雷伊（Félix Rey）（见彩图 33），以及保罗·加谢（Paul Gachet）医生，也就是梵高从圣雷米的私立收容所出来后照料他的人。雷伊的肖像是梵高在阿尔勒的收容所里完成的几幅画作之一，其他的画包括所内花园的风景、凸显病患的疏离与自我孤立的病房生活场景（见彩图 35），以及一名抑郁病友的动人肖像。由于担心自己的精神状况会影响自己

理查德·达德在画《矛盾：奥布朗与提泰妮娅》。奥布朗与提泰妮娅因一个印度侍童发生争吵的场面通常会被以极度繁复的方式去表现。这张早期照片惊人地将达德本人和仍在创作中的画一同记录了下来。

的作品，梵高致信弟弟，恳求他“不要展出过于癫狂的东西”。[23]然而，假如不知道他的禁闭经历以及时不时会严重恶化的精神状态，我们很难从画中看到这些问题。倒是从未在收容所里待过的奥托·迪克斯，在 1922 年给德国神经医生海因里希·施塔德尔曼（Heinrich Stadelmann）画的肖像中呈现出一个心理不正常的、令人不安的形象：那名催眠师的手紧紧握着，眼睛盯着观察者（见彩图 34）。这真是名副其实的“疯大夫”形象。

病人那些零星的文字或绘画通常留不了多久，少数得以保存的，也都是禁闭他们的人取舍的结果，所以我们很难以此为样本，了解病患对收容所生活的看法和反馈。这类文献从根本上是偏狭而片面的。偏狭是源于阶级，因为富有的病人会被禁闭在小型机构内，有众多员工围着他们团团转，满足他们的需求（虽说在治疗上并没有让他们更好）；由于医患比要高得多，就算花钱买不来更高的治愈率，这些人也至少能得到更多的关注，更乐于去记录自己的所见所闻。另外，不像那些贫穷的病人，这些病人当然是识文断字的。而对于成千上万被关在 235
大房间里的疯人，我们知之甚少。

不过我们对此也并非完全没有了解。在一些得以被留存的信札中，病人对自己能恢复神智表达了感激之情。但更多的是一些表达抗议的文字，因为并不是每个病人都愿意默默忍受。有的人用颜料或版画表达自己的痛苦，有的用言论陈述禁闭于收容所的几月乃至几年时光——这些无疑都是一面之词，因为大多数人诉称他们本没有理由被送进去和疯子关在一起，就算 236
承认自己不幸有了一定程度的疯癫，也会对自己受到的待遇大为不满。

一个被关在收容所中的病人究竟是如何与疯魔搏斗的，外人鲜有了解，北安普敦郡农民诗人约翰·克莱尔（John Clare，1793—1864）的作品倒是提供了一个难得的机会。克莱尔人生的后二十七年基本上是在两家收容所里度过的：先是 1837 ~ 1841 年初在埃塞克斯郡高滩（High Beach）的马修·艾伦（Matthew Allen）私立收容所，然后在偷享了几个月的自由后，在 1841 年末进入北安普顿综合疯人收容所，到死也没出来。然而，没受过多少正规教育[24]，基本上靠干农活为生的克莱尔，却成功地找到了一位出版商和几个赞助人，在 1820 年代出版了自己的诗集。不过，由于酗酒成性，加之 1830 年代经济动荡的影响，他的病情加重了。家中有妻子和七个孩子在等饭吃，他靠垒干草垛、赶鸟、拉小提琴以及干各种杂活挣的钱已经无法维持，即便加上几位文学赞助人的微薄年金也不够。他的抑郁和心慌意乱发作得日渐频繁，他开始变得神情沮丧，出现幻觉，疏远身边的人，最终日益恶化的精神状态促使他主动进了疯人院。他在禁闭中继续写作，但并没有直白地抗议对自己的禁闭。他在这一时期的知名诗作依旧时不时流露令人心悸或不安的情绪，很自然地会让我们想到那是他在挣扎着保持自我的神智，有时则是在思考被禁锢的生活和疯子这个身份的含义。

以他的《永恒之邀》（*Invitation to Eternity*）为例。看上去他是在邀一个未具名的少女来分享自己的生活，然而诡异的是，诗作唤起的意象是一个人行将被逐出社会，被困在一个没有出路的世界里——实际上就好比克莱尔无法从收容所的幽闭恐惧世界逃离一样。对于下面这些诗句，除此之外还能做何解释呢？

……你是否愿意与我
携手生在这古怪的死里，
在死中生，生死无异，
没有了这命，这家，这名，
既是生又是死……

将自己托付给“黑夜与黝暗”的克莱尔，向我们呈现了一个永恒不变的生命

237 ……可悲的无名无分，
父母在世却已忘记
姐妹同生却不知我们是谁？

这种痛失之感——失去身份，失去与世界、家人、朋友乃至整个社会的联络，让人“既是生又是死”的怪异宿命——在他此前不久写下的《我是!》（*I Am*!）中更刺眼。从这首诗的标题看仿佛会有万丈豪情，以为是一篇关于个人独立与个体性的激昂宣言。然而接下来读到的是另一番景象。这实际上是一曲挽歌，流露着触目惊心的被离弃与无助之感。

> 我是：然而我是什么无人在意或知晓，
> 我的朋友失忆般弃我而去；
> 我的悲苦唯有自己消受，
> 它们在尚未察觉的躯体里起起落落，
> 仿佛悄然迷失的爱与死中的阴魂；
> 然而我是，我活着，影子已丢弃
>
> 进了嘲笑与嘈杂的虚无，
> 进了活生生的白日梦的海洋，
> 那里无从感受生命或快乐，
> 只有我的生命尊严的沉船；
> 连我至爱的——我的最爱——
> 都是陌生的——不对，比他人更陌生。[25]

尽管很少有人能将他们的感受以如此有力的声音表达出来，但在被托付给收容所的病人中，应该有不少人也产生了被鄙视与抛弃的感觉，他们生活在“白日梦”里，一个苦痛的、被遗弃和遗忘的世界里，他们的希望泯灭了，他们的存在被永久浇铸在阴影中。

哥特式故事

一个人一旦被认定为疯了，就会失去公民权和自由。然而对家属来说，疯人院一个最重要的优点也许是可以悄无声息地掩盖他们有一个疯人亲戚的事实。这是开始走向富足的十八世纪英格兰孕育了这类机构的主要原因，它们让家属可以摆脱那些难以忍受和理喻的人，保住自己的生活、财产、安宁和名
238 誉。然而这种以医疗隔离之名，行禁止疯人发声之实的做法，自然有其邪恶的一面。许多病人称，收容所就像一座活人的墓葬，一片为气息尚存者准备的坟场。而此时的疯人院有带铁条的窗户和高耸的围墙，将病人隔绝于社会之外且行事隐秘，这就让民众对墙内发生的事产生了一些哥特式想象。这类哥特式故事的流传始于十八世纪，即这些机构创办之初，随着被禁闭的疯人数量在十九世纪急剧增加，更是毫无消退的迹象。

有些故事是公然被虚构出来的。在世时声名不逊于狄更斯的小说家查尔斯·里德（Charles Reade，1814—1884）创作了骇人听闻的畅销作品《现钞》（*Hard Cash*，1863），他对议会调查和新闻报道中揭露的一些恐怖故事进行改写和拼凑，打造出了对收容所及其经营者的鸿篇诉状。当时最著名的英国异化学家约翰·康诺利被稍加伪装放入书中，成了说话颠三倒四的威切利医生（Dr Wycherly），在他的纵容下，书中的主人公、神智完全正常的阿尔弗雷德·哈迪（Alfred Hardie）被关进了疯人院。威切利“是人道之典范”，哈迪讽刺地写道，在他的收容所里“没有虐待，没有手铐，没有脚镣，没有暴行”。然而在威切利那“仁慈的外表”和“婉曲折绕”的言谈之下，是“被私利”蒙蔽了的平庸心智，总是“看谁都像是疯子”。

在里德的这部无情的讽刺作品里，二流医生以绅士自居的做派遭到嘲弄，威切利所吹嘘的心理治疗才能原来只是一场虚假的骗局。这个“趣味和头发一样稀少”的心脑专家“是博览群书之士，擅长从书本里获利”，并且“在某些医学课题上著述颇丰”。作为“一名疯人收藏家……［他的］思维方式，结合他的利益所在，促使他把任何一个智力明显高于他的人都当成疯子”，他很容易在被蒙蔽的情况下判断一个正常人是疯子，进而固执地坚持自己的观点，直到那倒霉的病人终于肯承认“哈姆莱特是疯子”。[26]

不过，许多讲述了疯人成为收容这一行的猎物后的经历的故事颇为真实，至少它们的作者是这么说的。几乎从有疯人院那一刻开始，有关病人抗议的文献就一直在涌现。十九世纪，随着收容制度改良人士开创“大禁闭”时代，成千上万的病人拥入越来越庞大的疯人收容网络，所以此类控诉也迅速增多。那些如今试图改头换面自称异化学家或医学上的心理学家 239
的人（“疯大夫”的含义太模糊，而且可能也太名副其实）想尽办法，但还是没什么建树。他们既无法让公众相信他们作为病情的诊断者拥有万无一失的本事，同时当逃出他们掌心的昔日病患发声斥责时，他们也做不出像样的反驳。这些病人称他们是一群无良逐利之徒，明知生而自由的英国人民的权利被侵犯，他们还是乐于纵容恶行。在坊间流传的小册子里，在法庭上，在或通俗或严肃的文学作品中，异化学家们被百般挖苦，他们的技能和动机成为笑料，他们的生计面临威胁。

在维多利亚时代，人们对这类正常人不幸被投入疯人中的故事百看不厌。控诉者几乎无一例外都是富人，往往还有着显赫的社会地位。他们大多罔顾家人的反对，用大篇幅叙述自己被禁闭的经历，此外一些人则成为一项大法官法庭（Court of Chancary）调查的对象，这个面向被指为疯癫的有产人士的调查有一个神奇的名字：“错乱纠问”（Inquisitions in Lunacy）。对于这类官司产生的巨额诉讼费用，查尔斯·狄更斯在《荒凉山庄》（1853）中做过令人难忘的讽刺描写。[27]除此之外，在公开法庭上也有这样的案件——其诉讼过程不仅吸引了众多兴高采烈的围观者，还有成千上万未到场的看客——《泰晤士报》和《每日电讯报》（低俗小报自不消说）的记者们充分发掘了其中饶有趣味的片段，供绅士（甚至淑女）们佐早餐之用。

这类读物的作者中，名望最高的可能要属约翰·珀西瓦尔（John Perceval，1803—1876），他的父亲是英国唯一一位遇刺的首相斯宾塞·珀西瓦尔（Spencer Perceval）。1830年在牛津读书期间，小珀西瓦尔与一名妓女发生过关系。这个显得很虔诚的福音派基督徒担心自己染上了梅毒，于是服用了水银，很快他进入充满幻觉的苦修状态，导致家人把他关了起来。他一开始被关在爱德华·朗·福克斯在布里斯托尔附近创办的布利斯林顿院，随后又被转到了英格兰上流社会人士首选的收容所——萨塞克斯郡的泰斯赫斯特院（Ticehurst House）。这些都已经是相当讲究的地方，但条件仍然达不到珀西瓦尔的要求。他控诉看护人的粗暴，以及对尊贵而体面的病人没有表现出足够的尊敬。据他陈述，

240 我被人当家具一样对待，他们就当我是一座木雕，没有欲望或意愿，也没有判断力……那些人的所作所为就好像我已经将我的身体、灵魂与精神拱手交由他们控制，让他们尽情施展伤害与蠢行……我被捆在床上；我的饭菜难

以下咽，连着药物一起被强行塞进我的喉咙，或者是相反的方向。我可以说，对于我的意志，我的希冀，我的厌恶，我的习惯，我的精致，我的偏好，我的必需品，从来没有人过问过。我连对一个孩童的尊敬都没有得到。

令家人恐慌不已的是，他最后争取到了出院，并两次撰文叙述自己的遭遇，而且其中一次没有匿名。此外，他还和其他几位愤愤不已的前病友以及与他们有关的人一起创办了“据称精神错乱联谊会”（Alleged Lunatics' Friend Society）。[28]

众多声名显赫的控诉者中有不少是女性。在美国，伊丽莎白·帕卡德（Elizabeth Packard，1816—1897）在1860年被她的教士丈夫送进了杰克逊维尔的伊利诺伊州州立收容所。当时伊利诺伊州的法律允许丈夫将妻子送入疯人禁闭机构，而且不需要像通常的案件中那样拿出其疯癫的独立证据。帕卡德夫人愤恨地坚称自己是正常的，只是因相信非正统的唯灵论观点而被关了起来。在成功出院后，她在多州发起改革入院法规的倡议活动，并成功说服了几个州通过法案，让疑似病人获得一个陪审团审理的机会。异化学家们徒劳地指称，这样做的结果是将精神病患与被控犯罪者、收容所与监狱等同起来。这样的类比太过令人不安了。

为了让一个放肆、自我的女人闭嘴而把她关进疯人院的帕卡德牧师将为自己的行为感到后悔，然而像这样的人不止他一个。小说家、政治家爱德华·布威·利顿爵士（Sir Edward Bulwer Lytton，1803—1873；那句饱受唾弃的“那是一个风雨交加的漆黑夜晚”就出自他手）的妻子萝西娜夫人（Lady Rosina，1802—1882）性格固执且挥霍无度，让他最终厌烦不已。他的小说取得了巨大成功，这让他可以保持与众多情妇的关系。这对夫妇的婚姻幸福已荡然无存。布威·利顿有时会殴打萝西娜，可能还曾强行与她发生性关系。结婚九年后，两人于 1836 年正式离婚。利顿夫人而后开始了自己的写作生涯，其作品有相当一部分是对离异丈夫几乎不加掩饰的指责，以及她愤怒和被辜负的感受。他警告称如果她再这样下去，他会毁了
241 她。在都柏林的一段婚外情导致她失去了孩子的监护权，之后，这场维多利亚时代破碎婚姻的悲惨剧情再度恶化，利顿夫人发现因患伤寒而奄奄一息的女儿被赶到了一座破烂的寄宿屋里。

此时的萝西娜开始给人脉深厚的丈夫和他那些有权有势的朋友写信，信中充斥着污秽与中伤的文字：声称他们通奸，有私生子女，乱伦与伪善，还涉及一些没有具体说明的罪行。她威胁称要趁着布威·利顿的剧作《祸中有福》（*Not So Bad As We Seem*）首演时向女王——被她称为“小淫妇猪头女王”的
242 那个人——扔臭鸡蛋。最终在 1858 年，布威·利顿正争取连任哈特福德国会议员的时候，她出现在选民面前，用了将近一个小时厉声谴责他。

她的这位丈夫大为光火，迅速做出了应对：不再给她赡养费（不过这笔钱本来就时有时无，并且给得极不情愿），还不让她见他们的儿子。然而后来他又更进一步，做了一件日后会后悔的事：他让两个对他言听计从的医生开了一份疯病证明，把萝西娜弄上马车，送进了罗伯特·加迪纳·希尔（Robert Gardiner Hill，1811—1878）开的疯人院。希尔本是率先摒弃机械禁锢的异化学家，不过人们把这个功劳给了约翰·康诺利，后者也是布威·利顿的朋友。[29]（萝西娜夫人曾尖刻地评价康诺利是个“会卖母求财”的人。）

萝西娜·布尔沃·利顿夫人的肖像（画家不详，爱尔兰画派）。她在画中的谦和仪表是有欺骗性的。

如果说把萝西娜关起来是为了让她闭嘴，那么实际效果恰恰相反。布威·利顿显然认为自己靠着人脉可以把这件事压下去——例如他和错乱管委会委员之一约翰·福斯特（John Forster，1812—1876）以及《泰晤士报》编辑都有很好的交情（事实上后者为了保护他在报道中对丑闻只字不提），然而《泰晤士报》的死对头《每日电讯报》却十分乐意跟踪报道这桩有着劲爆桥段的丑闻（讽刺的是这家报纸之所以能生存下来，相当程度上要感谢布威·利顿在减免报社印花税上的努力）。几周下来，排山倒海的负面报道就让布威·利顿屈服了，他把妻子放了出来，但条件是她要搬到国外去——她的确暂时这么做了，但后来又回到英国，穷尽自己的余生去败坏他的声誉，甚至在他因耳疾术后并发症去世后仍不依不饶。[30]

退化

在法国，疗效上的失败，加上病患长篇累牍的控诉，导致精神病学面临格外严重的危机。1860 年代 ~ 1870 年代，人们的反精神病学情绪日益高涨，并且开始在刚刚摆脱政府审查束缚的大众媒体上体现出来——无论自由派还是保守派都有人在写书痛斥异化学家的无能，以及动辄将正常人当疯子关起来的做法，政界也有人在施压。1864 年，知名异化学家儒尔·法尔列特（Jules Falret，1824—1902）抱怨“1838 年的法律和疯人收容所正腹背受敌。这些攻击的目的是推翻一切，捣毁一切……”[31]出于对精神病学专业性的怀疑，一些医学人士似乎
243 也有意加入反对阵营。尽管异化学家们仍然强调，疯人有着难以预料的暴力行为，将对社会构成重大威胁，此刻他们显然是在采取守势了。

结果是法国异化学家找到了一条出路，提出了一个方法以强化疯癫是医学问题的主张，同时也给将疯人禁闭于收容所的做法找到了一个新依据。意识形态上的号召力促使这些观点在欧洲和北美迅速传播开来，影响了几代人的公共政策和看法。1857 年，贝内迪克特 - 奥古斯汀·莫雷尔（Bénédict-Augustin Morel，1809—1873）发表了《人类智力、道德和身体退化文集》（*Treatise on the Intellectual*，*Moral*，*and Physical Degeneracy of the Human Race*，以下简称《退化文集》）。和其他的社会病理形式一样，疯癫如今也被视为退化与衰退的产物。因此，疯

人非但不是文明及其压力的受害者，反倒成了文明的对立面，是一群生理上低于常人的社会渣滓。这种低劣性从他们中许多人——甚至可以说所有人——的面容上就可以清楚地看到。用约克疗养院创始人的曾孙丹尼尔·海克·图克（Daniel Hack Tuke，1827—1895）的话说，疯子是“一种孱弱型人类……入院时就能看到他们的额头上凿着‘没用’二字”。[32]

达尔文的《物种起源》发表于1859年，也就是莫雷尔出版《退化文集》两年后。不过让异化学家们感兴趣的不是达尔文的物竞天择观念，而是法国人让－巴蒂斯特·拉马克（Jean-Baptiste Lamarck，1744—1829）推崇的另一个理论，即强调后天特征的遗传。按照这种观念，疯癫可被看作罪的代价——有时付出代价的不是通奸、酗酒或违背其他伦常（或者用卫道者的话说，是“自然法则”）的原罪者，而是他们的儿女、孙子女或曾孙子女。演化通常被认为是一种前进的力量，不过这就是它的阴暗面：一旦有了开头，退化过程会一代接一代地迅速延续下去。先是疯癫，然后是痴呆，最后是不育，这就是劣等人走向最终灭绝的历程，也是对邪恶与败德的终极惩罚，因为正如亨利·莫兹利（Henry Maudsley，1835—1918）在1871年的《精神科学期刊》中所写的，“所谓道德法则即自然法则，它和物理法则一样，是［人］不可违背的，否则就要面临报复性的后果，正如不可以违背物理法则……就 244
像雨点的形成和滴落要遵守物理法则，世上的道德与败德［神智正常与失常自亦如是］的产生与分配也一样依循确凿无疑的因果律与法则”。[33]

老一辈人在文明与精神失常的关联上的共识因此被反了过来：“想法最少、感受最简单、欲念与方法最粗劣的地方，疯癫最严重。”[34]然而作为一种思想，新的退化说在异化学家看来有着无与伦比的优势，这类观点可以如此迅速地传播开来并得到认可，可能就有赖于此。对这一行而言，对精神失常的这些阐述使用的是生理病理学的措辞。老一辈异化学家希望将以症状为本的疯癫阐释——给疾病冠以忧郁、躁狂、痴呆以及各种单狂（色情狂、盗窃狂等）名称——立为正统，然而现在有了一种千变万化的解释，将源头直指不健全的大脑，它可以用于一切疯癫形式，无论是轻度还是最凄惨的形式。这些不健全的大脑是无法在自然中被观察到的，但这无关紧要。这个小问题肯定只是暂时受制于显微镜技术的不足。在那些被关在收容所的病人当中，从许多人的外在表现能看出生理上的劣化，这有力地证明了退化的力量在起作用，如今通过现代摄影技术也得到了“记录”。对异化学家格外要紧的是，他们对疯癫的解释与当下更广泛的医学理论发展保持了同步，并且明确了精神错乱的源头在身体。

此处，退化学说再一次证明把疯人隔离在收容所里的做法是正确的，也解释了为什么精神病学在治疗上看起来是失败的。问题并不是这门专业的无能，而是精神疾病本身的性质。事实上，精神病学的“失败”看似是祸，其实是福，它证明大自然自己也在施展黑格尔的“理性之狡计”。纵使面对难以辩驳的无情现实，此时的精神科学还是发现：

> 理性的崩坏不只意味着现时的失能，还预示了疾病在将来会造成的损害，即一种倒退的倾向……经过如此折磨的心灵不可能完好如初……康复……也许无非是在施展非凡的心计或自控，掩盖错谬与无度的迹象。[35]

一旦将疯人放出来，情况势必是会恶化的。他们毕竟是“不良的造物”，从根本上缺乏毅力和自控力。一旦放任他们在毫无戒备的社会中活动，他们可能会“像无理性的兽类一般，由着本能与情绪的驱使”，并且“生育下一代……蓄意埋下感 245
染的中心，而我们还在惊呼为什么神经疾病越来越多”。[36]

英格兰萨里郡布鲁克伍德郡立收容所所长休·W. 戴蒙德（Hugh W. Diamond，1809—1886）是在精神疾病治疗中拍摄照片的早期倡导者。这张照片是他在1850年到1858年拍摄的病人之一。疯癫会显现在脸上这个观点久已有之，达尔文对精神病人照片十分着迷。

退化远不止被用于解释疯癫。现代生活的一切病理都归咎于此：卖淫、犯罪、违法、酗酒、自杀、癫痫、癔症、弱智、许多底层人的身体畸形（实际上是贫困和营养不良的结果）——有什么不是被它所害呢？这是一个呼应了世纪末恐 246

慌的叙事，1870～1871 年耻辱地败给普鲁士人后，家国沦丧的忧虑在法国尤为盛行，不过其他地方也是如此，甚至包括德国本身，马克斯·诺尔道（Max Nordau）就在《堕落》（*Entartung*，1892）一书中对此做了生动的反思和描绘。[37]（该书引发了不少争议——它也被哈佛哲学家、心理学家威廉·詹姆斯［William James］所讥讽——让人哭笑不得的是，虽然诺尔道是犹太人和复国主义者，但纳粹后来也借用了他的观点。）不过退化论的最大市场仍在疯癫领域，在这里，“精神科学”被用来给它注入一些看似实质性的东西。

艺术加工

疯癫是一种源于生理问题的社会威胁，其最极端的表现就是无法控制的情绪、暴力和疯狂，这样的一种观念逐渐扩散开来。在这个过程中，埃米尔·左拉（Émile Zola）的作品——具体来说是由 20 部长篇小说构成的《卢贡－马卡尔家族》（*Les Rougon-Macquart*）——产生了格外大的影响力。该作品无疑在一定程度上呼应了巴尔扎克的《人间喜剧》，不过左拉的关注点更具体：他无意遍览当今社会，只对一个家族的历史感兴趣，正如他在《卢贡家族的家运》（1871）的序言中所说，“贪欲的溢度”① 是这个家族的特性及其败落的原因。他希望通过“神经与血缘的变态事件的慢性继承”来追诉这一源于生理的命运，而这种变态“是在第一次机体受伤之后陆续发生在这个家族里面的”，它不可避免地导致淫欲、乱伦、

① 本书引用的《卢贡家族的家运》，均采用《卢贡家族的家运》，林如稷译，北京：人民文学出版社，1959 年第 1 版。

杀戮和疯狂。左拉作品中的放纵与堕落无处不在：《小酒馆》（1877）里的醉酒，《娜娜》里的卖淫和放荡，还有充斥于《戴蕾斯·拉甘》字里行间的杀戮和疯癫。原始的、无法控制的情绪冲垮了良知与理智的约束，左拉笔下的人物就像木偶一样，将自己由生理决定的宿命演绎了出来。

《戴蕾斯·拉甘》是这一系列最早的几部小说之一，出版于 1867 年，离莫雷尔出版《退化文集》仅仅过去十年。戴蕾斯在姑母的逼迫下与从小一起长大的堂弟格弥尔结婚，这几乎就是乱伦。但没过多久，她就和丈夫的一个发小发展了一段狂热的婚外情。当这段恋情面临威胁时，两人带着格弥尔去划船，把他淹死了，并和人说他死于一场意外。与格弥尔及其垂
死挣扎有关的噩梦和幻觉将这对恋人逼疯了。与此同时，和他 247
们住在一起的格弥尔的母亲经历了多次中风，其中第二次导致她双目失明。两人当着她的面争吵，将他们的罪孽和盘托出，这位不幸的母亲对此无能为力，唯有瞪着饱含怒火的双眼。然而，这两个陷入深深自责的恋人最终都在谋划着杀死对方，当得知对方也这么想后，他们双双服下毒药，在拉甘夫人面前结束了这段备受煎熬的感情，满怀仇怨的拉甘夫人终于报仇雪恨。

这部小说中涌动着的暴力、情欲和疯癫是《卢贡－马卡尔》系列中反复出现的内容，左拉露骨的描写在当时引起了不小的争议，不过小说的销量倒是没受什么影响。他的小说在向大众简要介绍退化理论方面贡献良多。他笔下的人物经历种种折磨，堕入疯癫与自杀的深渊，而这一切都可以归因于他们十八世纪的祖先阿黛莱·富克（Adelaide Fouque）的一些看似不起眼的精神缺陷。如莫雷尔的论述，最初的缺陷经过代代相

传最终造就了空前严重的病症。小说中处处浮现着原始的本能、情绪和人身攻击，同时不可避免地伴随着酗酒、癫痫发作、癔症、愚蠢的行为、疯癫和死亡。

《人兽》（*La Bête humaine*，1890）这个书名本身已经预示了将会发生什么。抽搐和痉挛，这些身体的无意识发作对应到心理上就是出于本能和冲动的行为，在情绪驱动下逃脱理性的束缚。对于书中的一个反英雄人物雅克·朗第耶，我们得知“情欲常常使他变得疯狂，他的眼睛已经看到了血红的颜色”。[①] 他对自己的情欲对象发起了攻击——把她的短上衣扒开，“而他，则喘着气，停了下来，他并没有去占有她，而是注视着她。突然，他好像被一种狂怒所袭击”。不过此时他选择了逃离。他的身体状况导致他无法自控：“但是，在他的身体里，时常会有突然失去平衡的感觉，就好像突然张开一个裂口和洞穴，他的自我，也就通过这些裂口和洞穴离开了他，在一种巨大的厌恶中完全变了形。他不再属于自己了，只听从他的肌肉和疯狂的兽性摆布。”最终，朗第耶杀死了其中一个情
248 欲对象，然而他绝非唯一有此罪行的人。放荡和退化的人物在故事中横冲直撞，嫉妒、性欲、贪婪和酗酒无可避免地导致暴力、杀戮、自杀和无辜者的死亡。

很少有小说家像左拉这样，对退化论观点保持着密切的关注，不过类似的作品以小说和戏剧的形式在欧洲各地涌现。盖哈特·霍普特曼（Gerhart Hauptmann）的《日出之前》（Before Sunrise，1889）将一个受酒精驱使而走向退化的农民

---

① 本书引用的《人兽》译文，均采用《人兽》，许光华译，广州：花城出版社，1997 年第 1 版。

家庭搬上舞台，这也为他开启了一段作家生涯并最终获得了诺贝尔文学奖。阿图尔·施尼茨勒（Arthur Schnitzler）的《轮舞》（*Reigen*，1900）则更为露骨，它在英语世界主要以法文标题 *La Ronde* 为人所知，该作品通过一系列两性相遇呈现了世纪之交的维也纳生活：妓女和士兵；士兵和女仆；女仆和少爷；少爷和年轻的女人；丈夫和甜妞儿；甜妞儿和诗人；诗人和女演员；女演员和伯爵；伯爵回头又和妓女上了床——潜台词是梅毒正在一个接一个地传染开来。该剧的剧本很畅销，但维也纳审查机构第一时间下令禁止将它搬上舞台，一直到1920年12月该剧才在柏林首次公演，次年2月来到维也纳。即使推迟了这么久，作品对人之境况的讥讽还是引发了激烈反应，施尼茨勒也被斥为犹太情色作家。他意识到自己必须停止授权该剧在德语国家上演，不过这没能让他免于成为奥地利反犹人士的重要目标。（他的作品日后将被希特勒当作伪装成艺术的“犹太污秽”的绝佳范例。）

同一时期的英国感官小说非常依赖这类“惊悚的题材——精神失常、道德错乱、性病，以及这些问题对婚姻和家庭的庄严与纯洁的冲击”。[38]不过，一些相对严肃的文学作品中对遗传缺陷的毒害效应及其给人类命运带来的严重后果也有披露，尤其是托马斯·哈代（Thomas Hardy）的小说。例如在《德伯家的苔丝》（1891）中，苔丝与退化了的德伯家族的关系将她推向谋杀和崩溃的绝望深渊。“我没法控制。”她哭着说道，事实上的确如此。当苔丝的父亲约翰·德比了解到自己是约翰·德伯爵士的后人时，竟愚蠢地认为这是一种荣耀。事实上，他的低贱地位恰恰是退化理论的呈现——从有钱、有权、有势沦落到一介农夫，是一个必然的趋势。

257 德伯家香火几近断绝。苔丝和她的父亲是最后的血脉，这完全符合生理衰退理论的条件。苔丝长相酷似画中那些德伯家的贵妇人，然而这种相似预示着不幸，因为它掩盖着一个致命的缺陷。牧师的儿子、现已是农民的安吉尔·克莱尔，在和苔丝结婚那天晚上向她坦陈了过去的一桩情事，她反过来也透露自己不是处女，但不是此前有什么不检点，而是被花花公子亚历克——那个买下德伯姓氏的人的儿子——奸污。安吉尔无法宽恕她的“罪”，很快抛弃了她，只身踏上前往巴西的一段注定不幸的旅程。

在这部分情节中，哈代无疑是想对性别双重标准发起严厉的批判。然而，退化依然是一个贯穿小说始终的主题。正如安吉尔怨怒地告诉苔丝，在他看来，问题终归是源自她的家族。“家族的衰败，意味着意志衰弱、行为堕落……我只当你是生命力的一个新生孩子，可你却是没落贵族的一个过时的后代！”[①] 而且还是一个有杀人历史的贵族：安吉尔知道她的一个祖先“在他家的马车里犯下一个很可怕的罪”，而奸污了她的亚历克·德伯后来告诉苔丝，此人“据说劫持了一位漂亮的妇女，这女人企图从他们乘坐的一辆大马车上逃跑，在扭打的过程中那个德伯把那个女人杀死了——要不就是那女人杀了德伯——我忘记究竟是怎么说的了”。亚历克对苔丝百般纠缠，并且向她保证她的丈夫再也不会回来了，苔丝最终放弃了抵抗，成为他的情人，结果遭遇挫折的安吉尔却回来了。

这个命运多舛的女人“无力自控”。为了解脱，她一刀捅

---

① 本书引用的《苔丝》译文，均采用郑大民译，上海译文出版社，2011 年第 1 版。

死了亚历克，逃回到丈夫身旁，这对并不合适的夫妻过了几天的幸福生活。然而，他们被迫离开了临时的藏身处，绝望中逃到巨石阵过夜。苔丝就像一个献祭的牺牲，躺在一座石头祭台上睡觉。第二天早上，一切都结束了。在她杀死亚历克·德伯的那座昂贵的借宿公寓里，她的罪证已经迅速自行浮现出来："长方形的白色天花板中央出现这么一块猩红的斑点，看上去就像一张巨大的红心 A 纸牌。"房东太太发现了尸体。警察一路追踪包抄。苔丝一觉醒来发现自己已经穷途末路：她被关在温顿塞斯特（即温切斯特）监狱，然后处以绞刑。一面象征着她成功被绞死的黑旗升起，向全世界，也向她的丈夫，宣告了她被处决的消息。她的死意味着退化了的德伯家族的灭绝。它的衰落与颓败进程抵达了终点。

此外还有易卜生的《群鬼》（*Ghosts*，1882），一部对醉 258
酒、乱伦、先天性梅毒和疯癫进行了深入审视的作品。它大大刺激了中产阶级观众的感官，尽管同时也戳穿了他们的虚伪。阿尔文家是一个富有、体面的家族。阿尔文上尉是个肆意玩弄女性的恶棍，他的妻子不能离开他，正如当地的教士跟她讲的那样，作为妻子她是不能离开这个男人的，否则在社会上会抬不起头来。上尉死后，她决定开办一家孤儿院。这个奢侈的慈善行为表面上是为了纪念她的丈夫，但实际上，她只是想要耗尽他的遗产，因为她希望他们的儿子欧士华能尽可能少地继承他那退化的父亲留下的东西，无论是金钱还是别的什么。然而欧士华最终还是继承了一样东西：先天性梅毒。此外，他还爱上了家里的用人吕嘉纳·安格斯川，她实际上是欧士华同父异母的妹妹，他父亲生前诸多风流韵事的产物。身心都已病入膏肓的欧士华·阿尔文是一个活生生的退化样本，但他的母亲关心的不是真相，而是形象和维护传统伦理，最终她不得不面对自己忠于“职分”的后果。

这部蓄意冒犯的剧作所引来的强烈反响想必是易卜生预料之中的。在一次给他颁奖的仪式上，丑闻缠身的瑞典国王当着他的面说这是一出非常差劲的戏。易卜生不为所动。在其翻译版上演时，《每日纪事报》（*Daily Chronicle*）的剧评人指责它有着“骇人的淫邪，是对神灵的亵渎”，其《时代》（*Era*）的同行认为该剧是“肮脏、淫秽的玩意儿，一个英国剧场董事会何时受到过如此羞辱”。向来是布尔乔亚式品鉴标杆的《每日电讯报》也不甘示弱，毫不意外地宣告自己的愤慨。《群鬼》“令人作呕地呈现了一条露天下水道，一道没有绷带遮掩的骇人伤口，一种光天化日之下的肮脏行为……下流，简直是令人恶心的无礼之举……一块文学腐肉”。看来，退化说虽然是好东西，但得是用来解释底层人的病状与疯癫——一旦把目光投向品行端正的中产阶级，就不太好了。

讽刺的是，认可退化论理念的左拉发现自己也成了众多遭到诺尔道中伤的文学人士之一，被斥为堕落艺术家。不过有的人以这个称号为荣，这类人欢迎乖僻、不洁、反常，藐视规范，例如波德莱尔、兰波或奥斯卡·王尔德，或图卢兹-洛特雷克呈现的那些堕落浪荡的巴黎男女。其中有些人名副其实。波德莱尔和他的情人、海地人珍妮·杜瓦尔（Jeanne Duval）
259 皆死于梅毒，莫泊桑和尼采也是，而且死时还处在疯癫的状态。[39]此外还有“红头疯子”（le fou roux）文森特·梵高，我们已经见识过他画的异化学家、病人以及收容所。酗酒，癫痫，反复感染性病，频频光顾妓女与妓院，疯癫，禁闭于收容所，自残与自杀——他是堕落者的代表，他的作品直到他英年早逝后才得到认可。

当然，现代艺术和艺术家是堕落的这一观念一直延续到了二十世纪。希特勒痛恨表现主义艺术及其旁系，鄙夷地称之为血统不纯的产物，是对“希腊 - 北欧”传统的背叛。在他的授意下，“堕落艺术”（entartete Kunst）的绘画和雕塑作品在1937 年被没收并运往慕尼黑。总共有 15997 件作品被没收，其中 112 名艺术家的作品在“堕落艺术展”中被示众，该展览旨在展现背信弃义的布尔什维克和犹太人对创造性艺术有着怎样的影响。出自毕加索、布拉克、康定斯基、高更、蒙德里安等人之手的数千件作品在被没收后焚毁，还有一些则被出售牟利。

对腐化者的处置

关于疯人的下场问题，向着退化说的转变已经明确。救世军第一位大将卜维廉（William Booth，1829—1912）用末世语调做出了宣告。

> 一旦认定他已经成为一个疯狂的、道德沦丧的人，无法自制……那么必须宣判他与已经不适合他的世界永久隔离……如此不可救药地败坏了自由的一群人，若是容许他们在外游荡、传染身边的人、坑害社会、繁育同类，将是对我们的民族犯下罪行。[40]

建造巨型疯癫博物馆在有退化说之前就已经开始，不过在这些理念传播开来后，收容所开始突破此前的一些限制。伦敦政府在凯特勒姆和利维斯登、达伦斯、萨顿和图丁建造了可容纳2000 名甚至更多病患的收容所，另外对汉威尔（Hanwell）、科尔内哈奇（Colney Hatch）、班斯特德（Banstead）和凯恩山（Cane Hill）已有的大型收容所进行了扩建。发现还不够后，他们又在埃塞克斯的克雷伯里造了一个建筑群，在贝克斯利还有一
260 个。然而，这些仍然无法满足需求。埃普索姆附近的一块1000英亩的土地被买下，至少盖了5座营房式收容所，里面可容纳多达1.2万名病患。

这些庞然大物有自己的供水系统、警察部队、消防队、发电机、墓地等，可以满足一名病患从入院到死亡的所有需要，但这绝不是英国独有的。比如在维也纳，奥地利当局在1907年新开了一家叫施泰因霍夫病院（Am Steinholf）的收容所，巨大的园区内分布着6座“馆驿”，可以住2200名病患，不过实际上病患的数量很快就超出了这个容量。德国收容所的规模比这还要大。比如北莱茵-威斯特法伦州的比勒菲尔德住着逾5000名病患——准确说是囚犯。在美国，乔治亚州的米利奇维尔（Milledgeville）差不多是一个不算小的镇子，最多能住1.4万人，但这跟纽约州长岛的开发比起来不算什么。那里建造了一大群收容所（或者用当时的主管们喜欢的说法，叫作精神病院）：中艾斯利普（Central Islip）、国王公园（Kings Park）和朝圣者（Pilgrim）住着逾3万名纽约疯人。

一方面，精神病学家（此时这个词的含义跟今天已经没什么不同）是这些独立世界的专制主宰者。然而另一方面，他们很快发现，自己在医术上的无能以及对退化论的接受，加上民众普遍怀疑他们并不掌握区分疯癫和正常的可靠手段，导致他们的地位极其不稳固。随着细菌理论、无菌手术和化验技术的出现，主流医学的威信有了跳跃式的提高，前景也变得更广阔。十九世纪上半叶，由于早年的乐观看法以及收容所主管一职带

来的保障，管理精神病患看上去是一项颇为诱人的职业。然而到了那个世纪的最后三十多年里，情况就大为不同了。

从很多方面来看，精神病学家和他们的病患一样被困在了禁闭设施里，精神病患蒙受的耻辱同样也降临在他们的头上（而他们自己对这种耻辱感的固化无疑也是有贡献的，因为他们坚称大多数精神病患是源于生理的社会威胁）。这一行和医学院不存在任何真正的联系，也看不出有现代科学医学的效力，被冷落的程度由此可见一斑，其中唯一的例外是推行了另一种模式的德国（下文将有述及）。工作人员的聘用采用的是 261
一种学徒制，他们以薪俸微薄的助理医师身份入职（随着收容所规模扩大，一整套助手等级体制形成了），开始学习一个乏味的管理性专业。当时的评论人士更关心的是收容所农场运作和污物清理之类的问题，而不是研究和治疗精神疾病。

纽约神经科医生爱德华·斯皮茨卡（Edward Spitzka，1852—1914）曾在1878年讥讽精神科医生“精通除疯癫诊断、病理和治疗以外的一切”。[41]这一行的头面人物一不留神也做了类似的坦白。约克疗养院院长贝德福德·皮尔斯（Bedford Pierce，1861—1932）谈到他“羞愧地认识到”，“至今还无法对精神失常做出一个科学的分类”。[42]大卫·费里尔（David Ferrier，1843—1928）是维多利亚时代最著名的脑生理专家之一，早年在约克郡的西瑞丁疯人收容所（West Riding Lunatic Asylum）待过，他沮丧地说道：

> 对于疯癫诸多形式的症状学和分类的论述已经有不少，但是我认为，我们对这些表象之下的身体状况其实一无所知……我们谈不上掌握了任何真正的知识……[43]

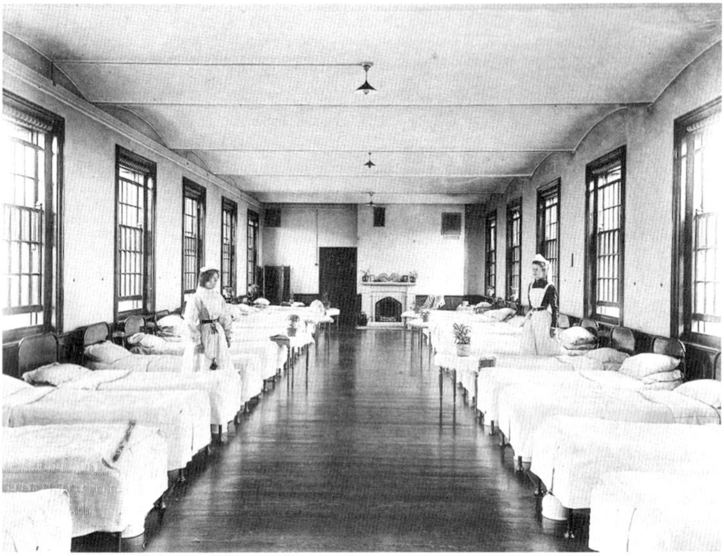

埃塞克斯的克雷伯里收容所是一个收容了**2000**多名精神错乱者的巨大园区，有数百名员工。从这张照片（**1893**）中我们可以看到典型的宿舍布置以及沿两侧墙壁摆放的床，仪态僵硬的护士肃立其中，完全不见病人的踪影。

262 十五年后的1907年，查尔斯·希尔（Charles Hill）以会长的身份在美国精神医学学会上讲话时，措辞更加直截了当。“我们的疗法，”他坦陈，“根本就是一堆垃圾。”[44]

疯癫的根源

德国是唯一真正在尝试另辟蹊径，想为这个行当找到出路的地方，为此他们针对疯癫的病原展开了坚决而持续的研究。十九世纪下半叶，德国精神病学试图复制把德国内科学带向世界领先的路线。德国直到1870年才走向全面统一，在十九世纪中期，许多公国通过出资办大学来比拼知名度和影响力，因为科学的进步会让出资人很有面子。它们的学术机构充分利用这些赠款，将自己变成知识工厂，推动德国科学和医学走向前沿。依托于大学的医院和研究所以富有新意的方式将教学和研究结合起来，并营造出一种文化，这种方式极大促进了对疾病的全新认识，并在掌握了新知识的一代人中确立了化验与显微镜的核心地位。

这就是德国精神病学引入的模型。德国人也有营房式收容所，但是从 1865 年威廉·格里辛格（Wilhelm Griesinger，1817—1868）在柏林被聘为精神病学教授开始，他们还创办了一些附属于大学的专科医院，在那里展开广泛的研究。格里辛格在职业生涯的大部分时间里从事的是内科，不过他早在 1845 年就写了一本影响深远的精神病学教科书。该书的 1861 年修订本备受赞誉，格里辛格坚信"所谓'精神病患'，实际上是一些神经和脑部有疾病的人"[45]，这将成为新一代的指导原则。格里辛格年仅五十一岁就因阑尾破裂去世，但他开创的方向并没有因此而改变。

接下来的几十年里，德国精神病学家的研究活动似乎与他们的内科同行没什么两样，他们的成果在某些方面相当惊人，其他地方的异化学家开始在自己的专业中引入德文词也许就是因为这一点。脑和脊髓得到了详尽的解剖研究。对细胞进行固 263
定和染色以用于显微镜检查的新技术开始出现。其中一些研究发现证明，禁闭于巨大收容所中的病人，有一些其实患了脑部疾病。1906 年在德国，爱罗斯·阿尔茨海默（Alois Alzheimer，1864—1915）发现淀粉样斑块和神经原纤维混乱与一种失智症有关联，这种病症如今已经以他的名字命名。1913 年在美国，野口英世（Hideyo Noguchi，1876—1928）和 J. W.

摩尔（J. W. Moore）明确证实了一个已经存在了二十多年的猜测，即麻痹性痴呆（GPI）实际上是三期梅毒。在局部麻痹者（对患有 GPI 的人的常见称呼）的脑中找到了梅毒螺旋体后，一切合乎情理的疑虑都被打消了。[46]

精神症状与潜在组织病理之间的联系，让人们更加坚信生理研究也许有助于揭示疯癫的原因，不过对绝大多数精神病患而言，这种脑损伤的假设还是显得难以解释。更糟的是，阿尔茨海默病的发现以及 GPI 的梅毒根源，不但没有缓解，反而加剧了困扰着精神病学领域的悲观与消沉。和十九世纪初在巴黎开创医院医学（hospital medicine），并促成西方世界结束数百年来对体液医学执着的病理学家一样，德国临床医学家对治疗和治愈病人这种脏活不太感兴趣。在他们眼里，收容所无非是解剖台上、显微镜下那些病理标本的供源地。活着的病人是没人在乎的，他们基本上只是被扔在那里等死。

这种概括的说法有一个重要的例外。这一代德国精神病学家中有一位名叫埃米尔·克雷珀林（Emil Kraepelin，1856—1926），由于视力太差，他基本上不可能从事这种建立在化验基础上的职业。结果，他靠研究德国收容所里成千上万名病患的遭遇出了名。他从一个自然史学家的角度去看待精神疾病，在他们的病理中寻找规律，并试图在各种不同的疯癫类型中归纳出描述性的清单或分类——一种疾病分类学。通过一本多次再版、影响力越来越大的教科书，他陈述了自己从数不清的笔记卡片里得出的结论，即疯癫可以分为两个基本类型：一种是恶性的、可能是永久性的状况，病人的病情将会逐步恶化下
264 去，看不到什么好转的希望，叫作“早发痴呆”（dementia praecox）；还有一种是稍微没那么绝望的残留型诊断——因为

它有时候是精神疾病的缓解形式——躁郁精神病（manic-depressive psychosis）。

拍摄于1926年的埃米尔·克雷珀林，弗洛伊德曾尖酸地称他为精神病学的“大教宗”。

复杂的分类在十九世纪精神病学中是相当普遍的一个特色。异化学家们希望他们所掌握的高深莫测的知识，与一直以来普通老百姓区分疯子和正常人的那些不言而喻的假设是有区别的。因此，他们发明了单狂以及悖德狂（moral insanity）之类的概念，后者指的是一个人还保有理据的能力，但是“在本能感受、喜好、倾向、性情、习惯、道德性格和本能冲动上表现出病态的反常”。[47]这类学说无论在法庭上还是民众中都时常招致怀疑，因为它们加剧了一种长期以来一直存在的担

忧——其表现是间歇性的焦虑发作，人们担心疯癫和正常之间这道难以捉摸的界线会被利用，以便将一切不符合约定俗成的
265 道德和社会标准的东西都划为疯癫。对临床医师来说，这些晦涩拗口的术语还带来了另一种问题：它们根本不可能用于实践。英国异化学家亨利·莫兹利以他一贯严酷的语调讥讽了“繁多而累赘的分类，它们在正式场合被说成是全面详尽的，但又被私下里默认为毫无用处……这些博学的名词……数量过多，被发明出来指代一些简单的东西”。[48]

克雷珀林提出的版本是不同的，或者他是如此标榜的，因为他表示这套分类是从临床经验归纳出来的。它很快也变得复杂起来——早发痴呆被分成了青春期痴呆、紧张症和妄想症三种形式——且在实践中并不稳定。对于一个恢复正常的病人，也许其诊断可以被调整为躁郁精神病，而死活都无法康复的人可能会被重新贴上早发痴呆的标签。瑞士精神病学家厄根·布洛伊勒（Eugen Bleuler，1857—1939）不久将对这个标签做出修改。他在 1910 年提出了“schizophrenia”（精神分裂）一词，其字面意思就是神智的分裂。这种精神失常的典型症状是一系列灾难性的表现：语无伦次，焦虑，无法与人建立关系，极度混乱的思维导致妄想和幻觉，最终堕落至一个全然荒芜的精神世界，也就是一种痴呆状态——克雷珀林起初给该病症取的名字。此时此刻，精神病学及其病人笼罩在一片愁云惨雾中，看不到希望。

从用于指称受疯癫困扰者的语言本身，我们已经可以看出这些人受到了何等恶劣的对待。一位英国精神病学家哀叹退化者年复一年地繁衍着，他们的“血统若放在小狗身上，则这些小狗注定是要送去饮马池［溺死］的”。[49]患有精神病的人被

25. 这幅描绘梅毒病人的画是阿尔布雷希特·丢勒最早的木版画之一，也是现存最古老的关于这种疾病的画作。病人头顶的球体暗示了这种病在星相上的原因。几百年后，梅毒才和某些精神疾病联系在一起。

Helleborus niger humilifolius.

26. 毛茛科的一种有毒植物——黑嚏根草，它被普遍认为有抑制躁狂的功效，古希腊的医生和江湖术士都用它来治疗疯癫。（对页上图）

27. 印度萝芙木，又叫蛇根木，在印度医学中用来治疗疯癫（及其他疾病）。从此种植物中提取的一种生物碱在1950年代被西方精神病医生用作药物，即利血平，不过此药没多久就被其他药物取代了。（对页下图）

28. 泰莱马科·希诺里尼（Telemaco Signorini）画的佛罗伦萨圣博尼法乔医院的疯女人病房（1865）。这座医院始建于1377年，十八世纪在彼得·利奥波德大公一世之下成为一家收容所。（上图）

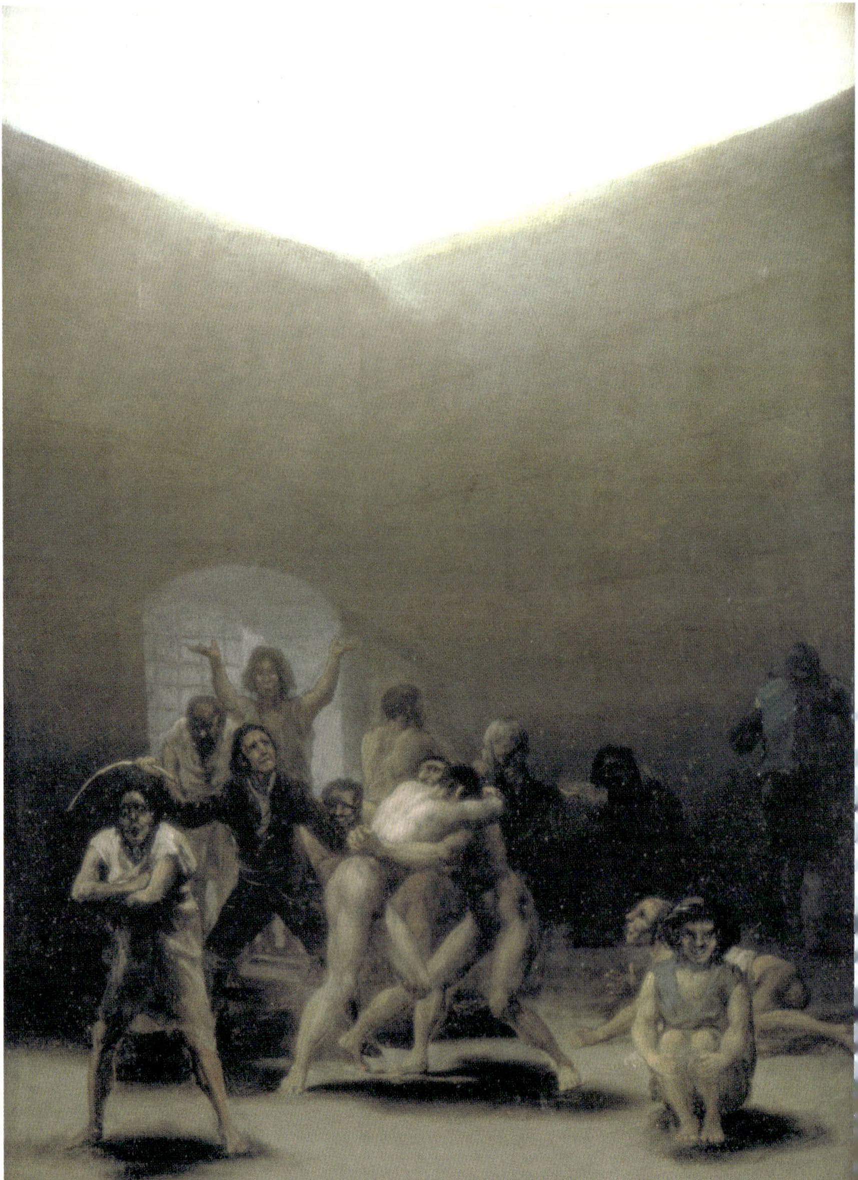

29. 弗朗西斯科·戈雅的《疯人院》（1793—1794）。在创作这幅画时，戈雅正担心自己要疯了。画中的景象阴森而诡异，两名裸体病人扭打着，管理员在一旁殴打他们。这是一个冷漠的场面，弥漫着丧失理智的苦难和绝望气息。

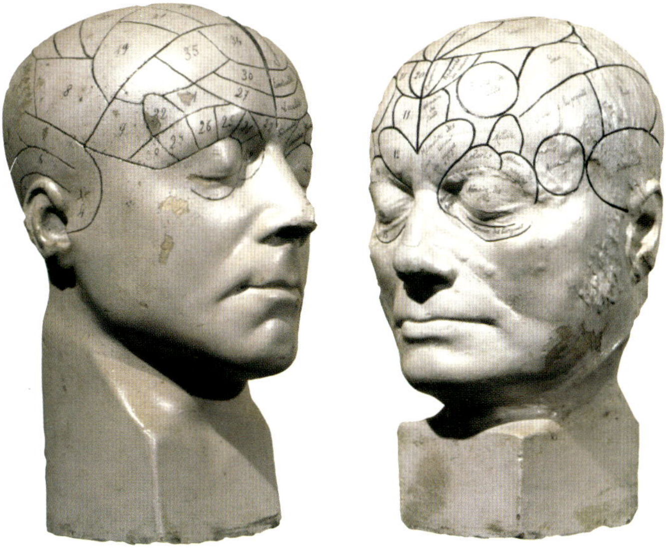

30. 擅长治疗癔症的法国神经学家让－马丁·沙可的颅相学半身像。脑功能的区域化是弗朗兹·约瑟芬·加尔和约翰·施普尔茨海姆的颅相学理论的核心，对后世对于神经学思考产生了持久的影响。

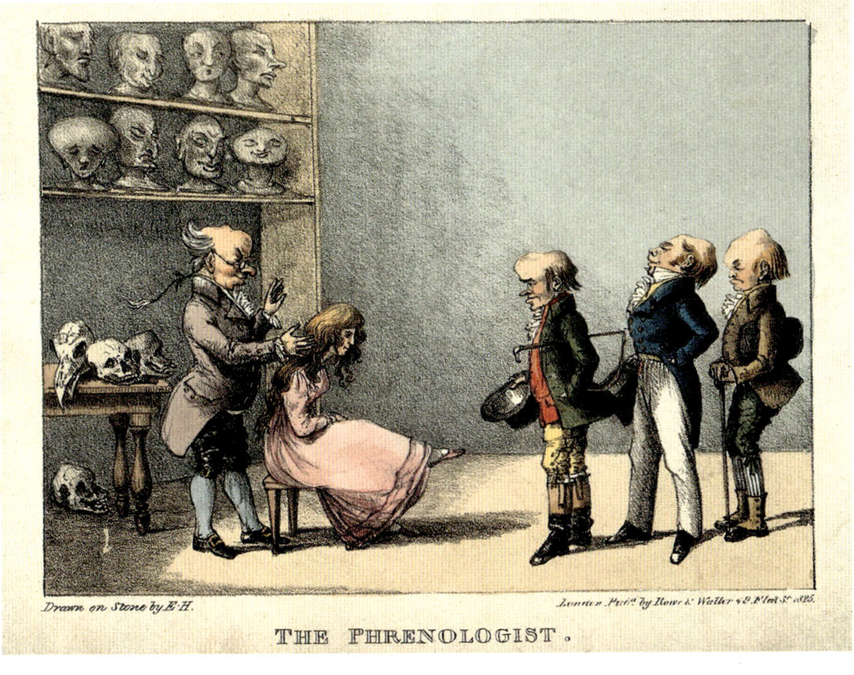

Drawn on Stone by E·H.
London Pub.d by Rowe & Waller 49 Fleet St 1825.
THE PHRENOLOGIST.

31. 在这幅 1825 年发表的讽刺画中，弗朗兹·约瑟芬·加尔在检查一位美丽少女的头，三位绅士在一旁排队等候。

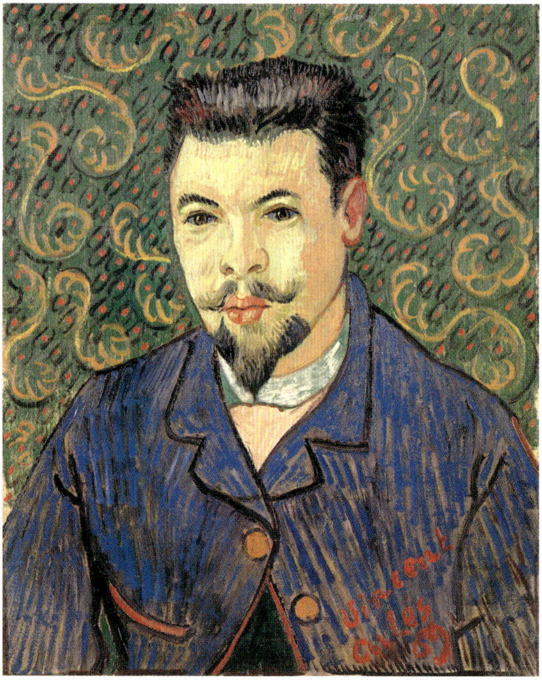

32. 理查德·达德给亚历山大·莫里森爵士画的肖像（1852）。这位忧心忡忡的贝德兰姆医生站在他的苏格兰庄园外，达德仅通过素描了解到这片风景，并没有亲眼见过。（上图）

33. 梵高住在阿尔勒的精神病院时接受过费利克斯·雷伊医生的治疗，他用这幅肖像（1889）作为对医生的答谢，不过雷伊本人表示被此画“吓得魂飞魄散”。（左图）

34. 奥托·迪克斯的《海因里希·施塔德尔曼医生的肖像》（1922）。施塔德尔曼是一名精神科医生、催眠术士，尤其擅长治疗神经失常。

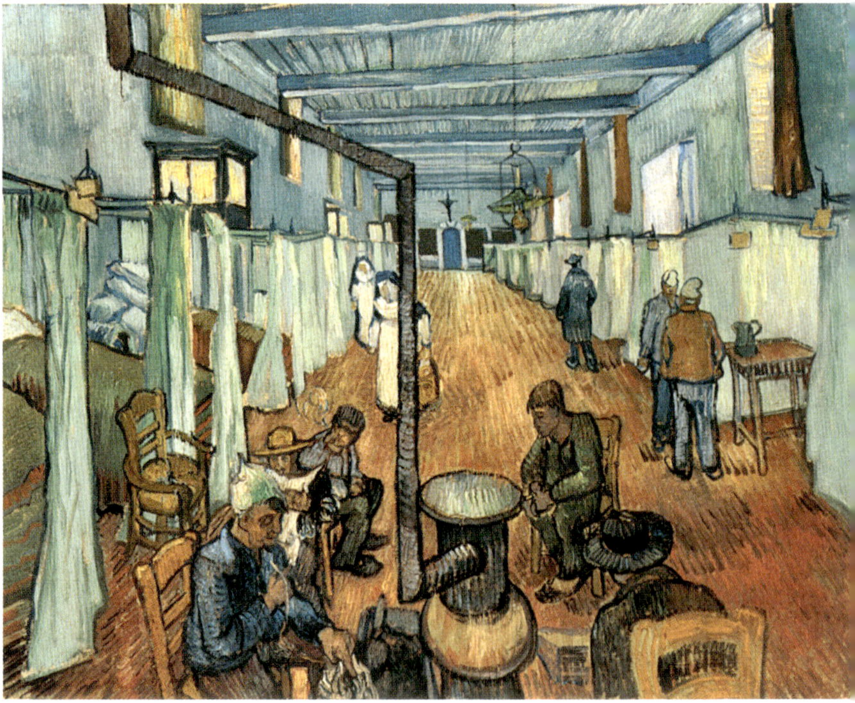

35. 文森特·梵高的《阿尔勒的病房》（1889）。1888 年切下了自己的部分左耳后，梵高在这家医院住过一段时间，后来在 1889 年 2 月再次入院。他在 4 月画了这间病房，他的房间由费利克斯·雷伊医生所有。

称作“腐坏者”“癞子”“道德垃圾”，且被认为“比原始野蛮人要邪恶、败坏十倍，改善的希望要小得多”，生来具备“令人生厌的特质”[50]，而这些说法正是来自那些号称在治疗他们的人。有的人颇为公开地哀叹，文明程度的提升带来的温和态度影响了“那些旨在铲除和消灭患病者的法律的执行，这些病人不适合任何层面的自然生命”。[51]还有人阴森地表示要“净化这些毒性生物的血液”。[52]

这种思维倾向带来的其中一个后果就是优生学的兴起，也 266
就是有意限制贫穷和有缺陷的人繁殖，鼓励品质优良的人生育。这一理念赢得了一众顶尖知识分子的青睐，包括弗朗西斯·高尔顿（Francis Galton，达尔文的表弟）、萧伯纳（George Bernard Shaw）、H. G. 威尔斯（H. G. Wells）、约翰·梅纳德·凯恩斯（John Maynard Keynes）以及声名显赫的美国经济学家欧文·费雪（Irving Fisher），当然还有温斯顿·丘吉尔和伍德罗·威尔逊。美国有多个州立法禁止有精神问题的人结婚，有的还会出钱给他们做强制绝育，避免他们生出更多有缺陷的人。这些绝育措施最终在1927年受到法律挑战，也就是一直打到美国最高法院的巴克诉贝尔案（Buck v. Bell）。多数意见以8比1的绝对优势裁定，宪法并没有限制对一名美国公民进行强制绝育。被誉为美国历史上最杰出法学家之一的小奥利弗·温德尔·霍姆斯（Oliver Wendell Holmes，Jr）受命起草意见书，明确支持了州政府的立场。他写道：“与其待到日后让退化者的后代因犯罪而被处决，或因其痴愚而挨饿致死，不如社会对那些明显不适合繁衍下去的族类予以制止，这对全世界都是好事。用于支持强制接种的原则足以涵盖截断输卵管的措施……痴愚者延续三代已经足够。”[53]到1940年，当时美国四十八个州已经有四十个将强制绝育写入法律，不过只有少数几个州会真正去实施，其中格外突出的是进步派的加利福尼亚州。

经过一天辛苦的工作——消灭被纳粹认定“不配活下去”的人——参加 T－4 行动的哈达马尔安乐死中心的员工们显得轻松而欢快，约 1940～1942。

在其他地方，在宗教团体的抵制以及民主政体的权力制衡下，这类法律的实施和执行是有限的。但在纳粹德国就不是这样了，种族的“纯净”无疑是纳粹意识形态的核心。知名的德国精神病学家在 1920 年代积极推行优生优育，他们相信生理上低人一等的精神病患是无可救药的，毫不讳谈自己基于这种观念所得出的推论。早在 1920 年，德国精神病学家阿尔弗雷德·霍赫（Alfred Hoche，1863—1943）和他的同僚法学家卡尔·宾丁（Karl Binding，1841—1920）就曾呼吁压制“无生存价值的生命”。1933 年 7 月，希特勒上台后几乎是第一时间促成了《遗传病后代预防法》的通过，明确以加利福尼亚州和弗吉尼亚州为榜样。[54]在多名德国顶尖精神病学家积极而热心的参与下，1934 ~ 1939 年有共计 30 万到 40 万人做了绝育。[55]在 1939 年 10 月，希特勒下令展开号称“T－4”的行动。 267
精神病学家们再次热心参与新政策的实施：精神病患——纳粹称之为“没用的饭桶”——被集中起来送往几家精神病医院。他们在那里被“消毒”，也就是杀死，纳粹一开始采用的是注射或枪杀，后来由于速度太慢且麻烦才建起毒气室，病人被成群赶进“淋浴室”用一氧化碳杀害。在一年半里逾 7 万人被杀死，到战争结束时死亡人数总计达 25 万——事实上，甚至在纳粹政权覆灭、战争结束后，还有一些精神病学家瞒着占领国继续杀害经他们认定已经“腐坏”的人。[56]这真可谓“文明中的疯癫”！

第九章　半疯之人

躲避收容

268 最早的营利性疯人院在富有和小富阶层找到主要市场。这应该是意料之中的。正如美国银行大盗威利·萨顿（Willie Sutton）那句真实性存疑的不朽名言所说，那才是生钱的地方。不过这是一个矛盾的局面，因为富人一直竭力避免去医院治疗身体疾患，直到十九世纪末无菌手术的发明带来种种进步，情况才有所改变。在那之前，只有穷困潦倒的人才会去综合医院看病，富人则选择在家接受治疗。

这种对医疗机构的嫌恶，在疯人管理的问题上也没有改善。维多利亚时代的信札、日记和自传里处处可见作者对收容所的恐惧，所以他们对自己的亲属在这些地方所受的待遇不抱太大期望。有钱意味着可以有别的选择，并且这样做显得相当有必要：在贵族庄园里找个隐蔽的角落建一座小屋，用来关发疯的亲属，并雇用必要的员工；把精神错乱者安置在单人宿舍里（伦敦的圣约翰伍德成了一个热门去处，那里有个额外优势是方便咨询嘴比较严的上流社会医生——作为这类非法禁闭的藏匿之所，圣约翰伍德被写进了威尔基·柯林斯［Wilkie Collins］的小说《白衣女人》［*The Woman in White*，1859］中）；[1]或者可以直接把病人送到国外，避开当局的刺探，以及远离那些会出现流言、丑闻和污名的地方，[2] 比如法国和瑞士的收容所就公开在伦敦和巴黎打广告，试图吸引这类主顾。

这类寻求权宜之策的案例，最惊人的恐怕要属 1851 年开始成为沙夫茨伯里伯爵（Earl of Shaftesbury）的安东尼·阿什利·库珀（Anthony Ashley Cooper）。沙夫茨伯里从 1845 年英国精神错乱管委会成立起到其 1885 年去世，一直担任该机构的主席，任职期间他力求使病人被收入收容所成为应对疯癫问题的唯一正规手段。1859 年，在就英国精神错乱法的实施进行的议会听证会上，他宣称如果自己的妻子或女儿出现精神失常，他会立即安排她们住进一家现代收容所，因为那里可以提供最佳的人道关怀和诊治。以这几位亲属为例可能是有意的，因为他的行为与他的公开表态不相符。他的第三个儿子莫里斯患有癫痫和精神错乱。尽管一生都在高声反对私人禁闭，沙夫茨伯里自己却在事情可能败露时，把儿子送到了国外的禁闭地，先是荷兰，后来又到了瑞士洛桑，1855 年，这个可怜的年轻人死在了那里，年仅二十岁。 269

富有的家庭往往是在万不得已之下才选择把精神有恙的亲属禁闭起来的。在英国最高端的收容所泰斯赫斯特的病例册中，有两例值得被拿出来一说。[3] 一位名叫安·法夸尔夫人（Mrs Anne Farquhar）的贵妇在 1844 年跌了一跤，当时她怀有身孕。此后，她的身体状况越来越弱，最终在 1854 或 1855 年的某段时间开始彻底卧床不起。此时她产生了一种病态的恐惧，担心从她正使用的那张“巨大的”床上掉落。为此，仆人们受命把“桌子、沙发、椅子等”堆在床边以防万一。然而，这并非她唯一的怪癖：

> 过去三年里她一直卧床，不接受必要的清洗或照料——衣服和床上用品几个月不更换；双手和胳膊上沾满了已经干硬的粪便；窗板和窗户紧紧关闭，床用帘子包围；热天要升起熊熊炉火，而冷天则不要；身上盖着脏披肩和法兰绒衬裙……白天的大部分时间在睡觉，晚上一直醒着；吃起东西来更像是动物而不是人——通常会咀嚼食物，然后吐出来。

270 诸如此类。多年来，“前来探望或诊治她的都是英国最有名望的医学家”，她却始终没有被正式诊断为精神失常。除了顺从地隐瞒法夸尔夫人的精神状况，这些上流社会的医生没有给她的身体健康带来什么改善：在被送进泰斯赫斯特时，她身上很脏，满是脓肿，长了黄疸，她还患有便秘。[4] 连对大小便失禁病人见惯不怪的泰斯赫斯特员工都觉得棘手。负责把她从伦敦东南部布莱克希思的家中接到收容所的护士，过了三天还在抱怨走进她的房间时那令人作呕的感受。

此外还有查尔斯·德维尔·博克莱尔（Charles de Vere Beauclerk），这位老伊顿生是查理二世和内尔·格温的一个私生子的后代。在二十岁出头的时候，博克莱尔开始出现被害妄想，认为他的父母想要毒死他。一个精神科医生判定他“精神不正常”，他的父母选择了一般的变通办法——送他去了殖民地，而他在那里欠下了巨额赌债。后来他去了澳大利亚，他们在那里给他买了一个军职，并且以为他的情况有所好转，就动用关系把他调到印度总督额尔金伯爵身边当侍从官。这是个相当严重的错误，因为他的精神异常太过明显，差点发展成一桩丑闻，他的父母连忙设法把他弄回英国。很快他又引来了不必要的关注，因为他企图把自己的父亲、第十代圣奥尔本斯公爵告上法庭，理由是父亲导致他谢顶。他的古怪举止越来越多：变得完全不愿意活动，一顿饭能吃四五个人的量；不过万幸的是，他绝大多数时间在睡觉。由于家族的大量财富，他们一直有办法把他留在家里，直到 1898 年公爵去世才迫使他们做出改变。成了第十一代公爵的查尔斯被正式认定为疯子，他被送往泰斯赫斯特收容所，在那里一直待到 1934 年去世。《德倍礼》（*Debrett's Peerage*）小心谨慎地记录道，他在那里“平安无事”地度过了余生。

无论是病人的暴力行为，担心发疯的亲属挥霍家财，受够了迁就这些难对付或不可理喻的人，还是出了一件事导致家族秘密可能会败露，都可能促使哪怕最富有的家族都愿意用机构替代住家看护。随着精神疾病被异化学家解释为退化和生理劣性的产物，富人愈发迫切地需要掩盖家族血统中的疯癫污点，尽管这是个很难保守的秘密。某些相比收容所没那么极端的场所也因此受欢迎起来，疗养院（sanatorium）、私人诊所、水疗院式的诊所、看护休养所，或者酗酒者收容所，总之是一切把疯癫的缘由遮掩起来的地方。小说家弗吉尼亚·伍尔夫 271
（Virginia Woolf，1882—1941）存在严重的精神困扰，还有过自杀倾向，然而她的精神科医生乔治·萨维奇（George Savage，1842—1921）还是把她送到了特威克纳姆的博尔利疗养院，让她避免了住进收容所的羞辱。此后她又多次回到那里，因为其病情已经严重到不适合在家中处理，尽管她和丈夫伦纳德已经雇了四名护工来应对她的厌食、失眠和抑郁问题。在十九世纪，这类处置神经问题的机构在欧洲十分普及，尤其是法国拉马卢莱班和德国巴登 - 巴登之类的温泉城，去那里的

“神经质”病人们可以称是去泡泡温泉。[5] 维多利亚女王、威廉
272 一世、拿破仑三世、埃克托·柏辽兹、费奥多尔·陀思妥耶夫斯基、约翰内斯·勃拉姆斯、伊万·屠格涅夫，这些只是众多前往巴登-巴登疗养的名流中最显赫的几例。

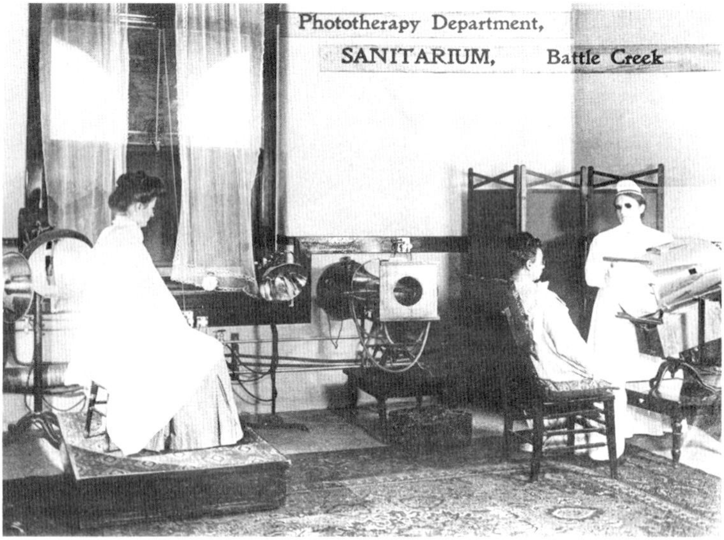

光照治疗是巴特尔克里克休养院提供的诸多疗法之一。

类似机构也开始在美国出现。最大、最成功的要属在密歇根州巴特尔克里克的一家。巴特尔克里克休养院（Battle Creek Sanitarium，拼写成 Sanitarium 是一种被精心策划的营销手法）在一开始时并不顺利。它最早是艾伦·怀特（Ellen White）创办的西方卫生改革会馆（Western Health Reform Institute），十九世纪美国涌现了大量新的宗教或宗教派别，其中的基督复临安息日会（Seventh-day Adventist Church）就是她创办的。然而会馆在最初的几年一直运营得磕磕绊绊，直到被她的两位信

徒——凯洛格（Kellogg）兄弟，分别名叫约翰·哈维和威廉——接管。会馆最初所在的建筑于1902年毁于大火，但此后经过了重建、改名和大幅扩大（见彩图36）。休养院在1866年只有106名病人，到1906年已经挤进了7006人。到最后，各路富有的神经质病人都慕名而来，尽情享受治疗，为自己的生命充电，其中包括净化、素食、频繁的灌肠、水疗以及使用复杂的静电仪做电疗，此外还有按摩和大量户外锻炼。除了一般的富人，凯洛格兄弟还吸引到了一些名流病患：从林肯遗孀玛丽·托德·林肯（Mary Todd Lincoln）到著名飞行家阿梅莉亚·埃尔哈特（Amelia Earhart）；从阿尔弗雷德·杜邦（Alfred Dupont）到约翰·D.洛克菲勒（John D. Rockefeller）；从沃伦·G.哈丁（Warren G. Harding）总统到二十世纪上半叶最重要的美国经济学家之一欧文·费雪；从亨利·福特（Henry Ford）到以扮演“人猿泰山”著称的约翰尼·韦维斯穆勒（Johnny Weissmuller），他们都赶来接受凯洛格兄弟的服务，以纾解神经。两兄弟顺便建起了一个早餐谷物帝国，以求确保主顾们营养合理和“生活规律”。这门生意十分红火，远比休养院本身长久——后者因在1920年代末大萧条前盲目扩张而关门大吉。

错乱的边缘

当然，那些极度躁动的，有自杀倾向的，不再有哪怕一丁点儿自控力的，或者有暴力问题的病人，一般是不适合住进休养院以及大多数类似机构的。然而其他选择还有很多，甚至兴起了一个基于诊室治疗的门诊市场。在十九世纪的疯癫故事中，最戏剧化的一点是机构收容数量的爆炸性增长。问题不只

是慢性病患，更是让当时的人头疼不已，也一直为学界争论不
273 休的入院率剧增问题。有的人倾向于认为人口数量的增加预示了疯人数量的实际增长，甚至可能是一种新出现的神秘病毒的传播导致的。[6] 还有一些人——包括我本人，认为这些理论依据的都是毫无价值的猜测，并通过证据证明，真正起作用的是对精神疾病的界定标准在拓宽，这是一个“诊断蠕变”（diagnostic creep）的过程，正如当初乔治·切恩让他的富有病人们相信他们罹患“英国病”，靠着这个手法赚了大钱。我们应该已经看到，在过去二三十年里，这个问题同样明显，正式被认定的不断增多的精神疾病类型，催生了双相情感障碍和自闭症等病症的肆虐，因为原本被判定存在这类病情的核心人群中又加入了一些比较含糊的病例。[7]

法国人会用“demi-fous”这个词，也就是“半疯”，而英国异化学家开始谈论那些徘徊在疯癫边缘的人，那些迷乱、迷惑、飘忽之地的栖居者。[8] 这类“初发疯人”、“潜伏性脑病”携带者中有各种神经症、癔症、厌食症患者，还有人得了一种新近流行起来的，叫作“神经衰弱”（neurasthenia）的障碍症，这个概念最先是由美国神经学家乔治·M. 比尔德（George M. Beard，1839—1883）推广开来的，他不仅给了它一个名字，还自称是该病的患者。在由它们构成的基础之上形成了一部分如今被我们称为“精神病学”的东西，其目的是摆脱收容所世界那阴暗、隔绝的“沃普尔吉斯之夜”，[9] 发明一种基于办公室空间的新型执业模式，它的目标客户是一些衣食无忧但饱受病情困扰的人，他们患有一些轻度的精神失常，也就是费城妇科医生威廉·古德尔（William Goodell，1829—1894）所说的“失神落魄”，处于“癔症与疯癫之间的一个狭

长边缘地带”的疾病。[10]

这些“神经崩塌”的人并非只是一群趾高气扬的医生为拓宽他们的执业范围生造出来的。恰恰相反，有证据表明这样一个热切的主顾群体是存在的。在德国，以此为业的医生自称“Nervenarzten”（神经医生）。美国也不例外，某种程度上还是引领者。美国内战（1861 ~ 1865 年）是工业化战争的早期案例之一。在这场五十多万士兵阵亡、总伤亡逾百万的残杀中， 274
大量男性的脑和神经系统存在损伤，这就给医治他们的人带来充分的机会去观察，并从中收获经验。塞拉斯·威尔·米切尔、G. R. 莫尔豪斯（G. R. Morehouse）和 W. W. 基恩（W. W. Keen）所著的《枪伤及其他神经伤害》（*Gunshot Wounds, and Other Injuries of Nerves*）于 1864 年出版，它是描述所见所闻及其医学意义的经典之作。战争结束后，东部沿海的许多军队外科医生开始做起神经科医生（neurologist）——治疗神经系统疾病的专科医生。他们发现自己的候诊室人满为患。这里面除了遭受严重身体伤害的士兵，还有一些人声称自己有种说不太清楚的神经方面的不适。而且不只是士兵。从用于给神经科医生塞勒斯·威尔·米切尔或威廉·亚历山大·哈蒙德（William Alexander Hammond）打广告的黄铜门牌来看，他们都吸引了大量平民病人，有男有女——事实上可能女性居多。

米切尔和他的同事发现，这些病人应付起来很是头疼。米切尔不止一次提到神经科医生“痛恨”癔症。候诊室里的病人承受着各种各样的痛苦，但是这些痛苦很难被用来确认或联系米切尔等人开始描绘的神经系统。米切尔恼火地提出应该把“癔症”——他认定许多存在神经困扰的病人是得了这种病——改名为“神秘病”（mysteria）。不过到头来他和他的同行们都不可能将这类人拒之门外：一来这是座金矿，二来也因为这些人坚持要求神经医生们认识到，他们那些东拉西扯的病症陈述是有身体上的实质原因的。正如我们在本书第二章中所看到的，“癔症”是一个历史悠久的词。[11]在它的基础上，美国神经学家又加入了一种新的障碍症——神经衰弱。

美国人的神经质，就像之前的英国病一样，被描绘成美国文明进步的产物和代价。有了电报、高速火车、追求物质成功的疯狂争斗，甚至允许部分女性接受高等教育的争议性政策，现代生活的节奏给神经系统带来了巨大的压力，在商人和专业阶层中尤其如此。染上这种病的并非全是富有、考究之人，但的确这种人占绝大多数。神经系统负担过重、电池耗尽、储备枯竭、因账户透支导致精神平衡破产——这些比喻被用来描述那些挤在候诊室里的人的感受，同时也是在奉承他们，让他们确信自己患有一种真正的、源于生理问题的疾病，而他们简直
275 可以把这当作一种荣誉，而不是耻辱。米切尔 1871 年出版了一本畅销的劝诫书，用书名 *Wear and Tear* 做出了总结：神经衰弱者是“消磨与损耗”的受害者。要消除这种痛苦并不难。正如该书续篇的书名所提示的，他们需要注意增加《脂肪与血》（*Fat and Blood*，1877），从而给他们已经耗尽的精神力量与能量储备带去滋养与补充。

比尔德对神经衰弱症的诊断解释了精神病人诉称的疲劳、焦虑、头痛、失眠、阳痿、神经痛和抑郁。他认为，要确立这种病症的医学地位，招揽潜在的病患，关键是要认识到“神经质是一种身体上的而非精神上的状态，它的现象并不是来自情感上的过度或易兴奋性”。[12]然而，最实际的治疗方法是米歇尔提出的，但它仅对于足够富有的人才有实际意义：他的所谓

“休息疗法”对劳动阶层注定是个不现实的解决方案。而对那些负担得起的人，这种疗法承诺可以给疲惫的商人、专业人士以及在社交场上有头有脸的太太们带来表面上的恢复。

弗吉尼亚·伍尔夫是接受米切尔疗法治疗的病患之一，只不过是经由一系列英国精神科和神经科医生之手，因为此刻这种疗法已经迅速在欧洲普及开来，同时得到推广的还有“神经衰弱”这个词——这在当时是很稀罕的，因为美国被（正确地）认为是一个医学落后的国家，美国的医生们一般也遭人鄙夷。[13]伍尔夫对它的辛辣讽刺，虽说反映了她因个人经历而感受到的愤怒，却也准确捕捉到了这种治疗的核心元素：“你要达到均衡；卧床休息；独自一人；静养；不能有朋友、书本和消息；休息六个月；直到一个人的体重从来时的七英石六变成十二英石。”[14]彻底的社交和身体隔离，用按摩取代锻炼，强制性身体放松，以及高热量饮食，使得脂肪与血液汹涌而来。虽然伍尔夫并不是唯一的抗议者，[15]但也有一些病人对这种疗法似乎持一种比较缓和的看法。[16]它在医生中无疑受到了欢迎，276
因为它提出了一种基于科学和身体的方法，并且有相当程度的惩罚性和纪律性。[17]

电是米切尔疗法的一个元素，作为一种治疗干预方法，电疗在他的同行中已经得到广泛使用。这种电疗的目的不是要产生痉挛——那是二十世纪的发明了。它所使用的是低压电或静电，通过华丽锃亮、精密复杂的机器产生噼啪作响的电火花。如果神经冲动是电，那还能使用什么治疗模式呢？就这样，现代物理学的奇观被用来让神经病患相信，他们得的是身体病症，不能再被怀疑是在装病。这种疗法的躯体特性无可辩驳，任何企图在道德层面质疑神经衰弱的人，都可以用这一点来反驳。

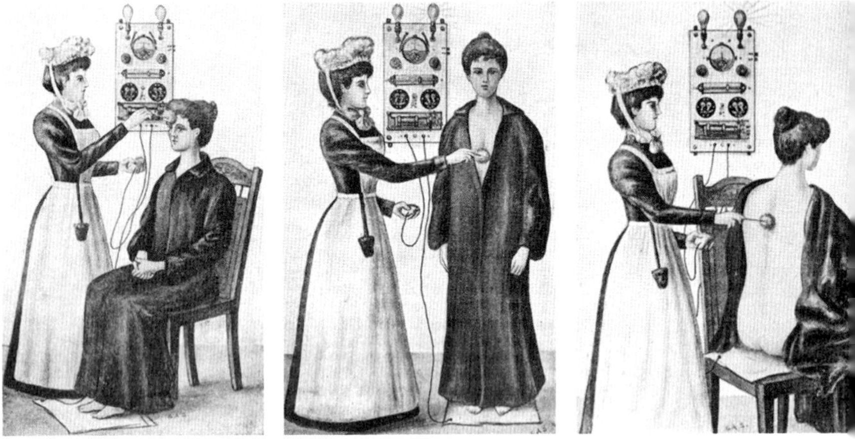

用电振动仪治疗（1900），一名护士在对一名女病人施用感应电流。

神经质并非美国独有，这正是为什么神经衰弱及休息疗法可以转眼间来到大西洋彼岸，在神经医生的专科实践中成为不可或缺的一部分，无论是想结束恐怖的疯人院生活的精神科医生，还是想确立一个势力尚且微弱的另类专科的地位，以神经和精神障碍处置专家自居的神经科医生，都是如此。疯人收容机构主管们并不欢迎神经科医生这类竞争对手，而神经科医生起初对他们的机构同行也报以蔑视。“你们的办法，”米切尔
277 尖锐地说，“跟我们的不一样。”收容所医生和他们的专业同仁不相往来，对科学医学的进步也全无了解。[18]

不过，双方最终算是握手言和了。公开的骂战对各自的声誉都没有好处，到头来两种截然不同的模式开始融合到一起。在接下来的半个多世纪里，收容所仍将是重症疯癫治疗的主要中心。不知不觉地，专攻“官能性”精神疾病的神经科医生，和对机构实践已经不抱有幻想的异化学家开始联手——后者中

有不少人是精神病学领域的精英，他们希望能争取到油水更多、症状较轻、可能也更易于治疗的病患。[19]

舞台上的癔症

神经衰弱在大西洋两岸都成了一个受欢迎的诊断，不过在十九世纪末的欧洲，影响最大的神经失常病症还是癔症。它的声名始于巴黎，著名法国神经学家让－马丁·沙可（Jean-Martin Charcot，1825—1893）在一个这座城市独有的舞台上创作了一出经久不衰的大戏，也就是在沙普提厄医院内演出的《周二讲座》（*Leçons du Mardi*）。他掌管的病房里有各种各样的病人，一切神经机能障碍都能在这里找到，尽管他与收容所系统的精神医学并没有什么接触。（后来在维也纳，癔症得到了比在这还要多的关注，曾师从沙可的西格蒙德·弗洛伊德为精神疾病建起了另一种病原学模型，并通过与一系列这类病人的接触，给出了一种新的纯心理学疗法——后文将有述及。）

沙可早年作为神经学家的名声主要基于他对硬化症、运动共济失调（三期梅毒并发症之一）、帕金森氏症及其他脑和脊髓病症的研究。[20]他转向研究癔症是一个逐步的过程，并且很大程度上是沙普提厄医院一次内部重组的偶然结果。这座医院拥有一个由穷困潦倒的病人组成的巨型病理学“样本库”，沙可负责的病房混合了癫痫症和当时被称为“癔症癫痫”的病患。这些病人来自巴黎底层，与那些蜂拥前往美国神经科诊室的病人有云泥之别。（我们不用替他担心：其私人执业生涯使 278
他获利颇丰，他的病人遍布欧洲，其中包括当时最富有的女性、维也纳的安娜·冯·利布恩男爵夫人，以及众多俄国、德国和西班牙的百万富翁，当然偶尔也会有美国人。）

在整个职业生涯里，沙可自始至终都坚信癔症和硬化症等属于一类病症。他认为这是一种真正的神经紊乱，源自至今都很难被解释的脑和神经系统损伤，他对此立场坚定，尽管他自己的临床观察已经表明某些癔症性瘫痪的发展路径，与既有的神经解剖认知形成鲜明反差，这反映出对身体机能的世俗理解存在谬误。他去世的三年前，他还在说："我们的调查手段仍然无法使我们看到这种构造损伤，但是它通过热带病的表现，类似于中枢神经系统的那种组织损伤，是任何一个细心的观察者都不会错过的。"他断言："总有一天解剖临床方法会收获又一个成果，它会将原生的、构造的原因揭示出来，而在目前，我们的了解靠的是诸多重要的效应。"[21]

根据自己早年对癔症的了解，如今在学界有相当大的话语权的沙可，声称这种失常并非无病呻吟或表演，而是一种真实的、身体性的困扰（尽管的确有着鲜明的心理学意味）。得到正名的癔症马上回馈了沙可。沙可认可了催眠术（这是一种改头换面的磁疗，几年前由苏格兰外科医生詹姆斯·布雷德［James Braid，1795—1860］率先提出）[22]的医学地位，并在《周二讲座》中公开呈现他的癔症病人，这也许没有立即受到欢迎，但最终取得了轰动性的效果。人们争先恐后地前来观看这些歇斯底里的闹哄哄的表演，沙可一夜成名。

癔症总的来说是跟女性联系在一起的（病症的名称就体现出了这一点），不过沙可认为，和神经衰弱一样，这是一种男女都有可能染上的病。他的某些男性病人，和威尔基·柯林斯在《白衣女人》里塑造的女性化男性患者截然相反（小说中弗雷德里克·费尔利那细腻微妙的神经系统与他对男童的淫
280 念密切相关）：比如里面有铁匠以及其他各类强壮的工匠。不

“神经症界的拿破仑”让－马丁·沙可抱着自己的宠物猴。

过，吸引人们前来观看沙可临床展示的不是这些男性癔症患者，而是衣着单薄的美丽女子，在令人迷乱的男性目光注视下，她们不断当场呈现各种癔症发作：这其中当然少不了脑病发作以及不可思议的身体扭曲，不过更具娱乐性的要数情欲姿态（attitudes passionelles）以及有明显色情意味的哭泣和低语。一名记者报道了一场私人表演，表演中沙可对一名“身材婀娜、有着浓密金发的妙龄女郎”进行卵巢按压。然后面向广大观众的舞台演出开始了，“病人的担架经过精心摆放，好让所有人都能在灯光的辅助下看清楚”，也让“［每一个人］都能听到她的呼喊”。[23]

当时一些女权主义者对此表达了抗议，称这是“打着疾病研究的旗号进行女性活体解剖，他对这种病的原因和治疗都一无所知”。[24]

> 沙可以沙普提厄医院的疯人和癔症患者为对象，炮制了一场令人作呕的实验。护士把这些倒霉的女人拖出来，无视她们的哭喊和反抗，把她们带到男人面前，让她们进入浑身僵硬的状态。他们要的是打破她们的组织平衡，实验会压迫神经系统，造成病情恶化，仿佛这些是对所有的精神紊乱和情感腐化都应该使用的。我的一位朋友跟我说，她和P公爵夫人……见到，一位受人敬仰的医生，转眼间把悲伤的病人从下凡的仙女变成了恬不知耻的荡妇。而一群男性文人、艺术家和一些见过世面的男人就在一旁观看。[25]

包括托尔斯泰和莫泊桑在内的男性文学人士也对此表达了反

感。不过一个常见的现象出现了；这类批评似乎反而让更多的人渴望看到演出。

内科医生阿克塞尔·蒙特（Axel Munthe，1857—1949）在自传《圣米凯莱故事》（*The Story of San Michele*）中对这种场面进行了生动的描绘，他本人观看和参与过演出："巨大的阶梯教室挤得满满当当，巴黎各色人等——作家、记者、当红男女演员、时髦的交际花"——全都赶来看演出。表演者上 281
场了，这场仪式的主持人，身穿灰色外套、表情肃穆的沙可，还有明显处在被催眠的恍惚中的女人，她们将按他的吩咐行事。

> 有些人会惬意地嗅着一瓶氨水，只需跟她们说那是玫瑰水。有的会吃下一块煤，只要说那是巧克力。还有的得知自己是狗后，会一边用四肢在地上爬来爬去一边狂吠；有的得知自己变成鸽子后会奋力摆动双臂仿佛要飞起来；一只手套扔在她脚边，说那是一条蛇，她就会惊恐地撩起裙子。还有一个人怀里抱着一顶高帽轻柔地摇晃着，因为她被告知那是她的孩子。[26]

男性的统治地位，女性的愚钝和脆弱，都得到了鲜明的展示。

病人在精神错乱状态下自娱自乐的情景，还被相机镜头记录了下来。组成这样热闹场面的表演者的影集《肖像志》（*Iconographies*）广为传播，它将沙可的癔症观介绍给了无法亲眼观看巴黎演出的观众。这些照片在相当程度上固化了癔症在民众心中的印象，或许是在用一种引人联想的方式，把这些号称中立、写实的神经疾病记录传播出去。照片（至少是数码

Planche XXIII

ATTITUDES PASSIONNELLES

EXTASE (1878).

“情欲姿态：狂喜”（**1878**）。沙可给出的沙普提厄病人照片中的色情意味，在这里表露无遗。

处理时代之前的照片）被错误地认为是在传递真相，是对自然的一种直接、无中介的描绘，甚至是本质的真实写照，是对从镜头前经过的事物的即时再现。

然而，由于光线的限制，加之在湿版火棉胶甚至后来的明胶溴化银涂层上制作图像的技术要求，曝光的时间会很长，有时每张版需要二十分钟。鉴于沙可死后有批评者（我们将会看到其中甚至包括——或者说尤其是——他的合作者和门生）认为他的临床演示是骗人的，也许我们可以不过分地说，这些记录疾病的“客观”照片本身必定是经过编排、调整和捏造的摆拍作品，和它们意在记录的现场演示一样，它们谈不上是可靠的“事实”。[27]

沙可在世时，对其作品的质疑声大部分来自国外——唯一 283
值得一提的例外是来自外省城市南锡的希波莱特·伯恩海姆（Hippolyte Bernheim，1840—1919）。沙可有权有势且脸皮薄，一个地位比他低的人要得罪了他，完全可能被他毁掉前程，他那“神经症界的拿破仑”的名声可不是白来的。不过在他死后的 1893 年，事情就不同了。连他最亲密的门生都开始倒戈，否认了他们曾参与创作的演出的真实性。如阿克塞尔·蒙特所说，《周二讲座》是“一场荒唐的闹剧，真相和欺骗不可救药地混成一团”。[28]

弗洛伊德和心理分析的诞生

然而在 1885 年沙可声望正高的时候，在众多前来寻求大师启迪——或许还有他的慷慨赞助——的外国人当中，一个前途渺茫的年轻的奥地利医生来为他工作了五个月，并且拼命想重现自己在维也纳的好运气。西格蒙德·弗洛伊德（Sigmund

Freud，1856—1939）一开始没打算把注意力放在癔症上。他是传统的神经解剖学和神经学科班出身，那也是他的志向所在。但和很多人一样，癔症引起了他的注意。回到维也纳后，他无奈之下放弃了做学术的打算，转向私人执业，但仍然在治疗常规的神经病患，尤其是患脑麻痹的儿童。然而这样的病人还是太少了，他的收入不足以供养家中的新婚妻子和越来越多的孩子，因此，能有一些癔症患者来找他看病，算是他的幸运。和美国神经学家一样，这可能非他所愿，但癔症带来了必不可少的收入。他就是在这时候开始转向这个领域的。

在巴黎期间，弗洛伊德绞尽脑汁才挤进了沙可身边的小圈子，并主动请缨将《神经系统疾病讲座》（*Leçons sur les maladies du système nerveux*）第三卷译成德文，这让大师对弗洛伊德心生感激——尽管弗洛伊德承认自己法文水平非常有限。沙可对癔症的身体根源的强调，以及在治疗中对催眠术的运用，都对弗洛伊德产生了影响。前者一直到 1890 年代末都将是弗洛伊德思想的核心，那时，他不情不愿地放弃了宏大的“科学心理学计划”，以及该计划想要把内心感受的复杂性与基本的神经处理过程联系起来的雄心。在此之前，他已经放弃了催眠
284 术。他始终没能掌握这项技术，而他的维也纳同行们认为它“充其量”只是暗示，于是在神经病理学权威狄奥多·梅涅特（Theodor Meynert，1833—1892）的带领下完全否定了催眠术，斥其为骗人的治疗方式。

沙可试图提出不同意见。他坚称只有那些神经系统存在缺陷的癔症患者才容易进入被催眠的恍惚状态。基于这样一种立场，他可以运用在别人看来依赖暗示的心理疗法技术，同时继续坚持癔症从根本上是一种身体疾病。沙可在英国的许多追随

者采纳了这种立场，因为在他们看来，尝试用心理学解释精神失常就等于背离了医学准则，选择自欺欺人的、诈骗性质的江湖郎中手段。英国神经医生、神经学家霍拉肖·唐金（Horatio Donkin，1845—1927）由此表达了这样一种共识："从一般经验而言，人类的可催眠性与他们的神经的不稳定程度是直接相关的"。[29]

希波莱特·伯恩海姆的研究对这种立场表示强烈质疑，因为他的实验似乎表明，即使"心理正常"的人也可以被催眠。[30]沙可的观点在奥地利医生中同样没什么支持者，因此弗洛伊德放弃催眠术可能有多方面原因。他在1888年把伯恩海姆的文章译成了德文，在译文中时不时用一些编辑评注来表达自己的异议，然而几个月后，他就不再在这个问题上捍卫沙可了，并且可能就是从此时开始重新思考心理过程和精神疾病之间的关联。

随着学术生涯的希望渐渐远去，弗洛伊德开始转行做私人执业的神经科医生，不过他发现这样仍然很难维持生计。进入1890年代，他的病人中有相当一部分是约瑟夫·布洛伊尔（Josef Breuer，1842—1945）介绍来的（布洛伊尔甚至还借钱给他），这位年长他十五岁的维也纳名医有一家生意很火的诊所，病人多到看不过来。这种依存关系不乏摩擦，1890年代中期两人闹翻后，弗洛伊德对布洛伊尔心生鄙夷。但是弗洛伊德最早是通过布洛伊尔才得以接触癔症病人，两人在1895年合作出版的《癔症研究》（*Studien über Hysterie*）为弗洛伊德的精神分析学家生涯打下基础，并在很短一段时间内促成了精神分析学的诞生，这是一种治疗精神失常的新思维，同时也是一个新颖的病原学观念。 285

1891 年，35 岁的西格蒙德·弗洛伊德。

堪称精神分析学史上最著名病患的“安娜·O”（Anna O.），实际上是布洛伊尔的病人，不是弗洛伊德的。她的真名叫贝尔塔·帕彭海姆（Bertha Pappenheim，1859—1936），和布洛伊尔（以及弗洛伊德）的许多病人一样，她来自一个富有的犹太家庭，她的家族在维也纳中上层社会十分有名。安娜，也就是贝尔塔曾连续几个月专注于照看垂死的父亲。父亲的死导致她出现了一系列令人困惑和却步的症状，在当时，这
286 通常会被诊断为癔症。她开始出现反复的咳嗽、失眠，紧接着是类似癫痫发作的抽搐，然后是身体右侧手足麻痹。她的视力也开始衰退。一位原本端端正正的淑女，开始时不时地陷入无

法控制的愤怒。她的德语水平开始下降，没过多久英语就成了她唯一能说和听懂的语言。她有一段时间拒绝吃喝。

“安娜·O”，本名贝尔塔·帕彭海姆（1882），精神分析学的“初始病人”，该照片摄于瑞士克罗伊茨林根的贝勒维疗养院，在经过约瑟夫·布洛伊尔号称成功的治疗后，她被作为精神病人关进了这里。

布洛伊尔的治疗包括与她频繁地、长时间地交谈。久而久之，她开始重温一些难忘的记忆，回想起一些和她的个别症状相关的创伤性往事，布洛伊尔提及对这些场景的回忆可以起到宣泄的作用。她的那些戏剧化的病态逐一消失了。据布洛伊尔 287
说，是安娜本人想到用“谈话治疗”（talking cure）[31]来形容他的疗法的。十年后，布洛伊尔接连把一些存在癔症症状的女性病患介绍给他那位年轻的朋友和门生，弗洛伊德声称自己有同样的发现。

> 我们起先非常惊奇地发现：当我们能使患者把激发病症的事件及其所伴发的情感清楚地回忆起来，并且患者能尽可能详细地描述这个事件，而且能用言语表述这种感情时，则每一个癔症症状就会立刻和永久地消失。[32]①

正是这些病例——安娜·O、埃米·冯·N夫人（Frau Emmy von N.）、伊丽莎白·冯·R小姐（Fräulein Elisabeth von R.）、露西·R小姐（Miss Lucy R.）、凯瑟琳娜（Katherina）、采齐莉·M夫人（Frau Cäcilie M.）② ——促使弗洛伊德提出，他和布洛伊尔应该撰写和出版一本关于癔症的书，且他建议采用如下这种形式：一系列有大量心理学内容、读来有如短篇小说或侦探故事的短文。《癔症研究》的核心启示是“癔症患者主要是遭受记忆恢复的痛苦”[33]，也就是一些超出意识所知但并未消失的记忆，它们毒害着心智，制造令人费解的症状，让许多试图治疗这种病人的医生头疼不已。已经半被消除的记忆需要恢复过来，因为一旦成功恢复，它们的致病力量就消失了，病人的癔症也将随之消失。

---

① 本书引用的弗洛伊德的译文，均采用金星明译《弗洛伊德文集（第一卷）：癔症研究》，长春出版社，2004年第1版。

② 金星明译的《癔症研究》中将Frau Cäcilie M. 译为“凯瑟琳娜·M”似有不妥，一则读音不符，二则易与另一病人“凯瑟琳娜”混淆，故另作“采齐莉·M夫人”。

据布洛伊尔本人说，他在1890年代初的时候对继续治疗癔症已失去了兴趣。[34]作为一名成功的全科医生，他已经过上了富足的生活，加之求医者众，无法施展十分耗时的宣泄疗法。而弗洛伊德欢迎“神经症人群”，这些人现在纷纷拥向他的诊室，迅速“放弃了对器质性神经疾病的治疗”。[35]他也以差不多急切的方式抛弃了催眠术；以过于简单化为由停止了宣泄法；在社交和学术上与布洛伊尔决裂，开始围绕着病人的“自由联想”来精心构建另一种疗法；不再试图把心理事件归约为潜在的神经病学；转而选择对精神失常的根源做出一种越来越复杂的心理动力解释。

压抑

这一系列举动都冒着极大风险，尤其考虑到他几乎同时还 288
要迎接一种对病人症状根由的新解释。他开始相信，他们的紊乱是源于性，更准确地说是性创伤——受压抑的童年时期被性骚扰和乱伦侵犯的记忆。他认为，这些记忆永远都是癔症的根源。这种观点很快遭到了嘲笑，其中甚至包括维也纳首屈一指的精神病学家、性学家理查德·冯·克拉夫特-埃宾（Richard von Krafft-Ebing，1840—1902），他称弗洛伊德的想法是“一则科学童话”。[36]

过不了一年，弗洛伊德又转向另一个思路：性仍然是他的论述核心，不过起作用的不再是实际的创伤和侵犯，而是童年幻想以及对幻想的压抑。在接下来的十几年里，他改进了这个理论模型，提出“力比多”（libido）——一种由无意识性冲动提供的能量，是所有复杂心理不适与抵触的源头。他认为，精神生活所遵循的一种决定论逻辑同样适用于科学研究与分析，和实验室里已经在检验的生理事实并没有丝毫不同。通过不厌其烦地梳理梦、口误以及他鼓励病人去进行的自由联想，潜藏于他们困扰背后的根源也许就能暴露出来，在这种让无意识变成有意识的过程中，病人也许能被引导着实现自行痊愈。

正如弗洛伊德形容的那样，无意识是个十分可怕的所在。它是在生命最初的几周和几个月里，由父母在新生儿精神世界中若隐若现的存在造就（并损毁）的，待婴儿期过后，境况还会更加灰暗。家庭的舞台上演着一出又一出可怖而危险的心理剧，充斥着孩童的无意识，引发了压抑，从而创造精神病态。孩子被迫压抑不被允许的欲望，被迫否认俄狄浦斯幻想——拥有父母中的异性一方，消灭同性一方，或将它们推向更深层的无意识，这导致孩童生活在一个充满无形的心灵冲突的世界里。这是对心灵病理和文明进步的关联的新阐述。渴望与抑制，搜寻替代性质的满足感，用各种方法将不能安然承认的东西高尚化，虚假的遗忘，在这些“文明”道德的畸形约束所创造的雷区中，很少有人能全身而退。

289 与弗洛伊德同时代的精神病学家大多认为，胡言乱语、认知紊乱、情绪失控等顽固存在于病人身上的现象，无非只是一些干扰信息。它们的唯一意义只是作为大脑失常的症状，除此之外就只是一些不值得关注的副现象。然而弗洛伊德及其追随者的看法恰恰相反，他们认为这些是至关重要的东西。含义与象征都是疯癫的根源所在，并且必须在含义层面进行治疗。失常的行动、认知和情绪是有重大意义的，摆在医生与病人面前的艰巨任务是对呈现出的线索进行梳理，把心灵花了很大力气埋起来的东西发掘出来。这种发掘势必是一个剧烈而焦虑的过程，据称需要投入数月甚至数年的探查，冲破内心的壁垒与抵抗，迫使无意识变成有意识。

在弗洛伊德建起的这座学术大厦里，其中一个最引人入胜的地方在于，他的心理模型和用于治疗失常症状的手法是紧密交织和相互巩固的。虽然初衷是用于诊断和治疗神经症患者——那些因失常而痛苦，但机能仍属（勉强）正常的人——但弗洛伊德学说有潜力（在后来也的确）被用来解释精神错乱。此外，它声称可以给出对“正常”人格的解读。被弗洛伊德不屑地称为精神病学“大教宗”的埃米尔·克雷珀林，在疯人收容所“黑病房”里那些生理退化、身体庸劣的样本和多数正常民众之间建起了一道看似不可穿越的壁垒。然而弗洛伊德不认为疯癫只是“他者”的问题。我们将看到，它在每一个人身上或多或少都会有。一种导致精神残疾的力量，同样催生了有着重大文化意义的成就。弗洛伊德宣告，文明与它的不满已经不可避免地、无法挽回地牢牢拥抱在一起。

第十章　令人绝望的诊治

全面战争的考验

290 1914年7月28日，世界陷入疯癫，或者说是欧洲陷入疯癫，并迅速让全世界都和它一同走向错乱。德国皇帝向年轻的将士们保证，这种疯狂的状态到圣诞节前就会结束——的确是这样，不过是四个圣诞节之后。6月28日，奥匈帝国皇储、庸碌而不招人喜欢的弗朗茨·斐迪南大公被波斯尼亚的塞尔维亚族人加夫里洛·普林西普（Gavrilo Princip）刺杀，战争很快爆发，将整个大陆卷入其中，最终蔓延到全世界。这是一场宏大或者说规模骇人的战争，现代世界的庞大工业力量被用来实施毁灭任务。参战的部队很快陷在弗拉芒地区的泥泞中。法国北部变成一片废土。挖掘战壕、铺设铁丝网防线，一场鏖战开始了。双方都声称自己在为文明而战。坦克、火炮、机枪和刺刀制造着血肉横飞的惨象，然而这些还不够，科学家们又提供了毒气，文明的守护者在战场上释放出文明恐怖的力量。数百万的生命被夺走，还有数百万人身负可怕的创伤——截肢、失明、瘫痪、毁容。仿佛已经丧失良知的两军将领把无数低阶军官送进“绞肉机”，在身体和精神上毁掉了几乎整整一代年轻男性。哗变、沙皇统治的崩塌、大规模的残杀、徒劳无功的征战，这些似乎都无法动摇政客的决心。疯癫必须继续，否则文明不保。然而，文明此时已经奄奄一息了。

1914 年，德国士兵兴高采烈地奔赴战场，他们乘坐的车厢上写着“从慕尼黑经由梅茨直捣巴黎”。德国皇帝向他们保证在圣诞节之前结束战斗将不费吹灰之力。

整整四年，男人们蜷缩在战壕里，等着死神与毁灭倾盆而 291
降。自杀式攻击出现了。机枪向着冲锋的队伍扫射，如一台联合收割机扫平一排排的玉米。身负重伤的人躺在无法获救的地方痛苦地嘶喊和呻吟着，直到死亡让他们安静下来。一方付出巨大的牺牲，以求在一段时间里控制一百码看起来平淡无奇的土地，不料它却在敌方的下一次进攻中失守。泥泞与鲜血，鲜血与泥泞。接着，毒气来了，眼睁睁看着战友窒息而死，他们的肺中充满了血与水，内脏变成一团黏液，眼睛出现水泡和烧伤，口吐白沫：一场缓慢而痛苦的死亡开始了。这是一个不可逃脱的噩梦。当逃兵会被抓住，被人当成懦夫枪杀。而留下来就得忍受那日复一日的创伤，目睹和参与难以用言语形容的行动，听着伤者和垂死之人的痛苦呻吟、啜泣和尖叫，看着四分五裂的肉体，在荒野里腐烂、鼓起、发臭、变黑、膨胀。

这一切超出了许多人的忍受极限。1914 年圣诞节——这场光荣远征本应结束的时候，军事战略家们不得不面对一个严峻且全然未曾预料到的问题。这本不应该如此意外，因为已经有前车之鉴，比如美国内战以及英国人在世纪之交的南
292 非进行的布尔战争。这些警示被忽视了，而在大战初期就开始显现的问题无法再被忽视了。如英国诗人威尔弗雷德·欧文（Wilfred Owen，1893—1914）在《精神病例》一诗中所写：

这些人的心灵曾被死亡糟践。
记忆的手指伸进他们杀戮的头发，
那是他们曾目睹的不计其数的残杀。
蹚过肉体泥沼的这些无助的迷失者，
脚踩爱笑的肺中淌出的鲜血。
他们对此耳闻目睹已久，
枪械的击打和飞溅的碎肉，
无可比拟的屠戮，遭践踏的人命
揉作一团无法逃脱。

他们受苦的眼球于是收缩
回到他们的脑中，只因他们感觉
阳光像一团血迹；夜晚如变黑的血块；
破晓是一个重新开始流血的伤口。
于是他们穿着面带假笑的尸体
那滑稽、可怕、骇人的虚伪。

于是他们双手抓着彼此；
反复揪着施刑的皮鞭；
拉扯着猛击他们的我们，兄弟，
扒挠着给他们带来战争与疯癫的我们。[1]

在后人看来，这些“像牲口一样死去”[2] 的人大多与哑巴无异，但在目睹这一切的士兵中，有些人选择用文字和画面记录战争的一些骇人景象。他们的诗歌和艺术触目惊心地提醒我们铭记这场吞噬了他们的战友——往往也包括他们自己——的浩劫和疯癫。有些人早早地离去了——欧文在战争的最后时刻去世，距离11月11日的休战只差一个星期。还有一些人则在精神上成为牺牲者，比如以医护兵身份志愿参战的德国艺术家马克斯·贝克曼（Max Beckmann，1884—1950）：到1915年他已经入院治疗，无法继续服役。《夜》（*Die Nacht*）是对军事暴力的直接回应，它唤起亲历者对无端而可怖的暴力、奸污、杀戮、凶虐的记忆（见彩图38）。再现性艺术的“文明” 293
规常全然不见，这幅棕、红色调的画作中呈现出对现实世界的疯狂扭曲，给人一种四分五裂的透视、参差不齐、僵硬、仿佛一场噩梦的感觉：这是对无处可逃的精神病地狱的描绘。立体派的用色、对碎片和沉重的几何图形的运用，给贝克曼带来了一系列新的艺术资源，此外再加上野兽派那“野兽般的”自然和狂乱线条。画作扁平而混乱的全景构图，狂暴、没有任何对景深的暗示，让人觉得所画之物被一把摔在画布上，就像战争的撞击，把人类及其文明拍扁，成了同一个疯癫的平面。[3] 没有出口，想不到有什么逃离的途径。我们完了。

如果说贝克曼描画的景象是一则寓言，那么与他同时代的奥托·迪克斯（Otto Dix，1891—1969）则截然不同，后者选择用一种不假修饰的方式呈现“魔鬼之所为”——“虱子、耗子、铁丝网、跳蚤、炮弹、炸弹、地下洞穴、尸体、血、烈酒、老鼠、猫、毒气、火炮、污秽、子弹、迫击炮、火、钢：这就是战争！”他曾作为一名机枪手在阿尔图瓦、香槟战斗，还参加了索姆河战役。他深刻体会过“一个人在你身边突然倒下，死去，子弹正中他的身体”的那种感觉。[4] 那些回忆一直纠缠着他，战争结束十余载后，他创作了蚀刻版画系列《战争》（*Der Krieg*）以及恢宏的三联巨画《战争三联画》（*War Triptych*，见彩图 39），先是用阴郁的黑白色，再用鲜活的彩色，将大多数幸运之人未曾目睹的景象呈现了出来。德军制服的皮带扣上镌刻着“主与我们同在”（Gott mit uns）的字样。然而这更像是人间地狱，男人们“踉跄，窒息，沉没……鲜血从充溢泡沫的肺中咕咕涌出”，[5] 他们的尸体上蠕蛆遍布，围着成群的苍蝇，渐渐腐烂直至露出发白的骨头和咧嘴笑着的骷髅。

伤残和死亡，这些都在将军们料想之中。但是别的呢？士兵们有的一言不发。有的不能自已地颤抖。有的在噩梦中彻夜不眠。有的表示到了晚上什么都看不见，尽管很清楚自己并没有瞎。有的说自己有心悸问题——所谓的“士兵心”。有的宣称自己瘫痪了，尽管从他们的身体上看不到任何能导致瘫痪的问题。有的身体扭曲着，以一种怪异而别扭的姿态行走。有的不断哭泣和尖叫。有的表示自己失去了所有记忆。将军们认为
295 自己知道是什么在搞鬼：装病，意志薄弱。这些人是懦夫，想逃避保家卫国的义务。他们应该被枪毙。有时为了“杀一儆百”，的确会这么做。

奥托·迪克斯创作了一系列狂暴的肖像画——《战争》来表现堑壕战的现实，这些噩梦般的狰狞画面以视觉艺术的形式提醒人们战争给人类造成了何种影响。此画题为《夜遇疯人》。

炮弹休克

军医得出了一个不同的结论：这些人患上了精神病，崩溃了——他们的神经中弹了。他们不应该被枪毙。德国医生称这些人罹患“Schreckneurose”，也就是恐惧神经症。英国人称之为“炮弹休克”（shell shock），这个词概括了医学最初对这一问题的推断：剧烈的爆炸产生的震荡效应给脑和神经系统造成了创伤。脊椎的裂缝、大脑的微量出血是难以察觉的，至少在活着的人身体上是这样，不过它们就是医生正面对的千变万化症状的真正身体上的病因。

并不是所有人都接受这种观点。许多精神科医生最初将之归咎于他们的老对手——“退化”。在战争爆发前夕，英国顶尖精神病学家之一查尔斯·默西埃（Charles Mercier，1815—1919）坚持认为，崩溃“不会出现在强健的精神之上。[精神疾病] 不会像天花和疟疾那样，不加选择地袭击不论体质强弱的所有人。它主要出现在原本就有缺陷的那些精神之上，这种缺陷体现在缺乏自控力，忍不住要即时放纵”。[6] 深受沙可影响的法国神经精神病学家也这么认为：这些士兵表现出的精神症状都是有缺陷的人发生的退化，他们是软弱、恐惧、腐朽的灵魂，他们的崩溃完全是可以预知的，与战争的残酷没什么关系。[7] 德国精神病学家的看法也与此基本一致。

在对炮弹休克有了更多了解后，人们对震荡效应破坏神经系统这个解释产生了更多怀疑。一些从未靠近过前线的士兵也产生了此类症状。而身体有疾患和残疾的士兵似乎对这种损伤有着惊人的免疫力。离开了危险前线的战俘奇迹般地没有遭殃。即便不善于怀疑的人或者军官都能看出来，此前对炸弹休克的医学推测是有问题的。

如果不是脑和中枢神经系统受损，这些士兵究竟是出了什 296
么问题呢？如果仅仅只是装病，那么即便极端压力之下病状仍不见消失就有些奇怪了。例如将点着的蜡烛不断接近“瞎子”士兵的眼睛，他们不会眨眼；“聋子”对突然发出的意外响声没有反应；“哑巴”在疼痛刺激下也不会出声。炸弹休克可能是癔症的一种形式的说法，引起了许多人的共鸣。他们越来越觉得，战斗带来的精神压力导致正常人丧失自制力是有可能的。

无论所属何门何派，精神病学家总是可以将这种推理轻易地结合到他们一贯坚持的观点上去，那就是精神病患是一个在生理上较低劣的群体。这是沙可和他的学派在巴黎发展出来的观点，也是在德奥“神经医生”中间十分普遍的观念。然而当你面对的是这些为祖国而战的人，要给他们打上退化的标签就有些尴尬了，尤其是炸弹休克在军官和其他级别中也有体现，还有那些在几个月的战斗中表现英勇的战士，最后却陷入失常。越来越多的军医开始相信，在足够的压力之下，最坚强的心智都无法抗御。疯癫与精神创伤似乎是紧紧联系在一起的，也许这种创伤并非弗洛伊德所强调的性创伤，然而他对无意识冲突以及精神困扰转化为身体症状的论述，似乎在这些战时经历中至少得到了部分证实。一个人因面对地狱般的危险而滑向疯癫，这听起来相当有道理。数万乃至数十万原本“正常”的人遭受了创伤性记忆的戕害，拼命地试图压抑他们的所见所为，被各种梦境纠缠。这在相当大的范围内被证实，心理压力和冲突是在以身体症状的形式浮现出来。

这种愈发偏重于强调精神紊乱的心理根源的趋势，在有些地方和基于心理的疗法得到普及有关。富有个人魅力的德国精神病学家马克斯·农内（Max Nonne，1861—1959）采用了催眠术，据他说其效果显著。剑桥神经学家 W. H. R. 瑞沃斯（W. H. R. Rivers，1864—1922）被派往专门收治军官的克雷格洛克哈特（爱丁堡附近一座水疗机构），他在那里用了受弗洛伊德影响的心理治疗手法和极大的同情心来治疗病人，病人中间就有战争诗人西格里夫·萨松（Siegfried Sassoon，1886—
297 1967）和威尔弗雷德·欧文。[8] 萨松管他的这个新家叫"傻子小镇"（见彩图 37）。

然而，若是认为在炸弹休克的源起上更侧重于心理因素的精神病学家对病人有更多同情，那就大错特错了。恰恰相反，如果说这些人的症状源于他们易受影响——他们的心理脆弱性，那么就可以得出截然不同的结论。德国精神病学家卡尔·潘霍华（Karl Bonhöffer，1868—1948）很确信自己看到了个中原委：

> [炸弹休克者的] 癔症反应或多或少是自我保护意识的结果。从前线直接来医院的德国人，和法国战俘有着惊人的不同。在德国人当中，癔症反应的类似形式相当多见，而在来自完全相同的前线环境的法国人身上，我们看不到癔症的痕迹……"Ma guerre est fini"（我的战争结束了）是他们挂在嘴边的话。病情因此已经没有理由继续发展下去。[9]

这种观点与军官的看法只有一线之隔，也就是认为炸弹休克的"受害者"根本谈不上受害，他们充其量只是一些逃兵和胆小鬼，非但不值得同情，还应该得到惩罚。而从病人接受的治疗来看，精神科医生们的态度与军队里的上司是一致的。他们的医治中有很明显的虐待和惩罚性成分。无论是炸弹休克者的癔症性瘫痪，还是装病者假装的瘫痪，都不是真正的神经病症，而是精神动摇、意志薄弱的表现。此外，医生们还面临着将病人送回前线的巨大压力，官方对这些炮灰的长期心理健康并不是太在意。症状暂时缓解就足够了。因此许多人也就不再坚持，开始使用专横甚至残酷的治疗手段，并想方设法将自己的所作所为合理化，变为一种治疗形式。

德国、奥地利、法国和英国精神病学家不约而同地开始使用强电流给病人制造巨大痛苦，以迫使他们丢掉自己的症状——让哑巴说话、聋子能听见、瘸子能走路。在德国最出名的是弗里茨·考夫曼（Fritz Kaufmann，1875—1941），他开创的考夫曼疗法会对看上去瘫痪的四肢进行数小时的极度痛苦的电击，同时配合高声喊出的军训口令。这样做的目的是让 298
病人放弃、丢下自己对症状的依赖，准备好再次上阵杀敌。在奥匈帝国军中，来自维也纳大学的知名精神病学教授朱利叶斯·瓦格纳-尧雷格（Julius Wagner-Jauregg，1857—1940）并不会屈尊亲自实施这样的治疗，而是认真嘱咐他的下属科兹洛夫斯基医生（Dr Kozlowski）去对人的嘴和睾丸进行强电流刺激。那些还没轮到的炸弹休克士兵则被迫在治疗桌旁观看。

这些被英国人蔑称为“德国佬”的人会用如此野蛮的疗法，当然没什么好意外的。然而，法国和英国神经精神病学家同样是这一方法积极的应用者。在图尔，法国神经学家克洛维斯·文森特（Clovis Vincent，1879—1947）使用了一种感应电流疗法，他称之为“鱼雷法”（torpillage）。精心布设在病人身上的电极会产生可怖的电流刺激，据称可以促使病人去活动他们“瘫痪的”四肢，此外还可以用其他会加重病人恐惧的技术进行辅助。这种疗法是迅猛且无情的。文森特站在病人身边，向他们强调如果仍然对抗治疗的话，痛苦就不会停止。据年轻而热忱的学生安德烈·吉尔（André Gilles）的记述，“这些言语、手臂或腿的假性的丧失能力，实际上只是意志的无能；医生的职责是要替他们坚守意志”。[10]有这么一桩值得回味的事件——不过仅此一件，即诸多“治疗干预”中曾有一次文森特被病人袭击，此人名叫巴蒂斯特·德尚（Baptiste Deschamps）。德尚因自己的痛苦而受到军事法庭审判。

年轻的加拿大神经学家刘易斯·伊尔兰（Lewis Yealland，1884—1954）受雇于伦敦皇后广场一家英国一流的神经疾病专科医院。他和同事埃德加·阿德里安（Edgar Adrian，1889—1977，日后将获得一项诺贝尔奖）也一起引入了一种强横的方法。治疗期间，一个炸弹休克患者“会被询问是否能抬起瘫痪的手臂；他会被命令抬起手臂，并被告知只要他试一试，完全可以做到。再教育过程有两大要素：一要快，二要有绝对强硬的手段”。[11]不幸的是这两样有时是不足够的，于是还需要使用别的手段。

一名失语的士兵被带进一个阴暗的房间。他被绑在一把椅子上，嘴里塞着压舌器。他被明确告知，等到离开这里的时
299 候，他的说话能力肯定会恢复。一片寂静。电极贴在了他的舌头上。电流的力量让他弓起了背，这个动作力道之大，导致他舌头上的电极都松脱了。又一段无声的时间。他没能遵照命令开始说话，因此整个过程重复进行。一个小时后，他发出了几乎听不见的一声“啊”。伊尔兰毫不手软，继续施加压力。几

个小时过去了。士兵开始结结巴巴地发声并哭泣。更多的电击。最终他说话了，但是只有在对他的治疗师和施刑者说一声“谢谢”后，他才获准离开。[12]

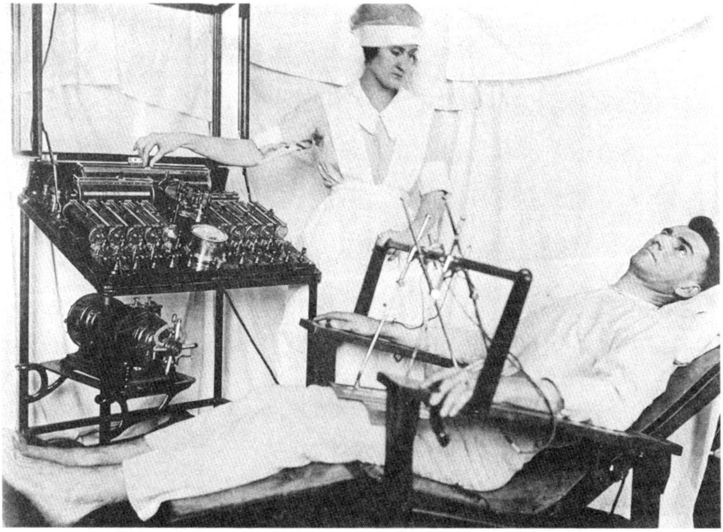

炮弹休克者接受电疗。病人大腿上贴着电极，电流将对他的腿部进行微颤或麻痹治疗。

等到战争终于结束的时候，文森特和伊尔兰都属于胜方。不管病人们对这种疗法多么深恶痛绝，它终归还是告一段落了。伴随着奥匈帝国的崩塌和战败的苦果，朱利叶斯·瓦格纳－尧雷格在混乱的战后维也纳可能要面临一个截然不同的命运。心怀不满的老兵希望以战争罪起诉他，指责他粗暴对待病人，对他们横加折磨。瓦格纳－尧雷格坚称自己的动机是好的，他只是想帮他们。他请求西格蒙德·弗洛伊德出庭为他作证，后者同意在法庭上为这位同行开脱。业内人士统一口径。法官裁决他无罪。瓦格纳－尧雷格得以重操旧业。[13]

发热

300 瓦格纳－尧雷格一直揣测提高疯癫患者的体温也许能治愈他们，于是从1880年代末开始，他尝试了一系列制造发热的方法，包括用酿脓链球菌去感染病人，这是一种会导致丹毒的细菌（在没有抗生素的时代，这种手段非常危险）。[14]治疗效果相当糟糕，不过他并没有气馁，在战争的最后几个月里，瓦格纳－尧雷格遇到一名患有间日疟的意大利战俘，他抓住这个机会，开展了新一轮的试验。这一次他把注意力集中在了患有麻痹性痴呆的
301 病人身上，也就是GPI。瓦格纳－尧雷格抽取了疟疾病人的血液，然后将之注射到GPI病人体内，造成他认为可以治愈疯癫的高烧。

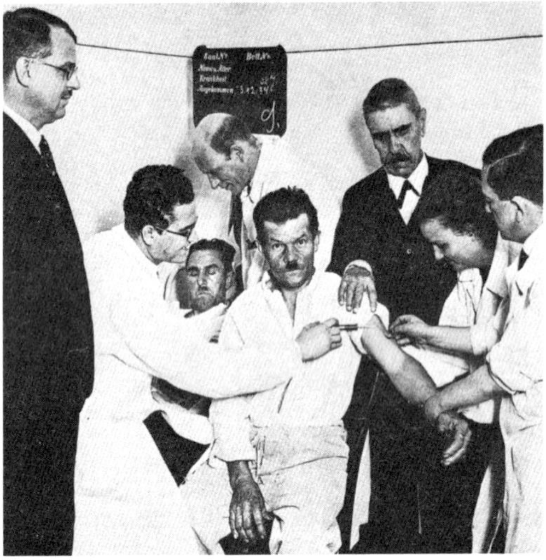

在朱利叶斯·瓦格纳－尧雷格的监督下，病人被注射感染了疟疾的血液（1934）。从疟疾患者（画面后方）身上取得的血液被输送到三期梅毒患者（画面前方）体内。GPI病人身后那个穿黑色外套的人就是瓦格纳－尧雷格。

GPI 的诊断是十九世纪精神病学仅有的几项真正意义上的成就之一，人们一直怀疑这种会产生严重神经与精神后果的疾病，起因是在此之前的梅毒感染，到了第一次世界大战前夕，这种推论已经得到明确证实。[15]这种诊断意味着极大的痛苦，但 GPI 之所以成为一个重大课题完全不是这个原因，而是它的患者在精神病学的核心病人群体中占了相当大的比重——在二十世纪初收容所收治的男性病人中可能多达 15% 到 20%（不过女性病患中占比要小很多）。任何办法，无论是象征性的还是实质改变，只要能止住患者的急剧恶化的病情，自然都有着格外重要的意义。[16]

瓦格纳-尧雷格的疟疾疗法正是号称做到了这一点。他推测这种办法能以某种方式冲破血与脑之间的障碍，正是这些障碍导致药物无法输送至脑部，因此撒尔佛散（salvarsan，又叫砷凡纳明）和水银（治疗早期梅毒感染的药物）没能进入中枢神经系统。还有一些人抓住梅毒螺旋体在试管中耐热性差这一点，猜测是疟疾导致的发热杀死了寄生虫。[17]双方的争论始终没有结果，不过战争结束几年后，瓦格纳-尧雷格的发明已经得到全面普及。很快，医院纷纷开始在患有疟疾的轻瘫病人身上抽取被感染的血液，把这种珍贵的液体放在保温瓶里送往各地。[18]从 1926 年发表的 35 项研究成果中我们可以看到，有略超过四分之一——27.5%——的病人症状完全消失了，[19]临床医生和病人们争先恐后地要求使用这种新“疗法”。此前格外受鄙视的神经梅毒患者——在疯癫的同时又患有性传播疾病——如今将自己重新定义为身体疾患的受害者，并积极寻求治疗。他们的治疗师也做出了同样的反应，改用一种更具同情心的、正面的态度看待他们的病痛，不再像以前那样，轻蔑地说他们是“无可救药”、“邪恶”和“愚蠢”的退化者[20]。疟疾治疗让瓦格纳－尧雷格在1927年得到了一项诺贝尔奖，精神病学干预领域总共只有两次获得这项殊荣，此为其一。

302 无论从哪方面看，疟疾疗法都是一种可怕的、让人痛不欲生的体验。它带来的高烧和寒战对许多病人来说就是一次濒死经历。但是，那些最终挺过来的人（用于控制疟疾的奎宁不见得对每个人都起作用）相信这一切是值得的，治疗他们的精神病医生也这么看。对此我们存有怀疑。疟疾疗法从来没有经过严格的临床对照试验，而且GPI的自然病程不确定性也会令问题越发复杂。病情的恶化在一段时间内出现减慢或平缓迹象，本就是此病特性之一，医生和病人对疟疾疗法有效性的信念是暗示性的，而非决定性的。[21]毕竟，放血、催泄、催吐都被当作包治百病的权威疗法用了一千年。我们知道，十五年后青霉素的出现才一劳永逸地解决这个问题，这种新型抗生素是治疗梅毒的灵丹妙药。

无论你是否同意GPI疟疾疗法的有效性“未经验证”这个论断，二十世纪初对这种疾病的病原研究，以及瓦格纳－尧雷格之后的疗法创新，的确产生了两个至关重要的结果。其一是对挤在收容所病房的众多病人进行化验分析，从中我们发现相当一部分人的病是感染引起的，这就在相当程度上支持了疯癫之症的根源在身体的观点，而且对一些人来说还巩固了一种更具体的观念，即和许多当时已经被确认存在细菌学根源的疾病一样，疯癫也可能存在类似的成因。其二，瓦格纳－尧雷格的疗法似乎首次表明，这种被假定为生理性的疾病，也许可以用某种基于生理的治疗干预来治愈。

声誉危机

被关进精神病院的人所面临的困扰，与那些来到神经医生和精神分析师候诊室的人所遭受的苦痛，在许多人看来有质的不同。主动入院的“贝德兰姆疯子”常常是那些表现出严重且持续的行为、情绪以及智力紊乱的人，这些症状表明，此人可能已经完全脱离我们共有的常理的现实生活。他们所深信不 303
疑的东西，在其他人看来是彻头彻尾的妄想。他们会有幻觉，看到、听到不具备外在真实性的东西。他们表现出极端的不合群，往往还会严重丧失情感反应能力，很多人最终陷入一种痴呆状态。

这些就是在维多利亚时代被称为精神错乱或发疯的人。到了二十世纪初，这些词显得越来越过时了。那些自己就曾经被称作疯大夫、异化学家和医药心理学家的人（这些人渐渐开始倾向于被称呼为“精神病学家”），现在主张称他们的病人为“精神病患”（psychotic）。有的开始采纳德国精神病学家埃米尔·克雷珀林的命名法，将“早发痴呆”或躁郁病之类的病名挂在嘴边。在二十世纪的前四十年以及此后，这些词成为描述这类精神困扰的首选——不过自瑞士精神病学家厄根·布洛伊勒提出“精神分裂”的说法后，早发痴呆病人开始越来越多地被打上这个标签，尤其是考虑到相比宣告一个人存在过早出现的痴呆症状，用“精神分裂”这个词显得不会那么令人绝望。不过在这两大诊断统称之下，各种症状被稀里糊涂地塞进来，它们之间的区别理论上说起来简单，实践中却很难分辨。有的人甚至不认为这是两种迥异的精神病困扰，躁郁患者如果没法好起来，就有可能被重新归入精神分裂一类。不过，给疯癫起一些新名字至少看上去有助于改善混乱的状况，并且也是一个出发点，让业内人士可以尝试正确面对他们试图治疗的疾病。

无论从数字还是政治上看，精神病学中专事迎合这类病人之需的分科，一直是这一行的主导力量。几十年来，这个分支对精神疾病抱着一种极其悲观的生物还原论观念。他们告诫世人，疯癫是一种病态体质缺陷的表现，是不可避免也无从治愈的。这样一来，这门专业就不会因无法治愈它而受诟病了，同时让精神病学可以肩负起一个价值难以估量的社会功能，对“人类中的病态种群或退化者”进行“隔离”，甚至可以将他们“暴力驱逐”。[22]然而，将其使命重新定义为负责隔离不可治愈者，而不是让暂时陷入失常的人恢复心智，导致这个以医疗
304 业者自居的专业处在了一种极其尴尬的境地。如果他们的职责只是看上去很不得了，实际就是一个旅馆管理员，那么他们对自身地位的期许就有些不相称了，随着与医学领域其他专业的反差越来越强烈与尖锐，这个问题日渐紧迫起来。

因为在十九世纪末、二十世纪初这几十年里，医学发生了天翻地覆的变化。受制于多数医生的保守以及他们对沿用了几个世纪的疾病模型的坚持，这场革命的进行是缓慢的。路易·巴斯德（Louis Pasteur，1822—1895）、罗伯特·科赫（Robert Koch，1843—1910）等人的发现，终于让最食古不化的那部分人都开始接受病菌学说。实验室研究起先给人感觉与临床现实很遥远，同时某些领域对新知识展开了激烈抵制。[23]例如科赫在1884年宣布，他在加尔各答霍乱病患的肠道和粪便中发现了这种十九世纪最恐怖疾病的致病菌，这在德国引起了质疑，一个由十三位知名医生组成的英国官方科学委员会立即予

以驳斥，其中一人指责科赫的研究是“一场不幸的惨败”。[24]

然而，随着针对狂犬病和白喉等致命性疾病的疫苗问世，加之新一代医生意识到实验室科学的权威可以给他们的行医壮声势，这种怀疑消失了。约瑟夫·李斯特（Joseph Lister，1827—1912）在手术中使用石炭酸作为抗菌剂，就是以巴斯德的研究为依据的，他声称这样做降低了死亡率和细菌引起的伤口感染，结果也遭到同行的鄙夷。然而没过多久，无菌手术的重要性就得到了广泛承认，使得这类手术在当时技术条件允许的情况下被尽可能推广开来，大幅降低了术后死亡和发病率。事实上到了二十世纪初，外科学和内科学已经有很高的威望。从业者的职业前景已经大为不同，随着疾病和身体不适的疆域日渐扩大，医学的统治地位无疑将得到巩固。细菌学革命给医学实践带来的帮助不可限量。

精神病学却没有这样的风光，至少在瓦格纳-尧雷格开始宣告他的疟疾疗法突破之前是这样。治疗上的无能可以拿遗传缺陷来搪塞，但其代价是这一专业的边缘化，还会让那些胸怀大志的从业者产生一种强烈的幻灭感。因此可以想见，他们中 305
的一些人一边谨守精神疾病源于生理的信念，一边开始想办法走出这个死胡同。有些地方已经迅速展开了干预方法的研究，在精神疾病根源上也在探索一些可能更有前途的解释。

克雷珀林自己也在考虑另一种疯癫病原说，并且对它的价值越来越有信心。在那本不断再版的权威教科书中，他提出这样一个思考：有没有可能最终证明，早发痴呆和躁郁症实际上是自体中毒的结果，是身体其他地方隐藏着的慢性感染导致脑的自我毒害？[25]随着一系列慢性病——关节炎、风湿、心脏和肾脏疾病——被纳入细菌学范式，一些内科学的重要人物也开始认同类似的理念，细菌学此刻在医学中的影响已经无处不在。GPI 的梅毒源头得到证实让许多精神病学家开始对精神疾病的根源做出一种更全面的假设。

疯癫的细菌

这些精神病学家中就包括美国的亨利·科顿（Henry Cotton，1876—1933），一个在学术上成绩彪炳的年轻人。1896 年在马萨诸塞州的伍斯特州立医院，曾在瑞士读书、1892 年移民到美国的阿道夫·梅耶尔（Adolf Meyer，1866—1950）创设了一个培训课程，对学员进行极为严格的选拔，旨在培养新一代的精神病学专业人士，这些人将组成为一支新型的科学精神病学的先头部队。这种医学希望利用实验室的工具和技术，找到攻克疯癫这个顽疾的方法。科顿曾在梅耶尔手下做事，并在他的支持下于 1906 年前往德国，直接师从当时公认的该领域领军人物，包括爱罗斯·阿尔茨海默和克雷珀林。回到美国后，才三十出头的科顿又得到了这一行最受看重的头衔之一——一家州立医院的院长。

306 自 1907 年在新泽西州特伦顿立足以来，科顿一直致力于将他管理的这家收容机构改造成一家现代医院。在不到十年的时间里，他建了一间手术室，改进了化验室，还建有一座汇聚诸多前沿医学文献的专业图书馆。然而在他看来更重要的是，他认为自己在克雷珀林的启发下找到了疯癫的病原。他宣称，一切精神疾病形式，无论是轻微还是严重，都是同一种潜在障碍的体现："我不认为各种机能错乱之间有什么本质不同。随着对病例的研究，我们不得不得出一个结论，在机能群中迥异的疾病体……是不存在的。"[26] "精神病"这个词本身就不妥，因为所有精神病患所受的困扰，和其他疾病患者所受的并无不同，都是源于身体的紊乱。幸运的是，这里讨论的病理并非遗传缺陷的结果，这一点上他的大多数精神病学同仁都错了，真正的原因是细菌——现代医学对许许多多其他病症做出的病原判断。病菌的存在是可以在实验室中得到证明的，它们的恶劣影响，可以运用他所说的外科细菌学（surgical bacteriology）来消除。

科顿认为，身体各部位隐藏着的慢性感染会产生毒素，通过血液循环扩散至脑部。一开始他认为牙齿和扁桃体是这类问题的首要源头，于是尝试大量的摘除。后来看到这样做并不能带来治愈，他又开始想别的办法。“在多数病例中，现代的临床诊断方法，”他宣称，“比如 X 光、细菌和血清化验检验——配合细致的病史记录和彻底的身体检查——可以将那些病人通常幸而不知的隐藏感染暴露出来。”[27]胃、脾、宫颈，尤其是结肠，都有可能是问题的源头所在，需要手术切除部分或全部。这种去脏术的处置方式也许会让一些人感到不妥。但科顿立刻站出来打消他们的顾虑：“胃就像在建造巨型建筑时常用的水泥搅拌机，其必要性也就如此。用于储存的大肠与此类似，可以像胃一样想去掉就去掉。”[28]他声称按照这一原则展开的激进治疗可以治愈 85% 的疯人。

这种通过去除慢性感染来治疗精神疾病的方法，并非只有科顿一人在使用。在英格兰，负责伯明翰及周边所有精神病院的托马斯·切弗斯·格雷夫斯（Thomas Chivers Graves，1883—1964）自行得出了类似的结论，尽管缺乏进行腹部手术的资源，但他还是大胆地摘除了牙齿和扁桃体，打开并清洗鼻窦，用长时间的灌肠来清洗体内的粪便。科顿在 1920 年代两 307

次前往英国，和格雷夫斯一样受到英国医学界权威的交口称赞。在1923年第一次访问期间，皇家学会会士、伦敦精神病院总病理学家弗雷德里克·莫特爵士（Sir Frederick Mott, 1853—1926）盛赞他的研究，刚被任命为英国一家重要的精神病学会会长的埃德温·古德尔（Edwin Goodall, 1863—1944）也对他称赞有加。[29] 四年后，科顿在英国医学会和医药心理学会的一次联席会议上讲话，得到皇家外科医师学会会长伯克利·莫伊尼汉（Sir Berkeley Moynihan, 1865—1936）的称颂，且被评价为精神病学界的约瑟夫·李斯特。“将来的精神病院要称得上配备齐全，”莫伊尼汉预言，“一间X光实验室，一名训练有素的细菌学家是必不可少的，还要有一位经过精神病学启蒙的外科医生待命。”[30]

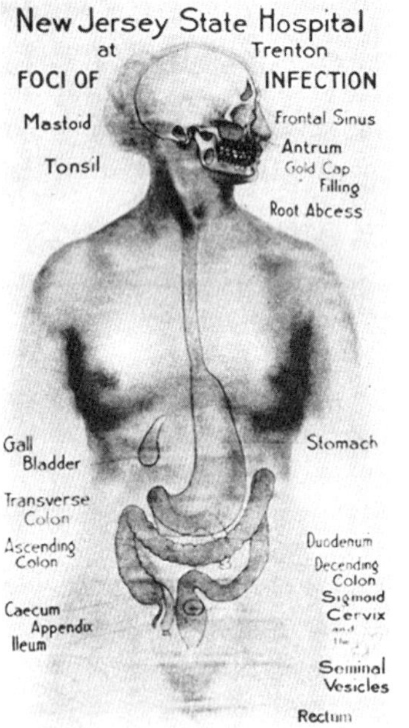

感染病灶：这是亨利·卡顿反复使用的一张图，显示了体内所有可能隐藏着灶性脓毒的部位，这些脓毒会潜伏在体内，毒害身体和脑。

科顿和格雷夫斯吸引了不少名人拥趸——在美国有早餐食品大亨、著名的巴特尔克里克休养院院长约翰·哈维·凯洛格（见本书第九章）、美国医学会会长休伯特·沃克（Hubert Work, 1860—1942）、二十世纪初美国最具影响力的精神病学教科书作者斯图尔特·佩顿（Stewart Paton, 1865—

1942）——不过也遭到了激烈的批判。奇怪的是，这些指责全都没有利用一点：科顿承认他实施的腹部手术死亡率近三分之一。[31]精神科医生们抱怨说，家属围着他们要求采用科顿说的那种神奇疗法，同时也对他夸大其词的说法以及“对手术和细菌学领域的前景存在过分乐观的估计”[32]表达了忧虑。然而面对这位同行对囚禁中的人进行如此大规模的实验，他们并没有质疑其合理性，也觉得没有必要拿手术造成的高致残甚至致死率来说事。伦理上颇有些不妥的是，一项针对亨利·科顿的调查是由他的恩师，美国最权威、最显赫的精神病学家阿道夫·梅耶尔主持的（通过调查得知手术的真实死亡率接近45%）。然而梅耶尔直接隐瞒了调查结果，他更在乎的是避免一桩潜在的丑闻，而不是出手干预，以保护病患的生命。[33] 308

休克疗法

瓦格纳-尧雷格的疟疾实验，以及科顿和格雷夫斯对慢性脓毒症的专注研究，将掀起一股以禁闭于精神病院中的脆弱人体为对象的精神病学实验热潮。1920 年代～1930 年代，欧洲和北美各地涌现了各种旨在根治疯癫、让疯人恢复正常的身体疗法。精神失常者家属的绝望，渴望挣脱“疯人博物馆策展人”身份的精神病学家的职业抱负，以及慢性疯癫病症给国家带来的财政负担，促使各地进行疗法实验，但没有什么制约的力量来管束它们。病患在其中自然是没有发言权的。他们在道德、社会和身体上已经被逐出人类的范畴，关在外人看不见的院舍之内，被剥夺了道德行动者的身份，因其精神状态而被假定不具备做出合理决策的能力。面对那些掌握着他们生死的人，他们基本上无能为力，尽管有一些人还是发起了反抗。

那些过度的医疗干预，有许多已经淡出我们的集体记忆。
如今谁还记得，巴比妥酸盐曾被用来制造漫长的深度睡眠，以
309 此让精神病患断绝他们的疯狂思绪？[34]还有将马血清注射到脊椎
中以造成脑膜炎，从而通过诱发高烧来调动身体的免疫系统，
这样一来“这些细胞的净化活动就能清除中枢神经系统的毒素，
也就是致其不能正常运转的有害物？”[35]或者哈佛大学的精神病学
家们在麦克莱恩医院的实验，他们在这座面向波士顿上流社会
人士的私立疗养院里有意将病患的体温降到85华氏度（29摄氏
度）甚至更低，达到人几乎无法存活的温度（事实上有些人的
确没能活下来）？[36]或是注射马钱子碱、胶性钙或氰化物？[37]

如果这些干预手段还可以说普及度有限，存在时间也很短，那么像额叶切断术和电痉挛之类的疗法，可是得到了长期的大范围应用的，极大影响了公众对精神疾病及其治疗的认识。正如我们在后面将看到的，待到1960年代以及此后一些离经叛道的精神病学家转投“反精神病学”时，它们会在大众文化中得到一种新的呈现。在小说和好莱坞电影中，精神科医生得到了活灵活现的描绘，他们代表着一个肆意妄为的学科，以一种施虐的方式，把一些假装治疗的手法当作武器，用于迫害病人。然而在这些新疗法被提出时，精神病学人士和彼时刚涌现的科学栏目记者群体几乎众口一词地称赞，他们认为这表明了医疗科学的进步终于被用在精神疾病的治疗上。

到了十九世纪末、二十世纪初，医学实验室革命已经不仅限于对病原的细菌学调查。最激动人心的内分泌系统研究的突破出现在1922年，加拿大的弗雷德里克·班廷（Frederick Banting，1891—1941）和查尔斯·贝斯特（Charles Best，1899—1978）成功分离出胰岛素，挽救了病房中处于昏迷和垂

死状态的孩子。那么这神奇的化合物还有没有别的用处呢？

曼弗雷德·萨克尔（Manfred Sakel，1900—1957）出生于纳德沃尔纳亚——当时是奥匈帝国一省（但在两次世界大战之间属于波兰，今属乌克兰），1920 年代萨克尔在柏林的私立精神病院里希特菲尔德医院（Lichterfelde Hospital）行医，对吸食吗啡和海洛因成瘾的病患进行治疗。为缓解戒毒症状、刺激病人的食欲，他开始使用这种新型激素。有的病人会陷入一 310
种低血糖昏迷。1933 年移居维也纳后，他被分配到一个精神分裂病房，开始实验他所说的胰岛素休克疗法。到 1933 年 11 月时，他已经向神经和精神病协会（Verein für Neurologie und Psychiatrie）报告了最初的研究结果。很快，他开始声称该疗法可以让 70% 的病患得到缓解，其他病人据他说也有显著改善。等到 1937 年瑞士精神病学会成立的时候[38]，已经有 22 个国家对该疗法的功效给出了正面回馈。然而由于奥地利反犹之风日盛，萨克尔搬到了纽约，供职于哈莱姆谷州立医院（Harlem Valley State Hospital），此后一直生活在美国，直至 1957 年因心梗病逝。萨克尔曾经满怀热情地宣传自己的发现：

> 基本上就是每天连续用高剂量胰岛素制造休克；这偶尔会引起癫痫发作，但更多的时候会导致嗜睡或昏迷，伴以大量出汗——总之是通常来讲会出现令人警觉的临床表现……然而我们以为，来找我们治疗的病人通常已经被认为无法恢复或病入膏肓，尝试这样一种疗法就算再危险也是合理的，会有成功的希望。[39]

这个疗法无疑是十分危险和夸张的。病人挣扎在生死之间，必须时刻不间断地得到医疗护理。即便有了如此专注的监护，还是有2% ~5% 的病人死亡。其他的病人在注射葡萄糖后会苏醒过来。一个病人会接受数十次这样的治疗，这种疗法在当时被广泛接受,[40]不过由于它需要用到大量资源，只有一小部分病人能得到治疗。

萨克尔本人也认为，“癫痫发作的机能模型一方面来看就像是破门槌，用来突破一些顽固病例的防御，让低血糖的‘常规部队’可以通过”。[41]对照研究最终证明胰岛素昏迷疗法毫无用处，不过这一质疑最初引起了许多知名精神病学家的愤怒,[42]在某些地方，这种疗法的应用一直持续到了 1960 年代
311 初。比如特伦顿州立医院到了 1961 年还在用，普林斯顿大学的数学家约翰·纳什（1994 年他因在博弈论上的贡献获得诺贝尔奖）在那里接受了胰岛素昏迷疗法以治疗自己的精神分裂症。[43]

如果说资源上的需求制约了胰岛素昏迷疗法的应用，那么 1930 年代发展出来的其他休克疗法就没有这个问题了。在萨克尔宣布自己的新疗法一年后，匈牙利精神病学家拉迪斯拉斯·梅杜纳（Ladislas Meduna，1896—1964）开始在布达佩斯试验让病人出现惊厥的办法。这种站不住脚的理论是本着一个（错误的）观点——精神分裂和癫痫是不会共存的。他一开始采用樟脑油注射，但机体对此耐受性很差，且经证明它并不是一个诱发癫痫的可靠办法，只会导致“焦虑乃至恐慌，并且与攻击行为和自杀倾向相关”。[44]但他并没有气馁，转而尝试马钱子碱，在发现效果还是不尽如人意后，他选择了五甲烯四氮唑（不久后在美国开始被称作“米特腊唑”）。

米特腊唑（metrazol）的效果在一定程度上要更可预测一些，它不像樟脑油那样，注射后会给病人带来恶性的后果。梅

杜纳自己就说要使用“暴力……就像炸药一样……把病态的连续性炸个粉碎，让患病的机体恢复正常运转……一场狂暴的猛攻……因为目前来看，唯有这样给机体制造一次足够有力的休克，才能打断走向精神分裂的有害进程”。[45]一位同时代的观察人士指出，“在诸多明显的反应中，格外突出的是病人的表情和言语表达，它们证明了病人陷入极度的惊吓和痛苦的状态，以及被濒死感所致的恐惧压垮的状态”。[46]这种关乎生死的恐惧不是唯一的副作用，甚至都不是最严重的。另一位精神病学家述称：“这种疗法最大的弊端是会导致关节脱位、骨折、心脏损伤、永久性脑创伤，甚至有时还会导致死亡。由于大多数病人对疗法表现出极端的恐惧和担忧，也由于它时常会导致的剧烈惊厥和严重并发症，现在需要寻找一种更理想的方法来替代。”[47]

乌戈·切尔莱蒂在罗马的屠宰场见到猪被电击的景象，由此启发了他对精神病人施用电击的想法。

这种寻觅很快就有了结果。在罗马，两位意大利内科医生——乌戈·切尔莱蒂（Ugo Cerletti，1877—1963）和卢奇奥·比尼（Lucio Bini，1908—1964）——在实验中让电流通过狗的身体，观察它们的生理反应。不少狗死亡了，不过一次偶然的机会他们去了一趟屠宰场，看到那里在宰杀猪前会对猪进行头部电击，以把它们击昏，这表明对人类使用类似的技术
312 （除了屠宰那一步）可能会有疗效。1938 年4 月，这种所谓的电痉挛疗法（简称 ECT）首次进行了人体试验，一开始他们使用的电流过小，不过最终成功地让病人出现一次剧烈的发作。ECT 被认为比米特腊唑更廉价，也更可靠，基本上立即可以看到效果：不需要为等待惊厥的出现而提心吊胆地度过一段漫长的时间，并且切尔莱蒂声称病人康复后会不记得发生过什么。如此的简单直接且便宜，立刻让 ECT 在世界范围内得到接受。[48]它也会引起骨折，尤其是对髋臼窝和脊椎，为了避免这些问题，ECT 早在 1942 年就已经开始配合使用肌肉弛缓药物，一开始是用马

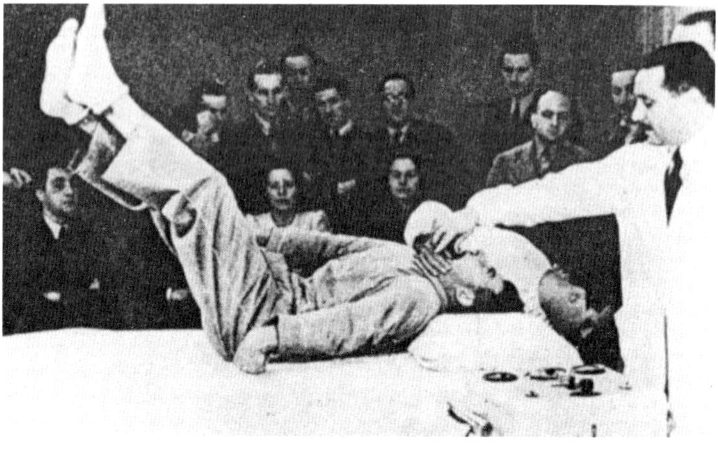

一名病人在接受未改良 ECT 治疗时出现痉挛（1948），画面右侧正在查验护齿的是卢奇奥·比尼。

钱子，而后是琥珀胆碱，并且需要配合麻醉和输氧。[49]

争议开始出现，有人提出这种新型休克疗法可能是因其造成脑损伤才见效的。哈佛神经学家斯坦利·柯布（Stanley Cobb，1887—1968）进行了一系列动物实验，他得出的结论是“胰岛素和米特腊唑的疗效可能靠的是毁灭大脑皮质中的大量神经细胞……在精神错乱和神经症的治疗中使用这些意在治愈的手段，在我看来是完全没有依据的”。[50]萨克尔却得出了截然相反的结论：他承认在胰岛素治疗期间，切断大脑供氧会导致脑损伤，但他在毫无证据的情况下就猜测，被杀死的是导致精神错乱的恶性细胞。[51] ECT 的倡导者并不打算承认他们所 313
采用的疗法的有效性是建立在脑损伤之上的，面对一些人不断做出的批判，疗法的支持者不屑一顾。[52]

聚焦大脑

至于 1930 年代中后期研发出的另一个重要的身体治疗方法，就不会有人说其不会造成脑损伤了，因为它首先就要对大脑的额叶发起直接的手术冲击。脑白质切断术（leucotomy）——美国的主要倡导者倾向于称它为额叶切断术（lobotomy）——是由葡萄牙神经学家埃加斯·莫尼兹（Egas Moniz，1874—1955）提出的。1930 年代中期，在右翼独裁者安东尼奥·萨拉查（António Salazar）统治下的葡萄牙是一个贫穷落后的国家，一般情况下，在那里进行一场小规模的实验是不会产生什么后果的。由于关节炎造成双手残疾，莫尼兹不能亲自做手术，于是他要依赖同事佩德罗·阿尔梅达·利马（Pedro Almeida Lima，1903—1386）。在最初的几场手术中，他们需要在头骨上钻孔，将酒精注射到额叶里，从而杀死脑组织。结果是令人振奋的，至少莫尼兹是这么看，不过后来的手术开始改用一种刀状的小型装置来切除额叶的脑白质部分。从1935年11月到1936年2月，一共有二十名病患接受了手术，其中有几人“得病”才四个星期而已。不过后续工作就比较马虎了，莫尼兹承认病人经常出现大小便失禁、情感淡漠和迷
314 茫。但是他坚称，这些副作用将是暂时的，接受治疗的人有35%出现了相当程度的改善，还有35%的人有一定改善。曾向莫尼兹提供病人的精神病学家索布拉尔·锡德（Sobral Cid，1877—1941）对此说法提出了质疑。他称接受手术的人得到的是严重损伤而不是改善，为了避免再有病人落难，他拒绝再将病人交给莫尼兹处置。

然而莫尼兹迅速在巴黎出版了一部专著，重申经他手术的精神分裂者有70%出现好转。[53]瓦尔特·弗里曼（Walter Freeman，1895—1977）对这一成绩十分赞赏，这位华盛顿神经学家于1936年9月与神经外科同事詹姆斯·沃兹（James Watts，1904—1994）进行了美国的第一台类似的手术。次年，两人对手术做出了一些修改——在钻开头骨后插入一个类似黄油刀的装置，它在额叶中扫过，切断与脑的联结，据他们说取得了非常出色的效果。他们给这种新手术取名叫标准或者“精准”额叶切断术，尽管在病患遭受随意的脑损伤方面毫无精度可言。

弗里曼和沃兹对到底应该毁掉多少脑组织有些把握不好：太少了，病人依然是疯的；太多了，结果就是成为植物人，甚至死在手术台上。他们认为解决办法是一直切下去，直到病人出现迷茫的迹象。当然，这就意味着要在局部麻醉的情况下做手术。手术过程中，沃兹负责切，而弗里曼会问一系列问题，并把答案记录下来。这些用打字机记录的问答如今读来仍令人

心惊肉跳，尤其是当弗里曼问手术台上的人，此刻他头脑里想到些什么时，病人顿了顿，回答道："一把刀。"

两位医生宣称这类手术成效卓著，让众多病人不必因慢性病而在与世隔绝的精神病院病房里度过余生。许多同行对此表示怀疑。事实上，当弗里曼在巴尔的摩的一次南方医学会会议上首次宣布他们的成果时，得到的是"尖锐的批评和厉声的告诫……众口一词地……发出恶意的责难"，直到在附近的约翰·霍普金斯大学任教的知名精神病学教授阿道夫·梅耶尔出面干预，呼吁观众让实验继续下去，骂声才有所缓和。[54]他们于是得以继续进行。

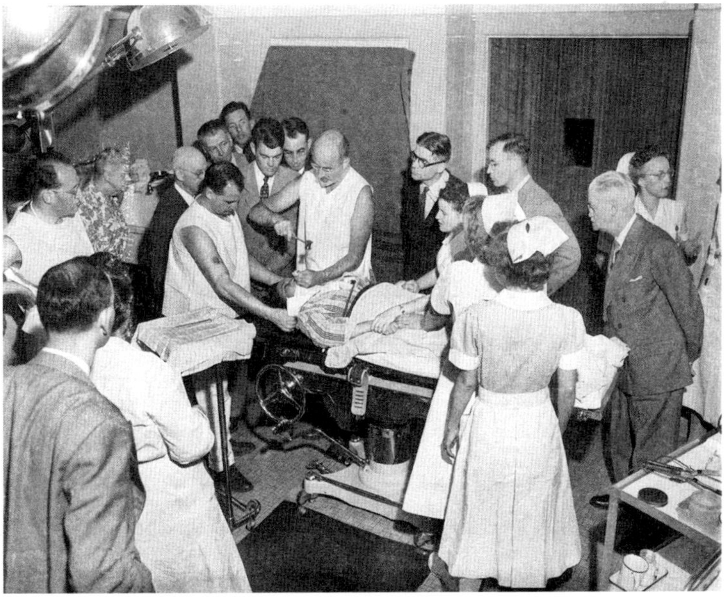

1948 年 7 月 8 日，瓦尔特·弗里曼在华盛顿州斯泰尔拉康堡医院（Fort Steilacoom hospital）做"经眼眶额叶切断术"——一支冰锥正经由眼窝进入病人的脑部。

315 弗里曼在手术功效上的坚持逐渐有了回报，美国各地的精神病院开始应用这项技术。[55]和弗里曼一样，英国精神病学家威廉·萨金特（William Sargant，1907—1988）奉额叶切断术为福音，也坚信疯癫源自脑，当时正靠洛克菲勒基金会的一笔助学金在哈佛学习的他赶来了解它的成效。他随后前往英国，在那里自己做了一些额叶切断术，并鼓励同行也加入。[56]第二次世界大战拖慢了这次手术推广的进度，不过更紧迫的一个问题是，当时神经外科医生很少，而进行"精准"手术要耗时长达两个小时。

弗里曼希望找到一种可以加快手术速度的办法，从而大幅减少挤在美国精神病院病房里的近五十万的疯人。当时他在意大利医学文献中偶然读到一篇文章，其中介绍了一种简单得多的额叶手术方法，[57]简单到弗里曼后来声称他可以在二十分钟内教会一个白痴做额叶切断术，哪怕是个精神科医生。（神经学出身的弗里曼很瞧不起精神病学。）这种被弗里曼命名为"经眼眶额叶切断术"（transorbital lobotomy）的手术最初是用
316 在门诊中的。经过两到三次间隔很短的电击，病人会失去知觉，然后使用一支冰锥从眼睑插入，用木槌敲击以穿透眼窝，进入前额叶并继而通过横扫的动作来切断脑组织。病人会得到一副墨镜，以遮盖手术导致的黑眼圈乌青，据弗里曼说，在恢复意识后，病人很快就可以开始从事正常的活动，快到你意想不到。

经眼眶额叶切断术很快引来争议。与弗里曼搭档多年的詹姆斯·沃兹被吓到了，两人之间很快出现裂隙。沃兹在耶鲁医学院的导师约翰·富尔顿（John Fulton，1899—1960）也毫不掩饰自己的不满，他写信给弗里曼，威胁说后者要敢踏足纽黑

文，小心吃一顿拳脚。弗里曼没被吓倒。相比神经外科学家研究出的一些更精良的手术，他坚信自己的新型手术更有效，对脑的损伤也更小。他在全美巡回展示实施经眼眶手术有多简单。标准的“精准”额叶切断术需要 2～4 个小时，而弗里曼亲身证实他一个下午可以处理十几个病人。[58]从 1936 年到 1948 年，他和沃兹一同做了 625 台手术。到 1957 年，弗里曼一个人就已经又做了 2400 台经眼眶手术。在 1940 年代末期，全国各地的州立医院都引入了这种手术。[59]

采纳各种方式对身体进行治疗，是精神病学家、精神病医院管理者和政界人士引以为傲的事。这是精神病学与科学的医学重新建立联系的明证，意味着它摆脱了早年被孤立的状况和疗效上的不力。庞大的纽约州精神病院系统（共包括 18 所医院）的官办期刊宣扬这是一个显著的进步：

> 身体疗法强调身心的根本统一。在一定程度上，可以用被所有人都轻易理解为像“疗法”一样的手术处理精神疾病，这一点使人们明确这些疾病应与其他疾病一样被同等对待虽然那些导致罹患者成为人类中的异类、导致精神疾病有别于通常的疾病的反应并非不可理解。[60]

在更广泛的文化层面上，对精神错乱进行身体治疗也获得 317
了类似的认可。《时代》杂志赞美萨克尔是“一位年轻的维也纳精神病学家，用胰岛素之法……治愈了神智迷乱的人”[61]，几年后，《纽约时报》科学栏目的记者威廉·劳伦斯将他誉为“精神病学界的巴斯德”。[62]好莱坞在刻画战后美国精神病院的卓绝努力时，将电击休克疗法以一种非常正面的方式呈现给观众，它对电影《蛇穴》（*The Snake Pit*）的女主人公弗吉尼娅·坎宁安宁恩（奥莉薇亚·德哈维尔兰［Olivia de Havilland］饰演）的迅速康复起到至关重要的作用。坎宁安最终的痊愈靠的是英俊的精神科医生“基克大夫”的谈话治疗法，不过为了让她能够接受分析，休克疗法是不可或缺的。这部 1948 年的票房冠军在英国公映时，审查局坚持要求影片打出一份声明，提醒英国观众这是一部美国电影，本国的精神病院条件是非常好的——完全不是电影呈现的那种破烂病房。

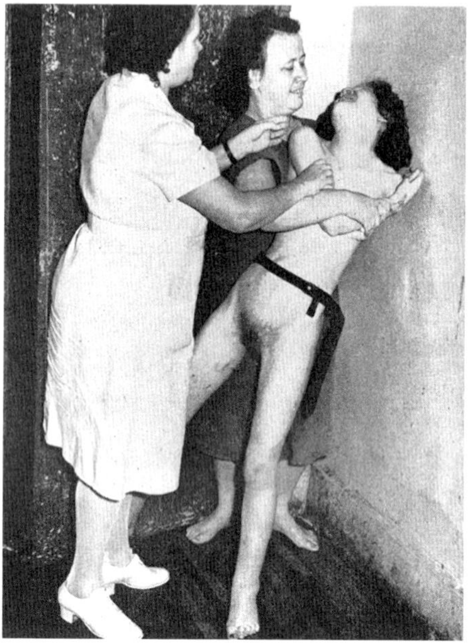

一名将接受额叶切断的病人进行了徒劳的反抗。弗里曼认为给拒绝接受手术的病人做额叶切断是毫无问题的，因为他们疯了，用不着考虑他们的意见。这幅图出自他和沃兹合著的《精神外科》第二版。

额叶切断术以及它的主要倡导者瓦尔特·弗里曼的地位还会得到进一步改善。《华盛顿明星晚报》（*Washington Evening Star*）早已向读者宣告，额叶切断术“可能是我们这一代最伟大的外科创新之一……一支麻花钻加一把刀就可以把无法控制的伤感变成正常的顺从，这简直让人难以置信”。[63]后来科学栏目的记者沃尔德马·肯普弗特（Waldemar Kaempffert）又在《星期六晚邮报》（*Saturday Evening Post*）上发文对此技术大肆吹捧，并附上弗里曼和沃兹做手术的照片，文章的一个删节版后来被刊登在当时在多国畅销、有更强大的国际传播力的《读者文摘》（*Reader's Digest*）上，从而触及更广泛的受众。[64]还有一篇美联社报道也对此称赞有加，说额叶切断术是“一剂人格的返老还童药”，切除了“忧愁的神经”，并且几乎绝对安全——“危险性不比拔除一颗被感染的牙齿大多少”。[65]不 318
久之后，诺贝尔奖委员会就将1949年的医学或生理学奖颁给了埃加斯·莫尼兹，[66]这无疑是对这种手术的价值做出的最明确的肯定。莫尼兹的获奖促使额叶切断术的应用出现爆炸性增长。1949年的最后四个月，单单在美国进行的此类手术就已经是过去八年总量的两倍。到1953年，又有2万美国人接受了额叶切断，[67]世界各地也有成千上万的人接受了这种手术。

遭遇反抗

然而，公众和业界对这种孤注一掷的治疗手段没能保持长久的热情。1950年代的时候，人们对它的支持已经有所减弱，到了1960年代，胰岛素昏迷、休克疗法和精神外科（如脑白质切断术）都被当作精神病学迫害的象征来批判。倒戈的精神病学家迅速以“反精神病学”的名义组织起来，其中包括在政治上势同水火的萨斯·托马斯和R. D. 莱恩，他们从专业的角度（勉强可以这么说）做出自己的论述，至少在这个问题上，他们的许多同行是赞同的。然而在文学和大众文化领域，日益加剧的质疑声要比他们的尖锐多了。

欧内斯特·海明威（Ernest Hemingway，1899—1961）的抑郁情绪越来越严重，他最终在1960年12月住进了梅奥医院（Mayo Clinic），在那里接受了多次ECT治疗。1961年1月中旬出院后，他的精神状况依然不稳，当年4月再次入院，接受了更多的休克疗法。他于6月30日出院，两天后自杀——用一把霰弹枪把自己的头炸了个粉碎。他留下了一段文字，对自己得到的治疗进行了谴责：

> 这些休克大夫不知道作家是怎么回事……不知道该怎么办……把我的头脑毁掉，删除我的记忆，有什么意义呢？那是我的资本，这是要让我喝西北风？这是一项杰出的疗法，但是我们失去了病人。[68]

满溢阳刚之气的海明威如此声讨休克疗法，而女性主义传奇人物、诗人西尔维娅·普拉斯（Sylvia Plath，1932—1963）也贡献了一段。她的小说《瓶中美人》设计了一个几乎不加
319 遮掩的“影射”（Roman-à-clef），细致描绘了自己接受ECT治疗的经历，这种疗法（配合胰岛素昏迷治疗）被用来对付她的抑郁以及一次自杀未遂：

> 我想微笑，但我的皮肤已经硬得像羊皮纸。戈登医生在我头部两侧各放了两个金属片。他用一根绑带紧勒着我

的额头，把金属片固定住，然后让我咬住一根电线。我闭上眼睛。无声的瞬间，就像吸进一口气。接着某种东西压了下来，抓住我，死命地摇晃我。咿咿咿咿，它尖叫着，带着蓝光在空气中噼啪作响，每一次闪动都是对我身体的一次重击，直到我以为我的骨头要断了。我像一株开裂的植物向外喷溅着汁液。

我在想我究竟做了什么伤天害理的事。[69]

普拉斯的第一部也是唯一一部小说于 1963 年问世。作家在不到一个月后就自杀了，而这很可能与她十年前接受的治疗并无关联。她的死很快导致了人们对她的丈夫泰德·休斯（Ted Hughes）的谴责。然而，随着她的形象多少有些简单粗暴地被确立为受不忠的丈夫辜负、无法发挥个人才华的绝望家庭主妇和年轻母亲，她在早年的精神病治疗自然就很容易被当作又一个男权社会迫害的例证。

ECT 的捍卫者（当时许多精神病学家和病人依然对它充满信心，尽管对它的斥责也同样不绝于耳）会理直气壮地表示，海明威和普拉斯的故事无关大局，对 ECT 的临床价值不应该有任何影响。然而在针对精神病学的文化态度所发生的巨变中，两人的事例都起到了一定作用，尤其是对于上一代人喜欢拿来作为科学进步证据的那些身体疗法。除了少数例外，比如有人尝试过论证病灶性脓毒症毒害了大脑，从而导致精神疾病的观点，1920 年代～1930 年代引入的各种身体疗法，都无法就其有效性给出什么可信的解释。反正它们就是有用的。结果后来发现，它们并不管用。一旦人们对胰岛素昏迷、电诱发痉挛，以及通过给脑造成不可逆损伤来“治愈”精神疾病的方法失去信心，抵制的力量是巨大的。

肯·克西（Ken Kesey）的《飞越疯人院》（*One Flew Over the Cuckoo's Nest*，1962）和珍妮特·弗雷姆（Janet Frame）的《水中的面孔》（*Faces in the Water*，1961）等小说对精神病学
320 大加攻挞。克西曾给加利福尼亚州门洛帕克一家精神病院当勤杂工，他描绘了这家机构肆意使用电击来管束和制伏病人。当这些疗法对小说主人公、百折不屈的兰德尔·P. 麦克墨菲（Randle P. McMurphy）都不起作用时，医院使用了终极武器——额叶切断术。新西兰小说家弗雷姆对侧重身体治疗的精神病学实践有过更近距离的接触。从 1940 年代中期开始，弗雷姆连年被送入一连串不人道的精神病院，接受了胰岛素昏迷治疗以及两百多次电击，若不是因为她得了这个国家最重要的文学奖项之一——休伯特·丘奇纪念奖（Hubert Church Memorial Award），让手术师改了主意，再过几天她就要在锡克利夫精神病院（Seacliff Mental Hospital）接受额叶切断术。接下来几年里，她建立起了极高的国际声誉，她的小说时常会有自传式的指涉，提及自己在无能的、施虐成性的精神科医生手中遭到的严酷对待，最终能逃脱出来靠的是自己的三卷本自传，以及新西兰导演简·坎皮恩（Jane Campion）根据这本自传改编的电影《天使与我同桌》（*An Angel at My Table*，1990）。

如果说坎皮恩的电影是一个备受影评人褒奖的、富于艺术性的杰作，赢得了一系列重要奖项，那么十五年前的 1975 年由米洛斯·福尔曼（Miloš Forman）执导的电影版《飞越疯人院》，就是在大众市场上取得的一次非凡胜利了。影片赢得五个奥斯卡重要奖项，四十年后的今天仍是一部童叟皆知的名作。还有很多好莱坞电影也将额叶切断术刻画成一种残酷而罪

恶的手术，由冷酷的施虐狂医生来实施。格雷姆·克利福德（Graeme Clifford）的 1982 年影片《法兰西丝》（*Frances*）同样毫不留情。由杰西卡·兰奇（Jessica Lange）饰演的好莱坞女星法兰西丝·法摩尔受到胰岛素昏迷疗法的折磨，多次接受电击休克治疗，被锁在床上反复奸污，最后被人随意地做了额叶切断，而且——并非偶然的是——做手术的人长得跟瓦尔特·弗里曼一模一样。然而，兰奇的表演固然杰出，但与杰克·尼科尔森塑造的兰德尔·P. 麦克墨菲比起来就显得苍白了。因法定强奸罪入狱的麦克墨菲想方设法让自己住进了一家精神病院，以为这样是进了一个比监狱舒服的地方，可以优哉游哉度过余下的刑期，然而却惹了大祸。他满嘴俏皮话，不服管束，目中无人，一开始还动员自己的病友们——那些精神已然被摧毁的人——和他一起造反，结果却发现，自己的出院日期现在已经掌握在这些精神科劫持者手里。面对影片所描绘的赤裸裸的精神病学迫害，他拒绝屈服，于是得到了电击休克治
疗，其目的无疑是惩罚。然而这个办法并没有得到预想的效 321
果。只有用额叶切断，一种将他从人类变成植物的手术，可以粉碎他的精神。这也正是他的下场。

这些场面永远改变了公众对精神病学诸多身体治疗的观感，也破坏了这门学科的名声。等到几部电影问世的时候，这些疗法都已经被精神病学摒弃，只有 ECT 例外。这时的精神病学针对精神分裂和抑郁已经有了许多精神药物治疗方法（见本书第十二章），那些较轻度的精神疾病就更不消说。主流精神病学家仍在抗议电击疗法受到的不公对待，认为它在抗化学药物的恶性抑郁方面应该占有一席之地。然而，大众文化的裁决已经很清楚：ECT 是一种危险而非人性的做法，一种会

烧焦人脑、毁掉他们的记忆的干预手段。至于额叶切断术，有几位专科史学者近来试图至少恢复它的部分名誉。可以看到，其结果只是徒劳。不仅仅是山达基教徒——这项技术对他们来说就是上天的馈赠，可以随时被拿出来作为罪证——普罗大众中间也已经有了明确的共识：额叶切断术是一种罪行，它的主要推动者瓦尔特·弗里曼可谓禽兽不如。

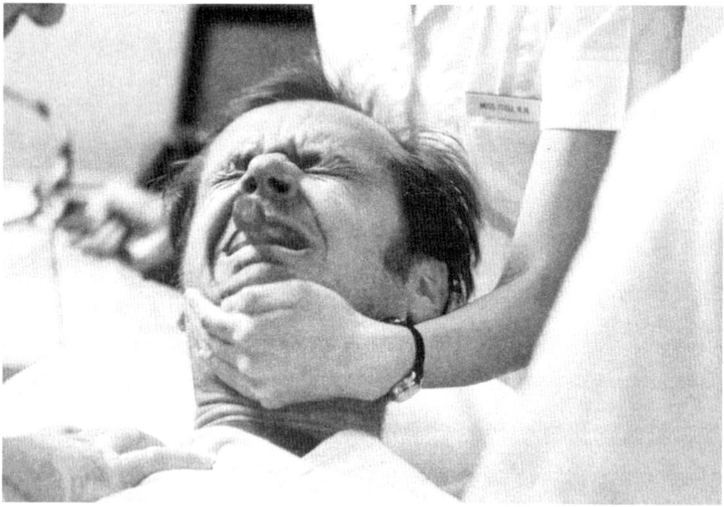

杰克·尼科尔森（饰演兰德尔·P. 麦克墨菲）在 1975 年的影片《飞越疯人院》中接受 ECT，以惩罚他不遵守病房日常秩序，并迫使他就范。而在 ECT 无法达到效果后，额叶切断术就成了最后的手段。

第十一章　一段意味深长的插曲

追寻含义

二十世纪上半叶，绝大多数精神病患的医护工作掌握在执 322
着于身体治疗的相关机构手中。事实上，精神病院及其管理者所推崇的疗法在那段时期得到了全球推广。法国和英国热切地将它们作为西方文明的象征带到了自己的殖民地，尽管有时候原住民对这种现代化进步并没有太大的热情。在印度和非洲[1]，当然还包括那些已经在很大程度上将原住民清除或边缘化的国家——澳大利亚、新西兰、阿根廷[2]——精神病院得到普及，同时，胰岛素昏迷、电击、米特腊唑和额叶切断术也作为现代的、科学的精神病学的必备手段得到广泛应用。甚至在并未被西方列强完全殖民的中国——但在半殖民地的状态下苦苦挣扎——也被强行引入了一系列西式的精神病院。不过，这类机构和源自中国古老医学传统的疯癫观念及其应对手段是共存的，双方还时有冲突。[3]

然而，另一种非常不一样的精神病学此时正在崛起。在两次世界大战的间隙，弗洛伊德的精神疾病理论以及他的治疗方法越来越受欢迎，尽管它们始终是一种偏门的思想。堑壕战的经历以及它所导致的崩溃，从很多方面让创伤与疯癫紧密相关的说法变得可信起来。那些曾经蜂拥前往疗养镇，或掏钱接受

神经学家的休息疗法和静电仪治疗的人，到了二十世纪的第一
323 个十年似乎开始偏爱起心理治疗。精神分析学内部仍然不乏争吵和分歧，然而作为一个整体，它已经具备了一些独特的优势和吸引力，这有助于这门学科的生存和发展。因此，在细究精神分析学的命运之前，我们有必要先大致了解它在二十世纪的发展轨迹。

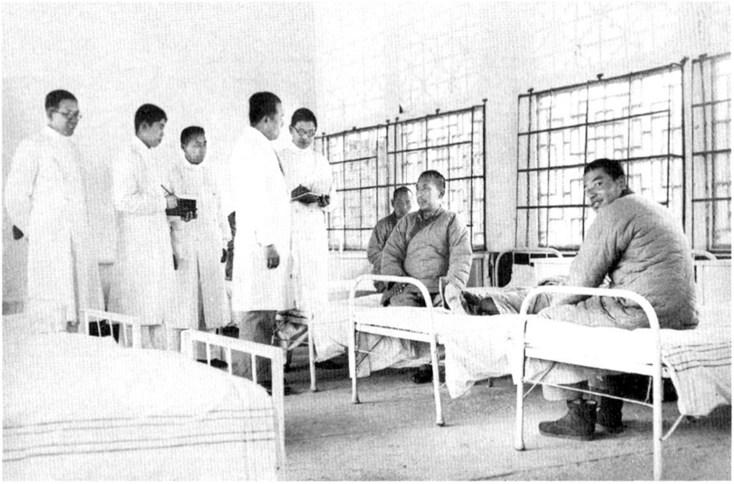

1930 年代北京收容所内的医生和病人。西式收容模式在洛克菲勒基金会的资助下被引入中国。

越来越多富有的病人因某种精神困扰而坐上了精神分析师的沙发，这些困扰对亲身经历的人通常是极为痛苦的。在外人看来，他们就是些自我陶醉的人，因为幸运或者倒霉，得到了花不完的钱财和时间，过着漫无目的的生活，眼里往往只有自己，其程度之夸张已经快到疑病症的地步。[4] 然而也有一些人认为，这些困扰是真的让他们萎靡不振：被一种无助的感觉吞没；一种不知从何而来的痛苦将他们彻底击垮；出现一些让身

边的人难以理解或者几乎无法忍受的行为。具体到每一个病例，一个病人属于何种类型的判断是存在争议的。然而确凿无疑的是，这些病人的主诉病状多数时候不一定影响他们的思维条理，或是他们仍能对自己的行动表现出一定程度的控制力，尽管有时候理智的支配力会显得不太稳固。如果拥有充足的财 324
力，他们就构成了一个客户群，可以为一种新的精神病学实践模型打下基础。

从很多方面来看，精神分析学在 1918 年停战后的二十年里取得了空前的发展，尤其是在欧洲的德语地区。这是一段经济上的艰难时期。战败后的同盟国一片废墟，背负着战败赔款的重负，具体到奥地利，早已辉煌不再的帝国领土被瓜分，变成了一个新的民族国家。维也纳的荣光仍在，但和昔日相比就只是一个萎缩而残碎的遗迹了。1929 年的灾难性通胀之后是全球经济崩溃。然而在这期间，弗洛伊德的学术事业，在多数时候倒是蒸蒸日上的。他这一行的市场受社会阶层所限，某种程度上还受制于种族差异——犹太人在病人和执业者中始终占据格外高的比例——另外，第一次世界大战爆发前夕的派系分裂与争执也构成了障碍，弗洛伊德指定的衣钵传人卡尔·古斯塔夫·荣格（Carl Gustav Jung，1875—1961）就是这时与他闹翻的。此后几十年里，这个领域还会不断受到进一步的分歧影响。

虽说精神分析疗法只是在炮弹休克的治疗中偶尔被破例使用，但它强调心灵冲突、创伤和压抑是精神扰动的源头，这在很多人看来似乎是对大量精神崩溃现象的最合理解释，这种崩溃已经成了暴力冲突中最显著的特征。罹患炮弹休克的人并不会在战争结束后消失，他们会发现自己遭到鄙夷与漠视。在许多国家，承诺的抚恤金被取消，但参战较晚、这类伤亡没那么多的美国则是个例外。自南北战争以来，这个国家已经形成了善待退伍军人的习俗，将各种大多数国民还得不到的福利待遇给了他们。但总的来说，这些人和他们的那些身上带着更明显的伤痕，可以让世人看到他们经历过什么的战友一样，都是一种丢人现眼的负担。他们的勇气在战时被榨取，他们的健康和生活被摧毁。如今他们基本上只能自求多福。

弗洛伊德对象征、心理冲突和压抑、隐义和当代文化的复杂性的强调，激发了艺术家、作家、剧作家和电影人以多种方式运用他的理念。
325 弗洛伊德式的观点渗透到了广告业中，尤其是弗洛伊德的外甥爱德华·伯尼斯（Edward Bernays，1891—1995），此人在纽约开创现代公共关系学，并让企业相信潜意识广告会有神奇的促销效果。心理分析还极大影响了现代主义运动和大众文化的兴起，对育儿方法的冲击当然更是无所不在，至少在一段时期内是这样，同时我们的语言和日常对话也深受其影响。躺在沙发上的病人形象层出不穷，由此可见，精神病学的公众形象在很多方面至今是和谈话疗法以及精神分析"科学"大祭司们紧密联系在一起的。坊间以弗洛伊德和精神分析为题的出版物数量惊人，但没几本有新鲜内容，多数是参与者想趁机捞上一笔。

这实在让人摸不着头脑。从二十世纪一直到进入二十一世纪，多数精神病人根本不会去看精神分析师。主流精神病学总体上对弗洛伊德的主张抱有一种轻视、敌对或鄙夷的态度，只有少数几个例外，包括在希特勒上台前一小段时间里的中欧德语区，还有二战后二十多年里的美国，以及一段相对长久的时间内的阿根廷。学院心理学无心过问弗洛伊德的想法，在我们称为大学的现代知识工厂里，他的思想几乎只在文学系、人类学系有容身之地，偶尔还有哲学系。因为除了少数真正的信徒外，很少有人会寄望于精神分析来重塑自己的精神生活——何况负责管理现代医疗保健成本的会计们也不会答应。一些有文化的读者始终对这座复杂的智识大厦满怀兴趣，因为它反反复复地承诺会解开人类心理运转的秘密，同时炮制出各种关于我们的无意识自我和内在生命的空想故事。在英国、法国以及部分美国大城市，有一小群人一直在光顾分析师的诊室。不过对全世界多数人而言，精神分析作为一种治疗干预是没前途的。

精神分析运动

二十世纪前三十五年精神分析吸引到一批拥趸的时候，他们中的大部分人集中在欧洲的德语地区——奥地利-匈牙利、苏黎世以及瑞士部分地区，还有一战后建立的魏玛共和国时期的德国，尤其是柏林。在新世纪的最初几年，弗洛伊德一度引 326
起了苏黎世伯格霍兹里医院院长厄根·布洛伊勒（也就是“精神分裂”一词的创造者）的关注和认同。和他那一代的多数精神病学家一样，布洛伊勒对精神疾病源于身体的学说坚信不疑，但他比同时代人更愿意去接受心理层面对精神紊乱的影响。他对弗洛伊德和约瑟夫·布洛伊尔合著的《癔症研究》欣赏有加，鼓励自己的手下——包括年轻的卡尔·荣格——去了解精神分析文献。其中一些人开始成为弗洛伊德的追随者，尽管布洛伊勒本人一直和精神分析保持着距离，因为在他看来这门学科太过武断了。1911 年，他退出了国际心理分析协会，并正告弗洛伊德协会的派系倾向，“这种‘非友即敌’的态度，在我看来对宗教社团是必要的，对政党是有用的……但对科学，我认为是有害的”。[5]

布洛伊勒的背离似乎并没有对他手下那些人起到劝阻作用，诸如卡尔·亚伯拉罕（Karl Abraham，1877—1925）、马可斯·艾廷恩（Max Eitingon，1881—1943）以及荣格等人都仍在夸赞精神分析的长处。荣格在早期曾尝试利用词语联想研究来揭示无意识情结。他依赖实验室，采用量化方法，为一个向来倚重临床病例研究的学科注入了一丝科学气息，同时似乎将精神分析和实证心理学联系了起来。荣格还在精神分析领域之外引起了不少反响，知名度越来越高，加之和一些治疗重症精神病患的大型精神病院有关系，给弗洛伊德帮助很大。这样一来，一些原本可能根本不会理睬弗洛伊德的精神病学家，如今至少会听一听他在说什么，前来伯格霍兹里医院学习的外国精神病学家还吸收了他的观点。但是在荣格的协助动员下改旗易帜的人依然只是少数。在埃米尔·克雷珀林的带领下，德国和奥地利的主流专科人士大多仍然对精神分析要么将信将疑，要么彻底鄙视。

与此同时，法国精神病学对弗洛伊德学说持完全排斥的态度，这一点一直到1960年代才有较大程度的改观。法国早期对精神分析的这种拒绝，似乎与民族主义有很大关系。1870～1871年的法德战争以及第一次世界大战的恐怖经历，导致法国人对德国的一切都极度厌恶，讽刺的是，从1930年代发生
327 的事情来看，弗洛伊德本人就卷进了一场反条顿风波。法国人认为，他的那些有点意思的看法都是已经有（法国）人提出过的，比如曾师从于沙可的皮埃尔·让内（Pierre Janet，1859—1947）。然而实际上和弗洛伊德相比，让内的理论和方法要简陋和稚嫩许多，而且他还认为，接受心理治疗后病情有好转的人

存在潜在的生理退化，这就在相当程度上打消了富人对它们的兴趣。然而，弗洛伊德的理论还是很难在法国业界得到认可。

在二十世纪初的英国，投入弗洛伊德学派门下最知名的人士是欧内斯特·琼斯（Ernest Jones，1879—1958），此人日后还会为弗洛伊德著传，成为和他关系最紧密的同僚之一。然而当 1911 年他和戴维·埃德（David Eder，1865—1936）试图在英国医学会就精神分析发表演讲时，全体观众在论文讨论开始前便离场了。更糟的是，由于被指与病人有不当性关系，琼斯很快逃离了英国。[6] 在对弗洛伊德的评价上，大部分英国精神病学家与詹姆斯·克赖顿－布朗爵士似乎是一致的（有些人开始管他叫“弗洛缺德”①）。爵士指责弗洛伊德学说的前提是精神分析法有意去“唤起有害的回忆”，而那些记忆还是被压抑着比较好。[7] 托马斯·克利福德·奥尔巴特爵士（Sir Thomas Clifford Allbutt，1836—1925）和查尔斯·默西埃等爱德华时代最具声望的神经疾病研究者强烈反对精神分析，称其倾向于“让男男女女沉浸在自己放不下的苦痛之中。它要么把一些本应埋葬的回忆发掘出来，要么任凭医生用强大的暗示来生造出所谓的记忆，而这对病人构成的折磨要更甚于他们自己的思绪”。[8]

在二十世纪最初的几十年里，大多数英国精神病学家从根本上认为精神分析是在鼓励一种病态的自省，然而实际上需要的只是隐忍克制。[9] 因此，在英国的该领域权威人士眼里，它就是德国犹太人胡诌出来的一个一文不值的玩意儿。1920 年休·克赖顿－米勒（Hugh Crichton-Miller，1877—1959）创办

---

① 原文为“Fraud”，形近“Freud”，意为骗子。

塔维斯托克诊所，想要为英国精神分析学家提供一个根据地时，精神病学研究院（Institute of Psychiatry）院长爱德华·马波瑟（Edward Mapother，1881—1940）动用自己的政治人脉，力求让诊所不挂靠于任何学院机构——诊所若与伦敦大学无关，便无法获得公共资金。[10]而塔维斯托克诊所的折中路线又让正统的精神分析师无法接受，因此这些人不愿与它有什么瓜葛，导致它的处境越发困难。

弗洛伊德与美国人

328 新世界再一次做出了不一样的选择。离第一次世界大战爆发还有五年的时候，弗洛伊德受邀前往美国，参加一场为庆祝马萨诸塞州克拉克大学（Clark University）创办二十周年举办的研讨会，他是二十八名与会者之一。他对美国人评价不高，一开始拒绝了邀请。之所以改变主意，一方面是由于当时和他关系还很密切的学生卡尔·荣格的劝告，一方面也因为组办方开出了更高的价钱，而且将会议改到一个他更方便的时间举办。他获得的法学博士学位，将是他一生得到的唯一一个学术荣誉，同时此行也为精神分析在北美的发展建立了一座虽说不大但极为重要的桥头堡。

不过也有不理想的地方。在研讨会过程中，弗洛伊德并没有被当作一个格外重要的与会者——同台讲话的有两位得过诺贝尔奖的物理学家，此外还有名声比他显赫得多的学院派心理学家和精神病学家。[11]何况这份认可是美国人给的，照他日后的看法，这个国家“十分庞大——是一个庞大的错误”。[12]他对阿诺德·茨威格（Arnold Zweig，1887—1968）说，那整个国家就是一座“反天堂”，里面生活着看不到任何智力文化迹象的

“野蛮人”和骗子，它应该改名为“美元国”，因为那才是他们敬奉的神明。在出发前他就很有把握地对荣格说：“我……想他们一旦发现我们的心理学理论的核心是性，就会放弃我们。”[13]他的恨意并没有被时间冲淡。“美国人有什么用处呢，”他在1924年对欧内斯特·琼斯有过这样一番激烈的言论，“如果他们不能带来钱的话？他们也就只擅长这个。”然而历史何其讽刺，精神分析学恰恰是在美国取得了最辉煌的成功，尽管弗洛伊德有生之年没能赶上。

弗洛伊德的美国之行时机很合适。这是一个满是新奇事物的国家，而美国人发明的新奇事物之一就是各种新宗教，或者说老宗教的变体：摩门教，或者用其信徒更喜欢的名称——耶稣基督后期圣徒教会；基督复临安息日会（也就是创办了巴特尔克里克休养院的那个组织）；耶和华见证人等。有一些新的宗教或基督新教宗派声称自己的目的是身体与心灵的疗愈，这其中最为坚持的就是玛丽·贝克·埃迪（Mary Baker Eddy）在1879年创办的基督科学教会（Church of Christ, Scientist）。反对她的教义的人称基督科学教会是一个灵疗邪教，但它还是吸引了众多信徒，其中不乏神经疾病患者。也许是受此启发，一些更主流的新教教会也加入了进来。这其中有以埃尔伍德·伍斯 329
特牧师（Elwood Worcester, 1862—1940）为首的波士顿以马内利堂（Emmanuel Church），这个不对外开放的教会尝试将一种医学审视的伪装结合到宗教慰藉和心理治疗中去。一开始，伍斯特还能找到威廉·詹姆斯、詹姆斯·杰克逊·帕特南（James Jackson Putnam）等哈佛教授来参与，然而等到他们终于意识到经自己的手创造出了怎样一个弗兰肯斯坦式怪兽后，他们都退缩了。在当时看来，心理治疗是会摆脱医学的控制，重新回到宗教范畴的。这绝不能容忍。在克拉克大学演讲中，弗洛伊德严厉斥责了这些对“科学与理性”的侮辱，在座的医学人士对此颇为赞许，在一篇刊登于《波士顿晚报》（*Boston Evening Transcript*）的与阿德尔伯特·奥尔布莱希特（Adelbert Albrecht）的访谈中，他似乎想将这一观念传达给广大的读者。“灵魂的乐器，”他严肃地表示，“演奏起来不容易，我的手法非常精细和枯燥。任何门外汉都有可能造成最为邪恶的后果。”[14]

克拉克大学研讨会，1909年9月10日。弗洛伊德（前排右四）和其他与会者合影，包括他右侧的G. 斯坦利·霍尔（G. Stanley Hall）和左侧的卡尔·荣格。前排左三为威廉·詹姆斯。

330 访美期间，弗洛伊德征服了詹姆斯·杰克逊·帕特南（James Jackson Putnam，1846—1918），作为哈佛大学的神经学教授，帕特南同时还是“波士顿婆罗门”的一员，这是一个发端于美国革命时期的望族。这是一个重大转折，因为帕特南的加持不仅缓解了人们对精神分析与性的担忧，还吸引了一些有钱的病人。此外帕特南还在 1914 年创办了波士顿精神分析学会。但他的同事、小说家亨利・詹姆斯的哥哥威廉・詹姆斯（William James，1842—1910）就没那么大的热情了。詹姆斯只听了一场弗洛伊德的演讲，不过两人倒是曾经边走边聊地进行了一次长谈，谈话不时被詹姆斯的心绞痛打断——心脏问题过不了多久将夺去他的性命。詹姆斯称自己还是没服气，他认为弗洛伊德这个人“固执于一成不变的理念。他的梦理论完全无法说服我，而且‘象征’显然是再危险不过的方法了”。在后来的一封信中，詹姆斯的语气更加严厉：“我严重怀疑弗洛伊德……经常有幻觉。”[15]

伊迪丝・洛克菲勒・麦考密克，她是约翰・D. 洛克菲勒之女，为人盛气凌人、挥霍无度，也是卡尔・荣格的首位“美元婶婶”。

美国之行很难说给弗洛伊德的理论赢得了多少拥趸。他在克拉克大学用德语进行的演讲被以英文出版，这是他的基本理念首次被介绍给英语世界的读者，从长远来看，这次演讲再加上他的《性学三论》（1905），对他的理论在美国学界的传播
331 起到了格外重要的作用。由于炮弹休克的肆虐，精神困扰源于心理的解释在一些美国人眼里显得有说服力起来，在其他地方也是如此。但是美国主流精神病学依然对这种观念抱有敌意，当一个病人的精神疾病被确信无疑是源于身体的紊乱时，谈话疗法在他们看来顶多只是隔靴搔痒。

相比之下，一些爱表达的富有人士对弗洛伊德的理念就很感兴趣了，并且寻求了精神分析治疗。然而让弗洛伊德懊恼的是，其中最富有的两位——伊迪斯·洛克菲勒·麦考密克（Edith Rockefeller McCormick，1872—1932）和玛丽·梅隆（Mary Mellon，1946 年去世）——看上的是叛徒卡尔·荣格，并且拿出个人财富的相当一部分用来促进荣格学说的传播，尽管收效甚微。[16]弗洛伊德和荣格的关系在从美国回来后开始恶化，到 1912 年已经势同水火。1913 年 1 月，两人断绝了一切关系，次年这种关系演变为不可挽回的决裂。曾经的精神分析学派接班人现在与弗洛伊德运动彻底划清界限，开始另立自己的分析心理学门户。自此，荣格和荣格派就成了弗洛伊德及其追随者的死敌，荣格派门人反过来也对他们报以同样的厌恶。[17]

弗洛伊德倒也吸引了一些美国富人到维也纳，[18]不过他们的实力与伊迪斯·洛克菲勒·麦考密克和玛丽·梅隆相比差得很远。荣格在招揽“美元叔叔”（Dollar Onkels）——实际上应该是“美元婶婶”——方面的本事，被好事者拿来与弗洛

伊德做比较，这让后者越发憎恨自己的这位昔日门生，同时很可能也大幅加剧了他对美国的蔑视。

不过，让人哭笑不得的是，精神分析在美国倒是取得了一定程度的成功。有的精神病学家觉得收容所里的环境让他们窒息，希望能以办公室为中心来行医，于是他们开始采纳心理疗法；还有一些神经学家不满于这个可以精确诊断梅毒和硬化症的分科在治疗上如此无能，故也走上了这条路。一些新的领域有待这股精神病学新生力量去占领，比如一战后开始出现的婚姻和儿童指导诊所。似乎有越来越多的民众希望看到从精神分析的角度解释无意识，这一点从流行杂志上给这类话题留出的空间就可以看出来。但是主流医学始终对此保持着怀疑甚至敌视的态度，在很多人看来这一行就是江湖医术的一个分支，此外还有对精神分析的含义提出的疑问。 332

美国人对弗洛伊德学说中比较灰暗的那部分始终不算很着迷。他在 1920 年代的作品开始越来越多地用一种阴郁笔调描绘文明与个人之间的根本冲突，提出压抑和无休止的不满足感可能是文明生活的代价，他们于是就开始寻找其他不那么讨人厌的选项。弗洛伊德此前在《一个幻觉的未来》（1927）中宣告，宗教是一种神经官能症，上帝是源于对父亲形象的一种孩子气的向往，在一个信徒众多的社会，这显然让他不太招人待见。这一点一开始还不是很要紧，因为自称推崇弗洛伊德的人会毫不犹豫地无视他们不喜欢的那部分。

没人维护正统，精神分析于是在美国幌子下被以大杂烩的方式稀释、扭曲和重塑，对精神困扰以及治愈它们的前景采取了一种积极和乐观得多的态度。乐观主义是那个年代的潮流。这种转型的一个知名范例是为避乱来到美国的海因茨·哈特曼

(Heinz Hartmann，1894—1970；弗洛伊德个人偏爱的一个人物）的作品，他开始发展所谓的“自我心理学”——这种理论姿态淡化了心理冲突与本能，强调自我（ego）在促进现实适应力方面的作用。美国人觉得，这样的思路要比弗洛伊德那些极度悲观的主张要合意多了。从更宽泛的角度来看，这种加了许多美式伪装的精神分析承诺的是从焦虑和精神困扰中得到解脱，这就吸引了不少受此困扰的富有病人，这些人是绝对不会考虑在精神病院里接受治疗的。

正如我们在下一章将看到的，在电影产业正飞速发展着的好莱坞，弗洛伊德的理念显然是极受欢迎的。无论是对于摄影机前的演员，还是摄影机后的操控者来说，都是如此，且1945年之后的精神分析狂热毫无掩饰地出现在了那个年代的许多最为成功的影片中。[19]在东海岸也是这样，尤其是东北部那些大规模的犹太社区里的富人，精神分析师们发现了不少对他们的产品感兴趣的人。不过比起越来越拥挤与破败的州精神
333 病院里那成千上万的重症精神病患，这个市场要小得多。但这是一个受过教育、社会地位更高的群体，他们掌握着可观的社会和文化资本，何况如果要每周接受数次长达一小时的治疗，持续数月乃至数年，是需要有充足的财力支持的，这是古典分析疗法的先决条件。这些门诊病人有钱、善于表达，但是受到深度焦虑和神经症的困扰，而这些问题是无法轻易治愈的，需要经历漫长的治疗，比起挤在精神病院里的那些往往没钱也没文化的社会边缘人——饱受妄想、幻觉、深度抑郁的困扰，与社会隔绝或者干脆已经失去神智——这个病人群体要诱人得多。

这种偏离和稀释促进了精神分析的福音在广大美国受众中传播，这让正统的弗洛伊德学派人士头疼不已，尽管他们对此

也做不了什么。早在 1921 年，曾去克拉克大学听弗洛伊德演讲的艾萨多尔·科里亚特（Isador Coriat，1875—1943）开玩笑说，自己当时高喊“没有精神疗法，只有精神分析，弗洛伊德是精神分析的先行者”，但那只是对牛弹琴。[20]事实上，对心理学的发展及其潜力的强调成了这一时期的主流思维，无论是门宁尔兄弟（他们利用在堪萨斯州托皮卡的一个家族诊所从事心理治疗）这样的美国本土精神分析师，还是生活在东海岸的一些国外出生的分析学家——一个更高端的群体（至少他们自己是这么看）——都是如此，后者平常是瞧不起他们的美国同行的，认为那些人就是一群追求物质的叛徒，对弗洛伊德的鸿章钜字谈不上有什么见解。

背井离乡

接下来，希特勒上场了。纳粹当权后，精神分析学在德国很快销声匿迹，一股难民流亡潮开始形成，其中一部分人去了伦敦，但更多的人去了美国的东部城市，尤其是纽约。有大量犹太人的柏林学会首先遭到迫害，其领导层在 1930 年代初逃亡美国。到了 1930 年代末，奥地利和匈牙利的同仁也来到美国与他们会合。[21]事实上维也纳在曼哈顿重新建立了组织，那些流亡者很快成为纽约心理分析协会（New York Psychoanalytic Society）的主导力量。[22]

1938 年 3 月 12 日德奥合并。已经与口腔癌搏斗了十五年 334
的弗洛伊德病情恶化，面临着死亡的威胁，他的家人也一样，盖世太保将他的女儿安娜（1895—1982）带走，对她进行了一场恐怖的审讯，这件事对他的打击很大。在欧内斯特·琼斯的帮助下——再加上多年的金主玛丽·波拿巴公主（Princess

Marie Bonaparte，1882—1962）慷慨解囊，支付了纳粹要求的离境税——弗洛伊德得以和妻子玛莎、女儿安娜、一名女佣和一名医生一起前往伦敦。

客居汉普斯特德期间，他的家人在梅尔斯菲尔德花园路20号的宅邸内重建了弗洛伊德的维也纳心理咨询室，这让他得以继续接诊病人（见彩图42）。但是他的身体状况不断恶化，遭受的痛苦已经到了无法忍受的地步。肿瘤渐渐侵占他的脸。患处散发的恶臭导致他的宠物狗都不愿意靠近。坚韧如弗洛伊德，也无法承受这与日俱增的痛苦。他提醒为他看病多年的医生马克斯·舒尔（Max Schur，1897—1969）要遵守诺言，在“绝境”之时给予协助。“如今已经只剩下折磨，简直荒唐。”1939年9月21日，舒尔给弗洛伊德注射了第一剂吗啡。9月22日，舒尔再一次注射。弗洛伊德于次日去世。

弗洛伊德死时，第二次世界大战刚刚打响不到一个月。许多精神分析学家逃离欧洲大陆。没有离开的，大多在纳粹治下的屠杀中殒命。大量难民涌入美国，这势必大幅增加在那里寻找行医机会的精神分析师的数量。然而，这同时也意味着矛盾的加剧。中欧人不把美国同行放在眼里，即便是对相当维护弗洛伊德正统思想的那些人。他们认为美国人在知识和文化上低自己一等，这种态度在双方打交道时也体现出来了。气氛日趋紧张，一直存在于精神分析学界的门派之争越来越激烈。不过他们的口沫飞溅也只有忠实的信徒会留意。讽刺的是，战争毁掉了中欧这个一直以来的精神分析学腹地，结果却成就了该学科在美国的一片光明前景，即使圈内仍存在内斗。

弗洛伊德生前也没少给这些争斗添柴加火。他的不容异议和恨意满满都是出了名的，与他存在分歧的人通常会被赶出他

的小圈子，开始永久的“流亡”。[23]然而在多数外人看来，这些 335
鸡零狗碎的小事是无碍大局的。弗洛伊德死后的世界将再一次陷入连年的战火，最终还将把原子能的骇人威力施加于毫无防备的平民百姓身上。已经在全力消灭德国精神病人的纳粹，现在开始有组织地向集中营运送人员和装备，这些营地的用途是消灭犹太人、其他“血统低劣”的群体，以及他们的政治对手。文明的虚浮外表正在被撕碎。黑暗的毁灭力量再一次发威，现代医学与科学堕入歧途，用自己的能力创造了一个——应该说是多个——人为的地狱。

全面战争及其后果

降临世间的残虐景象，哪怕是悲观的先知弗洛伊德看到，也会大为惊诧。然而，恰恰是这场骇人的战争对心理分析学的发展起到了格外有力的助推作用——这种进展在英国相对小一些，但在美国就宏大、持久得多了。弗洛伊德学说的某一些版本统治了美国精神病学至少四分之一个世纪，精神分析思想和概念广为流传，甚至进入了大众文化领域。这门学说主张疯癫是有含义的，甚至可以说这些含义正是疯癫的根源，它们解释了人发疯的原因，指出了治疗的方向，在很多人看来已经是太明确不过的事。

吞没了所谓的文明世界的新冲突进一步证明——如果还需要证明的话——工业化、机械化的战争与军人的心理稳定性，
往往是不可兼得的。在朝鲜战争、越南战争以及一系列让 336
“冷战”并不“冷”的军事冲突期间以及之后，再加上两次海湾战争，痛苦的教训再次摆在人们面前。越战后，美国老兵的政治影响将会促使一个全新疾病门类的形成，也就是“创伤

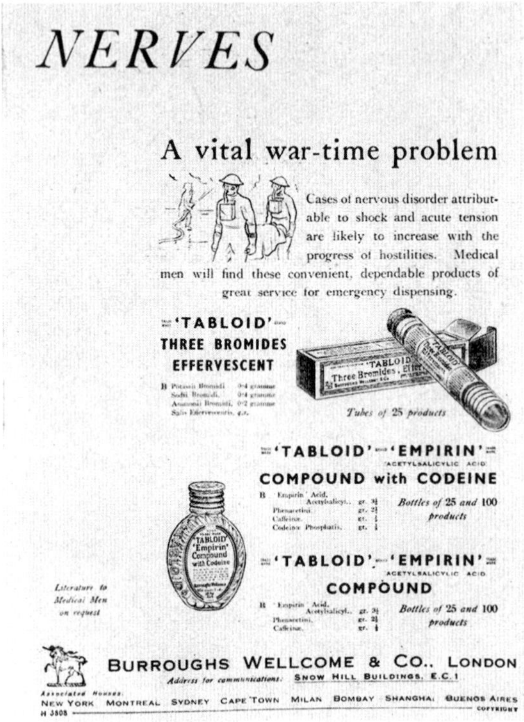

战时神经症。考虑到战争压力会导致神经障碍病例增多，制药公司伯勒斯惠康（**Burroughs Wellcome**）适时推出了一种化学药物。

后应激障碍”（Post-Traumatic Stress Disorder，简称 PTSD）。很快，这种疾病将扩散到其他暴力形式的受害者身上，尤其是与性有关的暴力。然而，军人的精神病问题并非在二十世纪末精神病学政治化以后才显现。在第二次世界大战期间，它已经是军队无法回避的一个事实。

纳粹处理此问题的对策很简单，既然他们在杀害精神病人时毫无顾虑，那么处理崩溃的士兵也不会手软。德意志国防军的士兵如果发疯，会遭到处分甚至枪决。[24]德国精神病学家的共识是，一战时的炮弹休克患者只是一些诈病者和懦夫，把他们当病人来治疗的错误不能再犯了。这个观点得到了国防军总司令部的热情支持。崩溃还是在发生，尤其是在东线，但官方不承认这些战争神经症患者的存在，尽管他们会受到残酷的惩罚、被临时组建的行刑队处决，或者被扔回战场。

英国人不太乐意亲手射杀病人，不过在避免炮弹休克再度爆发这件事上，他们也一样坚决。由英国顶尖精神病学家制定的官方政策是消除“一切［因表现出神经症状］得到优待的可能：任何人都不能因神经官能症离开部队，且不得对此发放抚恤金”。[25]需要避免使用复杂的治疗方法，因为那只能是鼓励士兵把自己当成病人；需要让这些人尽可能靠近前线，尽量把他们送回原部队。

然而在战争期间，精神病情况仍然严重。各战区的后送伤病员一般会有5%～30%是精神病原因。官方统计通常会低估问题的严重程度，在战斗最惨烈的地方，精神崩溃也最多见。在敦刻尔克大撤退中，官方公布的医疗救护病例显示，只有10%属于“战斗压力”原因，[26]然而这可能严重低估了问题的实际规模，因为很多后送人员在回到英国后就住进了军队的精神病院。[27]战争期间因不适合继续服役而退伍的英军士兵，有40%是因为精神原因。[28] 337

1944年，加拿大军某师在意大利连续参加了两场惨烈的战斗。全师九个作战单位各有不同程度的精神病减员：第一次作战，这个比例在17.4%～30.5%，第二次在14.6%～30%。然而，即便指挥官在第二次作战前下令“对精神病减员采取严惩的态度，理由是他们这样是因为松懈或怯懦”，但全师精神病减员还是从 22.1% 升到了 23.2%。英国和加拿大部队在诺曼底登陆战中的精神病减员至少不比这低，但只有一小部分人得到了治疗——不到总数的 20%——而后重新回到战场。[29] 后来成为知名喜剧演员的斯派克·米利根（Spike Milligan, 1918—2002）就在其中。在意大利卡西诺山的激烈战斗引发了他的第一次崩溃。他回到后方接受了三天的治疗后归队。但是一个星期后，他开始哭泣，战斗的声音让他说话结巴、身体蜷缩，直到他的指挥官终于看不下去了。他被送到远离前线的营地，在那里成了一名精神科文书——谁还敢说军队不擅长讽刺玩笑。他的战争经历已经结束了，和其他的精神伤员一样，他“始终没能摆脱那种［耻辱的］感觉”，认为自己下前线那天是“我人生中最伤感的日子之一”。[30]

对于一直没有参战，直到 1941 年 12 月 7 日日本袭击珍珠港后才被迫加入的美国人，情况就有所不同了。只有最狭隘的孤立主义者才不会预见战争即将到来，美国精神病学界已经动员起来向军方进言，称想要避免出现一战那样的问题，最可靠的办法就是对兵源进行全面筛查，剔除精神上不适合的人选，这样一来，大规模精神减员带来的后勤和士气问题就可以避免了。这项新政被认为是非常成功的，它在征兵期间排除了将近一百四十五万人——这是个惊人的数字，但这样至少可以确保陆军在前线不受到精神崩溃问题的困扰。

338 然而事与愿违。早在 1942 年，美国参战仅几个月后，部队中的精神病减员就开始多起来了，仿佛根本没进行过什么筛查一样。战场的恐怖，有时甚至只是对战场之恐怖的想象，导致大量精神病减员出现，同时还需要大量精神科和心理科医生来应对军队在士气和效率上面临的威胁。炸弹休克是不存在的，因为那个词已经被弃用，现在正飞速传播开来的是“战争神经症”或“战斗疲劳”。[31]战时进入美国医院治疗神经精神病问题的病人超过了一百万。1944 年，欧洲战区的作战单位中每 1000 人就有多达 250 人入院治疗，比例十分惊人。[32]例如在 1943 年的西西里战役中，美军精神病员被送到北非治疗，后只有 3% 的人重回战场。[33]与此同时，“美军在太平洋的重要战役，也就是 1942 年夏季和秋季在瓜达尔卡纳尔岛战斗期间，需要后送的重伤病员有 40% 是因为精神问题”。[34]战争结束后，士兵精神受损问题的上升趋势也没有立刻平息下来。1945 年，军事医院病房里挤进了 50662 名神经精神病员，至于进入精神病院的人员，到 1947 年将有 475397 名退伍军人领取退伍军人局发放的精神残疾抚恤金。[35]

奇怪的是，弗洛伊德学派在战前精神病学中处于边缘地位，英国和美国军方却放心地将战时精神病工作指挥权交给了偏好精神分析的人：英国方面是塔维斯托克诊所的 J. R. 里斯（J. R. Rees，1890—1969），美国方面是堪萨斯州托皮卡门宁尔诊所的威廉·门宁尔（William Menninger，1899—1966）。可能这样做是在吸取一战时的教训：精神病减员是心理压力的结果。不管是因为什么，精神科人力严重不足（1940 年美国精神医学学会只有 2295 名成员，大多在精神病院工作，军方自己雇用的人到 1945 年也将达到这个规模）意味着内科医生需要接受紧急培训，然后投入工作，在门宁尔的主持下，这种培训的内容是心理疗法而不是身体疗法。考虑到病员众多，单独的心理疗法是不现实的，于是就有了群体治疗。

美式精神分析

战后，一些比较开放的英国精神病学家利用自己了解的 339

治疗社区（therapeutic community）理念，试图按照这些原则对平民精神病院进行重塑。社会、心理学界在如何动员病人和医护人员来创造一个有利于康复的环境方面的问题上都面临压力；不少英国精神分析学家——威尔弗雷德·比昂（Wilfred Bion，1897—1979）、约翰·里克曼（John Rickman，1891—1951）、哈罗德·布里杰（Harold Bridger，1909—2005）和S. H. 福尔克斯（S. H. Foulkes，1898—1977）——在探索解决方法的过程中发挥了显著作用，但这种精神疗法是基于群体治疗而不是单独分析的。治疗社区有着更“民主”的气息——它意在抹去或尽可能减少等级和地位的差异，尽管这只是理想而非现实——这和战后英国更趋平等主义的气氛是契合的，当然，群体精神治疗也要比单独的精神分析便宜许多。[36]

总体而言，战争让英国精神病学家们十分受挫，塔维斯托克诊所的官方历史承认在战斗中“我们对创伤神经症的治疗几乎没带来什么有分量的新内容”。[37]这是一个冷静的判断，也是他们昔日在军中的上级完全认同的。战争结束时，英国军官评价这些被鄙称“杂耍自行车手”（trick cyclist）的精神病学家“幼稚，缺乏经验，无视军事现实，并且太过自以为是”。[38]如今对精神病学在战斗中发挥作用的需求和希望已经不存在，军方对这一专业也恢复到一直以来的鄙视态度。

英国精神病学家的美国同行则不同，他们有幸得到一个更富有且处于适应期的市场，可能也更擅长将自己的成果推广给容易轻信的公众。他们挂起了自己的招牌，开始用个体精神疗法行医。早在1947年全美就已经有超过半数的精神科医生开始私人执业，或者供职于门诊部，这和战前的情况大相径庭。到了1958年，在传统州立医院执业的人只有16%。此外，这

威廉·门宁尔在堪萨斯州托皮卡的门宁尔诊所办公室。

一专科重心的快速转移发生在绝对规模大幅扩张的背景下。到1976年，美国精神医学学会的人数已经从1948年的不到5000人，上升到超过27000人。[39] 1948年，威廉·门宁尔准将（这是他此时的军衔）当选为学会主席，开创精神分析学家担任此职的先河，《时代》杂志将他的肖像放在封面上以示庆祝，肖像旁边还有一个带锁孔的人脑和一把钥匙。看起来揭开疯癫 340
奥秘的工作将要迅速展开了。

到了1960年代，美国大学里的精神病学系教授已经大多是精神分析科班出身，或者是该学说的支持者，[40]，该学科主要的教科书强调的是精神分析视角。[41]（欧洲没有发生类似的转变。）申请美国精神病学实习和住院医生实习的人越来越多，这其中最优秀的一些人在接受大学教育的同时，还在影响力巨大的精神分析研究所辅修说教式分析，这些研究所当时和医学院还是分开且保持着距离的。要想在美国精神病学界取得学术上的成功，受过心理分析教育是一个条件，虽说不见得是必不可少，但高端层次的行医基本上是涉及基于办公室的心理
341 治疗的。患有重度慢性精神疾病的病人大多被边缘化，并被专业精英忽略，因为他们更喜欢有钱的门诊客户。

古典精神分析治疗是需要花钱的——很多钱。然而在一段时间里，美国相当一部分上流资产阶级人士相信这是值得的。在纽约、波士顿、芝加哥、洛杉矶、旧金山和其他地方，他们纷纷拥向心理分析师的诊察台，大张旗鼓地表达对治疗专家的支持。渐渐地，精神分析治疗被认为至少在理论上有机会用于精神错乱的治疗，一些高端私营机构——比如门宁尔诊所、栗树疗养院（Chestnut Lodge），以及奥斯滕·里格斯（Austen Riggs）和麦克莱恩医院——尝试用谈话疗法来治疗精神分裂病人。[42]

这是美国精神分析学家的黄金年代。他们地位稳固，瞧不起那些仍躲在州立医院里的“命令－组织”型精神科医生，后者的人数现在已经需要靠招募外国人来维持了。他们的州立医院同行在1954年的收入中值只有9000美元，同级别的分析师则是这个数字的两倍多——22000美元。金钱的吸引力只是其一。除了面向极富阶层的少数机构，精神科医生大多被困在一个挤满低收入慢性病患的系统里，这些医院地处穷乡僻壤，散发着衰弱与腐朽的恶臭——那是实实在在可以闻到的恶臭。而精神分析师们面对的是阔绰、有修养、谈吐得当的人群，医患双方有着同样的文化背景，同在他们眼中美国最热闹和最美好的城市中心生活——这一点令他们颇为得意。

病态妈咪

心理分析的视角在广泛的文化语境下也得到了越来越多的尊重。战后的地域流动性使初为人母的女性迫切需要育儿方面的建议。首位有精神分析背景的儿科医生本杰明·斯波克（Benjamin Spock，1903—1998）填补了这一空白。1946 年问世的《斯波克育儿经》（*The Common Sense Book of Baby and Child Care*）在出版后的六个月里卖出了 50 万册。等到 1998 年斯波克去世时，它的销量已经超过 5000 万本，并被翻译成逾 30 种语言。它是战后美国销量仅次于《圣经》的畅销书。书中对育儿和发育的阐释深受弗洛伊德学说的影响，经过朴实而友好的语言呈现，这些观点成了普罗大众文化认知的一部分。[43]

英国人对斯波克的热情没那么高，不过两位著名心理分析 342
学家——约翰·鲍尔比（John Bowlby，1907—1990）、唐纳德·威尼科特（Donald Winnicott，1896—1971）——有很大影响力，英国人的育儿方法因此也深受精神分析理念的影响，其中甚至包括对少年犯罪的根源的认识。鲍尔比的研究核心是母亲与孩子的依恋关系，以及似为母爱缺失所致的问题。[44]战争期间，伦敦及其他城市的中心区为躲避德军的轰炸疏散了许多儿童。有一些孩子被寄养在托儿所，好让他们的母亲可以投身于战争相关的事务；有一些犹太难民的孩子则是在逃离“最终解决方案”的恐怖威胁。

威尼科特在工作中与被疏散的儿童打过交道，他非常强调玩耍和爱意对于一段美好童年的重要性。在古典弗洛伊德学说中，父母与孩子的关系是充满忧虑和冲突的，有大量无意识和勉强压抑着的性欲和感受。相比之下，威尼科特的学说是让人宽慰的：母亲（以及广义上的父母式人物）只需要有“一般的爱”并且“足够好”就可以了，不需要拼命去实现不切实际的完美。他坚信这样的父母可以让孩子发展出一种良性的独立，成为一个健康的成年人。他强调要“支持年轻的母亲……让她们去顺应自己与生俱来的偏好”[45]，可以想见，这使得他在年轻妈妈中很受欢迎。

然而，由于他淡化了弗洛伊德理论中的情欲和残酷的元素，传统精神分析学家是不太喜欢他的。然而最终形成的局面是，成人心理分析学在英国精神病学中始终无法摆脱边缘的身份，而这种改良版（要我说应该是驯化版）儿童精神分析却出人意料地大行其道，这其中国民保健服务系统（National Health Service）也出了一份力，它最终同意将精神分析方向的儿童心理治疗纳入报销范围。[46]此外，这一类的著述所产生的持续影响，可能也解释了为什么在英国有不少受过良好教育的人对精神分析一直存有敬意。

然而精神分析学描绘的家庭生活也不全是一片祥和。弗洛伊德的理论认定这个环境是心理病态的根源，他的美国追随者也把不少问题推到了家庭上。分析师们尤其认为，美国的母亲导致了越来越多的疾病和虚弱，甚至威胁到了一个国家的安全。

343 心理分析学不满于迄今只是面向精神病的状况，开始提出它的辅导治疗也许可以用来理解和治疗更大范围内的疾病。和更早的癔症一样，炸弹休克和战斗神经官能症经常表现出从精神压力到身体症状的转变。在1930年代，精神分析学家弗朗兹·亚历山大（Franz Alexander，1891—1964）从柏林搬到了芝加哥，开始了对心身（psychosomatic）疾病的论述。心灵和身体可能以某种方式相互重叠与渗透的观点，原来还是很有号召力的，尤其打动了洛克菲勒基金会，在1930年代初，这家机构的管理者们决定将精神病学作为其医学慈善捐助的重点。亚历山大曾经是基金会善款的领受人，不过后来他们发现，这些钱大多落入了这位一心想过上德国贵族生活的“亚历山大教授、博士、先生”自己的腰包，于是停止了资助。但芝加哥精神分析研究所还是挺了过来，在二战后的几年里，亚历山大的心身疾病说逐渐流行起来。源于心身问题的疾病范围迅速扩大，为了解释心灵困扰如何表现为身体症状的原理，分析师们创造了一个空前精细的模型。“胃神经症状，”亚历山大宣称，“和情绪性腹泻或便秘有着截然不同的心理根源；心脏病和哮喘的情感背景是不同的。”[47]

不同归不同，有一个因素却是不变的，那就是“妈”。她在幕后策划着毁灭行动。以哮喘为例，分析师们告诫，哮喘来自一个“有哮喘基因的母亲”——她的矛盾、愧疚、敌意和拒绝，不过她浑然不觉地否认了这些无意识情感，并把它们转化成了一种母亲悉心呵护（实际上是病态的过度保护）的表现。[48]而在显性精神疾病的产生过程中，父母起到的毁灭性作用还要大，尤其是母亲，这其中包括了“边缘患者”（徘徊于神经病和精神病之间的人）、精神分裂者、自闭症患儿（约翰·霍普金斯大学儿童精神病学教授莱奥·坎纳［Leo Kanner，1896—1961］在1943年首次明确了这种疾病）。[49]

这些疾病皆被认为是母亲不正常的育儿方式导致的，或者说是不合格的父母共同作用的结果：专横的、倾向于否定的、攻击性的母亲，选择了一个心理不健全的、被动的、内向的男性为伴侣。坎纳在1949年提出，自闭症患儿被困在了一张病

态家庭关系网中，从一开始就要面对“父母的冰冷、痼癖以
344 及一种仅限于满足物质需求的机械性照料……他们被整整齐齐地摆在冰箱里无法解冻”。[50]十多年后，他还会再次使用这个比喻，在一次备受关注的访谈中，他称自闭症患儿是情感已冰冻的父母制造出来的，不幸的是这些人“恰好解冻了一阵子，时间刚够他们造出一个孩子”。[51]旅居美国的维也纳精神分析学家布鲁诺·贝特尔海姆（Bruno Bettelheim，1903—1990）在他的芝加哥大学“发展矫正学校”（Orthogenic School）大举引入并实践了坎纳的主张。他的那些马里兰州栗树疗养院的受精神分析学影响的同行也认为，精神分裂是“冰箱母亲”（refrigerator mothers）的产物，贝特尔海姆和他的同行试图实施一种“父母切断术”，让在接受治疗的孩子与他们的父母完全隔离。通过《空城堡》（*The Empty Fortress*，1967）等畅销书，他对这样的母亲和父亲发起了谴责，称他们营造了一个和集中营没什么两样的家居环境。[52]

耶鲁大学的启蒙时代史学家、弗洛伊德的信徒彼得·盖伊（Peter Gay，1923 年生）在《纽约客》上撰文称贝特尔海姆及其同事是“英雄”，同时还用一种不容置疑的语气宣告，“贝特尔海姆自己的幼儿自闭症理论，从任何方面看都要比其他理论更胜一筹”。[53]然而，获得过诺贝尔奖的遗传学家、双螺旋结构发现者之一、育有一个精神分裂儿子的詹姆斯·D. 沃森（James D. Watson，1928 年生）在多年后表达的看法，无疑代表了许多父母的心声，他指责贝特尔海姆是“二十世纪仅次于希特勒的大恶人”。[54]不过在当时很少有人会公开表达这种愤慨，因为贝特尔海姆倚仗的可是如日中天的精神分析科学权威。这门学科正迎来它最风光的时代。父母们一边养育着患有

精神病的孩子，一边还要被斥为疯癫的罪魁祸首，在这双重的污名之下他们往往只能一言不发。

弗洛伊德霸权

对弗洛伊德至关重要的追随者欧内斯特·琼斯曾参与组织一支“罗马禁卫军”，毕其一生捍卫恩师，他从 1953 年开始出版他写的三卷本弗洛伊德传记，最后一卷于 1957 年问世。作为一名值得信赖的“圣徒传”作者，琼斯利用自己独家掌握的弗洛伊德信札与文章，清算了不少“背叛”他的人，将他们逐一斥为精神病学叛徒，不过真正引起那个时代的人注意的是琼斯对弗洛伊德的描绘。在书中他是一位孤军奋战的英雄知识分子、心理科学的巨人，应该和哥白尼、伽利略或达尔文等人放在同一座万神庙内供奉。这部对弗洛伊德生平如实陈述 345
的著作，被《纽约客》称为“我们这个时代最伟大的传记”，[55]这一评价与书本身同样在夸大这一课题的重要性，但在当时的知识界，这样的评断是被普遍接受的。

弗洛伊德去世后，W. H. 奥登（W. H. Auden，1903—1973）表达了自己的哀思：“他于我们已非凡人/而是一个观点的风潮/引领我们各不相同的生活。”[56]这段话如实反映出弗洛伊德在当时某些文学和艺术圈子中的地位。在《癔症研究》这部弗洛伊德和布洛伊尔合著的精神分析原始文本中，弗洛伊德给出了一系列充满心理学内容的短文，他承认这些文章读起来“像短篇小说”，也因此哀叹它们缺乏“严肃的科学烙印”。[57]这是一个让他耿耿于怀的地方，并且很快开始给自己找补，提出“这显然是由课题的性质决定的，跟我没有任何关系”。然而，虽然令他深感痛苦，这却是一个很有见地的看法。这可能也是为什么一些以讲故事——散文、诗歌或绘画——为生的人对他的著作充满热情。除此之外还有对语言、象征、记忆、梦、扭曲与性的着迷，何况弗洛伊德提出了无度和压抑给精神生活留下的印记，而那些一直被认为只是虚无杂音的行为、思想和情绪，也被他赋予了意义。

二战结束后没多久，奥登就开始直接采用这样的叙事了，当时流亡异乡的苏联作曲家伊戈尔·斯特拉文斯基（Igor Stravinsky，1882—1971）选择他为一部关于疯癫和放纵的歌剧写剧本。1947 年，斯特拉文斯基在芝加哥看了贺加斯的《浪子生涯》展览。这位作曲家认为这个系列版画实在太像二十世纪中叶的好莱坞电影大纲。将汤姆·雷克韦尔的故事搬上歌剧舞台成了他的一桩心愿，这将是他唯一一部完整长度的歌剧，1951 年首演后成为少数几部经常上演的战后歌剧之一——它之所以受欢迎跟新古典主义配乐可能有很大关系，因为那些音乐与剧作的十八世纪故事放在一起出人意料地合适。[58]

346 然而，这部歌剧的流行以及在当代人中产生的共鸣，无疑和斯特拉文斯基对剧本作者的选择有关：一方面，W. H. 奥登被普遍认为是二十世纪最伟大的作家之一[59]（此作是奥登与有负于他的情人切斯特·考尔曼一起创作的）；另一方面（尽管是在四分之一个世纪之后）也是因为它和另一位艺术巨擘大卫·霍克尼（David Hockney，1937 年生）的联系，1975 年他在格莱德伯恩为《浪子生涯》设计了舞台布景（见彩图 40），而该舞台设计达到了和贺加斯原作几乎不相上下的知名度。霍克尼有意选用了贺加斯的版画为灵感，而不是自己用油画呈现的汤姆·雷克韦尔的颓丧之旅，他以交叉线影等版画技法作为自己的舞台和服装设计基础，同时对贺加斯的其他作品有微妙的引用。在结尾处的贝德兰姆场景中，他的这些选择体现的很充分。贺加斯给出的疯子原型化为一系列疯人的头颅，这些头颅躲在他们各自的盒子或病房里朝观众席张望着，在他们的头顶左侧是对贺加斯的地狱地图的仿作，由霍克尼借自贺加斯的一幅表现宗教狂热和疯癫主题的晚期讽刺画。[60]霍克尼的画、斯特拉文斯基的曲、奥登的文，三者保持着隐约的一致性，和配乐与剧本一样，最终的艺术成果有着鲜明的现代性，同时又显然受惠于启发了它的十八世纪原作。

而在战后的几年里，试图用歌剧触碰精神错乱主题的，并非斯特拉文斯基一人。本杰明·布里顿（Benjamin Britten，1913—1976）的《彼得·格赖姆斯》（*Peter Grimes*）创作于战时，于 1945 年 6 月 7 日——欧洲战事结束后，日本投降之前——在伦敦首演，取得了出人意料的成功。这是出自一个反战者和公开的同性恋的作品，在当时，这样的身份会招致严厉的道德谴责和法律弹压，然而它还是迅速被认定为一件杰作，在三年间先后在布达佩斯、汉堡、斯德哥尔摩、米兰、纽约、柏林以及其他至少八座城市上演。

弗洛伊德式的压抑是剧本的一个主题，其中有对施虐和鸡奸的暗示，同时对那个时代对同性恋的恐惧发起了几乎未做掩饰的批判。布里顿本人在位于萨福克沿海地区的奥尔德伯勒长大，构思这出歌剧时，他正和自己的伴侣彼得·皮尔斯（Peter Pears）在加利福尼亚的埃斯孔迪多生活，饱含对故乡英格兰的思念。作品讲述了一个萨福克渔民的故事，此人的精神状态本来就不稳定，在剧中渐渐走向疯癫，最终在周围村民的敌意中死去（“轻视我们的人会被我们摧毁”，在全剧最后 347
的高潮段落中，暴徒们一边歌唱一边四处搜寻和攻击他），这无疑是源自布里顿自己无时无刻感受到的疏离与边缘感——毕竟，他个人情感关系中最私密那部分，随时可以让那些赞美他的艺术才能的人转而孤立、迫害、告发他。

步入人生末年，患有心力衰竭的布里顿再次拾起被压抑的同性之间的渴望、情爱、痴迷和死亡主题，这一次是对托马斯·曼（Thomas Mann）作于1912年的半自传中篇小说《威尼斯之死》的改编，这部于1973年搬上舞台的作品将是他的最后一部歌剧。借由1967年出台的《性犯罪法案》（Sexual Offences Act），彼时的英国已经部分解除了对同性恋的法律威胁，但是公众对同性关系的非难并没有丝毫减弱，在那个时代的许多精神病学家——其中弗洛伊德派人士尤其显眼——看来，就事实而言，同性恋是一种精神疾病。充满象征意味的乐曲再一次将诱惑与压抑编织在一起，这一次又加入了一种忧心忡忡——对于怕受到羞辱的担忧，以及隐瞒身份的代价——同时还有对一个美少男的极度痴迷以及失望与死亡的必然结局。明眼人很容易看出，布里顿对少年男性的这种欲望显然始终未获满足，这可能也在一定程度上促使他作品中的音乐格外青睐紧张与自我折磨的元素，在抒情、躁动、忧虑、残暴与凶恶之间游移不定。[61]相比《彼得·格赖姆斯》（甚至另一部与威尼斯有关的布里顿的歌剧，1954年受威尼斯双年展委托创作并首演的《螺丝在拧紧》[*The Turn of the Screw*]），疯癫在这里没有得到那么明显与持续的呈现，但我们隐隐约约仍可以看到，在描绘无望之恋的同时，苦难与凄惨始终阴森森地飘荡在左右。激情与错乱从头到尾都在与理性和智力展开缠斗，而最终的结果就是死亡——这也许是在无意中呼应一个歌剧传统，也就是瓦格纳的“爱中死”（Liebestod）[62]，此外还有弗洛伊德晚年越来越重视的“爱欲”（Eros）和“死亡冲动”（Todestrieb）或“死亡本能”（Thanatos）。[63]

其他艺术领域也在利用精神分析学提出的广博繁多的新概念，对生命的秘密展开自己的探寻。在视觉艺术与文学中，弗洛伊德的影响随处可见：超现实主义艺术家涉入梦境，他们的画中充斥着对性与无意识的歪曲和隐性指涉；[64]“自动”绘画与写作的实验蔚然成风，威胁着秩序与现实的权威观念，模糊梦境与清醒生活的边界；小说家和剧作家愈发强调心理的反省，越来越坦然与直接地置入性主题。这些变化不见得都可以 348
直接归结于弗洛伊德的影响。D. H. 劳伦斯（D. H. Lawrence，1885—1930）对性主题的发挥突破了英国审查机构的底线，但他对精神分析学深为不齿，声称自己被这个圈子排斥。[65]还有许多作家是否受弗洛伊德的影响需要我们自行去推断，尽管他们表现得非常明显。不是所有人都像詹姆斯·乔伊斯（James Joyce，1882—1941）这么直白，他称主人公是“梦的列车员”（traumconductor），乱伦是“弗洛伊德之误”，还形容书中一个人物“很杨格，容易被弗洛伊德”①。[66]

田纳西·威廉斯（Tennessee Williams，1911—1983）在1940年代~1950年代写下的最杰出的作品中充满了对个人童年创伤的自传式指涉：父亲的遗弃；母亲的神经症和歇斯底里；精神脆弱的姐姐罗丝最终被诊断患有精神分裂，接受了（毁灭性的）额叶切断。在一个不容忍同性恋的年代，他的性取向更是火上浇油，此外他会时不时陷入抑郁，对毒品和酒精的依赖

① 此处原文为“yung and easily freudened”，其中将“young”（年轻）写作“yung”以影射荣格（Jung），而“frighten”（受惊吓）则被写作“freuden”以影射弗洛伊德。

更是日渐加剧，这些都在他的写作中体现了出来。从《玻璃动物园》（1944），到《欲望号街车》（1947）、《玫瑰文身》（1951）和《热铁皮屋顶上的猫》（1955），情感的扰动，令人难以忍受的母亲，家庭压迫，肢体的与象征意义上的暴力，彻底有违常规的性倾向以及强奸，都成为他的剧作中的主题。例如令人难忘的布兰琪·杜布瓦——一个社交场上扭捏作态、性爱上循规蹈矩的范本，把妹夫斯坦利当成猿猴来逗弄。而事实上，她来到科瓦尔斯基家是为了躲避丑闻——她的丈夫在和一个男人发生关系时被她撞见，尔后就自杀了；她的一连串漫无目的的风流事令她的名声愈发败坏，邻居们称她是一个“操守不谨的女人”。还有她那可怕的厄运：妹妹在分娩时，她却被醉酒的斯坦利强奸了，她被抬到收容所，一开始还有挣扎，后来随着与现实世界失去联系，她宣告：“我总是指望陌生人的慈悲。”

然而，随着从《奥菲的沉沦》（1957）开始的一系列作品遭遇票房失败，以及他的市场号召力急转直下，[67]威廉斯开始诉诸个人精神分析。但结果不算理想，尤其是因为他选择了劳伦斯·库比（Lawrence Kubie，1896—1973），这位靠着演艺界客户大发其财的知名纽约分析师认为，同性恋是一种需要精神
349 分析治疗的疾病。（库比曾介绍他的另外两位演艺界病人互相认识：库尔特·魏尔［Kurt Weill］和莫斯·哈特［Moss Hart］，两人后来合写的音乐剧《黑暗中的女人》［*Lady in the Dark*］把西格蒙德·弗洛伊德本人带上了百老汇的舞台。）然而在接受精神分析的过程中威廉斯写下了《夏日痴魂》（1958），在这部戏里，令人生畏的新奥尔良老妇人薇欧莱特·维纳布尔（Violet Venable）和自己已故的儿子塞巴斯蒂安曾有一种近乎乱伦的关系，她还负责替儿子去色诱那些他垂

涎的年轻男人。薇欧莱特的侄女威胁将揭露这些秘密，薇欧莱特因为担心这些事败露而企图安排给自己的侄女做额叶切断，350 希望手术能“把这骇人的故事从她脑子里切除!”。显然这是在影射威廉斯的姐姐罗丝的遭遇，然而精神分析的暗示是贯穿全剧的一个元素。连威胁要删除凯瑟琳记忆的精神病医生都被记上了一笔——他告诉观众，Cukrowicz（苏珂洛维奇）这个姓氏在波兰语中有“sugar”（糖）的意思。苏加大夫（Dr. Sugar）也就是库比大夫（Dr. Kubie）：威廉斯在偷着乐，他的精神分析师则成了笑料。[1]

电影版《欲望号街车》（1951）中的费雯·丽（饰演布兰琪·杜布瓦）和马龙·白兰度（饰演斯坦利·科瓦尔斯基）。影评人宝琳·凯尔（Pauline Kael）说“费雯·丽的表演是少有的能真正触发同情与恐惧的演出之一”。

---

① Sugar 与 Kubie 为类韵关系。

作家们在越来越多地利用弗洛伊德式主题，而文学理论家们对此就更是兴奋了。学者们一直希望有一种“理论”能证明自己对文学的理解是高人一等的，因此与弗洛伊德学说一拍即合。弗洛伊德预料到会有这一天，例如在他探讨《哈姆莱特》和《李尔王》时就有所体现，更何况他还从索福克勒斯那里借用了俄狄浦斯的故事，用这出以母子乱伦为主题的戏剧中的人物，来命名作为其后期人类性心理发展理论（psycho-sexual developnent）核心的情结。包括艾·阿·瑞恰慈（I. A. Richards，1893—1979）、肯尼思·伯克（Kenneth Burke，1897—1993）和埃德蒙德·威尔逊（Edmund Wilson，1895—1972）在内的许多重要批评家都开始使用精神分析思想，自1950年代开始，纽约文学圈的大人物莱昂内尔·特里林（Lionel Trilling，1905—1975）和史蒂文·马库斯（Steven Marcus，生于1928年）积极引入了弗洛伊德的理念。特里林对弗洛伊德的《文明与缺憾》（1929）及其“死亡冲动”概念痴迷不已。马库斯对狄更斯的许多作品进行了弗洛伊德式解读，[68]他对维多利亚时代色情文化的研究也非常倚重精神分析理念。[69]两人合作编辑了欧内斯特·琼斯的弗洛伊德传记，这体现了他们在精神分析学上投入的热情。在美国的西海岸，令人敬仰的弗雷德里克·克鲁斯（Frederick Crews，1933年生）一度宣称：“在心理学中，唯有精神分析给我们阅读文学的方式带来了真正意义上的改变……文学始于动机，关乎动机，而精神分析是人类构想的唯一一种透彻的动机理论。”[70]（他后来反悔了，称弗洛伊德是假冒的先知，精神分析学是一门伪科学。）[71]

除了文学批评家，其他领域的公共知识分子在1950年代、1960年代也毫不掩饰对精神分析的青睐。诺曼·O. 布朗

（Norman O. Brown，1913—2002）在圣克鲁兹（Santa Cruz）讲精神分析史，吸引了大批热切的学生。他的畅销书《死后 351
之生——历史的精神分析含义》（*Life Against Death*：*The Psychoanalytical Meaning of History*，1959）主张个人与社会群体是弗洛伊德式压抑的囚徒，必须突破才能掌握自己的生命。此书续篇《爱的身体》（*Love's Body*，1966）关注了色情与社会之间的斗争。布朗和苏格兰反精神病学者 R. D. 莱恩都认为，精神分裂者也许比那些没有患病的人要更正常。1960 年代反文化运动欣然接受了这一主张。[72]

菲利普·里夫（Philip Rieff，1922—2006）站在保守右派的立场上提出了心理人的出现以及精神治疗的胜利。[73]而激进左派的赫伯特·马尔库塞（Herbert Marcuse，1898—1979）则拿出了一种马克思与弗洛伊德的古怪混合体。[74]知识界对弗洛伊德最有热情的恐怕要属人类学家了，玛格丽特·米德（Margaret Mead，1901—1978）、鲁思·本尼迪克特（Ruth Benedict，1887—1948）、克莱德·克拉克洪（Clyde Kluckhohn，1905—1960）和梅尔福特·斯皮罗（Melford Spiro，1920—2014）等人都在其学术研究中把精神分析学思想摆在了中心位置。当时在伦敦经济学院讲学的卡尔·波普尔（Karl Popper，1902—1994）对精神分析发起了批判，称它不可证伪，因此是一门什么都解释也什么都没解释的伪科学，但应和者甚少，基本上仅限于他的科学哲学同道。

疯癫与电影

精神分析在二战后对美国精神病学产生了越来越大的影响，这在高雅文化和艺术中已经有相应体现，不过说到将精神分析理论——至少是它的一个删节版本——介绍给大众，最终还是有一个领域发挥了格外重要的作用。二十世纪的一大文化创新是电影，而现在看来，疯癫堪称一个为电影量身定做的题材。第一部以精神疾病为题的经典默片是第一次世界大战结束后不久在德国拍摄的。《卡里加里博士的小屋》（*The Cabinet of Dr. Caligari*，1920 年，导演罗伯特·威恩）的情节设定十分惊人：一个发疯的收容所医生用催眠术打造了一个梦游的病人，让他遵照自己的指令到外面杀人。动作场面是在绘画背景前拍摄的，这种绘画背景用尖锐的角度和扭曲的透视效果创造了一个噩梦世界，暴力和不受管束的疯癫在其中肆虐，加剧了
352 观众的迷失感。道德扭曲和身体扭曲以一种超现实的方式交相呼应，恐吓、畸形和怪诞的视觉堆叠，将影片中人物的癫狂精神状态呈现了出来。剧情在最后关头（并且是事后想起来加上去的）发生逆转：以一个残暴、丧尽天良的精神病医生为中心的故事，原来只是对一个收容所病人的疯狂想象进行的电影呈现，是一场幻觉。

美国电影业从 1910 年开始向南加州迁徙，到了 1920 年代，好莱坞电影的票房收入已经远远超过了其他地方的出品。在此后的数年里，美国电影业在商业上甚至是艺术上将成为一股统治全球的力量。无论是通过娱乐大众揽聚巨大财富的电影大亨，还是他们雇用（并在数十年间通过片厂制度进行控制）的人和制作的电影，从一开始就以各种方式受到弗洛伊德理念的影响。早在 1924 年秋，塞缪尔·戈德温（Samuel Goldwyn，1879—1974）就曾攥着支票本穿越大西洋来到维也纳。戈德温打算给弗洛伊德 10 万美元，让他到好莱坞“把他的研究商业
353 化，写一个电影故事”。还有谁比弗洛伊德更擅长写“一个真

《卡里加里博士的小屋》（1920）：在外出大开杀戒的间歇，恺撒会被催眠并放回到棺材似的柜子里。

正伟大的爱情故事呢?”戈德温很丢脸地被轰了出来，没能见到弗洛伊德。[75]

当时的好莱坞大亨是一个愚钝而贪婪的群体。他们至少在公开场合是一本正经的（私下里，那些渴望成名的女演员和“选角沙发”的故事，在极尽压榨的现实世界里并非空穴来风），但同时也知道性和暴力有市场，只要别突破社会规范的底线就行。还有那些被他们当成可更换的人肉垃圾一样使用和丢弃的才子佳人，一旦失去票房号召力就一文不值。表演和导演生涯充满了自我陶醉和不确定性，从而创造出一种滋生神经症和嗜瘾的文化。作为这浮华之地的一分子，制片人、导演、编剧、演员很快发现自己需要看心理医生。这里于是成就了心理分析学的一座金山。贪得无厌的富商和内心伤痕累累的银幕幻想创造者纷纷前来，而负责治疗他们的医生发现，自己的收入已经超过了那些傍上纽约上流社会头面人物的同行。

好莱坞似乎人人都有精神分析师。偶尔有几个大亨自己没有坐上精神分析师的沙发，但也会送他们平日不管不问的孩子和被背叛的妻子去倒苦水，说不定还能给他们看来奢华但实际充满苦恼的生活带去一点儿慰藉。[76]电影业是个花钱如流水的地方，而其中有相当一部分钱进了弗洛伊德派的口袋，尽管跟弗洛伊德本人无关。不过好莱坞的这一面在相当程度上仍然只有圈内人清楚，顶多是有的八卦专栏在片厂教唆下偶尔透露一些给公众。

大卫·O. 塞尔兹尼克（David O. Selznick，1902—1965）有安非他命瘾，此外还赌博成性、玩弄女性，是一个控制狂。在制作了那个时代最赚钱的电影《乱世佳人》（1939）后，他陷入抑郁，曾短暂接受分析治疗。很快，他就坚持要妻子艾琳（Irene，1907—1990）也去找同一位分析师梅·罗姆（May Romm），艾琳的父亲是比塞尔兹尼克势力还要大的前合伙人、心狠手辣的竞争对手路易·B. 迈尔（Louis B. Mayer，1884—1957）。塞尔兹尼克很快就厌倦了，不再接受治疗。而他的妻子没有停，可能正是由于对自己的处境有了不同的认识，她抛弃了丈夫，开始了一段经营剧场的事业。对此他的回应是娶了自己最近找的情人、女演员珍妮弗·琼斯（Jennifer Jones），后者则需要先跟被他戴了绿帽子的丈夫离婚。琼斯很快就接替
354 艾琳，坐上了罗姆医生的沙发。艾琳的父亲路易·B. 迈尔也在一小段时间里来凑过热闹，当时他的妻子玛格丽特处于神经崩溃的边缘，最终进了精神病院且两人离婚。有了这些权势人

物的加持，罗姆医生很快就拥有了一大群男女影星客户，包括艾娃·加德纳（Eva Gardner）、琼·克劳馥（Joan Crawford）、罗伯特·泰勒（Robert Taylor）和爱德华·G. 罗宾逊（Edward G. Robinson）等当红人物。

与此同时，罗姆的竞争对手们也在治疗着诸多同样大牌的好莱坞圈内人的精神创伤。卡尔·门宁尔（Karl Menninger, 1893—1990；威廉·门宁尔的哥哥）会定期从奥马哈飞到好莱坞，与明星们聊天。在纽约的劳伦斯·库比也积攒了一个稳定的“创造性艺术家”客户群。与此同时，厄恩斯特·西梅尔（Ernst Simmel, 1882—1947）、马丁·格罗延（Martin Grotjahn, 1904—1990）、贾德·马默（Judd Marmor, 1910—2003）、拉尔夫·格林森（Ralph Greenson, 1911—1979）以及有个狄更斯式名字的弗雷德里克·哈克（Frederick Hacker, 1914—1989）等人，则靠着本地名流和摆布这些名流挣钱的商人发了财。

心理学呓语（psychobabble）开始充斥于银幕因此也就不奇怪了。来自弗洛伊德的福音（或者说它的好莱坞版）进入美国人的集体潜意识中，也随着好莱坞电影业的日渐国际化而不断扩展疆域。从 1940 年代到 1960 年代甚至 1970 年代，精神分析师的形象以及这门学科的影响总的来说是非常正面的。弗洛伊德的理念及其临床应用向来需要进行一番简化，以适应好莱坞的需求，不过精神分析师的银幕形象相当好，不像那些从事身体治疗的精神病医生，只是一群恶毒、颐指气使的变态，用恐吓和摧残的手段让病人就范。

根据莫斯·哈特的 1941 年百老汇大热音乐剧改编并于 1944 年上映的《黑暗中的女人》（原著作者为哈特，艾拉·格什温作词，库尔特·魏尔作曲），是一系列受精神分析影响的电影的第一部。在电影界有巨大影响力的约瑟夫·曼凯维奇（Joseph Mankiewicz，1909—1993）竭力要把自己对卡尔·门宁尔说的话变成一则自我实现预言，他说“未来几年里，精神病学尤其是精神分析，将会作为文学、戏剧、电影的素材来源获得极大关注”[77]，不过努力的并不只是他一个人。1941 年的雷电华（RKO）捞金之作《危险的月光》（Dangerous Moonlight）中有一个人物患有重度“战斗疲劳”，以至于失去了全部记忆。那个时代还有许多电影——《绝路》（*Blind Alley*）、《扬帆》（*Now, Voyager*）、《金石盟》（*Kings Row*）、《勇士之家》（*Home of the Brave*）——让精神病医生成为剧情中心人物。弗雷德·阿斯泰尔（Fred Astaire）甚至在《乐天派》（*Carefree*，1938）中演过一个会跳踢踏舞的精神科大夫。[78]大卫·O. 塞尔兹尼克创作的《我将来看你》（*I'll Be Seeing You*，
355 1944）对战争给老兵扎克·摩根造成的心理伤害进行了一番伤春悲秋的描绘，一年后他聘请阿尔弗雷德·希区柯克拍了一部电影，其中流露出的向大众介绍弗洛伊德的意图，是同类电影中最为鲜明的。

《意乱情迷》（*Spellbound*）由英格丽·褒曼和格里高利·派克领衔出演，前者饰演冷淡的弗洛伊德派分析师康斯坦丝·彼得森医生，后者以安瑟尼·爱德华大夫的身份来到了绿庄园精神病院，然而最终被证实他其实是丧失记忆的、可能还杀了人的老兵约翰·贝兰特（John Ballantyne），随着电影情节的展开，观众意识到他们看到的这个神秘故事证明了精神分析的威力，“现代科学”终于可以将心灵那“锁闭的大门打开”。影片揭示出“曾经困扰着病人的情结，如今已经得到揭露和阐

萨尔瓦多·达利在观看他为《意乱情迷》(1945) 中的梦境片段设计的布景。

释，疾病与困惑消失了……非理性的恶魔被逐出人类灵魂”。

音乐渐起，情节跌宕起伏。为了披上一件光鲜的科学外衣，塞尔兹尼克聘请了自己的分析师梅·罗姆担任顾问，并把罗姆的名字放进了演职员表里。他向来喜欢把伤感主义和他认 356
为的高雅艺术放到一起，于是聘请了超现实主义画家萨尔瓦多·达利 (Salvador Dalí) 来构建影片中的梦境片段，其中充满了精神分析象征——剪刀、眼睛、窗帘、扑克牌、翅膀以及一个轮子（何况还有一些东西在塞尔兹尼克得知它们的“含义”后被放弃了，比如一把钳子——寓意阉割——的特写镜头）。在派克恢复了童年创伤造成的受迫记忆，消解了战场经历给心灵带来的影响后，真相揭开了。精神分析与对隐义探索，以及对刑事案件的侦查和侦破的类比，在盛行于 1940 年代～1950年代好莱坞的黑色电影中是常见的元素，[79]而该片中又加入了一些额外的性格润色，康斯坦丝摘下眼镜，将她的情欲展露于外表（至少是当时的《制片规章》所允许的最大限度），为了拥抱她的爱人——绽放魅力的英格丽·褒曼放弃了自己此前的冰冷形象。

奇怪的是，对于影片所呈现出的精神分析学家这一职业，一些从业人士表达了愤怒，其中包括著名的卡尔·门宁尔，他们不满于这种简单化的描绘，同时也因为到最后，在康斯坦丝·彼得森的不懈努力下，另一名分析师暴露了自己是个杀人不眨眼的恶人。这样的过度反应是不太明智的，因为影片在票房上大获成功，并将精神分析掌握着疯癫的秘密和良方的观念传播给了大众。这是一系列正面呈现精神分析学和分析师的电影的第一部。而这股致敬风潮的最高点，被认为应该是约翰·休斯顿（John Huston）的传记片《弗洛伊德》（*Freud*）。休斯顿已于1946年拍摄了一部关于炸弹休克士兵的纪录片《上帝说要有光》（*Let There Be Light*）。不过，尽管影片（完全错误地）给人留下了神奇治愈的印象，但战争部还是认定它会给部队征兵造成严重影响，此片被禁映三十五年。

这一次休斯顿希望赞美弗洛伊德，[80]为了找一个跟弗洛伊德相称的卓越的知识分子，他聘请了法国存在主义哲学家让－保罗·萨特来写剧本，并打算让玛丽莲·梦露饰演弗洛伊德的病人“采齐莉夫人”。但是萨特写出了一个1500页的剧本，剧本太长导致完全无法拍摄，而安娜·弗洛伊德则坚决不允许父亲的身后清誉被好莱坞玷污，她利用和梦露的分析师拉尔夫·格林森的关系搅黄了梦露出演此片的计划。休斯顿还是拍成了此片，这样一部执意之作意味着它在 1960 年发行时势必会以票房惨败收场。但好莱坞的精神分析崇拜仍在继续， 357
一直到 1977 年的《我从未承诺给你一座玫瑰花园》（*I Never Promised You a Rose Garden*）和罗伯特·雷德福（*Robert Redford*）在 1980 年的导演处女作《凡夫俗子》（*Ordinary People*）。

《我从未承诺给你一座玫瑰花园》改编自 1964 年乔安·格林伯格（Joanne Greenberg）根据真人真事创作的小说，场景设置在马里兰州一家向富有的精神病人提供精神分析治疗的精神病院——一座虚构版的栗树疗养院，影片讲述了一个意图自杀、自残、满脑子幻觉与妄念的青少年的故事，通过各种不尽完美的方法，这个由凯瑟琳·奎南（Kathleen Quinlan）饰演的人物被富有同情心的分析师弗莱德医生慢慢拉回到现实中（医生在真实生活中的原型是身材娇小的弗丽达·弗罗姆-赖希曼［Frieda Fromm-Reichmann，1889—1957］，而在影片中是由高大的瑞典演员毕比·安德松［Bibi Andersson］饰演的）。片中不乏触目惊心的病患虐待，然而对谈话疗法的描绘主要还是强调弗莱德医生是怎样靠着坚毅和技巧揭开病人困扰的创伤根源，将她恢复到正常状态。《凡夫俗子》讲述了一个中上层阶级家庭在一次意外事故中失去了一个儿子，影片中刻画了弟弟的精神崩溃，母亲冰冷的反应及其哀叹着为什么死的偏偏是那个儿子，同时也有一名分析师试图厘清潜在的压抑和心理病理源头，以帮助男孩恢复过来，虽然他的母亲依然是一台“冰箱”，抛弃了无能的丈夫和被她嫌弃的儿子，回到自己的娘家寻求一点点儿慰藉。

在这些早期电影中，精神分析师的形象大多是正面的，与

《飞越疯人院》（1975）和《法兰西丝》（1982）中的机构形成巨大反差，在这两部好莱坞电影中，电影人呈现的是生物精神病医生所采取的震慑和摧残手段，也就是我们在之前一章中探讨过的内容。然而在不远的将来，获得重大胜利的将是生理学而非心理学。精神分析统治美国精神病学与文化的三十五年，成就了一个用其自说自话的含义来定义和治疗疯癫的时代，这个时代不久将戛然而止，对弗洛伊德的情愫也将就此告终。

第十二章　一场精神病学革命？

收容制度的终结

前往威尼斯时，有条件的旅行者可以选择一条不用和游客挤在一起的路线——乘一趟二十五分钟的船穿过潟湖，抵达圣克莱门特岛（见彩图41）。那里有一家五星级酒店，内有大理石走廊和楼梯等一切豪华酒店应有的设施，酒店宣传资料称其所在建筑原为一座修道院——曾经的确是这样，直到十九世纪初，拿破仑将它连同许多宗教机构一并取缔。这处产业的所有者自豪地宣称它有着“悠久历史的氛围，包括湿壁画和令人叹为观止的文艺复兴风格外立面”，并向宾客承诺“岛上所有的历史遗迹均得到了妥善保护，［从而形成］……一片俯瞰威尼斯城的动人而祥和的绿洲”。 358

和许多营销文案一样，这和真相是有一点儿差距的。1844～1992年，圣克莱门特皇宫在威尼斯人的生活中扮演着一个截然不同的角色，那段时期的历史，是其现在的所有者迫切想要掩盖的，恨不能彻底将之抹去。在推广岛上这座（除了一座小教堂外）唯一建筑的溢美之词中，唯独没有提到它在相对晚近的那段时间曾是威尼斯女性疯人的收容所，也就是雪莱、拜伦去过的那座圣塞弗罗岛疯人院的女性版：

我这样说着，
仆人们禀告船已备好。
我们迎着骤雨怒涛，
驶到疯人院所在的小岛。
登了岸，只听见疯人们拍着伤残的手，
呼喊，尖叫，或者低声诅咒，
或者发出比骂人还难听的怪笑，
359 呻吟，哭泣，渎神的祷告。
我们爬上泥泞的石级，进到
一个古旧的庭院。[1]①

360 女子收容所同样是恶名昭彰。对威尼斯人来说，“去圣克莱门特”等同于发疯，墨索里尼在厌倦了情妇伊达·达尔塞（Ida Dalser）后，把那可怜的女人送到岛上和疯人关在一起，她在禁闭与隔绝中度过了余生。[2]1992 年被废弃后，这座疯人院暂时成为威尼斯流浪猫的家园，然后被投机者买下改建成一家酒店，与朱代卡岛上的齐普利亚尼酒店竞争。在酒店第一任所有人破产后，这里被土耳其开发商买下，他们将它翻修得更加奢华。看来要驱走昔日的晦气并不是那么困难。

2010 年，在伦敦北部寻找高档宅邸的人可以去新开发的“王妃公园大宅”（Princess Park Manor）买一套公寓，楼盘名称得自戴安娜王妃。这里承诺有意购买者将生活在“一座维多

① 本书引用的雪莱的译文，均采用王佐良译《雪莱全集（第二卷）》，河北教育出版社，2000 年第 1 版。

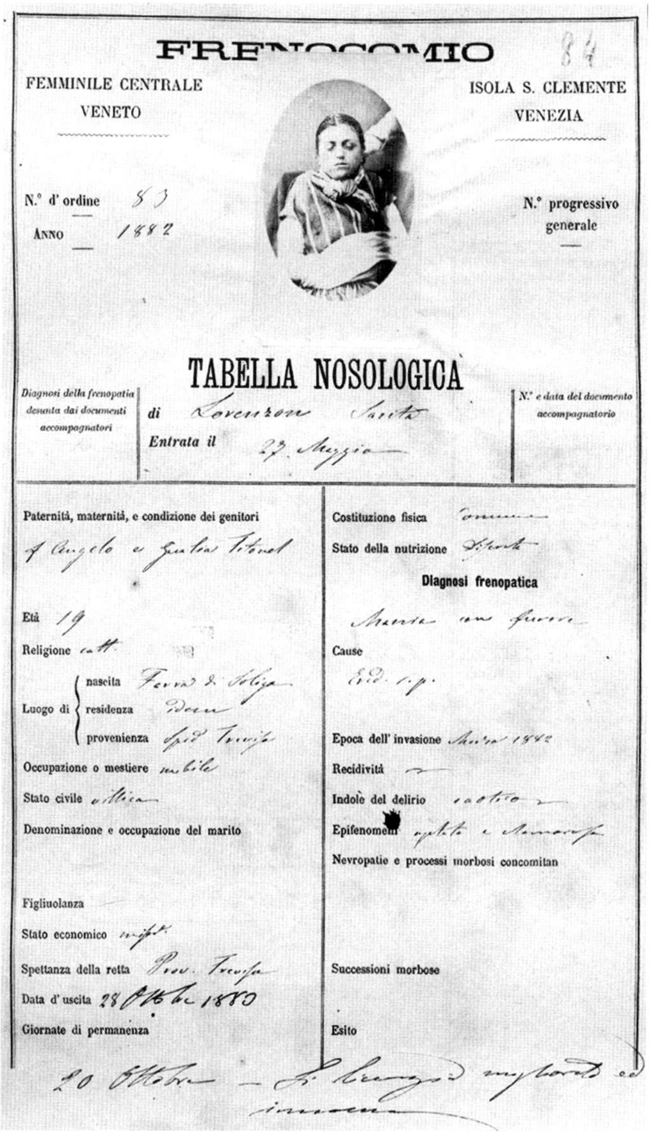

FRENOCOMIO

FEMMINILE CENTRALE
VENETO

ISOLA S. CLEMENTE
VENEZIA

N.° d' ordine 83
ANNO 1882

N.° progressivo generale

TABELLA NOSOLOGICA

Diagnosi della frenopatia desunta dai documenti accompagnatori

di

Entrata il 27 Maggio

N.° e data del documento accompagnatorio

Paternità, maternità, e condizione dei genitori

Età 19

Religione

Luogo di nascita / residenza / provenienza

Occupazione o mestiere

Stato civile

Denominazione e occupazione del marito

Figliuolanza

Stato economico

Spettanza della retta

Data d' uscita

Giornate di permanenza

Costituzione fisica

Stato della nutrizione

Diagnosi frenopatica

Cause

Epoca dell' invasione 1882

Recidività

Indole del delirio

Epifenomeni

Nevropatie e processi morbosi concomitan

Successioni morbose

Esito

威尼斯圣克莱门特收容所在 1880 年给出的一份入院证明。这个复杂的建筑群如今已是一座豪华酒店。

利亚时代杰作之中，这里为一代又一代建筑赏鉴人士带去了欣喜与启发……一座极致典雅的宅邸……有着意大利式的华丽，它的历史沉浸在一派壮丽的氛围中”。这是个非常成功的项目。除了如今排着队购买伦敦顶级物业的富有海外买家，这里还吸引了男子组合——单向组合（One Direction）成员，以及不少在英超联赛拿着高薪的足球运动员。

开发商宣称，购买者将入住的这座建筑，当初在选择设计方案时曾有十九世纪中期伦敦最杰出的三十多名建筑师参与竞逐，不过他们没有明说标的的用途是什么。王妃公园大宅改建自米德尔塞克斯的第二座郡立疯人收容所科尔内哈奇，1851年盛大开业时有阿尔伯特亲王亲临，此后很长一段时间里，这里收容了首都的数万疯人。当时它被认为是世界上最先进的收容所。在1851年为赞颂不列颠现代工业成就而举办的博览会上，观众会得到新收容所的导游手册，并且会被邀请前去参观一座和博览会所在的水晶宫一样壮美的建筑杰作。不过没过多久，科尔内哈奇的名声就差了起来，长达六英里的走廊连接着拥挤的病房，里面都是些毫无希望的病人，“下了哈奇”成为当地一句俚语，意思是疯了。这一切都被省略了，因为要把房子卖给伦敦的新贵们，这些恐怕不会有太大帮助。

361 然而圣克莱门特皇宫和王妃公园大宅应该算是异类。维多利亚时代收容所大多不是这样的下场。在欧洲和北美，甚至包括一些曾经十分遥远的前西方国家殖民地，到处都是散发着霉臭、被认为有鬼魂出没的收容所的废墟，。在大片荒无人烟的土地上，残垣断壁无声地鉴证着昔日几代人的热切寄望。为了节省土地成本，许多收容所是建在偏远的农村地区的，因此人们也就缺乏重新开发它们的动力。这些废弃、荒芜、破败的地

宏伟的科尔内哈奇收容所是米德尔塞克斯的第二座郡立收容所。

方依然是一些迷失灵魂的家园，但维多利亚时代的疯癫博物馆已经在迅速消失。

正如《创世记》告诉我们的，“你本是尘土，仍要归于尘土”。在一百多年的时间里，收容所帝国进行了仿佛永远不会停止的扩张，为此投入的巨大资本——包括脑力和财力上的——在过去的半个世纪已经被认定颗粒无收。作为特殊道德建筑的精神病院不复存在，或者在等待风雨、虫蠹、鸟兽来完成最后的拆除工作（见彩图 43）。

直到 1960 年代，乔治亚州米利奇维尔的中央州立医院里还住着超过 12000 病人，是世界上最大的精神病院。[3] 而如今在这片将近 2000 英亩的土地上散布着的 200 座建筑物空无一人，许多已经坍塌。再也不会有人看到当年的场面、听到那些病患发出的惨叫声，或者闻到这类收容所特有的气味——病房中令人难忘的溃烂的身体与心灵的味道，病房中充斥着的几十年的人类排泄物的恶臭，以及供一代又一代疯人食用的剩食的

气味，这令人作呕的混合，就像一股可怕的瘴气，牢牢地依附
362 在建筑的实体构造上。屋外是疏于打理的园地，里面成千上万半掩的坟墓，及其带编号的金属牌，代表着多年来禁锢在这里的许许多多病患的宿命。

在此地以北几百英里的地方，还有一座拔牙、去脏术的圣地，即新泽西州的老特伦顿州立医院，也就是亨利·科顿毫不留情地追踪他认定的疯癫根由——病灶性脓毒症——的地方。这里也已基本空置，不过院内局部几处地方还存在着少量病人。曾经点缀在园区内的挺拔树木，已经常年无人打理，它们过度生长的枝蔓缠结在一起。它们形成的阴森树荫，让树下那些废弃的建筑有了一种阴冷而凄凉的氛围。到处是霉斑与腐败物。地上的石头和砖块沾满窗户铁条上落下的棕色铁锈。整个地方空荡荡的，有一种令人胆寒的寂静。腐朽的金属网上覆着难以形容的泥土与污秽，部分遮掩了下面那些破碎的玻璃，闯入者可以透过玻璃窥看里面的空病房，里面曾经的“摆设”——无论是人类还是无生命的物体——都已经不见了。疯人与常人之间曾经不可亵渎的界线，如今已经没人愿意去维护。在所有称得上文明的地方，都存在类似的景象。

在 1950 年代的英格兰和威尔士，精神病院内的病人数量始终保持在 15 万以上；美国差不多是这一数量的四倍。在整个欧洲，大规模的疯人禁闭从十九世纪中期开始已经成为常态，并且这种做法在任何有西方人驻足的地方都会得到复制。收容制度的崩塌首先发生在英国和北美，几十年后欧洲其他地方也落此下场。

日本几乎是唯一的例外，至今依然没有或者说基本上没开始这种的变化。日本精神病院的病患规模在 1945 年的时候还

很小，但那之后的五十年里急剧增加。1945 年的入院率大约为每一万人中有两人，到了 1995 年已经是十倍于这个数字，并且接下来十年里只是略微有所减少，从 0.29% 降到 0.27%[4]1989 年，病患待在日本精神病院里的平均时间为 496 天，这是美国平均住院时间的 40 倍以上。二十多年后，日本病患的平均住院时间仍然在一年以上，不过 2011 年政府宣布了一个颇有争议的计划——要在未来十年内将住院病人数量减少 7 万人。在精神疾病仍然被当作奇耻大辱的情况下，看来很 363
多人还是倾向于监禁护理的政策。日本文化有种将公共秩序置于个体权利之上的观念，家人会寻求将家中的疯癫者禁闭起来，因为这些人会威胁到其他亲人成家的机会。然而日本政府担心的是越来越高的收容成本，尤其是有空前多的老年人被禁闭在精神病院。[5] 这些相互冲突的压力将如何解决，至今仍不得而知，不过各方面迹象表明，一个世纪前跟随欧洲和北美脚步引入的收容制度正开始走向瓦解[6]，但这种瓦解比它的先行者晚了五十年。

英国和美国的精神病院的住院病患人数从 1950 年代中期 364
开始出现下降，不过一开始几乎察觉不出。到了 1960 年代中期，速度开始大幅加快，两国的住院人数几乎可忽略不计。如果以 1955 年的收容比例来处理 2013 年美国最严重精神病患问题，那么精神病院住院人数将保持在至少 110 万。然而现在仍在这类机构的病患数量不到 5 万，只是之前的一个零头。

无论从哪方面看，这都是一场惊人的大转变。自十九世纪公立收容所涌现以来，这些地方禁闭的病患人数从来没有停止过增长。这个趋势只有在战时出现过几次暂时的逆转。比如在英格兰，第一次世界大战期间精神病院失去了许多员工，并且

马萨诸塞州格拉夫顿一座废弃的州立医院中的水疗设施。不听话的病人会被厚重的帆布裹住浸入水中，只有头部可以透过一个开口伸出来。

本来就不多的经费被进一步削减。可以想见，倒霉的是病人，许多人吃不饱饭。以英格兰白金汉郡的数据为例，随着战争的进行，病患的死亡率步步升高，到 1918 年，医院里的病人已经死了三分之一。医院的管理者为了省钱，把病人的配给额度“削减到了生存线以下……在 1919 年饮食［体制］改善后（尽管付出了相当大的代价），死亡率才开始下降”[7]。

据估计，二战期间被占领的法国有45000名住院精神病患死于饥饿和传染病，精神病院死亡率在战时增加了近两倍，有人称此过程是一个“软灭绝”计划。[8] 住院病人从11500[①] 锐减到65000——尽管只是暂时现象。纳粹的对策更为直接，开始动手屠杀被他们称为“浪费粮食的废物”。

然而，如果抛开这些特殊情况，禁闭人口规模不断增长毫无疑问是二十世纪中叶精神病学的一个趋势。此外，二战末期的种种迹象表明，这种几乎已被公认为精神病标准应对措施的方法将会继续下去。它带来的直接后果是，美国大部分州开始用“mentally ill”（精神疾病）取代“疯癫”（insane）；英国在1930年立法用累赘的“person of unsound mind”（心智不健全人士）取代“错乱者”（lunatic）；1948年，法国公共卫生部弃用“aliénés”（异化者；从1838年开始，这一直是官方文件使用的称呼），代之以“malades mentaux”（精神病人）；意大利选择用“infirmi di mente”（精神病）取代“alienati di menti”（精神异化）。收容所、疯人院、异化院（établissments 365
d'aliénés）等叫法，现在都被统一改称精神病院。[9] 不过，虽然用词上多有美化，心智失常者需要机构收容的观念依然牢不可破。

战争甫一结束，英国政府就提出“［精神健康］服务面临的首要问题之一是精神病院的扩容”。[10] 美国各州政府也得出了类似的结论。以揭丑为业的记者和良心拒服兵役者——后者因为拒绝参战，被派到州医院当护士作为惩罚——争相揭发现有精神医疗服务的弊端。[11] 批评者中最出名的是记者艾伯特·多

---

① 原书有误，疑为115000。

伊奇（Albert Deutsch，1905—1961），他写了美国第一部精神疾病治疗史，被美国精神医学学会授予荣誉会员头衔，以表精神病学界对他的感激之情。他撰文谈论自己在美国精神病院看到的状况，并配以生动的照片，这些文章一开始发表在一心匡扶正义的纽约报纸《午报》（*PM*）上，然后被结集成书，以《诸州之耻》（*The Shame of the States*，1948）之名出版。

许多在战后不久去过德国灭绝营的人都写了文章，其中哈罗德·奥兰斯基（Harold Orlansky）的《一座美国灭绝营》直接将美国收容所病房内的状况与达豪、贝尔森和布痕瓦尔德做对比。多伊奇则形容费城巴柏瑞州立医院的男性失禁者病房“散发着但丁地狱的气味。三百个裸体男人在一个什么都没有的房间里站着、蹲着、瘫着，发出尖叫、呻吟和诡异的笑声……有的躺在地上，浑身是自己的排泄物。满是污秽的墙壁正在渐渐腐烂”[12]。

然而，尽管目睹许多州立精神病院的凄惨现实，这一代改良派并没有呼吁废除机构收容。他们相信，他们所看到的这些问题乃公众的无知和政客的吝啬所致。改良派人士写出的第一手报道意在让懵懂的民众看到，这些以他们的名义进行着的事情有多么可怕，从而让选民去要求给予精神病院足够的资金，给精神病患提供合理的医护。如阿尔弗雷德·梅瑟尔（Alfred Maisel，1909—1978）在《生活》杂志中所说，揭露真相的目
366 的是让政府知耻而进，拿出充足的经费。这样就足以“制止这些伪装成医院的集中营，把目标从监禁转向治愈”。[13]

在战后欧洲，对收容所这一解决方案的信心似乎并没有减少。多数与希特勒的T-4灭绝计划合作过的德国精神病学家保住了工作，存在精神困扰的新一代的病人填满了收容所。到

宾夕法尼亚州费城巴柏瑞州立医院的男性失禁者病房。被分配到这里工作的良心拒服兵役者、贵格会教徒查尔斯·洛德（Charles Lord）在 1944 年暗中拍下了一些病院内的景象，这是其中一张。隔壁病房全是有暴力倾向的男性病人，洛德和同事称之为“死亡之屋”。

了 1960 年代，西德维持着 68 家公立精神病院的运转，平均每家有 1200 张床位。在法国，精神病院的规模进一步扩大，有些拥有多达 4000 张床位，意大利直到 1982 年还有 20 家精神病院，每家收容了逾 1000 名病人。为了缓解已有收容机构的拥挤状况，法国当局在 1950 年代～1960 年代紧急增建了一批精神病院。直到这段时期的最后，法国政府还计划增加 20000 张精神病床位。在弗朗哥的法西斯统治时期，以及 1975 年他去世后的几年里，西班牙一直在扩张精神病院的规模，收容机构数量翻了一番，从 1950 年的 54 家增加到 1981 年的 109 家，住院病人的数量从 24586 人增加到 61474 人。在政治谱系的另 367
一端，采取社会民主制度的瑞典和丹麦在 1970 年代精神病院住院人数不断增加。这些国家以及其他一些国家最终还是实现了非住院化。不过通过这一段记述我们可以了解到，我们印象中在英语国家迅速完成的非住院化，如果从更广的范围上对比来看，则实际要缓慢得多。

一次技术的胜利？

美国和英国精神病院住院人数的下降始于1950年代中期，基本上就是首个治疗主要精神病的现代药物疗法问世的时候。氯丙嗪——美国市场商品名为Thorazine，欧洲市场为Largactil（有“作用广泛”之意）——在1954年得到了美国食品药品管理局的销售许可（后文将提供更多关于此事的细节）。十三个月后，仅这一个国家就已经有两百万人在服用这种药物。大多数精神科医生盛赞这是一场疗效上的突破。如今这一行不再依赖包括各种休克疗法在内的一些凭经验进行的治疗，以及额叶切断术等更残酷的手术干预，而是可以施用现代内科医生的经典象征标志——药物。

精神病院的住院人数的上升趋势，恰好是在引入氯丙嗪后出现了逆转，对英国和美国的观察人士而言，这就成了对收容所时代终结的一个简单的技术上的解释。1961年，五年前由美国国会创建的精神疾病与健康联合委员会发布报告称：“镇静药物给美国精神病院的精神病人管理带来了革命，它可能也是遏制州立医院住院病人数量激增趋势的首要原因。”[14]二十年后，玛格丽特·撒切尔首届政府的社会服务大臣基思·约瑟夫爵士（Sir Keith Joseph）的措辞更加明确。在1971年《精神病人医院服务》白皮书序言里，他断言：“精神病、神经症和精神分裂的治疗已经被药物革命彻底改变。患有精神失常的病人进入医院后得到了治愈。”[15]但如果真是这么简单——药物 = 非住院化——那么法国人（氯丙嗪可是他们研发的）、德国人、意大利人、荷兰人、西班牙人、瑞典人和芬兰人应该也会迅速走上这条路才对。然而欧洲大陆的精神医疗系统又过了四 368
分之一个世纪甚至更久的时间才开始清空它们的精神病院。看起来，仅凭药物不足以带来非住院化。

统计数据是很容易迷惑人的，尤其是当这些数据能强化人们在其他问题上希望得出的结论时。任何一个略识统计学的人都知道，要警惕把相关和因果混为一谈的冲动，然而我们还是经常落入这个圈套。现代精神药理学在精神疾病干预上的能力虽被严重夸大了——氯丙嗪以及继它之后的许多药物并没有成为精神病学上的青霉素——但处方药的确给精神科行医带来了革命性的改变，并且对精神疾病的文化理解产生越来越大的影响。如今全世界有数百万人每天在服用精神药物。医药业靠着销售这类药物取得了巨大利润，并且大肆宣传它们的药效，申明这些药物“证实”了精神疾病的生理根源。这样看来，精神药物的引入推动了精神病患出院潮的说法，自然在英美世界很快得到接受。

然而，即便不考虑其他社会的反例，只需要更仔细地审视来自英美的证据就足以看出，药物革命对出院潮的作用被严重高估了。从全国汇总的情况看，精神病院住院病人数量在1950年代中期始现下行趋势，不过许多地方早在1947、1948年已经有所下降，这远比新药物的出现要早。正如英国精神病学家奥布雷·刘易斯（Aubrey Lewis，1900—1975）指出的，由各院自行统计得出的全国精神病院住院人口数据，对了解非住院化进程的开始时间可能构成严重的误导。[16]这些数据往往会掩盖在地方层面较早前出现的变化，同时在总体上出现下滑时，也无法体现这在多大程度上意味着是对既有趋势的延续，而不是偏离。新药的引入也无法解释为什么十多年后，美国精神病院出现大批老年病患突然出院的情况，以及为什么再过五
369 年，住院病人锐减的趋势才扩散到相对年轻的病人群体。可以肯定的是，精神药物的效果不会在问世十年或十五年后突然加强。同理，1960 年代末生产的新型化合物并不会对老年人有格外好的疗效，1970 年代初也没有针对年轻的病患做什么改进。

有些医院在药物问世后的第一个十年里大量施用，有些则不然。不同年龄、性别和诊断结论的病人，得到药物治疗的机会也不一样。即便是纽约精神病学家亨利·布里尔（Henry Brill，1906—1990）和罗伯特·E. 巴顿（Robert E. Patton，1921—2007）——他俩的著作在论证药物和住院人数下降之间的关系时经常被引用——也在 1957 年承认“在某一家医院或某一个疾病类型中，接受药物治疗的病人比例与康复出院的人数之间并不存在数量上的正相关”。[17]五年后，一开始在施用吩噻嗪类药物（其中最早的是氯丙嗪）的态度上有很大差异的加利福尼亚州诸多州立医院进行了一项回顾研究，将接受和未接受药物治疗的病人进行直接对比。其结论是药物治疗实际上反倒和更长的住院时间存在关联，并且发现在治疗第一批入院的精神分裂病人时，采取氯丙嗪治疗比例最高的精神病院，在出院率上比那些用药比例较低的医院低很多。[18]不久之后，吩噻嗪的使用就成了惯例，以至于类似的进一步研究变得很难展开，或者根本就不可能。不过许多对已有证据进行过系统研究的学者得出了相同的结论：新药物对非住院化的影响充其量只是间接性的、有限的，社会政策上的自觉转变，对精神病院人去楼空的变化起到的作用要大得多。[19]

走上末路的体制

1961 年在对英国全国心理健康协会（National Association for Mental Health）讲话时，麦克米伦政府卫生大臣伊诺克·鲍威尔（Enoch Powell）保持了一贯的直率。他宣称精神病院是“走上末路的体制”。政府打算关闭它们，并且他提议这个过程“切不可手软”。传统收容所如今已经没有用处，他称自己渴望“为这场火葬点火”。[20]卫生部随即发文指示各地区医院 370
董事会“切勿将资金浪费在精神病院的更新或修缮上，这些医院再过十到十五年将被淘汰……至于规模巨大、位置偏远、境况不佳的建筑，大多应以弃用为佳”。[21]用于建筑实体的经费减少，自然导致越来越多的精神病院开始符合“境况不佳”的条件，进而需要停用。

在美国，精神病人的医护在传统上是由各州负责的，与联邦政府无关。由于并不是所有州的行动步调都是一致的，所以各州精神病院的裁减时机和规模存在很大差异。美国非住院化进程的其他方面也受到美国政治结构的影响。在它开始的时候，十九世纪遗留下来的那些破烂不堪的营房－收容所已经处在相当危险的状态。大萧条时期入院者增加，而这些名义上还是医疗场所的地方仅存的一些有医疗资质的员工、医生和护士，也因为战争的需要被抽调一空。[22]

纽约、马萨诸塞、伊利诺伊和加利福尼亚等“进步”州在收容所计划上投入了巨资，然而当医院要求改善状况时，这些州迎来了一场可能规模空前的财政挑战。[23]更糟糕的是，战后的劳动力紧缺，加之州政府雇员纷纷成立工会（北部诸州要普遍得多），机构运行成本急剧增加，员工每周的工作时长也从 1930 年代普遍的 65 ~ 70 小时，下降到了 45 小时甚至更少。当局渐渐认识到，日常运转所需的可观资本成本和拨款在将来是指望不上的，医院的糟糕状况不太可能有改观，因此开始在其他方面想办法。面对这个“霍伯森的选择”，1967 ~ 1972 年任马萨诸塞州心理健康专员的米尔顿·格林布拉特（Milton Greenblatt，1914—1994）坦率地表达了他和其他州官员的共识：“某种程度上说，我们已经没有退路，要么逐步淘汰，要么破产。”[24]

尤为重要的一点是，联邦层面的社会政策大举推动和鼓励了美国精神病患的出院潮，可能无意中进一步刺激了州政府朝这个方向发展。公共辅助项目的扩张，加上 1960 年代末在林登·约翰逊“大社会”计划中推出的联邦医疗保险（Medicare）和联邦医疗补助（Medicaid），首次让一些精神病人在出院后
371 有了一些保障收入。不过那些仍关在医院里的病人享受不到联邦补助，而医院本身也仍然在耗费州政府的大量预算。在意识到可以通过让精神病人出院来转移成本后，各州迅速行动了起来。这些刺激政策可以在很大程度上解释 1960 年代末出现的住院人数锐减，并且最早出院的那批病人绝大多数是老年人，他们从州立医院转到了私立护理机构和（民宅）老人院，费用来自联邦资金。到了 1970 年代，尼克松政府推出了社会安全保险计划的改革方案——社会安全生活补助金，将包括精神残疾者在内的残疾人纳入联邦福利，于是出院率进一步飙升，这一次还包括了较年轻的病人。[25]

在从收容所转向“社区”的改变被描绘成革命性进步——一场行善积德的“改革”——的同时，传统精神病院遭到学界的激烈批判，这给改革的推动者助长了声威。这些批

评者中有相当一部分是社会科学家，不过也有一些倒戈的精神病学家，尤其是美国的萨斯·托马斯和苏格兰精神病学家R. D. 莱恩（见下文）。这类研究一律带有一种悲观的语调。

在对得克萨斯州资金严重匮乏的州医院进行了研究后，伊万·贝尔纳普（Ivan Belknap，1914—1984）的结论是，要想形成一套行之有效的精神病人处置方案，精神病院"本身可能只会拖后腿"，他呼吁"从长远来看，废除州立医院恐怕会是有史以来最伟大的人道主义改革和财政经济成就之一"。[26]在俄亥俄州克利夫兰州立医院进行过实地考察的H. 沃伦·邓南（H. Warren Dunham，1906—1985）和S. 吉尔逊·韦恩伯格（S. Kirson Weinberg，1912—2001）也对此持同样的看法。[27]这是一个"任何正常人都难以适应的环境……［这种机构］特有的结构、人员和病患群体的冲突会导致治疗目标被忽视甚至被破坏"[28]。尽管官方百般粉饰，在精神病院里，"病人的一切行为，无论是否有理，表达是否显露情感，态度是积极还是消极，往往都会被当作精神失常的证据"；在这里，"对病人的 372
控制是以他的病情好转为代价的"。[29]

在所有针对精神病院的社会学批判中，最著名且传播最广的应该是出自芝加哥大学的社会学家欧文·戈夫曼（Erving Goffman，1922—1982）。《收容所——精神病患及其他被囚者的社会境况》（*Asylums*：*Essays on the Social Situation of Mental Patients and Other Inmates*，1961，以下简称《收容所》）是他在美国国家精神卫生研究所（NIMH）社会环境研究实验室供职三年的成果，其中有一年时间他在研究所资助下在华盛顿圣伊丽莎白医院实地考察，该院一直以来被认为是全国首屈一指，也是唯一的联邦政府直属精神病院。《收容所》从很多方面看都是一本奇特的书，戈夫曼所引用资料的来源十分庞杂，包括小说、自传之类的内容，并且有意避免对具体某一家精神病院进行人种学角度的描述。事实上，如果不是前言里的致谢，几乎没有人会想到他只在圣伊丽莎白医院一地进行过实地调查，他对精神病院生活的体验全部来自那里。戈夫曼希望这本书有别于其他社会学家的那种艰涩阐述，他试图论证精神病院是一种他所称的“完全机构”（total institution），在这里，工作、睡觉和玩乐都在同一个狭小的环境里进行。他认为在这样的境况下生活，对禁闭中的人会造成极大损害的。在外人看来属病态的行为，恰恰是在对极具毁灭性的精神病院生活做出的合理反应。长期在这样的地方居住会时常无可避免地给病人造成伤害，抹杀他们的人性，详加观察就会发现，给他们“带去沉重打击”的从根本上来说是一种“自我疏离的道德苦役”。[30]在那些追逐丑闻的媒体看来，精神病院的颓废状况是可以通过增加投入来改善的，这被高夫曼斥为浪漫的幻觉。收容所存在的是结构性缺陷，不可能避免。

十年后，高夫曼对这些地方的评价依然尖刻。在他看来，它们是：

> 一座座用精神病学论文装点的垃圾场。它们的职责是
> 373 让病人摆脱自己的病状行为……但是执行这项功能的不是医生而是围墙。为了得到这种服务，病人要付出的代价是在相当程度上远离文明生活，与那些安排他们入院的至亲疏远，在医院的管辖与监视下受尽侮辱，出院后还要背负一生的污名。这样一桩交易不仅糟糕，而且还很怪诞。[31]

曾在纽约州立大学锡拉丘兹分校教授精神病学的匈牙利裔美国精神分析学家萨斯·托马斯，在1961年有一番著名的言论，称精神疾病只是“无中生有”。[32]真正的疾病是源于身体的，要么通过化验和扫描，要么在尸检台上，总归是可以检测到的。他提出，精神疾病相比之下只是某种形而上的“疾病”，在现实里是一种贬低人的标签，让政府及其代理人（精神科医生）可以利用医疗措辞来关押造成麻烦的人民，不需要给他们一个审判的机会，也不用提供和受指控的罪犯同样的保护。在萨斯看来，在机构中治疗精神病患就是一种压迫手段。它的实践者意在关押而非疗愈——尽管这些人并不这么认为，而且精神病院则是几乎不加伪装的监狱。他坚定地倡导废除强制入院制度，并且要取缔收容机构本身，1969年他和山达基教会联合组建了公民人权委员会（Citizens Commission on Human Rights），痛斥精神病学是“一项死亡产业”。

如果萨斯是一个自由意志主义右派，对现代政府专制深恶痛绝，那么苏格兰精神病学家罗纳德（通常称R. D）·莱恩则自称是一个马克思主义者。这还不是两人唯一的重大差异。莱恩认为精神疾病是存在的，但他强调疯癫是社会的产物，具体来说是家庭关系所致。精神病人看似怪诞的举止和语无伦次，在很多人看来是无意义的，但实际上里面大有文章，那是在表达他们感受到的痛苦，以及身边的人给他们造成的“进退两难”境地——例如父母在坚持要和子女保持情感上的亲密的同时又会拒绝这种亲密，还拒绝承认自己的所作所为。但是，和萨斯一样，莱恩也对精神病院大加攻挞，他认为那是一个具有毁灭性的地方。他坚称精神分裂是面对这个疯狂世界时的一种超理智（super-sanity），[33]而且病人应该留在社区内，在 374

劝导下完成他们的治疗过程，[34]而不是被禁闭起来，在药物的作用下被迫屈服。

萨斯和莱恩遭到同行的排挤，被划归“反精神病学家”一类，他们的学说也被当作反科学理论。然而，他们和高夫曼这样的人物一起激烈批判精神病院给病人造成的影响，至少还是引起了一部分主流精神病学家的认同。肯特郡塞沃罗尔斯精神病院院长、后来成为纽约罗切斯特精神病学中心主任的英国精神病学家拉塞尔·巴顿（Russell Barton，1924—2002）提出“机构神经症”（institutional neurosis）一词，以形容长期禁闭给病人造成的影响；伦敦精神病学研究所的 J. K. 维因（J. K. Wing，1923—2010）和乔治·布朗（1930 年生）写了一部反响很好的专著《机构化与精神分裂》（*Institutionalism and Schizophrenia*）。[35]北美的精神病学家们也加入了进来。耶鲁大学精神病学系主任弗里茨·雷德利希（Fritz Redlich，1910—2004）提出，也许“病人如幼童般的行为……是因为我们把他们幼童化了”。[36]加利福尼亚州精神病学家维纳尔·门德尔（Werner Mendel）的立场更加明确：“作为一种重症精神病人的治疗形式，医院永远是昂贵而低效的，往往起到反效果，绝对不是最佳选择。”[37]

尽管姗姗来迟，这股反机构思潮最终还是波及了欧洲大陆的精神病学家。例如意大利在 1978 年突然通过了第 180 号法律，禁止所有传统精神病院接收新病人，同时也不允许新建类似的机构。这部法律在非正式场合也被称为《巴萨亚法》（Basaglia Law），得名于富有感染力的意大利左翼精神病学家弗兰科·巴萨亚（Franco Basaglia，1924—1980），作为该法的主要起草人，巴萨亚深受欧文·戈夫曼等美国人的影响，他们对完全依靠机构治疗精神病患持批判态度。[38]这一举措引起了广泛关注，一方面因为巴萨亚在欧洲知识界的显赫地位，另一方面也是由于该法提出的这种极其简单化的措施。巴萨亚在该法通过两年后就去世了；尽管存在争议，法律仍然得到了实施。其实在1978年之前，意大利的住院人数已经出现了一定幅度的下降，不过停止接收新病人确实像法律起草者设想的那样，促使住院人数稳定下降，从1978年的78538人减少到1996年的仅11803人。四年后，意大利的精神病院已经全部被关闭。[39]意大利也和西方世界的其他国家一样，让疯人离开医院，回到社区。

长期患者的命运

不过和其他地方一样，在关闭精神病院的同时，意大利人 375
并没有提供替代的组织来处理重症精神病患带来的问题。相当一部分负担被转嫁给了家属，由此而来的社会困难让他们怨声载道。[40]有的病人直接从公立精神病院转到了私人民宅设施，政府当局声称对此不知情。[41]还有一些人进了监狱，或者流落街头。

在意大利开始非住院化之前，英国和美国早已开始出现此类问题。在兴奋地期待精神病院被取代，高声赞美社区优越性的同时，似乎很少有人注意到，新的方案很大程度上仍然只存在于规划者的想象里。同样没什么人意识到，在相当长的一段时间里，虽然大西洋两岸都在谈论着“更好地服务于精神残疾人士”（这一英国政府官方称谓此时已经有二十多年的历史），[42]现实却要黑暗的多，面向重症慢性精神障碍症病人的政府支持项目被削减经费甚至取消。社区看护只是痴人说梦。[43]

一些离开精神病院的人无疑是这种社会政策转向的受益

者。有的只是被早年“过度收治”的趋势牵连，出院后可以顺利找到工作和住处，保持正常的社交联系，悄无声息地融入大众。然而像这样的良性结果远非常态。

对于那些在身体或智力方面有比较明显的持续性缺陷的人，和家人在一起总的来说是最好的选择，这并不意外。然而，如果因此就认为非住院化进行得一帆风顺，并且发挥了毫无疑问的益处，那就大错特错了。[44]由于家属不愿意说出不满，许多痛苦和折磨始终是不为人知的，这是个自然的倾向，但助长了对社区治疗变革的一种不切实际的乐观态度。[45]不过，不管这些出院病人和他们的家人遇到了怎样的困难，跟那些没有家人或者家人拒绝承担责任的病人比起来都不算什么，而后者
376 所占比重要大得多。路边的精神病人成了城市里一道司空见惯的景象：无家可归，神智错乱，遭人唾弃。[46]他们大多聚集在城市最不堪的角落，生活在这些地方的居民既没有钱也没有政治力量去抵制他们，他们和其他的边缘人——罪犯、瘾君子、酒鬼、一文不名的穷人——生活在一起勉强维持一种不稳定的生活。如前文所述，美国的重症精神病患从1960年代末开始得到福利补贴，先是老年病人，而后扩展到较年轻的病人。这笔钱虽不多，但足以推动小型私立疗养院、护理寄宿家庭（board and care homes）的发展，很多病人开始被禁闭于这些地方。这是一个新的创业领域，一个靠人的苦难获利的产业，并且几乎不受州府当局的管制。

全国范围的调查显示，在被送进疗养院的人当中，超过一半人在住院人数超过100的设施里，另有15%在人数超200的地方。以纽约为例，媒体揭露有大量的出院病人被集中在肮脏、破败的旅馆里，还有长岛上如今已经废弃的大型精神病

路边的精神病人。去机构化的结果是许多无家可归的精神病患只能露宿街头。

院——皮尔格里姆（Pilgrim）和中伊思里普（Central Islip）——周围的“民宅”。让那些曾经心神不宁地游荡在厅堂里的灵魂哭笑不得的是，这类营利性设施的经营者有不少是曾供职于老式收容所的人。州政府要么视而不见，要么干脆还出钱推动它们发展。例如在夏威夷，主管心理健康的官僚急于清空精神病院，导致床位严重不足。最终他们靠公开鼓励无执照机构解决了这个问题。内布拉斯加州一开始不打算放任自流，认为州政府应该做出某种形式的安排。结果政府把古人拿疯子当牲口看待的做法发扬光大，别出心裁地将精神病人疗养之家的牌照发放和检查工作交给了州农业部。丑闻曝光后，政府取消了320所疗养之家的牌照——但病人还留在里面自生自灭。还有一些州，比如马里兰州和俄勒冈州，选择了可能最为 377

稳妥的策略：不过问出院病人的去向，这样政府就可以心安理得地对这些人的下场一无所知。很多时候，精神错乱者会落入投机商人的手中，而商人有充分理由尽可能压低照看他们的成本，因为在病人身上花得越多，自己的获利就越少。

意在以更低的成本取代州立医院的收容机构系统行将瓦解，越来越多重症精神病患无家可归，这都是对当代美国精神医疗政策的控诉。他们是一种新的正统观念的最极端案例，这种观念“几乎一致拒绝去规划和维持任何对策，为那些短期治疗不足以解决的危重病人提供一种人道的、持续的护理”。[47]这样一来，那些在生态层面上与我们隔离开的人，我们的社会中最一无是处、不受欢迎的那部分人，就只能悄无声息地等死，除了偶尔的媒体报道之外，没人会看到他们。

英国人也体会过社区护理的凄凉与悲惨。例如 1973 ~ 1974 年，仍在接受机构护理的精神病人得到了三亿英镑拨款，而用在“社区”里的民宅和日间护理服务上的钱只有 650 万镑。十五年后，一项对政府精神医疗服务的官方调查显示，情况没什么改观：社区护理依然是“一个劣等货，它被当作所有人的远房亲戚，没人当它是自己的孩子”。[48]

抛开这个例外不谈，此后的英国政府和美国一样，相当刻意地没有拨出任何款项去对现状进行系统调研。事实上，他们还花了很多心思去阻挠此类研究，尤其是控制了基础统计信息的流出：为了给自己的做法找到依据，他们援引了 1981 年的《雷纳报告》（Rayner Review）中的一句名言：“信息收集的首要目的不应该是出版……［而是］应该出于政府自身的需
378 要。”[49]显然，政府认为它不需要知道（或希望不知道）该领域的政策实施效果：那些已经不再关在精神病院里的人后来怎样

了，现有的规定在什么时候、在多大程度上已经不能满足基本需求等。毕竟，没有了系统性数据，个别的丑闻就可以当“个案”打发；面对来自地方政府的抗议——他们称这是在扔给他们一个难以承受的负担，并且没有提供额外的资源来应对哪怕是一部分的需求——中央政府可以装糊涂，或者就如何规避1970年出台的《慢性病患者与残疾人保障法》（Chronically Sick and Disabled Persons Act of 1970）规定的法律义务给出建议。[50]

然而一部分精神病患者的行为给日常生活造成了难以忍受的侵扰。他们对公德规范的违反，他们实际或潜在的暴力行为，他们的存在预示着的破坏与混乱，超出了社区可容忍的范围。原本用来将这些人与世俗隔离的收容所，现在已经没有了，所以必须找到一个替代办法。而那办法往往就是监狱。以美国为例，集中了最多重症精神病患的地方是洛杉矶县监狱；2006年发表的一项估测报告称，在全国范围内，“15%的州监狱囚犯和24%的在押人员……［符合］某种精神障碍症的标准”。[51]在法国，全国监狱人口总数为6.3万，其中精神病患人数估计在1.2万人以上。[52]英国也是这样，监狱管理局局长哀叹“监狱中存在精神疾病迹象的囚犯占比上升了七倍［从1980年代末到2002年］。对这些人而言，社区护理变成了监禁护理……问题已经几乎无法控制”[53]。将疯人关进监狱的景象曾触动十九世纪改革人士的良知，加快了收容制度时代的到来。事后看来，这些十九世纪收容机构的关闭，让我们回到了起点。

药物革命

新型精神药物也许并非病人非机构化的首要原因，然而它们的出现还是给精神病学以及疯癫的广泛文化认知带来了剧变。在 1954 年引入氯丙嗪之前，用药物治疗精神疾病、缓解精神病症状的做法早已有之。例如一些十九世纪精神科医生曾尝试让病人服用大麻，不过大多数很快就放弃了。鸦片曾作为
379 催眠剂用于躁狂病人。十九世纪晚些时候，一些人对水合氯醛和溴化物钟爱有加，这类药物的使用持续到了二十世纪。

过量使用溴化物会导致精神病症状，它在收容所外的广泛应用导致了中毒反应，使不少病人住进医院，被诊断为疯子；水合氯醛是一种有效的镇静剂，但是具有成瘾性，长期使用会导致幻觉及其他类似震颤性谵妄的症状。伊夫林·沃（Evelyn Waugh）的《吉尔伯特·平福德的受难》（*The Ordeal of Gilbert Pinfold*，1957）对它导致的幻觉和精神错乱进行了略带虚构的描述。作为一个酒精和镇静安眠剂成瘾者，沃亲自服用了溴化物和氯醛，他坦承书中对那位徘徊在疯癫边缘、最后坠入深渊的中年天主教徒、小说家的描述，其实是自己在罹患“晚期疯病”期间的写照。

锂盐似乎可以让焦躁的躁狂病人平静下来，一些水疗机构用它来治疗神经质的病人。但锂无疑是有毒的，它能导致厌食、抑郁甚至心血管萎陷和死亡。后来澳大利亚精神病学家约翰·凯德（John Cade，1912—1980）在战后曾盛赞它的效用，它对躁狂病人的镇定作用促使欧洲和北美对它的临床效果一直保持着一定的兴趣。

1920 年代出现了对巴比妥酸盐的尝试，包括用化学方法实现生命暂停，以期治愈精神病人。但是巴比妥酸盐也有严重缺陷：它会上瘾，经证明过量服用会致命，停用后出现的戒断反应非常痛苦，甚至会带来生命危险。除此之外，和许多较早

前的精神科医生会开的药一样，巴比妥酸盐的使用会导致精神恍惚、判断力受损，无法集中注意力，另外还会出现一系列身体问题。

新的抗精神病药物就不同了，它们的倡导者宣称有朝一日这些药将成为现代精神病学的撒手锏。精神分析治疗在二十世纪中叶的美国精神病学中有着至高无上的地位，而其他地方的学术主流则是一种杂糅的态度，将社会、心理和生理因素含混地掺在一起。半个世纪之后，精神科医生大多已经没时间理会 380 心理疗法了，他们的金主——无论是政府还是私营保险公司——都不愿意为它买单。

新型的谈话疗法，比如以相对短暂的干预为特征的认知行为疗法（CBT），成为大量女性从事（且更廉价）的临床心理学和社会工作的专业范畴。精神病学此时的身份认同，则与它在开方配药上的垄断紧密联系起来，在精神科医生手中，药丸取代了谈话，成为认知、情绪和行为失常的首要应对手段。如今病人和家属来找医生要灵丹妙药，希望用化学来改善生活。这种信心是否有一个坚固而持久的依据，我们尚不得而知，不过目前靠的主要是信念而非科学。也许的确是没有依据。更有可能的是，它只是一个整体里的一分子，如果是那样，宣布精神疾病的社会和心理维度已经死去可能为时过早。

我们到最后完全有可能发现，疯癫的根由一定程度上在于含义（meanings），不见得是弗洛伊德说的那个含义，但终归还是含义。疯癫毕竟仍是神秘莫测的，尽管精神病学的主流体系并不是这么认为的。在生理还原论大行其道的年代，医药产业自然也跟着发财。

一度掀起精神病学实践革命的首款吩噻嗪类药物——氯丙

嗪，是1950年12月11日在一个叫作侯恩－普朗克（Rhône-Poulenc）的法国小医药公司里合成出来的。它在精神病学领域的应用纯属意外。侯恩－普朗克公司一开始试过用它来减少手术中的麻醉剂用量，且作为一种止吐剂，然后还尝试用它治疗皮肤瘙痒。在那个年代，对药物分销以及新化合物的治疗实验的控制还很宽松。法国海军军医亨利·拉博里（Henri Laborit，1914—1995）拿到了一些实验用药并将其用在部分精神病人上，他惊讶地发现效果显著。病人对周围环境似乎失去了兴趣，突出的症状得到了缓解，并且没有出现有嗜睡问题。巴黎圣安娜医院的精神科医生皮耶尔·登尼克（Pierre Deniker，1917—1998）和让·德雷（Jean Delay，1907—1987）了解到这项研究，开始给病人使用氯丙嗪。几个月后，法国已经以Largactil为名开始销售这种药。

381 然而美国医生很看不上欧洲的医学研究，为此侯恩－普朗克公司选择把药的市场开发权卖给了美国的史克公司（Smith，Kline & French）。在把药物改名为Thorazine后，史克公司在1954年得到了食品药品管理局的上市许可。在初步投入区区35万美元用于研发后，公司实现了巨额利润。开始商业销售的第一年，Thorazine带动公司销售额增长了三分之一，史克公司后来净销售收入从1953年的5300万美元增长到1970年的3.47亿美元，这一发展在相当程度上直接或间接受益于这款极其赚钱的产品。

这样的爆炸式增长并非偶然。它体现了公司持续的大规模、高投入促销活动的效果。在七年时间里，州议员和州立医院的员工被各种五花八门的营销材料狂轰滥炸，这些宣传旨在让他们相信，这种药物作为一种廉价而有效的治疗形式是有优

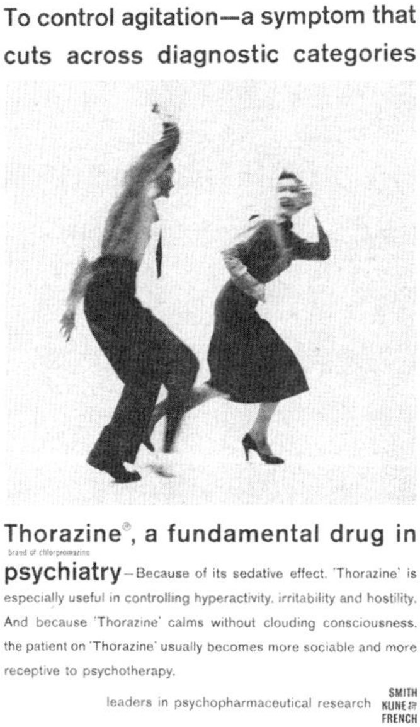

To control agitation—a symptom that cuts across diagnostic categories
Thorazine®, a fundamental drug in psychiatry—Because of its sedative effect, 'Thorazine' is especially useful in controlling hyperactivity, irritability and hostility. And because 'Thorazine' calms without clouding consciousness, the patient on 'Thorazine' usually becomes more sociable and more receptive to psychotherapy.
brand of chlorpromazine
leaders in psychopharmaceutical research
SMITH KLINE & FRENCH

氯丙嗪在美国上市初期的广告，据称这种药可以抑制暴躁的丈夫殴打妻子的冲动。广告强调药物可以让病人更愿意接受心理治疗，这显然是想引起当时主导美国精神病学的精神分析师们的注意，因为这个群体原本是不情愿用药治疗精神障碍的。

势的，适合大范围使用于精神病院病人。它是最早被称为 382
“畅销药”的药物之一，其他医药公司争先恐后想分得一勺羹，生产了一些跟原版没多大区别的药物，并且申请了专利。精神药物革命此时可谓正式启动了。

Thorazine 及其衍生物让精神病学首次掌握了一种方便配发药物的治疗形态（therapeutic modality），与一般医学上采取

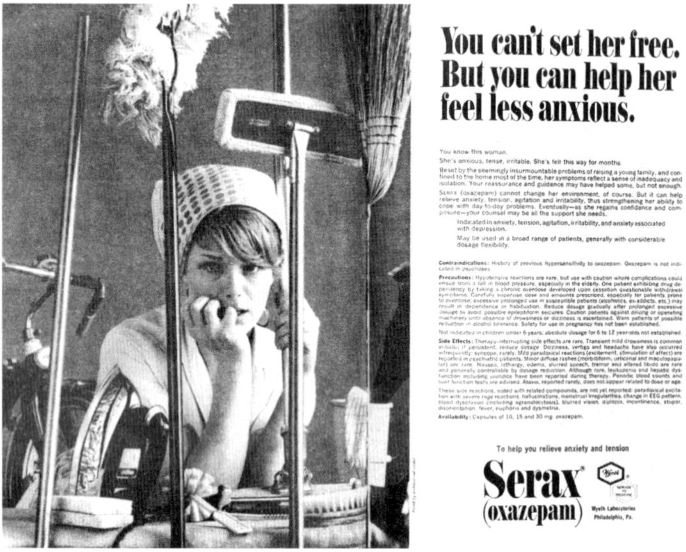

心情抑郁？我们有办法！这是一则“妈妈的小帮手”广告，这是一种面向被困在家庭生活牢笼里的主妇的药物。

的治病方式已经十分接近——而医学能有如今的文化权威，正是有赖于此。它和额叶切断术、休克疗法有着天壤之别，史克公司几乎是第一时间开始在广告中强调，这种新型神奇药物的最大优势在于“Thorazine 可以减少对电击疗法的需求”。[54]然而，尽管上市之初掀起一阵热潮，这些新药的疗效充其量只是缓解精神病症状。这本身当然是相当有吸引力的，但是它们无法治愈潜在的疾病。

383 没过多久，医药产业就推出了其他类型的精神药物。先是所谓的弱效安定剂：服用后会昏昏欲睡的眠尔通（Miltown）和 Equanil（甲丙氨酯），然后是号称不会导致困乏的苯二氮䓬类药物安定（Valium）和利眠宁（Librium）。随着这些药物的出现，人们在日常生活中遭受的困扰被轻而易举地重新定义为精神疾病。这些药丸给生无可恋的家庭主妇和萎靡不振的中年男女提供了一个解决方案。早在 1956 年统计数据就显示，在特定的月份里，每二十个美国人中就有一个在服用安定剂。不管是焦虑、紧张还是忧愁，都可以用药物一扫而光。不过，这些益处同样也是要付出代价的：许多服用者的身体习惯了这类药物，到头来发现自己很难或根本不可能停用，因为放弃药丸意味着要面对比当初决定服药时还要严重的症状和心灵痛苦。滚石乐队唱着“小小黄药丸”，“妈妈的小帮手”，可以“帮［家庭主妇］度过”她那“忙碌中等死的日子”，这些歌词透露出一种阴郁的意味。然而消费者对它们始终充满热情，无论是用来提神还是镇静，处方药的普及很快就不再仅限于已婚中年人士。摇滚歌星和青少年也在吃。

1950 年代末研发的其他可以改变情绪的化合物，首先有 1957 年的异烟酰异丙肼（Iproniazid），一种单胺氧化酶抑制剂，然后是 1958 年的 Tofranil①、1961 年的 Elavil②，所谓的三环类抗抑郁药。[55]不过，认为抑郁相对罕见的观念依然存在，一定程度上可能是因为许多抑郁者并不声张。百忧解（Prozac）在 1990 年代彻底改变了这一点。抑郁症成为流行病一般的疾病。在谈到奥登对弗洛伊德的著名评价时，美国精神病学家彼得·克雷默（Peter Kramer，1948 年生）说：“我时不时在想，也许我们会发现现代精神药理学已经和弗洛伊德的时代一样，成了一种观点的潮流，我们在让这种潮流引导我们各不相同的生活。”[56]结果证明的确如此。

---

① 丙咪嗪的商品名。

② 阿米替林的商品名。

精神病学的再机构化

正如在之前一章中看到的，第二次世界大战之前，美国的精神病学家大多和其他国家一样，靠着精神病院讨生活。二十世纪出现了一小部分人开始在办公室环境里治疗病情较轻微的
384 患者，但是到1940年，精神科医生构成了一个边缘的、饱受歧视的专业，他们中的大多数人仍被困在禁闭收容所的高墙之内。

这一切在战争期间以及之后的一段时间里迅速得到改变。早在1947年就已经能看到重大进展，超过一半的美国精神科医生已经在私立或门诊医院行医；到了1958年，只有16%的医生还在传统的州医院工作。这种专业重心的迅速转移，是在精神病学界从业人员的整体规模大幅扩充的背景下进行的。[57]许多人展开了心理分析治疗，其中既有正统疗法，也有它的简化形式。

所谓的动力精神病学家和那些被新一代专业精英鄙称为“命令-组织型精神病学家”（也就是那些要求病人锻炼身体，并辅以休克疗法及其他身体干预形式的人）的分歧，与机构精神病学和办公室精神病学之间的分歧比较下来并不完全一样，不过总归是非常接近的。那些寻求门诊治疗的精神病人除了比较有钱以外，病情自然也大多比较轻微。不过弗洛伊德派及其鼓吹者是如何看待关于新药物的讨论的呢？

许多人一开始对药物治疗不屑一顾。这些医生坚信，此类精神病药物只是治标，并不会触及病人的心理动力内核。它们是一张创可贴，不是治愈之法。不过，随着药物的数量和种类不断增多，这样的说法越来越站不住脚，很多人换了一个办法

来应对药物的挑战：他们承认药物是一种有效的辅助治疗方式，可以让错乱的、幻觉的、妄想的病人平静下来，这样病人就可以接受心理治疗了，而心理治疗才是真正起到治疗作用的部分。制药公司注意到了受众的偏好和成见，对自己的营销文案做出改动，因此那个时期的药物广告会强调抗精神病药物与心理疗法的并用。

在 1960 年代的多数美国心理分析师看来，他们在精神病学领域的王者地位想必是很稳当的。他们拥有最让人羡慕、最有钱的病人，收入比那些仍困在精神病院里的落后派高出许多——甚至比同时代其他科室的许多医生还要高。他们的理念在其他文化领域内频频出现，受到艺术家、作家和知识分子的热切吹捧。弗洛伊德将自己描绘成一个给人类智慧带来革命的 385
大知识分子，这个定位是得到广泛认同的。精神分析的人道与智识面貌帮助精神病学吸引了人才，而且在大学院系里，教学方向是以精神分析为主导的。这样的统治地位，还有谁能动摇呢？如此扎实的东西肯定不会转瞬即逝的。然是事实的确就是如此。

精神分析渴望成为一门普通科学，奇怪的是这种抱负却造就了它的一个软肋。精神病学的其他流派对精神疾病有着明确的认识——理智与非理智的世界是互不相干的，从根本上是相对的——但精神分析学要从深层次去认识精神疾病。疯人和其他人并非截然不同的两类人，我们都是存在某种程度的病态和缺陷的生物，精神扰动的根源在我们的内心。对作为一种社会控制手段的精神病学的批判，最初针对的是精神病院，它们显然很容易被说成是乔装打扮的监狱或集中营。但是，精神分析学将人与人之间的差异医学化、拓宽精神病理边界的倾向——

例如主张罪犯不是坏人而是病人，人格缺陷是某种精神疾病——让人越来越对精神病学的角色产生担忧。如果差异和怪异可以被重新定义为医学问题，进而需要去治疗，那么这对人类的自由意味着什么？

对于克雷珀林等人所提出的诊断类别，精神分析学家们从来就不太当回事。早发型精神分裂、紊乱型精神分裂、妄想型精神分裂、未分化型精神分裂、躁郁精神病等；这些分类是残酷且毫无用处的。在分析师们看来，重点是他们面对的这个病人的心理病理，而不是某种抽象的主观标签。但是有的人认为精神分裂和躁郁精神病之类的标签指称的是真正的疾病，一旦被人发现精神病学家们在诊断上各执一词，由此产生的尴尬和对精神病学专业正当性的威胁是相当严重的。

从 1960 年代末到 1970 年代，一系列的研究证明精神病学的诊断有多么不可靠。[58] 即使是那些最严重的精神失常形式，
386 精神病学家也只能在大约 50% 的诊断上达成共识。这些研究有许多是专业内的人做的，包括英国精神病学家约翰·库珀（John Cooper）及其同事的一项划时代的研究，该研究针对的是跨国语境下的各类诊断。[59] 他的研究表明，被英国精神科医生诊断为躁狂抑郁症的疾病，在美国同行那里往往会被列为精神分裂，反之亦然。

不过，最引人注目、对精神病学的公众形象破坏最大的研究，是斯坦福大学社会心理学家大卫·罗森汉恩（David Rosenhan，1929—2012）用假病人进行的一项实验，其结果发表在了 1973 年的《科学》杂志——世界上读者最多的两本科学期刊之一上。[60] 实验参与者前往当地一家精神病院，声称自己有幻听。在入院后，他们被要求做出完全正常的行为。多数

参与者被诊断为精神分裂，他们此后的言行会在这个诊断的基础上加以诠释。一名参与者将住院经历详细记录了下来，而这一行为也被解读为“病人被书写行为吸引”。精神科医生们看不出来，但实验参与者的病友们清楚他们是装模作样的假病人，许多假病人最终出院时被判定“精神分裂得到缓解”。

罗森汉恩的论文发表后很快引起了精神病学家的激烈抗议，他们认为该研究有违伦理，方法也存在缺陷。这些不满并非全无道理，但《精神病房里的正常人》还是被普遍认为是这一行的又一个污点。法律学者们开始公然嘲弄精神病学的临床能力。一篇著名的法律评论文章提出，精神病学“专家”的证词根本没意义，就像“在法庭上掷硬币”——然后旁征博引地拼命去证明其结果。[61]

还有一个原因——也许是更重要的原因——导致诊断的不准确在 1970 年代初日益成为精神病学的一个问题。医药业发现的精神疾病新疗法带来了巨大的潜在利益。然而，不管是药物的研发，还是监管当局对新药的审批，都要用到具有相同性质的病人群体。要想证明一种疗法相对另一种疗法有统计学意义上的优越性，就需要越来越多的病人参与到试验和控制群体中，从而可以展开双盲测试。[62]然而，如果无法确切地对不同 387
病人做出相同的诊断，那还能如何比较呢？等到人们发现一种新化合物对某些病人有效果，对另一些人却没有时，诊断精确性受到的质疑就更强烈了，因为对亚群的区分是充分证明药效的关键。

我们该如何判定一个人是疯子还是正常人呢？这是个要回答的问题。这个最起码的诊断要在没有 X 光、MRI、血检或其他化验辅助的情况下做出。有些人遵循萨斯·托马斯的主张，认定如果没有基于生理的诊断标准，精神疾病就是子虚乌有，它就只是在那些给我们添麻烦的人身上打了一个误导性的标签。但是我们大多数人心里清楚：在我们的同类当中，有些人的迷狂、烦乱、抑郁和痴呆已经严重到脱离我们共同认知的现实，他们的疯癫（或者用文雅点儿的说法，是精神得了病）似乎是毋庸置疑的。对于那些最为严重的异化案例，我们可以因一个人对共识的异议而去质疑他的神智是否正常。可是对那些不那么明显的案例，应该如何做出区分呢？十九世纪初最具盛名（或恶名）的“疯大夫”之一约翰·哈斯拉姆的一句法庭证词，读来也许会令人发笑。他说：“我从来没见过有谁是心智健全的。”但事实上，除了一望即知的那些行为或精神上的失常举动外，正常和病态之间的分别始终是极为含糊和不确定的。然而界线还是划出来了，无数人的命运由此界线决定。是疯癫，抑或只是古怪？这可是天差地别。

围绕精神病学诊断能力的怀疑，促使美国精神医学学会开始了诊断标准化的尝试。学会创立了一个特别工作组，这个小组受命创建一个更可靠的分类系统。精神分析学家们对此没什么兴趣，选择了无视。工作组由哥伦比亚大学精神病学家罗伯特·斯皮策（Robert Spitzer，1932—2005）领导，他迅速将一些与他志同道合的人招致麾下，这些人大多来自密苏里州圣路易斯的华盛顿大学。[63]小组成员都严重倾向于精神疾病的生理模型，喜欢自称是 DOP——“数据导向人士”（data-oriented person），不过事实上他们的工作更多是在做政治上的讨价还价，而非科学层面。[64]他们认为药丸比聊天管用，在他们手中，
388 一种全新的诊断流程思维，在这场关乎这一专业转型的战斗中成了决定胜负的武器。

斯皮策的小组无法围绕任何一个精神障碍的主要形式构建起有说服力的因果链，于是索性不再装下去。他们转而把精力集中在评分者信度最大化上，确保精神病学家们能对一个特定病人达成诊断上的一致。这就需要制定一个症状列表，声称这个表里归纳了各种形式的精神困扰的特点，然后用列表去“逐项核对”进行诊断。面对一个新病人，精神科医生要记录下存在或不存在那些症状，一旦达到一个阈值，这个病人就会被打上某种诊断标签，当诊断出不止一项“疾病”时，可以用“共病”（co-morbidity）解释。如果对哪些应该写入手册存在争议，就通过委员会表决来裁定。此外还有对临界点的判定，也就是一个病人要符合列表上的多少项才可以宣告患有某种形式的疾病。效度问题——这种罗列“疾病”的新分类系统与病原学层面所做的划分存在一定的对应——则根本被搁置一旁了。只要能做到机械且可预测、一致且可复制的诊断就足够了。精神疾病的“表面”症状，原本一向被精神分析学家认为只是人格潜在心理动力紊乱在表现，但现在成了科学标记，是定义不同形式的精神障碍的根本元素。对这类症状的控制——尤其是通过化学手段——成了精神病学这一行业的终极目标。

最终，一部新版《精神疾病诊断与统计手册》被提交给美国精神医学学会表决。精神分析学家们这时才意识到，他们对这项造册工作的忽视是犯了大错。连多数病人都符合的疾病类型——神经症（neurosis）——都快要在专业内的官方标签系统里消失了，这给他们的生计造成的影响显而易见。然而他们为保住自身地位而发起的反击，却被罗伯特·斯皮策以一个聪明而冷酷的手腕化解：他同意做出妥协，在某些诊断的后面

389 用括号写上“神经症反应”。学会表示认可，而且 1980 年出版的《诊断与统计手册（第三版）》（DSM Ⅲ）实际上是第一个具有重大意义的版本，对未来的精神病学以及大众文化对精神疾病的认知产生了深远影响。[65]但在北美以外的地方，许多精神病学家倾向于另一个分类系统，也就是包括在世界卫生组织发布的《国际疾病分类》（International Classification of Diseases，简称 ICD）之内的一套系统，其中一些人至今仍这样认为。然而，跨国制药企业很快在 DSM 诊断分类和精神病学中新兴的药物治疗之间建立起关联，促使 DSM 的影响力进一步加大，最终所有的精神病学家都不得不屈服。ICD 和 DSM 的分类日渐趋同，最新的第十一版 ICD 据说将进一步拉近这两个体系的距离。

第三版发布后不久后的 1987 年，DSM 出了一个修订版，斯皮策给心理分析学家们留的遮羞布不见了，而这正是在他当初提出这个建议时就想好了的计划。[66]等到 1994 年第四版公布时，DSM 已经有 900 多页，确认了将近 300 种精神疾病，并以 85 美元的价格卖出了数十万册。它是每一个美国精神医疗从业人士的书架上必不可少的，最终也成为新美国精神病学攻占全球的一件有力武器。我们在描述精神困扰时使用的语言和分类，精神病理学的官方界定，甚至精神病人自身的存在感受，都被这部文献永久记录了下来。

DSM Ⅲ的成功标志着一套分类体系的成形，这个体系在诊断类型与具体的药物治疗之间建立了越来越多的联系。这使得医疗专业人士和公众都开始接受一种概念化精神疾病的做法，认为这是一些具体的、有明显不同的疾病，每一种病都可以用不同的药物去治疗。尤其重要的是，由于医保业在理赔时要求出具DSM诊断（以及具体诊断类型的建议疗程和用时），DSM Ⅲ成了一部人们无法无视、只能认可的工具书。一个精神医疗从业人士想要谋生（且无法承受在医保报销体系之外执业——多数医生显然是这样），那就别无选择，只有接受它。

随后的几年里，尤其是1990年代抗抑郁药物流行起来后，精神疾病的专业性的和公开话语中开始大量使用生物学阐述。美国精神医学学会时任会长史蒂文·夏夫斯坦（Steven Sharfstein，1942年生）称这一进程是从“［精神病的］生理-心理社会模型转向生理-生理-生理模型”。美国心理分析学家几乎在这场转型的一开始就感觉到，病人正在离他们远去，他们在精神病学领域至高无上的地位也将不复存在。 390

分析学家在早年的另一个重大决定加速了他们的衰落，那是他们在美国新一代从业者的培养上做出的布局。为了对培训过程拥有绝对控制权，他们创办了一系列完全独立于大学系统之外的研究所。随着现代研究大学兴起，担负起纯粹科学人才库的角色，并日益成为重要的知识生产与传播工厂，缺少这种正统加持的精神分析学在结构上越来越薄弱。精神分析学自愿被排除在学术殿堂之外，甚至曾经积极争取这种独立性，这在当时看来没什么大不了，却导致它很容易被鄙为一个派别，而非科学。

于是就有了这样一个吊诡的局面：在美国精神分析学一度取得了最大成功，如今却眼看就要被遗忘。面对失去垄断地位的弗洛伊德派，重获新生的生理精神病学毫无恻隐之心，立即开始了排挤。精神分析学在今天的美国就算存活了下来，也只是寄身文学系和人类学系篱下，偶尔还有哲学家会来说两句。

它在治疗上的手段还能找到一点市场——追捧的大部分是犹太人，且仅限于几个大都市，但是作为一个医疗专业的精神分析学很快成了濒危物种。[67]

它在其他地方的命运则没那么惨。在英国、法国等国家，精神分析学从来没有成为专业权威，这反倒让它保住了原本不多的追随者，许多知识分子对它的迷恋也丝毫未减。“法国弗洛伊德”直到近年还是漫画题材。巴黎精神分析学大体上是由雅克·拉康（Jacques Lacan，1901—1981）的学说发展而成的一个独特版本。拉康在1960年代崭露头角，到了1981年去世时，在某些领域已经是神一般的存在。[68]（拉康的精神分析
391 学实在太过偏门，为正统弗洛伊德派分析学家所不齿。例如他的“分析时长”有时候只有几分钟甚至更短——在候诊室对病人耳语“parole”［言语］一下，就算完成一次治疗了［反正账单上是这么写］。这样他可以在一个小时里对多达十名病人进行治疗［以及收费］。[69]）不过，拉康的人气至少促使法国知识分子去接触弗洛伊德原著，其中有些人一直保持着高度兴趣，直到拉康的影响力渐渐消退都没有改变。在海峡对岸的英国，尽管存在从第二次世界大战就开始的内部分歧和派别争执（以弗洛伊德的女儿安娜为首的正统弗洛伊德派与梅兰妮·克莱因率领的变节者也在逐步走向分裂），精神分析学始终还是个为大众所熟知的存在。英国分析学家们从来没有像他们的美国同行那样，在精神病学领域取得显赫的地位与权力，因此可能对衰落和即将到来的崩溃没那么放在心上。

从治疗角度讲，精神分析学的边缘化谈不上是个损失，尤其是在重症精神病的治疗上。像哈里·斯塔克·沙利文（Harry Stack Sullivan，1892—1949）、弗丽达·弗罗姆－赖希

曼这样的美国分析学家以及意大利精神病学家西尔瓦诺·阿瑞提（Silvano Arieti，1914—1981）都曾表示在精神错乱的治疗上取得了一些成功，[70]在欧洲，梅兰妮·克莱因以及雅克·拉康的追随者也探讨了使用精神分析技术治疗精神严重失常的病人，不过无论是当时还是现在，基本上只有忠实的信徒才会把这些说法当真。[71]

然而，精神分析学家们提出的疯癫有其含义的主张，的确促进了人们对个体的关注，鼓励精神病学家去倾听、了解精神障碍对患者有着怎样的心理意义，确立了仔细观察病痛的必要性。在一个用 DSM 迅速得出诊断，当即给出“标准”的药物治疗的时代，精神病理现象学受到的忽视已经几乎无法挽回，而这毫无疑问是巨大的损失。这个问题严重到担任《美国精神病学杂志》主编多年的著名神经科学家南希·安德烈亚森（Nancy Andreasen，1938 年生）不得不站出来警告，“针对个人问题和社会语境的谨慎的临床评估教学在日渐衰弱……对学生的要求是背 DSM，而不是去领会他们将面对的精神疾病的复杂性”。她哀叹诊断手册“对精神病学的 392
实践造成了一种非人化的影响”。[72]有一点她没有明说但无疑更加重要，那就是这些变化对该专业所针对的病人也造成了非人化的冲击。

为了炮制一个普适的、客观的分类，以及创造一张让每一个人的精神病理都可以也必须适用的普洛克路斯忒斯之床，对遵从 DSM 范式的人而言，他们的首要目标是最大限度地抹去个人的临床判断（尽管在一切都如此波动不定的情况下会不可避免地产生不同观点），同时要从总体上消除人类的主观性。精神病学家的这种坚持让快速、常规、可复现的归类成为可能。病人的困扰通常不到半个小时就可以得出诊断——这是个不得了的成就——尽管有人可能会半信半疑，更别忘了这样的决断过程将带来的是改变一生的后果。DSM 系统本身的逻辑就是要避免复杂因素，以及不要关注个别病例的特殊情况。作为一种将专业判断固化下来的手段，这是它的优点，却也是缺点。如果要用如此残酷而机械的方式去看待受疯癫困扰的芸芸众生，让人不禁会对它的效度产生疑问。

生理学的反击

在十九世纪末，世界各地的精神病学家都认为，精神病是一种脑和身体紊乱导致的疾病。精神病患是次一等的人类，他们活生生地呈现着给他们带来缺陷的退化过程：情感迟钝；思维与言语的混乱；妄想；幻觉；狂暴；深度抑郁。二十世纪末，以生理为精神疾病基础的观点再度流行起来，且其他层面越来越被忽视。乔治·H. W. 布什总统在 1991 年代表国家心理健康研究所发布总统文告，他宣布 1990 年代是“脑的十年”，这无非对一种早已在精神病学中扎根，且不仅限于美国的转变做出肯定。

病人及其家属渐渐学会把精神疾病归咎于脑生物化学缺
401 陷、多巴胺分泌不足或血清素缺乏。[73] 和它所取代的那些心理呓语一样，这些生理呓语也极具误导性且不科学——事实上，我们对主要疯癫类型的病因仍然知道的不多——然而作为营销文案就价值连城了。[74] 与此同时，精神病学专业人士被大量研发资金诱惑和收买。精神病学家曾经身处专业名望的边缘地带（他们的谈话疗法和对童年性心理的关注，只会让主流医学人士越发瞧不起他们），如今却成了医学院的宠儿，他们依靠成百上千万的拨款和间接成本回收，使第二次世界大战后几年里格外惹眼的新事物——“医疗产业联合体”得到了扩张。

这些钱相当一部分来自医药产业，在过去的四分之三个世纪里，这个产业已经走向成熟。如今有了“大制药厂”（Big Pharma）这样的跨国企业奇观。它们的营销力量遍布全球。它们对有利可图的新型化合物的搜寻是不考虑国界的，只不过在需要研究时常会去世界各地的边缘地带，因为那里的伦理约束比较容易摆脱，也便于公司将多中心临床试验获取的信息掌握在自己手中。[75]它们的利润令人咋舌，比其他经济领域高出许多。其中相当一部分是在美国这个富有且不受监管的嘈杂大市场挣到的，这是美国精神病学逐渐在全球称霸的主要原因之一。[76]

精神病药物是大制药厂扩张和营利的一个核心部分。这并不是因为我们拥有某种精神病学上的青霉素，而是恰恰相反：虽说围绕着精神医药进行了大量营销炒作，但这些药丸和药水只能起到缓解而不是治愈的作用，甚至经常连缓解都做不到。然而讽刺的是，恰恰是这种相对差一些的疗效让精神病药物格外值钱，时常可以进入所谓的畅销药之列，帮医药业揽聚十几亿美元的利润。对病人而言，能治病的药是好东西，然而对医药公司就不一定了。例如抗生素可以在短时间内治好细菌感染，至少在工厂化养殖场的过度使用导致它失效之前是这样。一个世纪前的重大甚至致命的疾病，如今可以很平常地用一个疗程治好。一旦一开始的热情褪去，油水就不多了，尽管批量销售带来的利润也不是小数目。因此，可以控制但无法治愈的 402
疾病就很理想了：1 型、2 型糖尿病；高血压；血液中的脂质含量堆积以及胆固醇造成的动脉阻塞；关节炎；哮喘；胃酸倒流；HIV感染——这些都是会纠缠多年的病症，有可能带来巨大的财富。当然，随着专利过期，利润会下降，但是总能找到办法对配方做点儿改动，创造一个专利的变形，说不定还可以新增一个药物类别。慢性病是长期的财源。

于是精神病学加入了进来，这门学科的乱象是难以捉摸的，有时候还存在争议，它的病因学仍然是一团谜，没取得多少进展，但多数的病都很顽固，导致病患丧失行动能力，十分痛苦。这些病不可能被无视，尽管理解和治疗起来很困难。等到新的药物类别出现，可以（或者号称可以）带来一定程度的症状缓解时，市场潜力是极其巨大的。

实际表现也确实如此。抗精神病和抗抑郁药物的利润时常居全球市场最有利可图的排单之首，镇静剂紧随其后。阿立哌唑（Abilify，百时美施贵宝公司生产的一种抗精神病药物）每年销售额达到60亿美元。欣百达（Cymbalta，礼来公司生产的一种抗抑郁、抗焦虑药片）预计可以达到52亿美元的全球销售额。左洛复（Zoloft）、怡诺思（Effexor）、思瑞康（Seroquel）、再普乐（Zyprexa）和利培酮（Risperdal）都是用来治疗抑郁或精神分裂的，它们在2005年的销售额在23～31亿美元，持续多年带来高额的利润。抗精神病和抗抑郁药物都经常挤进美国药物销量榜前五名。[77]2010年，抗精神病药物的全球销售额达到220亿美元；抗抑郁药物，200亿美元；抗焦虑药物，110亿美元；兴奋剂，55亿美元；治疗失智症的药物，55亿美元。这些数字还没有考虑一个事实，许多抗惊厥药物是开给被诊断为双相情感障碍的病人的。[78]

但是，借用通常被（错误地）认为出自经济学家米尔顿·弗里德曼（Milton Friedman）的话，“世上没有免费的午餐”，任何医学治疗，哪怕是最有效的治疗，都有可能带来副作用（见彩图44）。在评价精神药物革命及其对精神病学的影响时，我们需要谨记这个道理。以一个卢德派的态度去贬损或否认这种进步是不应该的。然而，精神病学领域还是出现了许多令人不安的问题。如今看来，这顿午餐非常昂贵，对许多消费者来说完全不值得。

不幸的是，精神病学中的药物治疗有时候并没有多少效 403
果，这种疗效经常被精神病学家和科学论文夸大。另外，病人为这些药的效果所付出的代价又往往被低估，或者被有意掩盖。问题在一定程度上是由于，许多没有经过妥善设计的研究在有意将结果往正面的方向推，这在早期精神药理学领域格外严重。随着时间推移，医药公司的势力越来越大，它们为了追求利益无所不用其极，以至于了解情况的人开始担心，所谓的“循证精神病学”，还是被称为“循偏见精神病学”更合适。

第一代抗精神病药物——吩噻嗪经常带来严重的、导致失能的副作用，不过精神病学科用了二十年才承认这个事实，[79]一些病人出现了类似帕金森症的症状。还有一些人服药后出现持续性的焦躁不安，无法安静下来。有的人则正相反，会长时间保持一动不动。而最严重的是出现后来被称为“迟发性运动障碍”（tardive dyskinesia）的问题，这种病症会导致吸吮和咂嘴动作，以及四肢末端的摇摆和不受控制的运动，症状在服药时往往会被掩盖，而讽刺的是这些通常被外行人视为精神错乱的表现。迟发性运动障碍在接受长期治疗的病人中尤其多见（具体的估测数据有很大差异，在15%～60%），绝大多数病人存在很难恢复的医源性问题（即医生导致的问题）。

在服用第一代的吩噻嗪后，许多病人的确减少了充分显现的症状，他们的生活因此变得让身边的人稍微可以忍受一些。然而还有一些病人——从比例来看相当之高——在服药后没什么反应。对前者而言，副作用和症状缓解的此消彼长还是值得的，而对没有疗效的人显然就不是这样了。两者都有许多病人受到副作用的严重影响，令他们感到虚弱和耻辱，并且往往是永久性的。

这些严重的副作用逐渐被承认，促使一些人对所谓的“不良的精神病学”发起批判，[80]（推广自己的一套怪诞疗法的）山达基在好莱坞创办了一座博物馆，名叫“精神病学——一项死亡产业”。客观公正的观察人士大多不认可这种
404 夸张的说法。他们是对的。将新的药物疗法说成百害而无一利是很荒唐的——只有对大量极具说服力的证据视而不见，才会得出这种结论。然而，医药产业及其在精神病学科室内的盟友给出的说法，同样也存在夸大的一面之词，不应该盲目听信。

第一代精神病药物开创的模式对后来者是“有帮助”的：多种抗抑郁药物的引入导致被诊断为抑郁症的人数大幅增加，这种病成了精神病中的感冒；二十年前问世的所谓“非典型性抗精神病药物”是由一系列不同成分的药混杂在一起的，各有各的化学属性，号称可以防止服用吩噻嗪药物时出现的严重副作用。百忧解让人“比无恙更进一步”，然而后来被发现并不是这么回事。它和其他的所谓“SSRIs”（选择性血清素再摄取抑制剂）类抗抑郁药远不是什么包治百病的灵药。这些药物的正面效果时常不及它们制造的问题，[81]尤其是有多项研究表明，除了针对重度抑郁，这些药的效果不比安慰剂好多

36. 美国密西根州的巴特尔克里克休养院，它专门面向富有的神经质病人。由于大萧条的冲击，这里在 1933 年被破产接管。

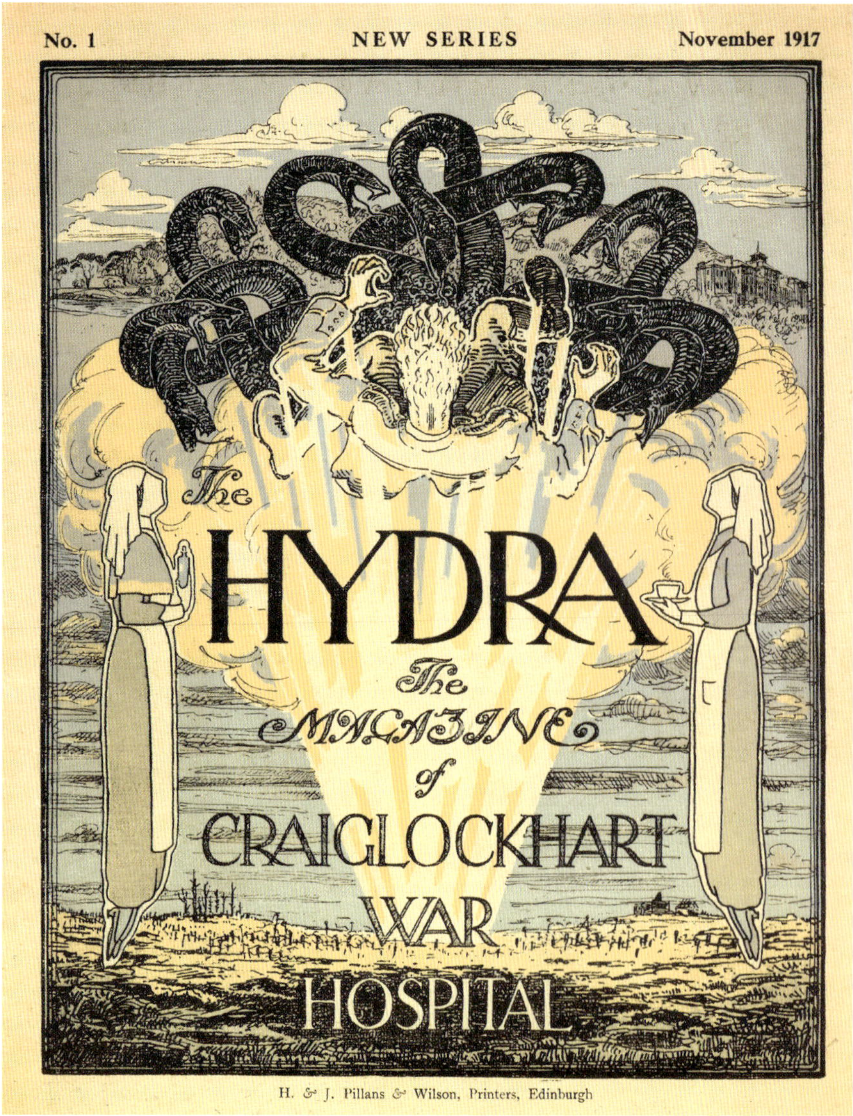

37. 克雷格洛克哈特战争医院病人编制的杂志《九头蛇》（*Hydra*），该医院收治的都是第一次世界大战中出现炸弹休克的军官，其中包括西格里夫·萨松和威尔弗雷德·欧文。

38. 马克斯·贝克曼的《夜》（1918—1919）。这幅作品描写了一间小屋内的阴森暴力景象，画中有三名施刑者。一个男人被勒住脖子；一个遭强暴的女人被捆在柱子上；一个孩子正被拖去虐待或杀害。在这个邪恶而疯癫的世界里，一切秩序或结构都崩塌了，如贝克曼所说，他想“给人类画一幅宿命的图景”。（对页上图）

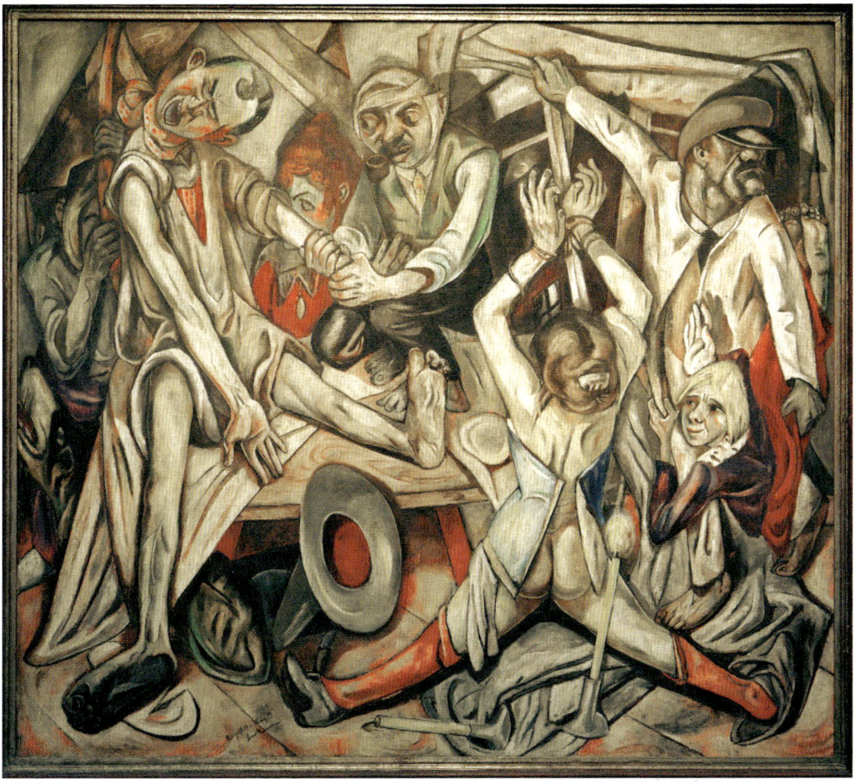

39. 奥托·迪克斯的《战争三联画》（1929—1932）的中央部分：发胀的德军士兵尸体在战壕里溃烂，有的腿上满是弹孔；树杈上挂着骷髅；赤色的天空预示着末日来临。难怪纳粹会解除画家在德累斯顿的教职，因为他的作品“可能会影响德国人民的战斗意志”。

40. 大卫·霍克尼的《贝德兰姆》（1975）：霍克尼在格莱德伯恩为斯特拉文斯基的歌剧《浪子历程》结局设计的舞台模型。

41. 鸟瞰威尼斯圣克莱门特岛，这里如今是一座豪华酒店。但它曾经不是一个很值得向往的地方：1844~1992 年，这里是威尼斯的女性疯人收容所。

42. 弗洛伊德在汉普斯特德的书房。1938 年为逃离纳粹迫害离开奥地利时，弗洛伊德带上了他的沙发和个人财物，在伦敦北部梅尔斯菲尔德花园路的宅邸里重建了他在维也纳伯格巷 19 号的书房。这个房间如今作为弗洛伊德博物馆的一部分被保留了下来。

43. 1973 年停用的马萨诸塞州格拉夫顿州立医院的一道走廊。许多像这样曾经收治数千病人的收容所如今已经闲置，因疏于维护而日渐破败。

44. 一则传达了严肃信息的滑稽广告（2014），作者是加拿大艺术家、活动家、自称“天生患有癫痫”的比廉·詹姆斯（Billiam James），他在这里汲取了十七世纪《爱经》和拉格玛拉绘画的视觉灵感，以及杰弗逊飞机乐队（Jefferson Airplane）的语言灵感。

少。[82]正如哈佛大学精神病学家斯蒂文·E. 海曼（Steven E. Hyman）所说，药物治疗的前景依旧黯淡，尽管“1950 年代至今研发出多种抗抑郁药物……但没有任何一种药能对［第一代此类药物的］疗效做出提升，给许多病人只能带来些微的益处，而且有的甚至完全无益”。[83]

在用于儿童的治疗时，SSRIs 会增加出现自杀念头和自杀行为的风险（这是医药业一直在隐瞒和否认的一项副作用）最早不是精神病学家披露的，而是英国 BBC 的调查记者。[84]负责评估新疗法临床价值的英国政府机构——国家卫生与临床优化研究所（National Institute for Health and Care Excellence，简称 NICE）眼看就要正式认可对儿童使用 SSRIs。但是他们改变了主意，在 2004 年表示不建议使用该药。随着更多负面的临床试验数据被揭发，NICE 最终向美国食品药品管理局建议，应使用所谓“黑框警告”标识以说明其危险。这已经是除下架之外最严厉的警告提示，而且管理局还拒绝批准将帕罗西汀（Paxil）和左洛复等药用于年幼的患者。而在这之后又有新发现，尽管有已发表的研究显示 SSRIs 对儿童和青少年抑郁症治疗是有效的，但相关研究“经过篡改，将大致上结果为负面的研究变成了正面研究，隐藏了药物无效的事实，遮掩治疗存在的问题”。[85]更严重的是，有证据表明有大量 SSRIs 研究遭到 405
了压制——这些研究的结果全是负面的，直到外界开始施压后才被公之于众。[86]

非典型性抗精神病药物经常也被称作第二代抗精神病药物。但这是个误解，因为堪称这类药物中效力最强大的氯氮平（clozapine）根本不算新药。它是由德国公司万德尔（Wander）在 1958 年合成出来的，在 1960 年代进行了一系列临床试验，1971 年投放市场，不过四年后被制造商召回了，因为偶有患者会出现危险的、有时是致命的白细胞减少，即粒细胞缺乏症（agranulocytosis）。[87]十多年后的 1989 年，氯氮平逐步恢复销售，被用于治疗对其他药物没有反应的精神分裂病人，这是一种万不得已的手段，使用该药时需要有严格的安全预防措施。它的售价很高。山德士（Sandoz）公司的一年用量价格为 9000 美元，而一年量的氯丙嗪（Thorazine）仅需要 100 美元左右。不过氯氮平还是迅速普及了起来，其中一个原因是，这种药声称出现迟发性运动障碍等副作用的概率比其他抗精神病药物低很多。

它的普及很快又催生了其他可以注册专利的“非典型”药片，比如利培酮、再普乐和思瑞康。这些药在化学上是一样的，不过称之为第二代抗精神病药物可谓营销上的神来之笔，并且这个称呼沿用了下来。它们被包装成益处更多、副作用更少的一类药物，取得了极为丰厚的利润。尽管会大幅提高治疗成本，世界各地的精神科医生还是对它们钟爱有加。没过多久，它们又有了可以治疗双相情感障碍的美名。不过，十年后，《柳叶刀》（*Lancet*）杂志的一篇社论斥责它们是“假冒的发明”：“第二代药物并没有什么可以区别于典型药物——或者说第一代抗精神病药物——的非典型特征。和第一代抗精神病药物相比，这一类药物并不具备特别好的疗效，没有对具体症状起到改善作用，副作用的情况也没有明显不同，但成本效益差很多。”[88]例如这类药物中只有氯氮平没有已知的迟发性运动障碍关联病例，然而，通过创造一个“非典型”抗精神病药物门类，制药企业就可以掩盖一个事实：在这个生造出来的门类中，其他的药物并不是这样。

后　记

作为文明的人类，我们喜欢用蒸蒸日上的进步景象安慰自己，尽管到头来我们时常发现那只是梦幻泡影。我们在文学和艺术领域可能是不存在进步的（尽管有人会表示异议），但科学无疑在前进，作为一门科学而非艺术的医学也是这样。至少在发达国家，我们可以享受更长寿的、物质上无疑也更丰富的生活，虽说不见得更幸福，拥有更丰富的文化。然而这一切的前提是我们没有发疯。尽管有了现代精神病学以及它给出的灵药，我们不得不面对的一个现实是，二十一世纪的今天，不但严重精神疾病患者的平均寿命要远低于未患病者的平均水平（差距高达二十五年），而且在过去几十年里，严重病例的数量和死亡率是呈上升趋势的。[89]从这个最基本的层面看，我们在倒退。 406

精神病学本身似乎也陷入了困境。1980 年 DSM Ⅲ推出时开始采取的新克雷珀林派思维，一开始显得效果不错。精神疾病诊断的可靠性和可复现性有所提升，过去就具体某个病人的问题而展开的那些丢人现眼的争论，如今已经没有了。在精神病学那场两败俱伤的战争中，弗洛伊德派大败而归，精神科医生们再一次开始侧重于从生理上解释精神疾病，无论多么粗糙，至少讲给医学界同僚听时可以显得挺有道理。事后看来这种新思维让制药公司大为受用，心甘情愿地为精神病学研究买单。随着时间的推移，这些企业开始越来越多地影响讨论精神疾病所使用的语言，甚至包括这世上存有哪些疾病类型。

从 1987 年的第三版修订版（Ⅲ R），到 1994 年的第四版（Ⅳ）以及 2000 年的“文本修订版”（Ⅳ TR），陆续推出的版本都沿用了精神病学在 1980 年引入的基本思路，尽管每次都有新的“疾病”加入，对精神病理学定义做出了调整，页数也越来越多。然而随着每一版“疾病”数量的增加，诊断所需符合的标准却越来越宽松，希望用新版本来解决的问题反复出现，精神病学的正当性再次面临严重威胁。

诊断标准的放松导致被界定为精神病患者的人急剧增多。这在年轻人当中尤其明显，尽管不仅限于这一群体。例如“青少年双相情感障碍”患者在 1994 ~ 2004 年这短短十年里
407 增加了四十倍。原本罕见的自闭症泛滥成灾，仅过了十年，每九十个儿童里就有一名自闭症患者了。后来改称“注意力缺陷多动障碍”（ADHD）的多动症也经历了类似的过程，如今美国有 10% 的男童在每天服用药物治他们的“病”。至于成年人，到 2007 年，每七十六个美国人就有一个具备领取精神残疾福利的资格。

精神病学家们在诊断上的各执一词，导致他们在 1970 年代沦为世人笑柄，而将人世间的许多寻常事重新打上精神病态的标签，也将带来同样的后果。因此，在二十一世纪初美国精神病学迎来又一次的手册修订之际，DSM 5 是希望与以往有所不同的。（弃用先前的罗马数制是为了能够实现像软件那样的连续性升级：DSM 5.1、5.2，以此类推。）这一版的负责人表示，之前两个版本遵循的逻辑是存在严重缺陷的，他们会做出修正。他们承认基于症状的体系是靠不住的，因此转而依赖神经科学和基因学的发现，意欲修纂一部将精神障碍与脑功能联系起来的手册。他们还会考虑到精神障碍是多维度的，是无法被明确分门别类的：它关注的是心智健全的程度，而不是将正常与精神疾病一分为二的黑白世界。这是一个很高的抱负。然

而唯一的问题是，它是不可能实现的。在被人痛斥是在痴心妄想后，修订项目的负责人最终被迫认输，到 2009 年，他们已经回到老路上，对描述性的方法进行一些修补。

随着这项工作的进行，看来除了社交焦虑障碍、对立违抗性障碍、学校恐惧、自恋型和边缘型人格障碍之外，我们还将迎来像病态赌博、暴饮暴食障碍、纵欲障碍、情绪失调障碍、混合型焦虑抑郁症、轻度神经认知障碍和弱型精神病性症状综合征之类的东西。在对重症精神障碍的病原认知上，我们几乎没取得什么进展，何况这些更具争议性的诊断（很多人会说，这些压根就不属于医学范畴）。不过，这样的诊断的确能给精 408
神药物产品开拓出利润丰厚的新市场，并促使一些批评者提出，精神病学疆域拓展的背后，会不会有一股商业力量在起到不正当的作用——让这些批评者格外理直气壮的一个事实是，DSM 修纂团队的绝大多数成员背后有制药公司金主。

精神病学如此依赖症状和行为来构建其疾病，以及通过机构颁布的律令将讨价还价得来的疾病分类强加于学界和公众，很快就引发了自己人的反抗。主持 DSM Ⅲ 编修工作的罗伯特·斯皮策和 DSM Ⅳ 主编艾伦·弗朗西丝（Allen Frances，1942 年生）在新版手册发布几年前就已经开始批评它的科学可靠性。[90]他们认为，这个版本将正常人类存在的平凡征象归于疾病，有可能会再一次导致某种无中生有的精神病大暴发。这样的批评者不像山达基教徒那么容易打发，[91]他们两次成功地拖延了 DSM 5 的发布。

2013 年 5 月，DSM 5 终于得以问世，但从一开始就面临种种不利。在出版前，两位声名显赫的精神病学权威给出了评价。前国家心理健康研究所所长斯蒂文．E·海曼对这个计划发起了批判。他认为，手册“犯下了［其作者］无法想象的大错。事实上，他们创造的是一个彻头彻尾的科学噩梦。许多原来得到一个诊断的人现在得到了五个诊断，但他们并没有患上五种疾病——他们只有一个潜在的问题”。现任所长托马斯·R. 因塞尔（Thomas R. Insel，1951 年生）也做出了类似的判断。他称手册在科学上“缺乏效度……在研究界奉 DSM 为圭臬的情况下，我们是不可能取得进步的。人们都认为，一切都得符合 DSM 上的标准，但是你知道吗？人的生理从未看过这本书”。他表示他的研究所会“将研究与 DSM 分类脱钩，［因为］精神疾病的患者理应得到更妥善的对待”。[92]

因塞尔在几个月前有过一番更离经叛道的言论，那是一次私下的交谈，但看起来他已经意识到会被公开。他鄙夷地表示，他的精神病学同行们“的确相信［他们依据 DSM 诊断的疾病］是真的，然而它们不具备真实性。这些都是生造出来的。精神分裂或抑郁症不具备真实性……我们也许应该停止使用抑郁症和精神分裂之类的词，因为它们妨碍了我们，是在混淆视听”。[93]因塞尔希望用一个基于生理基本事实的诊断系统来取代描述性的精神病学。然而以我们目前的知识境界，那只能
409 说是空想。疯癫至今仍是一个谜，一个看上去没有答案的难题，尽管精神病学（以及许多饱受精神失常困扰的人）很希望改变这一点。我们顶多只能缓解这些疾病带来的苦痛。在过去半个世纪里，神经科学取得了长足进步，有大量的新发现。然而不幸的是，这些发现至今没能带来可用于精神疾病处置的临床应用。新的成像技术在过去几十年不断涌现。功能性核磁共振（fMRI）得到应用，其数码读取信息经过现代电子化魔力的处理，可以变成彩色的脑部图像。那么这些现代科学的奇

迹也许终于可以揭示导致疯癫的病菌？

目前还不行，并且短时间内也不可能。我们的认知的确取得了重要的进展，然而我们还远不能将哪怕最简单的人类行动与脑中潜在的结构和机能联系起来。毕竟，我们距离成功绘制出果蝇的脑图谱都还有几十年时间，而要解开我们自己脑中那亿万种错综复杂的相关性，自然更是极度复杂的工作。

特别引起一些神经科学支持者重视的是，人在进行一些活动时——比如做选择或撒谎时——通过 fMRI 可以看到脑的某些区域出现活动水平提高。对此，即使贝克莱主教（Bishop Berkeley）这样的唯心论者都不会觉得意外。当我在移动、讲话、思考、体验一种情感时，可以想见在我的脑中是有相应的生理变化的，然而这种相关性并不能证明因果，顶多只是说明一个具体的事件序列的存在，这个序列中的某些早期事件，势必导致此后的某个事件发生。Post hoc ergo propter hoc（“后此故因此”）是一个基本的逻辑谬误。fMRI 只是粗略地测量了脑的血液流动，证明这种活动水平的提高，但距离让我们对人的思考内容有一个格外深刻的认识还差很远，何况复现实验也得不到稳定而明晰的结果。

和那些在等待戈多（搞不好就是在等待一个疯子）的可怜人一样，我们仍在等待精神疾病那神秘的、传言已久的神经病因浮出水面。这是一场漫长的等待，而如果设想疯癫的终极解释就在这里，且只能在这里的话，那么我觉得这场等待是一种误导。

为什么这么说？（像生理还原论者那样）视人脑为一种非 410
社会或前社会的器官是没什么道理的，因为脑的结构和机能本身就是社会环境的产物。人脑最不寻常的地方在于，它对心理社会和感官投入的感受何其深沉。如神经科学家布鲁斯·韦克斯勒（Bruce Wexler，1947 年生）所说，这意味着“我们的生理具有一种根本的、彻底的社会性，以至于哪怕去谈论两者的关系本身都在暗示一种不合理的区分”。[94]

人脑在人出生后继续发育的幅度是动物世界里独一无二的，而对脑的结构与机能产生如此重大影响的环境元素，本身也是人创造的。人类展现了一种至少可以持续到青春期的非凡的神经可塑性，因此我们一定不能忘记，在我们的先天神经构造发生变化，进而创造出成熟的脑的过程中，非生理性因素起到了多么关键的作用。脑的形状本身，还有会不断发育并构成感情与认知的物理基础的神经连接，都深受社会刺激的影响，也会受文化——尤其是发育时的家庭环境——的影响。脑的结构与组织就是在这样的设定下进行微调的。再一次引用布鲁斯·韦克斯勒的话，很简单，“人类本性……允许和要求环境去影响正常的发育”[95]——这让人立刻想到，对非正常发育也是这样。这种发育会持续很长时间，一直到三十岁左右，脑组织的连接性和变化越来越多，尤其是顶骨和额叶。弗洛伊德在早期心理社会环境与精神病理的关联上做出的猜想，大多已经不再能说服我们，然而其基本的观念，即疯癫的一部分根源需要到我们的身体之外去寻找，无疑有其道理。

在我看来，现代神经科学最好的一面就是强调了思想、感情和记忆并不局限于脑中的某个具体区域，或只是某个神经元的属性，而是诸多伴随着我们的成熟而形成的复杂网络和相互关联的产物。而这些网络与互联的形成，又取决于细胞的选择性生存和成长，以及细胞间连接的精简——婴儿所生长的互动环境，对这一过程起到了极其重要的作用，而这个过程对大脑皮质的发育又格外关键（大脑皮质在人脑中的相对大小，是其他任何物种都无法比拟的）。如今人类的发育环境具有空前 411 之多的人造成分，其中相当一部分通过语言的媒介来起作用。人类发育不见得总是顺畅和完美的，疯癫的根源，就隐藏在生理与社会那不可捉摸的混合体之中。

老勃鲁盖尔《疯狂的梅格》的局部（约1562）。在一个被暴力吞噬的癫狂而狰狞的世界里，疯狂的梅格冲杀到了地狱的门口。

几个世纪前的西方医学将相当多的精力倾注在一个形而上的假设上，即疯癫源于身体，如今看来这条路还没能取得什么进展。以我所见，可能永远不会。很难想象生理在疯癫的起源中没有起到重要作用，至少对最严重的精神错乱是这样。然而，这最孤独的病魔、最具社会性的疾患，最终可以简化为完全只存在于生理之中吗？这是非常值得怀疑的。几百年来，精神障碍的社会与文化维度，在文明中的疯癫故事里是不可或缺的一部分，也不太可能被消解，作为人类存在的如此普遍的一项特征，它不会只是一种附带现象。疯癫确有其含义，尽管当我们试图去捕捉这些含义时，它们又显得那么神出鬼没、稍纵即逝。这仍然是一个根本性的难题，一个理性的耻辱，是文明本身不可推脱的重要组成部分。

注　释

第一章

1. 让我觉得意味深长的是，《牛津英语词典》对“common sense”有这样一条释义：“理智生物天生具备的自然智力，平凡、普通或一般的理解，每个人都拥有的浅白智慧。(这是最低限度的‘common sense’，不具备的人是愚蠢或癫狂的。)”

2. C.-K. Chang, et al., 2011; C. W. Colton and R. W. Manderscheid, 2006; J. Parks, D. Svendsen, p. Singer and M. E. Foti (eds), 2006. 其中一项研究称，被诊断为精神分裂的群体中自杀率升高了十倍。See D. Healy, et al., 2006.

第二章

1. 《申命记》25：18。

2. 《撒母耳记上》15：2-3。

3. 《撒母耳记上》15：8-9。

4. 《撒母耳记上》15：23。

5. 《撒母耳记上》15-31。

6. 《撒母耳记上》18：10-11；19：9-10。

7. 《撒母耳记上》20：30-34。

8. 参考约瑟夫斯的《犹太古史》。这段记述中提到扫罗的“医生”，但几乎可以肯定它不是那个时代就有的称呼，《圣经》中只提到扫罗的臣仆。但是我们也应看到，在约瑟夫斯所处的时代，对疯癫的医学叙述是和更古老的宗教阐释并存的，有时候在希腊学医的医生会尝试对疯癫进行干预和治疗。

9. 《撒母耳记上》16：23。

10. 《撒母耳记上》18：10-11。

11. George Rosen, 1968, pp. 36, 42.

12. 《撒母耳记》19：24。

13. 此类事例可见于《阿摩司书》7：1－9；《耶利米书》1：24；《以赛亚书》22：14；40，3，6；《以西结书》6：11；8：1－4；21：14－17；《耶利米书》20：9。

14. 《耶利米书》20：1－4。

15. 《耶利米书》38，39。

16. 《耶利米书》26：20－23。

17. 例如 Karl Jaspers 的论文“证明”以西结是精神分裂患者：‘Der Prophet Ezechiel：Eine pathographische Studie’，pp. 95 – 106，摘自 *Rechenschaft und Ausblick*，*Reden und Aufsaätze*，Munich：Piper Verlag，1951。在此之前还有 Jean－Martin Charcot（见本书第九章）和他的追随者称许多基督教圣人精神错乱。

18. 《但以理书》4：30－33。

19. 《马可福音》16：9。

20. 《马可福音》5：1－13，对比《路加福音》8：26－33 和《马太福音》8：28－34。

21. 《路加福音》8：27，34。

22. 这方面的详尽讨论可参阅 Robert Parker，1983，Chapter 8。

23. Clark Lawlor，2012，p. 37.

24. Odyssey 20，345－349. 我在此处借用了 Debra Hershkowitz 的英文译本，在从疯癫的角度理解荷马及其他古典时期的作者时，她的 *The Madness of Epic*：*Reading Insanity from Homer to Statius*（1998）对我影响很大。

25. Iliad xvii，210－212.

26. Iliad xxii－xxiii.

27. Iliad xiv，118.

28. Euripides，Heracles，in Euripides III，translated by William Arrowsmith，Chicago：University of Chicago Press，2013，p. 47，lines 835－837.

29. 相关讨论可参阅 R. Padel，1995 和 E. R. Dodds，1951。

30. Ruth Padel，1992，chapter 1，尤其是第 4 ~ 6 页。此外，还可参阅 John R. Green，1994 中发人深省的探讨。

31. Paul Cartledge，1997，p. 11.

32. Ruth Padel, 1992, p. 6.

33. 在疯癫的超自然与自然起因问题上，希罗多德持有一种复杂的态度，见 G. E. R. Lloyd, 1979, pp. 30。

34. 希罗多德语，引用和翻译见 G. E. R. Lloyd, 2003, pp. 131, 133。另可参阅 G. Rosen, 1968, pp. 71 – 72 的论述。

35. 引用见 G. E. R. Lloyd, 2003, p. 133。

36. 希罗多德语，引用和翻译见 G. E. R. Lloyd, 2003, pp. 133, 135; R. Parker, 1983, p. 242。

37. 引用见 G. E. R. Lloyd, 2003, p. 118。

38. L. Targa (ed.), 1831, 引述于 Ilza Veith, 1970, p. 21。

39. 更多讨论请参阅 Andrew Scull, 2011, 前面的两段摘自该书。

40. 此处参考了 G. E. R. Lloyd, 2003 中的精彩论述，尤其是 Chapter 3, 'Secularization and Sacralization'。关于阿斯克勒庇俄斯和他的神教，可参阅 Emma J. Edelstein 和 Ludwig Edelstein, 1945。

41. 见 Oswei Temkin, 1994, Part I: Antiquity 中的经典论述。

42. 引用见 R. Parker, 1983, p. 244。

43. Hippocrates: *The Genuine Works of Hippocrates*, Vol. 2, ed. Francis Adams, 1886, pp. 334 – 335.

44. 《论圣病》，英文翻译和引用摘自 G. E. R. Lloyd, 2003, pp. 61, 63。当然，放到现在，同样的一套批评无疑也可以用在希波克拉底派的体液说上，我们会认为，他们同样很擅长——或者说不擅长——治愈他们自称可以治疗的疾病。

45. Hippocrates: *The Genuine Works of Hippocrates*, Vol. 2, ed. Francis Adams, 1886, p. 344

46. Hippocrates: *The Medical Works of Hippocrates*, trans. John Chadwick and W. N. Mann, 1950, pp. 190 – 191.

47. Hippocrates: *The Medical Works of Hippocrates*, trans. John Chadwick and W. N. Mann, 1950, p. 191.

48. 热病医生认为疾病基本上都是炎症和发热的问题，因此治疗的目标就是对这些问题加以抑制，比如放血、通便、催吐都是为了对抗或削弱身体的过激、过热。

49. Vivian Nutton, 1992, p. 39.

50. Vivian Nutton, 1992, pp. 41 – 42.

51. Peter Brown, 1971, p. 60.

52. Geoffrey Lloyd and Nathan Sivin, 2002, esp. pp. 12 – 15, 243. 我十分依赖这部著作中将东方与西方世界做对比的开创性尝试，还有后面提到的栗山茂久的作品。此外，我要衷心感谢我的两位朋友：中医史学家米里亚姆·格罗斯（Emily Baum）和艾米莉·鲍姆（Emily Baum）的慷慨相助。

53. D. E. Eichholz, 1950.

54. Geoffrey Lloyd and Nathan Sivin, 2002, p. 242.

55. Geoffrey Lloyd and Nathan Sivin, 2002, p. 250.

56. 对中华帝国晚期这种散碎信息所展开的一项卓越研究，可参见 Fabien Simonis, 2010, Chapter 13。

57. Paul D. Unschuld, 1985 对这些各异、相左、重合的传统进行的探讨很有帮助。关于中古中国（公元三世纪到九世纪）的宗教和医学，尤其是佛医和道医实践的相互影响与渗透，还可以参考 Michel Strickmann, 2002。

58. Shigehisa Kuriyama, 1999, p. 222.

59. Shigehisa Kuriyama, 1999. 栗山茂久在探讨中医切诊时，对这种连续性的表象之下的变化做出了细致论述，这种方法认为可以通过“切脉”进行推断，也就是触摸脉搏。中医对脉象极为看重。他们声称手腕的不同位置表现了身体各部位的状态，在这些位置可以感觉到微妙的变化，这些变化成为揣摩病理的一个关键因素。从语言上来看，切诊体现了明显的连续性。后人做过一些补充，然而，两千年前提出的“二十四脉”基本没有被改动过，“中国的切诊在两千年来持续盛行不衰地为人所实行，至今犹然”（第 71 页）。然而当他们在描述自己感觉到的那些据说细微但重要的变化时，所用的语言是没有清晰分界的，彼此非常接近。描述中有许多比喻和典故。尽管强调本义的连续性和稳定性，但在现实中，就算是在一个历史时期内多个时期之间，实践都免不了有许多的变化。

60. Fabien Simonis, 2010, p. iii.

61. 这些词都表示了某种形式，但不可以混用。“疯”是一个宽泛的说法，而“狂”包含亢奋、愤怒，源于阳气的过剩；“癫”大致相当于西方所说的忧郁，是阴气过剩的结果，它还有抖动或跌倒的含义，可能指的是癫痫。

62. Fabien Simonis, 2010, p. 11.

63. Fabien Simonis, 2010, p. 14.

64. Fabien Simonis, 2010, Chapters 11, 12. 关于这一变化，还有另一种没那么有说服力的看法，见 Vivien Ng, 1990。

65. F. Simonis, 2010, pp. 1 - 2.

66. Peter Brown, 1971, pp, 176 - 177.

67. Hakim A. Hameed and A. Bari, 1984.

68. Dominik Wujastyk, 1993.

69. R. B. Saper, et al., 2008; Edzard Ernst, 2002.

第三章

1. Steven Runciman, 1966, pp. 506 - 508；他称这是一场“史上绝无仅有的”毁坏。

2. 详见 htpp：//www. iranicaonline. org/articles/Greece - x。

3. Peter Brown, 1971, p. 193; W. Montgomery Watt, 1972, pp. 7 - 8.

4. W. Montgomery Watt, 1972, Chapter 1.

5. 西属尼德兰漫长而复杂的叛乱史无法在这里详述。它始于十六世纪的后四十年，受到了宗教、财政、政治等多重因素的驱动。等到 1598 年腓力三世继承父亲的王位时，局势在某种程度上已经无可挽回。新国王对南部天主教地区维持了一定的控制，然而在大量加尔文教徒聚居的北部诸省，西班牙的权威已经瓦解。1609 年 4 月 9 日，西班牙被迫签署了十二年停战协议，腓力选择在那个时候将摩尔人和犹太人驱逐出西班牙，很有可能一定程度上是想把人们的注意力从这件事上引开。（对摩里斯科人的驱逐令也是 1609 年 4 月 9 日签发的。）这样的巧合让人很难想象还有其他原因。详见 Antonio Feros, 2006, p. 198。低地国家在 1621 年停战协议到期后重燃战火，但是那时候北方的联省共和国已经很强大并得到国际承认，战事被归入到更大范围内的战争中，也就是“三十年战争”。在接下来的几十年里，西班牙陷入金融混乱，失去了欧洲大国的地位。荷兰则变成了欧洲最富有、最强大的国家，拥有船坚炮利的海军，并通过海外贸易和帝权揽聚越来越多的财富。

6. 我在这里直接借鉴了 W. Montgomery Watt 的研究，他给出了一个现成的综合性陈述。可见 *The Influence of Islam on Medieval Europe*, 1972, Chapter 2 及其他一些地方。

7. 此处论述大量借鉴 htpp：//www. iranicaonline. org/articles/Greece - x。

8. Manfred Ullmann, 1978, p. 4.

9. Michael W. Dols, 1992, p. 9.

10. Peter Brown, 1971, pp. 194 – 198.

11. 堪称二十世纪上半叶最伟大的临床医学家之一的威廉・奥斯勒爵士（Sir William Osler）称《医典》是“史上最著名的医学教科书”，“没有哪部医学作品可以如此长久地被奉为医学权威”：1921, p. 98。

12. 翻译运动见 Dimitr Gutas, 1998。

13. Manfred Ullmann, 1978, p. 7.

14. Lawrence Conrad, 1993, p. 693.

15. Lawrence Conrad, 1993, p. 694. 迈克尔・多尔斯强调，在阿拉伯人征服前，说叙利亚语的基督徒医生经常会翻译希腊古籍，让盖伦的理念在叙利亚、伊拉克和波斯扎根：1992, p. 38。较宽泛的论述见 Franz Rosenthal, 1994。

16. 我在这里非常倚重 Lawrence Conrad 对这些问题的精彩探讨。另见 Manfred Ullmann, 1978, pp. 8 – 15。

17. Lawrence Conrad, 1993, p. 619.

18. Manfred Ullmann, 1978, p. 49.

19. 详见 Plinio Prioreschi, 2001, pp. 425 – 426。

20. Ishaq ibn Imran, *Maqala fil – Maalihuliya*, 相关引用见 Michael W. Dols, 1987a。

21. Manfred Ullmann, 1978, pp. 72 – 77.

22. Timothy S. Miller, 1985.

23. 关于他们的早期历史见 Michael W. Dols, 1987b。

24. Lawrence Conrad, 1993, p. 716.

25. 例如阿勒 – 哈桑・伊本穆哈迈德・阿勒 – 瓦赞（又名利奥・阿非利加努斯）曾在摩洛哥非斯管理一家医院。1517 年被俘虏并带到罗马后，他述称医院里的疯人被沉重的锁链禁锢着，病房的墙用沉重的木头和铁杆做了加固。见 Leo Africanus, 1896, Volume 2, pp. 425ff。

26. Michael W. Dols, 1992, p. 129.

27. Peter Brown, 1971, pp. 82 – 108.

28. Henry A. Kelly, 1985, Chapter 4; Peter Brown, 1972, p. 136.

29. Peter Brown, 1972, p. 122.

30. Darrel W. Amundsen and Gary B. Ferngren, ‘Medicine and Religion: Early Christianity through the Middle Ages’, in Martin E. Marty and Kenneth L. Vaux (eds), *Health/Medicine and the Faith Traditions: An*

Inquiry into Religion and Medicine, Philadelphia: Fortress Press, 1982, p. 103，相关探讨见 Michael W. Dols, 1992, p. 191。

31. Michael W. Dols, 1992, p. 191.

32. Peter Brown, 1972, p. 131.

33. Michael W. Dols, 1992, p. 206.

34. 比如可以参阅 Cyril Elgood, 1962。

35. Michael W. Dols, 1992, p. 10.

36. Toufic Fahd, 1971.

37. Michael W. Dols, 1992, p. 214.

38. Nizami, 1966, *The Story of Layla and Majnun*, trans. by R. Gelpke.

39. Nizami, 1966, p. 38.

40. Jacques Le Goff, 1967, p. 290.

41. Paul Slack, 1985, p. 176.

42. Peter Brown, 1992.

43. Peter Brown, 1972, p. 67.

44. Richard Fletcher, 1997.

45. 'The Life of St. Martin, by Sulpicius Severus', in Frederick R. Hoare, 1954, p. 29.

46. Peter Brown, 1972, p. 131.

47. 《马太福音》10：1，8。

48. Ronald C. Finucane, 1977, p. 17.

49. Ronald C. Finucane, 1977, p. 19.

50. Edmund G. Gardner (ed.), 2010.

51. Peter Brown, 1981, p. 3.

52. 奇怪的是，这件圣髑如今安放在美国康涅狄格州恩德斯岛的圣母升天堂内。

53. 院长编制了一份清单，详尽记录了修道院到1116年所掌握的所有圣髑。要对教会收集圣髑现象做全面了解，可参阅 Richard Southern, 1953。

54. Ronald C. Finucane, 1977, pp. 28 – 31.

55. 传说当罗马卫兵搜查装有她的颅骨的口袋时，袋中只有玫瑰花瓣，等袋子被送到锡耶纳后，花瓣已经变回圣人的头颅了。

56. Andrew Marvell, 'To His Coy Mistress', c. 1650.

57. Ronald C. Finucane, 1977, p. 76.

58. 引语出自 Ronald C. Finucane, 1977, pp. 91 - 92。

59. 贝克特遇刺一事在二十世纪启发了 T. S. 艾略特的小说《大教堂谋杀案》。

60. Alban Butler, 1799, 'Saint Genebrard, or Genebern, Martyr in Ireland', p. 217.

61. 例见 J. P. Kirsch, 1981, 'St Dymphna', in *The Catholic Encyclopedia*, Vol. 5, New York: Appleton, 1909; William Ll. Parry - Jones, 1981。

62. Peter Brown, 1981, p. 107.

63. 一部流传至今的汤利(Townley)组剧原稿收录了可能曾在约克郡威克菲尔德演出的 32 部剧作,现存于加州亨廷顿图书馆。涉及教宗和天主教圣事的内容被删除了,同时末尾有 12 页被撕下,已遗失,猜想是因为与天主教有关的太多,已经无法控制。

64. 详见 Penelope Doob, 1974, Chapter 3 中极具启发性的讨论。

65. 引文见于 Penelope Doob, 1974, p. 120。

66. Dante, *Inferno*, Canto 30: 20 - 21. The translation I have used is by Allen Mandelbaum: *The Divine Comedy of Dante Alighieri*: *Inferno*, New York: Random House, 1980.

67. Dante, *Inferno*, Canto 30: 22 - 27.

68. Penelope Doob, 1974 记载了这一观念以及疯癫与罪的进一步关联在中古英语文学中是何其重要的一项主题。本书以下的论述得益于她的分析。

69. Dante, *Inferno*, Canto 28.

70. John Mirk, Festial: A Collection of Homilies (c. 1382), edited by Theodore Erbe, London: Early English Text Society, 1905, p. 56. 墨克的讲道文可能是英国宗教改革前用本国语言写就的最重要的讲道文集,它原本是用于指导各教区司铎的,不过在有教养的俗家信众中也广为流传。

71. Rabanus Maurus Magnentius, *De universo libri*, quoted in Penelope Doob, 1974, p. 2.

72. Katherine Park, 1992, p. 66.

73. W. Montgomery Watt, 1972, p. 67.

74. Donald Lupton, *London and the Countrey Carbonadoed and Quartred into Severall Characters*, London: Nicholas Oakes, 1632, p. 75. 此处征引受教于科林·盖尔(Colin Gale)。

75. Ronald C. Finucane, 1977, p. 64，作者在谈的是神职人员总体上对医生的鄙夷。

第四章

1. 在葡萄牙、匈牙利和斯堪的纳维亚地区，猎巫与巫术审判一直持续到了十八世纪。

2. George Gifford, 1587.

3. 马丁·路德语，引文出自 H. C. Erik Midelfort, 1999, p. 97。

4. Thomas Hobbes, *Leviathan*, 1968, p. 92 (original edition, 1651).

5. Joseph Glanvill, 1681, 引文出自 Roy Porter, 1999, pp. 198 - 199。

6. Stuart Clark, 1997, p. 152.

7. Lambert Daneau, 1575, 引文出自 Stuart Clark, 1997, pp. 163 - 164。

8. Stuart Clark, 1997, pp. 188 - 189.

9. “恶魔可以附于人身这一原理，始终为欧洲知识阶层中的相当一部分人所接受，其中包括医学人士，这一点直到十七世纪末才有所改观。” Stuart Clark, 1997, pp. 390 - 391.

10. H. C. Erik Midelfort, 1999, p. 158，“对医生而言，这是实实在在的‘忧郁年代’”。

11. Andrew Boorde, 1547, 引文出自 Stanley W. Jackson, 1986, pp. 82 - 83。

12. Andreas Laurentius, 1598, pp. 88 - 89, 125. 1594 年的法文原版再版了二十多次，被译为英文、德文、意大利文以及拉丁文。

13. Andreas Laurentius, 1598, p. 87.

14. Timothie Bright, 1586, pp. xii - xiii, 90, 102. 布莱特和劳伦修斯的观点，与阿维森纳《医典》中关于忧郁的讨论很相似，而后者又是承自盖伦和以弗所的鲁弗斯。

15. Andreas Laurentius, 1598, pp. 107 - 108.

16. J. Dryden, *Absolom and Achitophel*, 1681, Part I, lines 163 - 164.

17. Robert Burton, *The Anatomy of Melancholy*, 1948, pp. 148 - 149 (original edition Oxford, 1621).

18. Stanley W. Jackson, 1986, p. 97.

19. Robert Burton, *The Anatomy of Melancholy*, 1948, p. 970.

20. Robert Burton, *The Anatomy of Melancholy*, 1948, p. 384.

21. Robert Burton, *The Anatomy of Melancholy*, 引文出自 Richard Hunter and Ida Macalpine, 1963, p. 96。

22. Timothie Bright, 1586, pp. i, iv, 187. 今人对布莱特的了解大多仅限于他是速记的发明人。

23. Andrew Boorde, 1547.

24. Felix Platter, Abdiah Cole and Nicholas Culpeper, 1662, 引文出自 Stanley W. Jackson, 1986, pp. 91 – 94。

25. 颇具争议的瑞士裔德国名医帕拉塞尔苏斯（Paracelsus, 1493—1541）是最早开始批判盖伦医学的人物之一，他对占星术和炼金术也十分痴迷，经常将它们应用于自己的医学实践中。

26. 引文出自 Michael MacDonald, 1981, p. 213。

27. Michael MacDonald, 1981, p. 141.

28. John Cotta, 1616, 引文出自 Richard Hunter and Ida Macalpine, 1963, p. 87。

29. John Cotta, 1612, pp. 86, 88.

30. John Cotta, 1612, p. 51.

31. Edward Jorden, 1603, The Epistle Dedicatorie (unpaginated).

32. 关于此案的进一步讨论见 Andrew Scull, 2011, pp. 1 – 23。有关约尔登的干预是出于宗教目的，而不是像有些人以为的那样是幻灭后的世俗主义，这一说法的首次提出与记载应该是 Michael MacDonald, 1991。

33. Samuel Harsnett, 1599.

34. Samuel Harsnett, 1603.

35. Kenneth Muir, 1951 中提出，《李尔王》剧本有五十多处地方嵌入了哈斯内特的论述。

36. 作为一名宗教领袖，托马索·康帕内拉带领一群人意图密谋推翻当时统治卡拉布里亚大区的西班牙国王（康帕内拉此前是因为涉嫌异端倾向而被流放到那里的）。他的许多同伙被绞死或当众肢解，但是他放火烧了自己的牢房，成功地让人相信他发疯了，即便在酷刑和睡眠剥夺之下也没有改观，最终他免遭处决。法官不太愿意处决一个疯子，因为他不可能做出忏悔，这样一来就成了他们亲手将他送下地狱令他遭受永罚。康帕内拉在那不勒斯几座城堡里前后被关押了近三十年，最终在1626 年获释，不过此前（1616 年）他还曾发表文章，勇敢地为遭到异端裁判所审判的伽利略辩护。获释几年后，由于面临着再度被迫害的危险，康帕内拉逃到了巴黎，他在那里受到法国国王的保护，直到 1639 年去世。

37. T. S Eliot, 1964, 'Seneca in Elizabethan Translation', pp. 51 – 88.

38. 本·琼森（Ben Jonson）的《人各有癖》（*Every Man in His Humour*）在1598年由宫务大臣剧团首演，由威廉·莎士比亚饰演诺维尔（这位先生刺探儿子的迫切心情成为剧情的关键），该剧严密遵循了古典喜剧的模型，尤其琼森的人物塑造只是把普劳图斯的程式化人物稍加英国化而已。

39. *Hercules Furens*, in Seneca, *Tragedies*, translated by Frank Justus Miller, Loeb Classical Library Volumes. Cambridge, MA, Harvard University Press; London, William Heinemann Ltd: 1917, lines 1006ff., 1023 ff.

40. *Titus Andronicus*, Act 2, Scene 4, line 22.

41. 愧疚难当的清教徒符合忧愁、抑郁、时有自杀念头的典型人物形象，在伦敦车旋木匠尼赫米亚·沃灵顿（Nehemiah Wallington, 1598 –1658）留下的大量文字中得到验证。在沃灵顿的时代，他这样阶级背景的人大多不识字，然而他却留下了两千多页的笔记、日记和信札，记录了他与宗教怀疑的斗争，他的妄想——他认为恶魔曾以一只乌鸦的形态与他交谈了一个多小时，以及他一次又一次地陷入忧郁，这些都得到了精彩的分析，见 Paul S. Seaver, 1988。

42. 我在这里（以及其他许多地方）深受我的朋友、同事约翰·马里诺（John Marino）的影响。

43. Miguel de Cervantes, *Don Quixote*, translated by John Rutherford, London: Penguin Classics, 2003, pp. 142 – 143.

44. 不过需要注意到的是，这些革新中最重要的一项，也就是从1420年代开始发展的线性透视，本身也是有着古典渊源的。菲利波·布鲁内莱斯基（Filippo Brunelleschi, 1377—1446）正是在研习了罗马万神庙后设计出佛罗伦萨主教座堂穹顶的，莱昂·巴蒂斯塔·阿尔伯蒂（Leon Battista Alberti, 1404—1472）很快从数学层面对这种新的线性观念进行了理论总结，同时也在短时间内给西方艺术带去了一场剧变。

45. 在一个生活在二十一世纪的人看来，充斥于景观中的许多意象颇有达利的风格。

46. Sebastian Brant, *Daß Narrenschaff ad Narragoniam*, Basel, 1494.

47. Michel Foucault, 2006, pp. 8 – 9.

48. Erasmus, *The Praise of Folly*, edited by Clarence Miller, 1979, p. 65.

49. “我对那些凭幻想来原谅自己罪恶，以自欺自慰的人该说什么好呢？他们仿佛用水钟计量自己在炼狱中的时间长度，计算有多少个世纪、年、月、日、时，好像这里有一张计数表可供准确计算似的。还有这么一些人，他们靠着某个虔诚的江湖骗子想出来的魔法符号和祈祷模式，供自己娱乐或营利之用。”

50. “各个独特的地区都认为自己有特殊的圣人，这种情况到处大同小异。这些圣人各别被赋予特殊的力量，也受到特殊的崇拜，因此，有的圣人会给人治牙痛，有的在产妇分娩时在旁边接生，有的把被偷之物归还原主，有的在船舶失事时充当救星，有的出来保护飞禽走兽，如此等等，难以尽言。有些圣人的灵性遍及数种事物，最显著的是圣母马利亚，因为一般庶民百姓几乎都认为这种灵性应归她所有，而非其子。”

51. Erasmus's Prefatory Letter to Thomas More, reprinted in *The Praise of Folly*, 1979, p. 4.

52. Erasmus, *The Praise of Folly*, 1979, pp. 64 – 65.

53. 这是在基督教早期根深蒂固的一个悖论。例如可比对保罗写给哥林多人的第一篇书信中的几段（《哥林多前书》第 1 章第 20、25、27 – 28 节），他用了很大篇幅讨论这一点：“神岂不是叫这世上的智慧变成愚拙吗？……因神的愚拙总比人智慧。神的软弱总比人强壮。……神却拣选了世上愚拙的，叫有智慧的羞愧。又拣选了世上软弱的，叫那强壮的羞愧；神也拣选了世上卑贱的，被人厌恶的，以及那无有的，为要废掉那有的。”

54. Erasmus, *The Praise of Folly*, 1979, pp. 129 – 130.

55. Erasmus, *The Praise of Folly*, 1979, p. 132.

56. 柏拉图和苏格拉底倒不是《愚人颂》中唯一提及的古典时期人物。文章中还可以看到维吉尔、贺拉斯、荷马、普林尼以及其他一些希腊、拉丁语作家的名字。

57. 见柏拉图《会饮篇》。

58. Erasmus, *The Praise of Folly*, translated by Thomas Chaloner, London: Thomas Berthelet, 1549, reprinted by the Early English Text Society, # 257, London, Oxford University Press, 1965, p. 37.

第五章

1. Jacques Tenon, 1778, p. 85.

2. 在法国地方政府的疯人问题应对上，蒙彼利埃这样的情况不算特殊。例如在法国大革命时期的第戎，善牧会收容了九个精神失常的女人。

3. Colin Jones, 1980, p. 373. 科林·琼斯的开创性研究对本章至关重要。

4. Colin Jones, 1980, p. 380.

5. Colin Jones, 1980, p. 380.

6. 1790 年制宪会议废除密札制度后，萨德得以从沙朗通出院，随后成为一名国民公会代表，顺便把自己的贵族身份一笔勾销。到了 1801 年，他再次被关进毕塞特医院（拿破仑发现任意关押是个很好用的手段，舍不得放弃），在家人干预下被转回到沙朗通，直到 1814 年作为一名“疯人”死在里面。前后加起来他被关了将近三十年。

7. 据 Jacques Tenon, 1778 记载，在巴黎圣雅克郊区有六家疯人院，在圣安托万郊区还有九家，蒙马特有三家。其中最大的一家位于一条叫作“维涅”的囊底路上，院长是“雷涅尔小姐”，院内收容了 36 名女性病人；这些设施加起来总共收容了不到三百人，其中多数被列为傻子或老糊涂。暴躁的病人另有地方收容，其中许多属于地方市镇机构。

8. Robert Castel, 1988 估计，“家族囚犯”中约有 90% 是根据旧制度签发的密札而关押的。

9. Neil McKendrick, John Brewer and J. H. Plumb, 1982.

10. Fabrizio Della Seta, 2013 对此处论述有很大帮助，关于疯癫与歌剧的讨论总体上则受惠于我的朋友艾米·福瑞斯特（Amy Forrest）和家姐夫迈克尔·安德鲁斯（Michael Andrews）的建议与点拨。艾米的女儿德莱拉·福瑞斯特也令我受益匪浅，是她让我注意到亨德尔《奥兰多》和莫扎特《依多美尼欧》曲谱的某些特性。

11. Michael Robinson, 2013 中提出，“亨德尔在这里似乎在暗示，胆敢唱出五拍子的人要么就是错乱了，要么是想让人以为他疯了”。

12. 例如威尔第的《麦克白》（1847）有被幽灵纠缠的、梦游的麦克白，以及法国作曲家昂布鲁瓦·托马（Ambroise Thomas）的《哈姆莱特》（1868）中对真疯和装疯的使用，此外在大幅精简剧情后，将发疯的奥菲利娅放在格外显眼的位置上。德米特里·肖斯塔科维奇的《姆钦斯科县的麦克白夫人》更是进一步偏离了原作，这部 1934 年的歌剧惹怒了斯大林，险致作曲家性命不保，这和作品用同情的笔调描绘了一个女性杀人凶手，并且提及被放逐西伯利亚的人有关，不过更多的是因为它用了鲜明的现代派音乐习语，在涉及性爱的场景中使用了被一位美国乐评人形容为“淫秽之音”的音乐。

13. 关于《依多美尼奥》的讨论得益于 David Cairns，2006，Chapter 2 的精彩论述。Daniel Heartz，1992 中对《依多美尼奥》的论述也很有帮助。

14. Daniel Heartz, quoted in Kristi Brown – Montesano, 2007, p. 225.

15. 夏庞蒂埃的《美狄亚》（*Médée*，1693）比《奥兰多》早四十年，免不了要在疯癫主题上做文章，不过更进一步的例子包括亨德尔自己的《赫拉克勒斯》（1744）；莫扎特的《依多美尼奥》（1781）；多尼采蒂的《安娜·波莱娜》（1830）、《拉美莫尔的露琪亚》（1835）和《村女琳达》（1842）；贝里尼的《海盗》（1827）、《清教徒》（1835）和《梦游女》（1831）；托马的《哈姆莱特》（1868）；穆索尔斯基的《鲍里斯·戈杜诺夫》（1868）；威尔第的《纳布科》（1842）和《麦克白》（1847）；以及普契尼的《托斯卡》（1900）。

16. *European Magazine* 6, 1784, p. 424.

17. 两段引文皆出自 Christine Stevenson，2000，p. 7。

18. Alexander Cruden, 1739.

19. Daniel Defoe, 1728.

20. William Belcher, 1796.

21. William Pargeter, 1792, p. 123.

22. 本身也是格拉勃街一号人物的塞缪尔·约翰逊形容那些阁楼的典型住客是“一个没有操守的人，为了牟利在家炮制谎言。这些作品不需要才能和知识，也不用勤奋和活力；不过，不知羞耻，罔顾事实，却是绝对必备的”。*The Idler*, 30, November 1758. 当然还有亚历山大·蒲柏的《愚人志》，那是明确以“格拉勃一族”商业作家为讽刺对象的作品。

23. Eliza Haywood, 1726.

24. 十八世纪末的疯人院题材英语小说还包括夏洛特·史密斯（Charlotte Smith）的《年轻的哲学家》（*The Young Philosopher*, *London*: *Cadell and Davies*, 1798）。

25. 可能有人会想起一个让人哭笑不得的史实：多尼采蒂自己就是在疯癫中死去的，可能是因为患上了三期梅毒。见 Enid Peschel and Richard Peschel，1992。

26. 关于这种在思想上保持距离的例子，可参考 Samuel Richardson，1741，尤其是第 153 号和 160 号信件。

27. Henry Mackenzie, 1771, Chapter 20.

28. Nicholas Robinson, 1729, p. 43.

29. John Brydall, 1700, p. 53.

30. Blaise Pascal, *Pensées* (1669), reprinted in *Œuvres complètes*, Paris: Gallimard, 1954, p. 1156.

31. Andrew Snape, 1718, p. 15.

32. Thomas Willis, 1683, p. 206，着重号由原作者标出。

33. Cf. Molière, *Le Malade imaginaire*, Paris, 1673.

34. Nicholas Robinson, 1729, pp. 400 – 401.

35. 引文选自 Ida Macalpine and Richard Hunter, 1969, p. 281。

36. 引文选自 Ida Macalpine and Richard Hunter, 1969, p. 275。

37. 引文选自 Ida Macalpine and Richard Hunter, 1969, p. 281。

38. 语出乔治三世侍从格雷维尔上校（Colonel Greville）的《罗伯特·弗尔克·格雷维尔上校阁下日记》。

39. Joseph Guislain, 1826, pp. 43 – 44.

40. Benjamin Rush to John Rush, 8 June 1810, reprinted in *The Letters of Benjamin Rush*, vol. 2, 1951, p. 1052.

41. Joseph Mason Cox, 1813, pp. 159, 163, 164, 165. 除了九年内出了三版的英文版外，考克斯文集还很快被译成法文和德文，美国版于1811 年出版。他的发明得到了乐于接受新事物的人们的青睐。

42. George Man Burrows, 1828, p. 601.

43. George Man Burrows, 1828, p. 601.

44. William Saunders Hallaran, 1810, p. 60.

45. J. H. Plumb, 1975, p. 69.

46. John Locke, in *Educational Writings of John Locke*, 1968, pp. 152 – 153, 183.

47. John Ferriar, 1795, pp. 111 – 112.

48. Thomas Bakewell, 1815, pp. 55 – 56.

49. Samuel Tuke, 1813, p. 148.

50. Dora Weiner, 1994, p. 232. See also Gladys Swain, 1977.

51. 见 Jan Goldstein, 2001, Chapter 3。

第六章

1. Richard Blackmore, 1726, p. 96.

2. Richard Blackmore, 1726, p. 97.

3. Alexander Pope, *Epistle to Arbuthnot.*

4. 引文出自 George Rousseau, 1993, p. 167。

5. Jonathan Swift, 'Verses on the Death of Dr Swift' and 'The Seventh Epistle of the First Book of Horace Imitated'.

6. George Cheyne, 1733, p. 260.

7. George Cheyne, 1733, p. 262.

8. George Cheyne, 1733, p. ii.

9. Thomas Willis, 1674, p. 124. 本书的拉丁文初版于 1664 年由 Thomas Grigg 在伦敦出版。由 Samuel Pordage 翻译的英文本收录于托马斯·威利斯的《医学实务》(*The Practice of Physick*, 1684)。

10. Thomas Willis, 1681.

11. Thomas Sydenham, 1742, pp. 367 – 375.

12. George Cheyne, 1733, p. 174.

13. George Cheyne, 1733, pp. 49 – 50.

14. George Cheyne, 1733, pp. i – ii.

15. George Cheyne, 1733, pp. 52, 262.

16. George Cheyne, 1733, p. 262.

17. 出自休谟《人性论》第二卷《论情感》的第三章"论意志与直接情感"的第一节"论自由与必然"。

18. Nicholas Robinson, 1729, pp. 181 – 183, 407 – 408.

19. Nicholas Robinson, 1729, p. 102.

20. Nicholas Robinson, 1729, p. 406.

21. Thomas Willis, 1683, p. 206.

22. Hermanni Boerhaave, 1761.

23. 在维多利亚时代，学童会用针钉住金龟子的翅膀，看着它旋转。

24. See John Wesley, 1906, Vol. 1, pp. 190, 210, 363, 412, 551; Vol. 2, pp. 225, 461, 489.

25. William Black, 1811, pp. 18 – 19; John Haslam, 1809, pp. 266 – 267; William Pargeter, 1792, p. 134.

26. 杰出的德国巫术与精神疾病历史学家 H. C. 埃里克·米德尔福特 (H. C. Erik Midelfort) 的研究，对以下的论述有很大帮助，他对加斯纳现象的分析收录于 2005 年出版的《驱魔与启蒙》(*Exorcism and the Enlightenment*) 中。

27. 引文选自 Henri Ellenberger, 1970, p. 58。下文援引了艾伦伯杰对麦斯麦职业生涯的记述，以及罗伯特·达恩顿（Robert Darnton）的《麦斯麦术与法国启蒙运动的终结》（*Mesmerism and the End of the Enlightenment in France*, 1968）。

28. 据传莫扎特的《降 B 大调第十八钢琴协奏曲》（K. 456）是为她而作。

29. 引文出自 Gloria Flaherty, 1995, p. 278。

30. 曾有史学家认为麦斯麦参加了这场音乐会，对他来说这应该是一个很不明智的决定。不过 Frank Pattie, 1979 称此说为讹传。

31. 关于麦斯麦给维多利亚时代英国留下的影响，见 Alison Winter, 1998。

第七章

1. William Shakespeare, *Hamlet*, Act 4, Scene 5.

2. Andrew Snape, 1718, p. 15.

3. The World, 7 June 1753.

4. Nicholas Robinson, 1729, p. 50; Richard Mead, 1751, p. 74; William Arnold, 1786, p. 320; Thomas Pargeter, 1792, p. 122. 对比国民制宪会议乞讨问题委员会在法国大革命后发布的一份报告，其中哀叹“最大、最可怕的人类苦难可以降临在如此不幸的人身上，令他们身为人最高贵的那部分出现退化”。（引文出自 Robert Castel, 1988, p. 50。）

5. Fanny Burney, 1854, Vol. 4, p. 239.

6. Countess of Harcourt, 1880, Vol. 4, pp. 25 – 28.

7. J. – E. D. Esquirol, 1819, 引文出自 Dora Weiner, 1994, p. 234。

8. House of Commons, *Report of the Select Committee on Madhouses*, 1815, p. 3.

9. House of Commons, *First Report of the Select Committee on Madhouses*, 1816, pp. 7ff.; Edward Wakefield, 1814.

10. 约克收容所创立于 1772 年，起初是按照传统方式运作的慈善庇护所。这和后来的贵格会收容所、1796 年创办的“约克疗养院”有很大不同，下文有进一步讨论。事实上，威廉·图克之所以想到在约克另外创办一家贵格会收容所，一定程度上就是因为有关约克收容所虐待病人的传闻。

11. House of Commons, *Report of the Select Committee on Madhouses*, 1815, pp. 1, 4 – 5.

12. *Report of the Metropolitan Commissioners in Lunacy to the Lord Chancellor*, London: Bradbury and Evans, 1844.

13. Robert Castel, 1988, pp. 243 – 253 做了全文转载。

14. See Jan Goldstein, 2001, Chapters 6, 8 and 9.

15. Helmut Gröger, Eberhard Gabriel and Siegfried Kasper (eds), 1997.

16. Eric J. Engstrom, 2003, pp. 17 – 23.

17. Percy Bysshe Shelley, 'Julian and Maddalo: A Conversation' (1818 – 1819).

18. Carlo Livi, 'Pinel o Chiarugi? Lettera al celebre Dott. Al. Brierre de Boismont…, *La Nazione*, VI, 18, 19, 20 September 1864, quoted in Patrizia Guarnieri, 1994, p. 249.

19. Silvio Tonnini, 1892, p. 718.

20. See Julie V. Brown, 1981.

21. Dorothea Lynde Dix, 1843, p. 4. 戴维·戈拉尔（David Gollaher）（在 1995 年）对迪克斯事迹的动人叙述令人们注意到她对英国精神错乱制度改良的直接借鉴。下文论述有赖于他的这本权威传记。

22. Dorothea Lynde Dix, 1843, pp. 8 – 9. 那些揭露约克收容所内病人待遇的叙事与这些描述是相呼应的，这显然不是巧合。

23. 关于迪克斯在苏格兰度过的短暂时光，详见 Andrew Scull, Charlotte MacKenzie and Nicholas Hervey, 1996, pp. 118 – 121。

24. Dorothea Lynde Dix, 1845, pp. 28 – 29.

25. George E. Paget, 1866, p. 35.

26. 可参阅 Stephen Garton, 1988; Catherine Coleborne, 2001; Thomas Brown, 1980。

27. Harriet Deacon, 2003, pp. 20 – 53.

28. See Jonathan Sadowsky, 1999.

29. 今天的西医仍然偶尔会将萝芙木用于高血压治疗。

30. Waltraud Ernst, 1991.

31. 对此类机构的全面研究见 Waltraud Ernst, 2013。

32. Richard Keller, 2007; Claire Edington, 2013; 更宽泛的角度可参阅 Sloan Mahone and Megan Vaughan (eds), 2007。

33. Jonathan Ablard, 2003; E. A. Balbo, 1991.

34. Emily Baum, 2013 对此问题进行了卓绝而详尽的阐述。

35. Akihito Suzuki, 2003.

36. John Ferriar, 1795, pp. 111 – 112（费里雅是曼彻斯特疯人收容所的一名内科医生）。类似这种来自机构管理者的态度，还可参阅 Thomas Bakewell, 1805, pp. 56 – 56, 59, 171。

37. 尤其可以参考 Samuel Tuke, 1813。（美国版几个月后在费城出版。）

38. Samuel Tuke, 1813, pp. 133 – 134, 151 – 152.

39. Samuel Tuke, 1813, p. 156.

40. Samuel Tuke, 1813, p. 177.

41. William A. F. Browne, 1837.

42. Andrew Scull, 1981b.

43. 皮内尔对普辛夫人的工作赞誉有加，其中一处见 Philippe Pinel, 2008 [1809], pp. 83 – 84。

44. Philippe Pinel, 2008 [1809], p. xxiii, n. 2.

45. Philippe Pinel, 2008 [1809], pp. 101 – 102.

46. Philippe Pinel, 2008 [1809], p. 140.

47. J. – E. D. Esquirol, 1818, p. 84.

48. William A. F. Browne, 1837, pp. 50, 180.

49. Anonymous, 1836 – 1837, p. 697.

50. John Conolly, 1847, p. 143.

51. 可参阅 Dorothea Lynde Dix, 1845, pp. 9 – 10。

52. William A. F. Browne, 1864, pp. 311 – 312.

53. Crichton Royal *Asylum* 7*th* Annual Report, 1846, p. 35.

54. Crichton Royal *Asylum* 10*th* Annual Report, 1849, p. 38.

55. 引文出自 Jan Goldstein, 2001, p. 86。

56. Philippe Pinel, 1801, pp. xlv – xlvi.

57. Philippe Pinel, 2008 [1809], pp. 123 – 130, 136.

58. Philippe Pinel, 2008 [1809], p. 139.

59. 见 Jan Goldstein, 2001, pp. 113 – 116 中的论述。

60. Samuel Tuke, 1813, p. 110.

61. Samuel Tuke, 1813, p. 111, 作者引用了第一个访问约克疗养院的医生托马斯·福勒的话。

62. William F. Bynum, 1974, p. 325.

63. Philippe Pinel, 1801, pp. 158 – 159.

64. William Lawrence, 1819, p. 112.

65. Pierre Cabanis, 1823 – 1825.

66. William A. F. Browne, 1837, p. 4; Andrew Halliday, 1828, p. 4 给出了一个几乎相同的看法。

67. John Conolly, 1830, p. 62.

68. William A. F. Browne, 1837, p. 4.

69. William Newnham, 1829, p. 265.

70. John P. Gray, 1871.

71. Georges Lantéri – Laura, 2000, pp. 126 – 127.

72. Franz Gall and Johann Spurzheim, 1812, pp. 81 – 82.

73. Johann Spurzheim, 1813, p. 101.

74. Mark Twain, 2013, p. 336.

75. 虽然能查探到病人的脑内病变，贝尔还是认为这种疾病的根源可能是社会性的。例如他认为，这类症状的确在拿破仑的军队当中格外多见，然而他将之归咎于士兵们所经历的创伤，以及帝国的溃塌给他们造成的失望心情。埃斯基罗尔有类似见解，他发现娼妓似乎格外容易得这种病，但那是因为她们的生活道德败坏。

76. *Journal of Mental Science 2*, October 1858.

77. 皮内尔主张用“aliénation”（异化）这个新词取代他认为过于粗俗的大众用词“folie”（*Nosographie philosophique* Vol. 1, Paris: Crapelet, 1798），同时自然也主张用“aliéniste”（异化学家）的说法。与此类似，埃斯基罗尔希望国人换一种方式称呼异化学家们禁闭疯人的地方：“我希望这些机构能有一个专门的名字，不要让人想到它会给心灵带去痛苦；我希望称它们为‘收容所’（asylum）。”J. – E. D. Esquirol, 1819, p. 26.

78. Robert Gardiner Hill, 1839, pp. 4 – 6.

79. Joseph Mortimer Granville, 1877, Vol. 1, p. 15.

80. 引文出自 Dorothea Lynde Dix, 1850, p. 20。

81. *The Times*, 5 April 1877.

82. *The Scotsman*, 1 September 1871.

83. ‘Heilungsaussichten in der Irrenstalten’, 10, September 1908, p. 223.

84. James Crichton – Browne, *Annual Report of the West Riding Lunatic*

Asylum, 1873.

85. 'Lunatic Asylums', Quarterly Review 101, 1857.

第八章

1. Philippe Pinel, 'Aux auteurs du journal', *Journal de Paris*, 18 January 1790, p. 71.

2. Philippe Pinel, 1805, p. 1158.

3. J. -E. D. Esquirol, 1805, p. 15.

4. J. -E. D. Esquirol, 1838, Vol. 2, p. 742.

5. H. Girard, 1846, pp. 142 - 143.

6. Benjamin Rush, 1947, p. 168.

7. Benjamin Rush, 1947, p. 333.

8. *Tenth Annual Report of the State Lunatic Hospital at Worcester*, 1842, Boston: Dutton and Wentworth, p. 62.

9. Butler Hospital for the Insane, *Annual Report* 1854, p. 13.

10. Pliny Earle, 1868, p. 272

11. *Thirteenth Annual Report of the State Lunatic Hospital at Worcester*, 1845, Boston: Dutton and Wentworth, 1846, p. 7. See also Amariah Brigham, 1833, p. 91.

12. Thomas Beddoes, 1802, p. 40.

13. Alexander Morison, 1825, p. 73.

14. William A. F. Browne, 1837, pp. 56, 59.

15. David Uwins, 1833, p. 51.

16. Silas Weir Mitchell, 1894.

17. Crichton Royal Asylum, *9th Annual Report*, 1848, p. 5.

18. Crichton Royal Asylum, *13th Annual Report*, 1852, p. 40.

19. Crichton Royal Asylum, *18th Annual Report*, 1857, pp. 24 - 26.

20. John C. Bucknill, 1860, p. 7.

21. Charlotte MacKenzie, 1985.

22. Ebenezer Haskell, 1869.

23. 文森特·梵高 1890 年 5 月致信提奥·梵高。

24. 克莱尔在写给报社的信中落款是“一名北安普敦郡野鸡”，拼写或正字始终不是他的强项。(此处克莱尔将“peasant”［农民］错拼成了

“pheasant”［野鸡］。——译注）

25. 此处引用的诗句摘自《约翰·克莱尔诗集》(*The Poems of John Clare*)，由J·W·迪伯（J. W. Tibble）编辑并作序，London：J. M. Dent & Sons Ltd and New York：E. p. Dutton & Co. Inc.，1935。感谢约翰·克莱尔学会主席琳达·克里（Linda Curry）的协助。

26. Charles Reade, 1864. 里德很清楚，科诺利不久前因拉克先生的禁闭问题被提告索赔，拉克是一名酗酒者，科诺利在收受“咨询费”后开具疯癫证明，将他关进了一家收容所。该案陪审团的结论是科诺利所收欠款为回扣，法庭判科诺利支付500英镑的巨额赔偿金。鉴于科诺利曾因废除伦敦收容所的机械禁锢手段而声名显赫，这场官司引起了广泛关注。科诺利日后还会惹上其他的法律麻烦。至于哈姆莱特，科诺利医生坚持认为王子是疯了。

27. 当然，小说中还有一个令人难忘的人物，那就是原本性情温和，但被大法官法庭上没完没了重复说话的律师逼成了偏执的疯子的弗莱德小姐。

28. John T. Perceval, 1838, 1840, pp. 175 – 176, 179. 关于该联谊会，见Nicholas Hervey, 1986。

29. 相关讨论见Conolly and Hill in Andrew Scull, Charlotte MacKenzie, and Nicholas Hervey, 1996, pp. 70 – 72。

30. 关于她的这番不懈努力，相关批判性的阐述见Rosina Bulwer Lytton, 1880；相对折中的评价见Sarah Wise, 2012, pp. 208 – 251。

31. 报告见于*Annales médico – psychologiques* 5, 1865, p. 248。见Ian Dowbiggin, 1985a。

32. Daniel Hack Tuke, 1878, p. 171.

33. Henry Maudsley, 1871, pp. 323 – 324.

34. Henry Maudsley, 1895, p. 30.

35. W. A. F. Browne, in Crichton Royal Asylum, *18th Annual Report*, 1857, pp. 12 – 13.

36. S. A. K. Strahan, 1890, pp. 337, 334.

37. Max Nordau, 1893. 诺尔道的书在1895年出版了英文译本，取得了国际性的成功，书中对堕落艺术及相关艺术家的谴责尤其出名。

38. William Greenslade, 1994, p. 5.

39. 尼采的梅毒问题引起了现今一些学者的质疑。他们也许是对的，但回溯诊断无疑有很大的风险。在当时，他的收容所医生认定他患有麻痹性痴呆，也就是三期梅毒。

40. William Booth, 1890, pp. 204 - 205.

41. Edward Spitzka, 1878, p. 210.

42. York Retreat, *Annual Report* 1904.

43. 引文出自 Henry C. Burdett, 1891, Vol. 2, pp. 186, 230。

44. Charles G. Hill, 1907, p. 6. 两年后，美国神经病学协会会长发表了类似的言论：“在我们的艺术不断前进的同时，我们不得不可悲地承认，对疯癫的治疗完全没有进展可言，对精神疾患的诊断，即使最具实力的诊断专家和剖检手术师，相对而言都是失败的。”见 Silas Weir Mitchell, 1909, p. 1。

45. 引文出自 Edward Shorter, 1997, p. 76。

46. Hideyo Noguchi and J. W. Moore, 1913.

47. James Cowles Prichard, 1835, p. 6.

48. Henry Maudsley, 1895, p. vi.

49. S. A. K. Strahan, 1890, p. 334.

50. Henry Maudsley, 1883, pp. 241, 321.

51. S. A. K. Strahan, 1890, p. 331.

52. 报告见于 *Annales médico - psychologiques* 12, 1868, p. 288, 引文出自 Ian Dowbiggin, 1985, p. 193。

53. *Buck v. Bell*, 247 US 200, 1927.

54. 纳粹“种族卫生”倡议者和美国优生学家之间的关联，可参阅 Stefan Kühl, 1994。毕业于斯坦福医学院的斯托克顿加州州立医院院长玛格丽特·斯迈（Margaret Smyth）认为，“德国绝育行动的负责人反复强调，他们是在仔细研究了加州实验后决定立法的”。Margaret Smyth, 1938, p. 1234.

55. See Robert Proctor, 1988; Aly Götz, Peter Chroust, and Christian Pross, 1994.

56. 见 M. von Cranach, 2003; Michael Burleigh, 1994。

第九章

1. Akihito Suzuki, 2006, p. 103.

2. 例如莫里森的精神病人居家照护，详见 Andrew Scull, Charlotte MacKenzie, and Nicholas Hervey, 1996, Chapter 5。

3. 瑞士的例子可参考 Edward Shorter, 1990, p. 178 中引用的案例。

4. Ticehurst Asylum Casebook 5, 2 July 1858, Contemporary Medical Archives, Wellcome Medical Library, London.

5. Edward Shorter, 1990, pp. 190 – 192.

6. Edward Hare, 1983; Edwin Fuller Torrey, 2002.

7. Andrew Scull, 1984; David Healy, 2008; Michael A. Taylor, 2013; Gary Greenberg, 2013.

8. Andrew Wynter, 1875; J. Mortimer Granville, 见于 Andrew Wynter, 1877, p. 276: Granville 在第二版中撰写了五章。

9. John C. Bucknill, 1860, p. 7, 他在其中不满地表示，收容所医生被困在“一个思想和感受的病态环境里……似乎有传染性的精神疾病引发了骇人谵妄［给他带来严重威胁］”。人们不禁会问，那病人又是什么情况呢？（巧合的是，沃普尔吉斯之夜传统上指的是女巫集会的时候。）

10. William Goodell, 1881, p. 640.

11. Andrew Scull, 2011.

12. George M. Beard, 1881, p. 17.

13. 事实上，彼尔德的病在 1893 年得到了当世最高的赞誉，弗朗兹·卡尔·缪勒（Franz Carl Müller）主编的《神经衰弱手册》（*Handbuch der Neurasthenie*）得以出版。

14. Virginia Woolf, *Mrs Dalloway* (1925). 这部小说中的威廉·布拉德肖爵士是对乔治·萨维奇爵士的一次尖刻的演绎，作为精神科医生，他的行医主要面向“聒噪阶层”（chattering classes）。

15. 比如在夏洛特·柏金斯·吉尔曼（Charlotte Perkins Gilman）的短篇小说《黄色壁纸》中，基本没做什么掩饰的米切尔（他亲自给吉尔曼实施了休息疗法）把他的病人逼疯了。伊迪丝·华顿（Edith Wharton）也是米切尔的病人，在她的第一本小说出版一年前结束了治疗。

16. Anne Stiles（网页）。Suzanne Poirier, 1983 中称，“曾经的女性病人纷纷来信表达对他的赞扬与仰慕”，pp. 21 – 22。

17. 男性病人也会接受休息疗法，不过很少像女性病人那样要完全静止不动。在文章里，米切尔提到神经质病人时大多用女性代词。作为南北战争时期的一名外科医生，他见过被疑装病的男人遭到严苛的对待。关于神经衰弱和癔症女性的言论，显示出他仍然怀着这样的情绪，只是用一个关爱的内科医生形象稍稍做了掩饰。例如，为了说明让病人离开家的必要性，他表示“要想毁掉一个家庭，用一个高度神经和衰弱的傻女人再合适不过了，而且她们渴望得到怜悯，喜欢权力”。Silas Weir Mitchell, 1888, p. 117. 日后弗洛伊德会提出“继发性获益”（secondary gain）一词。显然，米切尔已经意识到病人角色会被利用来获取权力。

18. Silas Weir Mitchell, 1894.

19. 对后者的讨论见 Andrew Scull, Charlotte MacKenzie and Nicholas Hervey, 1996, Chapters 7 – 9。“官能”至少一开始没有“心理”的意思。它指的是神经系统的生理变化，而非结构变化。或者用 George Beard, 1880, p. 114 中的说法，两者区别是“显微镜能看到的，我们称之为结构——显微镜看不到的，称之为官能”。两者都是身体状况。

20. 让 – 马丁·沙可的学术生涯参见克里斯托夫·葛茨（Christopher Goetz）、米歇尔·邦杜尔（Michel Bonduelle）和托比·吉尔方（Toby Gelfand）于 1995 年出版的权威传记。

21. Jean – Martin Charcot, ‘Preface’, in Alex Athanassio, 1890, p. i.

22. James Braid, 1843.

23. 引文选自 Christopher Goetz, Michel Bonduelle, and Toby Gelfand, 1995, pp. 235 – 236。

24. Celine Renooz, 1888.

25. Anonymous, 1877 – a report of her speech at an August 1887 conference on vivisection.

26. Axel Munthe, 1930, pp. 296, 302 – 303.

27. 以上两段摘自 Andrew Scull, 2011, pp. 122 – 123，略有修改。

28. Axel Munthe, 1930, p. 302.

29. Horatio Donkin, 1892, pp. 625 – 626；较早之前，沙可向英文读者介绍了自己在这个问题上的看法，同样收录于权威巨著 J. – M Charcot and Gilles de la Tourette, 1892。

30. See Hippolyte Bernheim, 1886.

31. 当代许多学者提出，关于安娜·O 的治疗的陈述大多是不实的。不但布洛伊尔的宣泄法没能治好她，她在停止治疗后的十多年里依然承受着精神困扰，多次住进瑞士一家疗养院接受长时间的禁闭收容。待到终于康复后，她对“谈话治疗法”大加批判。精神分析的原初病例是一团迷思——从很多层面看这是一系列虚构。

32. Josef Breuer and Sigmund Freud, 1957, p. 255，着重号由原作者标出。

33. Josef Breuer and Sigmund Freud, 1957, p. 7，着重号由原作者标出。

34. 见《西格蒙德·弗洛伊德心理学全集标准版》第二卷（*The Standard Edition of the Complete Psychological Works of Sigmund Freud*, Vol. 2, London: Hogarth Press, 1981）收录的《癔症研究》第二版序言。

35. Sigmund Freud, 1963, pp. 15 – 16.

36. 引文见于 Jeffrey Masson, 1985, p. 9。

第十章

1. Wilfred Owen, 'Mental Cases', 1918.

2. Wilfred Owen, 'Anthem for Doomed Youth', 1917.

3. 和本书其他几处地方一样，这里的论述有赖于我的朋友艾米·福瑞斯特的见解与提示。

4. Otto Dix, War Diary, 1915 – 1916, 引文见于 Eva Karcher, 1987, p. 14；展览图录 *Otto Dix* 1891 – 1969, Tate Gallery 1992, pp. 17 – 18 引用迪克斯语。

5. Wilfred Owen, 'Dulce et Decorum Est'（1917 – 1918）.

6. Charles Mercier, 1914, p. 17.

7. 为了用神经病学的威望给自己壮声势，一些精神病学家开始使用"神经精神病学"（neuropsychiatry）这个合成词，从符号层面制造一种感觉，即精神疾病毫无疑问是一种身体的疾病。

8. 关于瑞沃斯自己的陈述，可参与他的文章 'An Address On the Repression of War Experience', Lancet 96, 1918。瑞沃斯在克雷格洛克哈特的工作，成为派特·巴克（Pat Barker）小说三部曲《重生》（*Regeneration*, 1991）、《窥孔》（*The Eye in the Door*, 1993）和《亡魂路》（*The Ghost. Road*, 1995）的核心，他在萨松的半虚构回忆录《舍斯顿的进展》（*Sherston's Progress*）以真名出现。

9. 引文出自 Paul Lerner, 2001, p. 158。

10. 引文出自 Marc Roudebush, 2001, p. 269。

11. E. D. Adrian and L. R. Yealland, 1917, 引文出自 Ben Shephard, 2000, p. 77。

12. 引文出自 Elaine Showalter, 1985, pp. 176 – 177。

13. 1938 年，将奥地利纳入第三帝国版图的"德奥合并"完成，反犹的瓦格纳 – 尧雷格加入纳粹的事业，他们的行动最终将迫使弗洛伊德流落异乡，精神分析学以及身为这种堕落犹太科学附庸的精神分析师被一网打尽。作为奥地利种族重生和遗传联盟的主席，瓦格纳 - 尧雷格还积极倡导对那些“劣等种族血统”实施绝育处理。

14. 除了人称“圣安东尼之火”的急性皮肤感染，这种链球菌感染还会导致疼痛、发冷和颤抖，可能造成长期淋巴损伤甚至死亡。

15. 奥古斯特·冯·瓦瑟曼（August von Wassermann）于 1906 年在罗伯特·科赫传染病研究所（Robert Koch Institute for Infectious Diseases）研制出一种梅毒血检方法；七年后的 1913 年，野口英世和 J. W. 摩尔在《实验医学期刊》上发表了他们的经典论文，证明 GPI 患者的脑感染了梅毒螺旋体，也就是导致梅毒的那种螺旋形微生物。

16. 伦敦精神病院的病理学家弗雷德里克·莫特曾提到，他经常能看到晚期麻痹性痴呆病人，“残废的人体并排坐着，头部耷拉下来，磨着牙，口水顺着嘴角流出来，对周遭视若无睹，面无表情，冰冷而铁青的双手”。引文出自 Hugh Pennington, 2003, p. 31。

17. 参阅 Honorio F. Delgado, 1922; Nolan D. C. Lewis, Lois D. Hubbard and Edna G. Dyar, 1924, pp. 176 – 121; Julius Wagner – Jauregg, 1946, pp. 577 – 578。

18. 这种做法会带来严重的伦理问题。瓦瑟曼检测法并不能针对梅毒。例如检测结果呈阳性可能表明病人存在系统性红斑狼疮、结核病以及（让人哭笑不得的）疟疾。也就是说一个被错误诊断的病人在患上疟疾的同时，有不小的几率会又得上梅毒。一些精神病学家对此十分不安，这其中就包括华盛顿联邦精神病院院长威廉·艾伦逊·怀特（William Alanson White）。怀特据此禁止实施这项治疗，但是他基本上是唯一一个这么做的人。

19. J. R. Driver, J. A. Gammel and L. J. Karnosh, 1926.

20. See Joel Braslow, 1997, pp. 71 – 94.

21. 梅毒螺旋体在体外 41 摄氏度环境下不易生息，这意味着也许存在一种方法让治疗产生效果，然而在体内是否是这样就不得而知了。瓦格纳 - 尧雷格认为疟疾感染刺激了免疫系统，反倒是可以证明自己的疗法见效了，然而这是纯粹的推测，找不到任何证据支持。

22. Henry Maudsley, 1879, p. 115.

23. Christopher Lawrence, 1985.

24. John B. Sanderson, 1885.

25. 可参阅 Emil Kraepelin, 1896, pp. 36 – 37, 439；以及 6th edition, p. 154; 8th edition, Vol. 3, p. 931。

26. Henry A. Cotton, 1923, pp. 444 – 445.

27. Henry A. Cotton, 1919, p. 287.

28. Henry A. Cotton, 1921, p. 66.

29. 在 *Journal of Mental Science* 69, 1923, pp. 553 – 559 的“纪要与新闻”中，古德尔赞扬了卡顿的研究，称那是对西格蒙德·弗洛伊德鼓吹的有害学说的反击：这位美国人的工作“应该可以吸引人们离开心理发生论那魅惑、诱人的原野，来到更精确、严苛、更坚固而艰辛，但更中正的内科医学道路上来”。

30. Sir Berkeley Moynihan, 1927, pp. 815, 817. 莫伊尼汉并非唯一将卡顿的成果和李斯特开天辟地的手术消毒技术相提并论的人，他还提醒在场的观众，1927 年是李斯特一百周年诞辰，并且，一百年前李斯特的创新也是备受当时外科同行质疑的。

31. “共实施全结肠切除术……133 例，其中康复 33 例，死亡 44 例。右半结肠切除术 148 例，康复 44 例，死亡 59 例”——对此卡顿只是轻描淡写地解释说，“基本上是因为多数病人的身体状况非常糟糕”。Henry A. Cotton, 1923, pp. 454, 457.

32. See A. T. Hobbs, 1924, p. 550.

33. 关于病灶性脓毒症发作详见 Andrew Scull, 2005。

34. 据欧根·布洛伊勒在苏黎世的一个下属雅克布·克莱西（Jakob Kläsi）介绍，持续麻醉法（Dauernarkose）实现了一次能够持续 6 ~ 8 天的人工睡眠，据称死亡率为 6%。

35. Robert S. Carroll, 1923; E. S. Barr and R. G. Barry, 1926, p. 89.

36. J. H. Talbott and K. J. Tillotson, 1926. 十名病人中有两名在治疗过程中死亡。

37. Illinois Department of Public Welfare, *Annual Report* 11, 1927 – 28, pp. 12, 23; 1928 – 29, p. 23. T. C. Graves, 1919.

38. 在这场西方世界诸国精神病学家参加的会议上，有 68 场关于胰岛素治疗的陈述，观众逾 200 人。可参阅 Edward Shorter and David Healy, 2007, Chapter 4。

39. Manfred Sakel, 1937, p. 830.

40. 例如一项美国调查显示，至 1941 年，全美 365 家公立和私立精神病机构已经有 72% 使用了胰岛素休克疗法。见 US Public Health Service, 1941。战时英国葡萄糖匮乏，抑制了疗法的应用，导致人们被迫改用土豆淀粉让病人陷入昏迷。由于人手不足，无法实施治疗，许多医院暂时放弃了该疗法。

41. Benjamin Wortis，译自曼弗雷德·萨克尔 1937 年 7 月 21 日在巴黎所做的一场讲座，St Elizabeth's Hospital Treatment File，Entry 18，National Archives，Washington，DC.

42. 见 Harold Bourne，1953，有关专业内的反应，可参阅 Michael Shepherd，1994，pp. 90 – 92。

43. Sylvia Nasar，1998，pp. 288 – 294.

44. L. von Meduna and Emerick Friedman，1939，p. 509.

45. L. von Meduna，1938，p. 50.（Cardiazol 是米特腊唑在欧洲的商品名。）

46. Solomon Katzenelbogen，1940，pp. 412，419.

47. Nathaniel J. Berkwitz，1940，p. 351.

48. 关于 ECT 在世界上的迅速普及，见 Edward Shorter and David Healy，2007，pp. 73 – 82。

49. ECT 有时候会被误以为是某种电疗，比如一战时期使用的考夫曼疗法，但它不同于那种有意施加痛苦的疗法，它的目的是在有知觉的病人身上诱发癫痫和暂时性无意识，而不是痛苦、恐惧和厌恶。

50. Stanley Cobb，1938，p. 897.

51. M. J. Sakel，1956.

52. 近年的两位 ECT 倡导者的讨论可见于 Edward Shorter and David Healy，2007，pp. 132 – 135。并非所有人都像他们这么乐观。

53. Egas Moniz，1936.

54. *Baltimore Sun*，21 November 1936.

55. 1940 年代初一些“进步派”州医院对额叶切断术的兴趣日增，有关这一现象的记载可见于 Jack D. Pressman，1998，Chapter 4。

56. 他的同事瓦利·麦基索克（Wylie McKissock）到 1946 年 4 月已经进行了第 500 例手术，到 1950 年累计超过了 1300 例。

57. A. M. Fiamberti，1937.

58. 关于这种大型额叶切断展示会的目击描述，可参阅 Alan W. Scheflin and Edward Opton Jr，1978，pp. 247 – 249。在写给莫尼兹的信中，弗里曼宣称他在西弗吉尼亚一天里“给 22 个病人做了 135 分钟的手术，每台手术大概六分钟”。他在 12 天里给 228 个病人做了手术。Walter Freeman to Egas Moniz，9 September 1952，Psychosurgery Collection，George Washington University，Washington DC.

59. 弗里曼得意地宣称，有一位 J. S. 瓦伦医生根据他的书面指导已经在怀俄明州伊文斯顿的州立医院做了近 200 台经眶手术，在第四州立医院（名字本身已经很说明问题），保罗·施拉德医生做了超过 200 台经眶手术，“已经彻底解决了那家医院精神错乱病房的问题”。Walter Freeman, ‘Adventures in Lobotomy’, unpublished manuscript, George Washington University Medical Library, Psychosurgery Collection, Chapter 6, p. 59.

60. *Mental Hygiene News*, quoted in Jack D. Pressman, 1998, pp. 182 – 183.

61. ‘Medicine: Insulin for Insanity’, *Time*, 25 January 1937.《纽约时报》也表达了赞许。见发表于 1937 年 1 月 14 日第 20 版的社论。

62. ‘Insulin Therapy’, New York Times, 8 August 1943, E9.

63. *Washington Evening Star*, 20 November 1936.

64. Waldemar Kaempffert, 1941, pp. 18 – 19, 69, 71 – 72, 74. 后来在 1942 年 1 月 11 日的《纽约时报》上，他向更高端的读者群体发表了这番颂词。照片注明了弗里曼和沃兹两人的身份——本应该说明的是图中进行的脑部手术——差一点导致两人失去医疗资质，因为这涉及了被禁止的“医疗广告”内容。

65. Stephen McDonough, 1941.

66. 他们的获奖，和此前瓦格纳 – 尧雷格的 GPI 疟疾疗法一起，迄今仍是精神病学领域仅有的诺贝尔奖，不过，哥伦比亚大学神经精神病学家埃里克·坎德尔（Eric Kandel）凭借在记忆的生理机能领域的研究，曾经获得 2000 年诺贝尔医学或生理学奖。

67. Elliot Valenstein, 1985, p. 229.

68. 海明威是对自己传记的作者说出这番话的。见 A. E. Hotchner, *Papa Hemingway: A Personal Memoir*, New York: Random House, 1966, p. 280。

69. Sylvia Plath, 2005, p. 143.

第十一章

1. 例见 Jonathan Sadowsky, 1999; Jock McCulloch, 1995; Waltraud Ernst, 1991 and 2013。

2. Catharine Coleborne，已付梓；Roy Porter and David Wright (eds), 2003.

3. Emily Baum, 2013。Neil Diamant, 1993 提及中国对精神病院的接受程度有限，依然以家庭为照护精神病人的主要场所，以及广东和北京的警方与收容所进行的合作，小型精神病院主要用于对一些惹是生非的个人进行控制和遏止。更大范围内的论述见 Veronica Pearson, 1991。

4. 美国神经学家塞拉斯·威尔·米切尔称这些人是“许多家庭的害人精，令医生们束手无策”，英国异化学家詹姆斯·克赖顿 – 布朗（James Crichton – Browne）悲观地抱怨“精神病或神经病病患……是无法证明的，看上去和一个可以自制的人无异，往往是受伤害和被误解的，但是时不时会变得反常、难对付、暴躁、抑郁、多疑、任性、特异、冲动、不可理喻、古怪、谵妄，可能得上各种空想出来的疟疾和神经焦虑”。两段引文皆选自 Janet Oppenheim, 1991, p. 293。

5. 引文选自 Peter Gay, 1988, p. 215。

6. 琼斯去多伦多待了五年，尔后回到英格兰。在加拿大期间，他再次曝出性丑闻：他给了一个指责他性侵的女人一笔封口费；坊间风传他和自己的前病人、有吗啡瘾的洛·卡恩（Loe Kann）有不正当关系（也就是没有结婚）。像这样的小瑕疵他有的是，因为他是个色诱成性的人。不过在此期间他一直不遗余力地推广弗洛伊德的理念，在北美给精神分析学吸引了不少关注。

7. James Crichton – Browne, 1930, p. 228.

8. Janet Oppenheim, 1991, p. 307.

9. Michael Clark, 1988. 英国首位精神病学教授、利兹大学的约瑟夫·肖·博尔顿（Joseph Shaw Bolton）斥精神分析为“潜在的毒药”（1926），而 Charles Mercier, 1916 中预言弗洛伊德体系很快会“和蟾蜍粉、酸牛奶一道成为被摒弃的疗法”。

10. 马波瑟在伦敦精神病学研究院的继任者奥布雷·刘易斯同样竭力排挤精神分析学。作为一名高明而冷酷的学院政客，刘易斯力求不让任何一个精神分析学家当上英国的大学的精神病学系主任。事实上的确一个也没有。Cf. David Healy, 2002, p. 297.

11. 在大会发布的十页手册中，弗洛伊德几乎就是事后被加进去的。他的死敌威廉·斯特恩（William Stern）成为头号外国嘉宾，直到会议进行到尾声，才有人提到了弗洛伊德的到场，统共“洋洋洒洒”写了两句话。

12. 弗洛伊德对费伦齐语，引文选自 Peter Gay, 1988, p. 564。（在书中，盖伊用第 553 ~ 570 页的巨大篇幅讨论弗洛伊德对美国的深恶痛绝，我在下文做了引用。）匈牙利精神分析学家桑德尔·费伦齐（Sándor Ferenczi）和弗洛伊德一道参加了克拉克大学的研讨会，他很清楚这场面的讽刺性。他设想了弗洛伊德的想法（“我对美国人如此嫌恶，美国人授予的荣誉，怎么可以让我如此欢欣呢?”），然后费伦齐评价道：“值得一提的是，即使是我，一名满怀崇敬的旁观者，都觉得这情绪有些荒唐，他在感谢大学授予他荣誉学位时甚至噙着眼泪。”Sándor Ferenczi, 1985, p. 184.

13. 茨威格是举世闻名的德国作家和反战主义者，与弗洛伊德保持了十多年的通信往来。希特勒上台后，他移居巴勒斯坦。他在那里接受了精神分析，有段时间他是那里的精神分析社群与弗洛伊德联络的主要纽带。Freud to Jung, 17 January 1909, in William McGuire (ed.) 1974, p. 196.

14. *Boston Evening Transcript*, 11 September 1909.

15. 引文选自 Ralph B. Perry, 1935, pp. 122, 123。

16. 挥金如土的伊迪斯·洛克菲勒·麦考密克是约翰·D. 洛克菲勒之女，丈夫是联合收割机大亨继承人，在用钱说服荣格移居美国未果后，她选择搬到苏黎世接受他的治疗。她获得了荣格派分析师“资质”，开始了一连串的风流韵事，并向一个荣格派培训中心捐资 25 万美元。银行巨头梅隆家族继承人保罗·梅隆的妻子玛丽·梅隆（Mary Mellon）说服丈夫加入她的事业，一同创办了波林根基金会（Bollingen Foundation），该基金会至今仍在努力推广高深莫测的荣格派精神分析。

17. Chapter 7 of George Makari, 2008 对这些事态的发展做出了卓有助益的探讨。

18. 对此弗洛伊德觉得既耻辱又可憎。他对海因里希·蒙（Heinrich Meng）坦言“不幸的是我被迫……把我剩下的仅有一点工作时间高价出卖。我对一个德国人的收费是一小时 250 马克，因此我更喜欢收英国人和美国人，他们是按他们国家的一般费用支付的。我不是偏向他们，我只是不得不收治他们……”Freud to Meng, 21 April 1921, Library of Congress, Washington, DC.

19. 例见 Stephen Farber and Marc Green, 1993；以及 Krin Gabbard and Glen O. Gabbard, 1987。本章后文中我会用更多篇幅讨论这一现象。

20. Isador Coriat to Ernest Jones, 4 April 1921, Otto Rank Papers, Rare Book Room, Columbia University, New York City.

21. 除了所有移民群体一直以来存在的习惯模式，这种在纽约和其他几座城市中心聚集的倾向，还因为当时48个州里只有6个州允许外国医疗人员执业。

22. 关于这些动向详见 George Makari, 2012。

23. 用他的一位追随者的话说，“弗洛伊德始终是一个充满恨意的人。他的恨远比他的爱强大得多”。Isidor Sadger, 2005（原载于 *Sigmund Freud: Persönliche Erinnerungen* in 1929）。伊西多·塞吉尔（Isidor Sadger）是弗洛伊德的一个忠实门徒，早在1895年就听过弗洛伊德的讲座，是最早参加的三个人之一，后来成为所谓“星期三心理学会”的热心参与者。他没能逃过纳粹的残暴，1942年12月21日在特雷津集中营被杀。

24. 在第一次世界大战中，德军只有48人被枪杀。相比之下，截至1944年末已经有10000人被处决，1945年前四个月又有5000人因违纪被处决。Ben Shephard, 2000, p. 305. 痛苦的考夫曼“疗法”在当时再次成为常规做法。

25. Ben Shephard, 2000, p. 166.

26. R. J. Phillips, ‘Psychiatry at the Corps Level’, Wellcome Library for the History of Medicine, London, GC/135/B1/109.

27. Edgar Jones and Simon Wessely, 2001.

28. Ben Shephard, 2000, p. 328.

29. Edgar Jones and Simon Wessely, 2001, pp. 244 – 245.

30. Spike Milligan, 1980, pp. 276 – 288，引文选自 Ben Shephard, 2000, p. 220。

31. Roy S. Grinker and John p. Spiegel, 1945; Abram Kardiner and Herbert Spiegel, 1947.

32. Gerald Grob, 1990, p. 54.

33. Ben Shephard, 2000, p. 219.

34. Ellen Herman, 1995, p. 9.

35. Ben Shephard, 2000, p. 330.

36. 见 D. W. Millard, 1996; T. p. Rees, 1957; Edgar Jones, 2004。

37. H. V. Dicks, 1970, p. 6.

38. Ben Shephard, 2000, p. 325.

39. Nathan Hale, Jr, 1998, p. 246.

40. 心理分析学家是该领域的绝对权威。到1961年，波士顿地区医学院的44个教授职位有32个是分析学家，全国的趋势也是如此。全美

91 所医学院，有 90 所在教授精神分析学；最好的住院医生都在寻求接受精神分析学培训；1962 年，89 个精神病学系的系主任中，有 52 个是隶属于某精神分析研究所的。Nathan G. Hale, Jr, 1998, pp. 246 – 253.

41. 应用最普遍的教材是 Arthur p. Noyes and Lawrence Kolb, 1935, 其次是 Jack R. Ewalt, Edward A. Strecker and Franklin G. Ebaugh, 1957——后者在 1950 年代以前选取的是阿道夫·迈耶的学说，不过现在已经改为弗洛伊德派。西尔瓦诺·阿列蒂主编的《美国精神病学手册》（*American Handbook of Psychiatry*）1959 年首版为两卷本，参考了其他的理论和方法，但从根本上还是一本精神分析学教科书。

42. Nathan G. Hale Jr, 1998, especially Chapter 14; Joel Paris, 2005.

43. See A. Michael Sulman, 1973.

44. 鲍尔比受世界卫生组织委托写了一份影响深远的报告，即 1951 年发表的《育儿与精神健康》（*Maternal Care and Mental Health*）。

45. Donald Winnicott, 1964, p. 11.

46. E. Rous and A. Clark, 2009.

47. Franz Alexander, 1943, p. 209；他在这一课题上的早期见解见 Franz Alexander 1933。

48. 可参考 Franz Alexander, 1950, pp. 134 – 135; Margaret Gerard, 1946, p. 331；以及 Harold Abramson（ed.）, 1951, esp. pp. 632 – 654。

49. Leo Kanner, 1943.

50. Leo Kanner, 1949.

51. 《孩子是父亲》（The Child is Father），《时代》杂志 1960 年 7 月 25 日刊。坎纳晚年开始否认这一立场，声称他一直认为自闭症某种意义上是一种“先天的”障碍。

52. Bruno Bettelheim, 1967 and 1974. 1990 年去世后，贝特尔海姆的声誉不断受到冲击。他被指对儿童实施邪恶而暴力的虐待，伪造自己的学术背景，并且撒谎成性。曾经崇敬、支持他的学术界被痛斥是在助纣为虐。然而在三十多年的时间里，他可是作为一个非凡的临床医生和完美典范而享誉国际的。

53. Peter Gay, 1968.

54. 引文选自 Andrew Solomon, 2012, p. 22。

55. The New Yorker 32, 28 April 1956, p. 34.

56. W. H. Auden, ‘In Memory of Sigmund Freud’（1940）.

57. Josef Breuer and Sigmund Freud, 1957 [1895], p. 160.

58. 詹姆斯·莱文（James Levine）和大都会歌剧院对它青睐有加，经常演出乔纳森·米勒（Jonathan Miller）呈现的版本。

59. 用《卫报》剧评人菲利普·亨舍尔（Philip Hensher）的话说，奥登“如今俨然已是自丁尼生以来最伟大的英语诗人”。《卫报》2009年11月6日刊。

60. Hogarth, Credulity, *Superstition and Fanaticism: A Medley* (1762)；见：p. 175.

61. Donald Mitchell (ed.), 1987 辑录的一系列文章对这部歌剧做出了精彩的评述，其中多篇的作者在布里顿创作此剧时与他有合作，或者参与了剧作的首演。

62. 疯癫在瓦格纳后期歌剧中时有出没，他给自己的拜罗伊特宅邸取名“妄弗利德”（Wahnfried，有“从疯癫中解脱”之意）并非偶然。用他自己的话说，“我的谵妄在这里得以平抚，权且称此宅为‘妄弗利德’——从疯癫中解脱”。

63. 这种对比最早出现在1920年的文章《超越快乐原则》（*Beyond the Pleasure Principle*）中，后来在1930年的《文明及其不满》（*Civilization and Its Discontents*）里得到进一步的阐述。弗洛伊德本人并没有使用“死亡本能”。这个词是由他的门生威赫姆·斯特科（Wilhelm Stekel，1868—1940）首先提出的，后来成了弗洛伊德派对这一对比的标准表述。

64. 例见 David Lomas, 2000。

65. 例见他在1921年12月4日和1924年2月19日的书信，收录于 *The Letters of D. H. Lawrence*, 1987, Vol. 4。

66. James Joyce, *Finnegan's Wake*, 1939, pp. 378, 411.

67. 《奥菲的沉沦》在百老汇只上演了68场。

68. Steven Marcus, 1965.

69. Steven Marcus, 1974.

70. Frederick C. Crews, 1975, p. 4.

71. Frederick C. Crews (ed.), 1998.

72. Norman O. Brown, 1959 and 1966.

73. Philip Rieff, 1959 and 1966.

74. Herbert Marcuse, 1955.

75. Ernest Jones, 1953 - 1957, Vol. 3, p. 114. 有人回忆弗洛伊德这个拒绝重金的举动在纽约引起过轰动。由此可见，虽然弗洛伊德对美元的嗜好坊间多有记载，但也还是适度的，要么就是——不同于戈德温——他心里清楚自己不是当好莱坞编剧的材料。

76. 塞缪尔·戈德温和约瑟夫·曼凯维奇这样的影业大亨选择在分析师的沙发上为自己的诸多罪行做告解，尽管他们的行为似乎并没有分毫改变。导演也是一个重要的客户群体。而从加里·格兰特到贾森·罗巴兹到蒙哥马利·克利夫特，从朱迪·加兰到詹妮弗·琼斯到费雯·丽（当然还有玛丽莲·梦露），演员客户的名单更是一眼看不到尽头。详见 Stephen Farber and Marc Green, 1993。

77. Joseph Menninger to Karl Menninger, 13 July 1944, in Karl A. Menninger, 1988, p. 402.

78. 此处参考了 Stephen Farber and Marc Green, 1993, p. 36。

79. See Edward Dimendberg, 2004.

80. 休斯顿称影片是“一个持续了十八年的念想，它基于一个坚定的信念：弗洛伊德对人类灵魂深处未经涉足的疆域进行的伟大探索，世间的人哪怕去了海角天涯都是很难企及的”。John Huston, ‘Focus on Freud’, *New York Times*, 9 December 1962.

第十二章

1. Percy Bysshe Shelley, ‘Julian and Maddalo: A Conversation’ (1818 - 1819).

2. 事实上不少人认为他们已经结婚，为此墨索里尼花了很大力气毁灭一切证据。

3. 纽约长岛的皮尔格里姆州立医院在过去十年里一直保持着 13875 名病人的纪录，它的庞大院区跨越四个镇。附近的国王公园州立医院和中伊思里普州立医院分别还有 9303 名和 10000 名病人。后者的病人一度通过长岛铁路专列运送，车窗安装了栅栏以防止病人逃跑。然而纽约州先于乔治亚州开始清空医院，这让米里奇维尔医院一度获得世界最大收容所的殊荣。

4. 这里需要感谢庆应义塾大学的铃木晃仁提供的数据，该数据由安藤道人和后藤基行收集整理。

5. E. Landsberg, 2011. 另见于 Hiroto Ito and Lloyd I. Sederer, 1999。

6. 十九世纪初欧洲的家属隐藏病人现象，在当时引起了改良派的注意，因此二十世纪日本的做法和此前的历史是有呼应的。

7. John Crammer, 1990, pp. 127 - 28.

8. F. Chapireau, 2009; Marc Masson and Jean - Michel Azorin, 2002.

9. Simon Goodwin, 1997, p. 8.

10. Ministry of Health 1952, p. iv.

11. 良心拒服兵役者的举报见 Frank L. Wright (ed.), 1947。

12. H. Orlansky, 1948.

13. Alfred Q. Maisel, 1946.

14. Joint Commission on Mental Illness and Health, 1961, 39.

15. Department of Health and Social Security [England]. 1971.

16. Aubrey Lewis, 1959.

17. Henry Brill and Robert E. Patton, 1957. 在本文以及此后的论文中，布里尔和巴顿终归只是在证明，药物治疗的引入和住院病人数量下降之间存在一种时间上的巧合。

18. Leon J. Epstein, Richard D. Morgan and Lynn Reynolds, 1962. 同时代其他学者对华盛顿哥伦比亚特区和康涅狄格州进行的数据研究印证了这些发现。

19. Andrew Scull, 1977; Paul Lerman, 1982; William Gronfein, 1985; Gerald Grob, 1991.

20. Enoch Powell as reported in National Association for Mental Health (now MIND), *Annual Report*, 1961.

21. Ministry of Health Circular, 1961, 引文选自 Kathleen Jones, 1972, p. 322。

22. 由各州行政长官组成的“州长会议”委托了一项研究，就此问题给出报告。见 Council of State Governments, 1950。

23. 1951 年，纽约州的州政府运转支出有三分之一用于抵付精神病院成本，而全国平均水平是 8%。Gerald Grob, 1991, p. 161. 南方州的支出最少，去机构化的动作也大多较慢。

24. Milton Greenblatt, 1974, p. 8，着重号由原作者标出。

25. 1967 ~ 1972 年的出院率比 1960 ~ 1964 年高出了 2.5 倍，1972 ~ 1977 年又翻了一番。

26. Ivan Belknap, 1956, pp. xi, 212.

27. H. Warren Dunham and S. Kirson Weinberg, 1960. 奇怪的是，这部专题论文所陈述的研究是在十多年前进行的，出资的不是 NIMH，而是俄亥俄州政府精神疾病部门，这大概是因为精神病院带来的沉重财政负担以及当时的一些争议。该研究报告于 1948 年 6 月完稿，在 1960 年发表时似乎没什么改动。在公布了这些事实后，作者并没有解释为什么相隔这么久才出版这本书。

28. H. Warren Dunham and S. Kirson Weinberg, 1960, pp. xiii, 4.

29. H. Warren Dunham and S. Kirson Weinberg, 1960, p. 248.

30. Erving Goffman, 1961. 其他的完全机构实例包括监狱和集中营。

31. Erving Goffman, 1971, Appendix: ‘The Insanity of Place’, p. 336.

32. Thomas Szasz, 1961.

33. R. D. Laing, 1967, p. 107.

34. R. D. Laing and Aaron Esterson, 1964.

35. Russell Barton, 1965. John K. Wing and George W. Brown, 1970.

36. F. C. Redlich, ‘Preface’ to William Caudill, 1958, p. xi.

37. Werner Mendel, 1974.

38. G. de Girolamo, et al., 2008, p. 968.

39. Marco Piccinelli, et al., 2002; Giovanna Russo and Francesco Carelli, 2009; G. de Girolamo, et al., 2007.

40. G. B. Palermo, 1991.

41. G. de Girolamo et al., 2007, p. 88.

42. Department of Health and Social Security [England], 1971.

43. p. Sedgwick, 1981, p. 9.

44. 见 Jacqueline Grad de Alarcon and Peter Sainsbury, 1963 的早期研究；以及 Clare Creer and John K. Wing, 1974。

45. G. W. Brown, et al., 1966, p. 59. 关于意大利在这方面面临的问题，见 A. M. Lovell, 1986, p. 807。加拿大的情况见 E. Lightman, 1986。

46. H. Richard Lamb (ed.), 1984; Richard C. Tessler and Deborah L. Dennis, 1992. 关于丹麦可参阅 M. Nordentoft, H. Knudsen, and F. Schulsinger, 1992。

47. Peter Sedgwick, 1982, p. 213.

48. 《社区护理——呈报国务大臣之行动议程》(*Community Care: Agenda for Action: A Report to the Secretary of State* 1988)。可以想见，“行动”那部分就不知道要等到何年何月了。

49. *Government Statistical Services Cmnd.* 8236, 1981, Annex 2, paragraph 17.

50. 见博顿利夫人属下一名官员的备忘录，在 Kathleen Jones, 1993,

pp. 251 – 252 中做了引用和讨论。（弗吉尼亚·博顿利［Virginia Bottomley］在 1990 年代初约翰·梅杰的保守党内阁中任英国卫生事务大臣。）

51. *Mental Health Problems of Prison and Jail Inmates*, US Dept. of Justice, Bureau of Justice Statistics, 2006, p. 1.

52. *The Economist*, 14 May 2009.

53. HM Prison Service, *The Mental Health of Prisoners*, London: October 2007, p. 5.

54. Thorazine advertisement, in *Diseases of the Nervous System* 16, 1955, p. 227.

55. 异烟酰异丙肼是 1952 年作为一种结核病药物上市的，但后来发现它可以刺激中枢神经系统，因而开始作为情绪增强剂来使用。理论上假设它对精神疾病的治疗作用是源于它可以抑制脑内一元胺的再吸收，从而提高其水平。它和相关药物被称为“单胺氧化酶抑制剂”（MAOIs）。这类药物有时会造成严重的高血压，甚至致命性的颅内出血，后来发现这与它们和饮食以及其他药物的相互作用有关。三环类抗抑郁药物是另一大类，顾名思义就是有一种三环的化学结构。它们的发现很大程度上也是凑巧。它们有着不一样的作用模式，会抑制去甲肾上腺素和血清素等神经递质的再吸收，带来的副作用也不同：出汗，便秘，有时会精神恍惚。这两类药在 1990 年代都被百忧解这样的选择性血清素再摄取抑制剂取代，但靠的主要是制药业的营销手腕，因为 SSRI 药效优越性也只是个神话。

56. Peter Kramer, 1993.

57. Nathan G. Hale Jr, 1998, p. 246.

58. Aaron T. Beck, 1962; Aaron T. Beck, et al., 1962; R. E. Kendell, et al., 1971; R. E. Kendell, 1974.

59. John E. Cooper, Robert E. Kendell, and Barry J. Gurland, 1972. 他们的发现中有一个格外惊人的例子，英美精神科医生被要求在看了两名英国病人的录像后对他们的病情做出诊断：分别有 85% 和 69% 的美国医生给出了精神分裂的诊断；他们的英国同行分别是 7% 和 2%。

60. David Rosenhan, 1973.

61. Bruce J. Ennis and Thomas R. Litwack, 1974.

62. 监管者只看统计显著性，然而这和临床显著性（即明确一种药物给病人带来真实的、可观的改善）是两码事。一种疗法带来的实际改变越轻微，就越有必要扩大样本量，从而产生统计显著性（也就是说，不管怎么测量出来，只要能产生并非随机的“改善”就行）。这就是为什么多地采样的大型药物试验开始普遍起来。

63. Ronald Bayer and Robert L. Spitzer, 1985.

64. Stuart A. Kirk and Herb Kutchins, 1992; Herb Kutchins and Stuart A. Kirk, 1999; Allan V. Horwitz, 2002.

65. 看书名可知此前还有其他版本。两个旧版官方诊断系统是美国精神病学家自行编制的——先后于1952年和1968年发布的两本小册子。这两个版本都对精神错乱和神经症进行了宽泛的区分（大致上一个是脱离了现实的精神障碍，一个是相对没那么严重的问题，涉及对现实感知的扭曲），此外还区分了几百种精神疾病，并给出相应的所谓心理动力病原。从这方面看，最初两个版本反映了精神分析学在二战后美国精神病学中的主导地位。不过，它们展开的那种宽泛的、一般化的诊断划分与绝大多数精神分析师的实践是有很大差异的，后者会把注意力放在他们诊治的具体病人的个人心理动力上。因此这两个版本鲜少有人会去参考，成了垫桌脚的废纸——即使这项功能也不见得好用。DSM Ⅱ是螺旋装订的小册子，只有134页，里面给出了区区一百来个诊断，随附一些粗略的描述。它的售价是3美元15美分，多数专业精神科医生觉得它不值这个钱。

66. Robert Spitzer, 2001, p.558.

67. 马里兰州栗树疗养院和堪萨斯州门宁格诊所的破产倒闭预示了这种环境的改变，几十年来它们一直是对重症精神疾病进行精神分析治疗的重镇，精神分析学正是从这里出发开始对美国精神病学的统治的。

68. Elisabeth Roudinesco, 1990 是一个心怀崇敬之情的学生对拉康及其手法进行的正面阐述；而 Raymond Tallis, 1997 对这本书以及它所描绘的人进行了残酷而妙趣横生的评价。Sherry Turkle, 1992 最后一章论述了拉康学派在门派斗争中的崩溃。

69. 事实上，据报道1970～1980年拉康在自己的诊所平均每小时可以看十个病人，也就是说很多时候他的速度比这还要快。

70. Silvano Arieti, 1955. 本书的1974年修订版获得了国家图书奖最佳科学作品奖。

71. 例见 Kim T. Mueser and Howard Berenbaum, 1990。他们得出的结论显然是负面的。他们试图检验其效果，结果发现没有任何证据表明其有疗效，其中一些病例反而恶化了，这促使他们明确表示，如果一种药物的“疗效表现”与精神分析相当，那么这种药是不可以开给病人吃的，并且，任何人都应该毫不犹豫地将它扔进“历史的垃圾桶”里去。Barbara Taylor, 2014 陈述了一个病人的不同看法，她坚称在自己摆脱疯癫的过程中，精神分析起到了关键作用。

72. Nancy Andreassen, 2007.

73. 关于多巴胺与精神分裂的关系，见 Solomon H. Snyder, 1982；血清素与抑郁症，见 Arvid Carlsson, 1988；另见 Jeffrey R. Lacasse and Jonathan Leo, 2005。

74. 尤其可以参考英裔爱尔兰精神病学家戴维·希利（David Healy）的著作，David Healy, 1997, 2002 and 2012。

75. Adriana Petryna, Andrew Lakoff and Arthur Kleinman (eds), 2006; Adriana Petryna, 2009.

76. 2002 年全球处方药销售额总计约为 4000 亿美元，其中美国就占去一半以上。财富 500 强企业中有十家药企。这十家公司在那一年的利润（357 亿美元）超过了其他 490 家企业利润总和（337 亿美元）。

77. 在美国，抗抑郁药物销售额从 1997 年的 51 亿美元增长到 2004 年的 121 亿美元。

78. Steven E. Hyman, 2012.

79. George Crane, 1973.

80. Peter Breggin, 1991.

81. 这其中包括性功能障碍、失眠、焦躁、体重下降等。

82. NICE, 2010; A. John Rush, et al., 2006. J. C. Fournier, et al., 2010; Irving Kirsch, et al., 2008; J. Horder, p. Matthews and R. Waldmann, 2011; Irving Kirsch, 2010.

83. Steven E. Hyman, 2012.

84. 最致命的一击来自 BBC《广角镜》（Panorama）栏目的一系列报道，主要基于没有医学背景的记者谢利·乔弗里（Shelley Joffre）对药物试验的调查，她揭发了帕罗西汀生产商葛兰素史克费尽心机隐藏的事实：这类药物带来的益处相比它们造成的危险是得不偿失的。见 David Healy, 2012。

85. David Healy, p. 146.

86. E. H. Turner, et al., 2008; C. J. Whittington, et al., 2004.

87. 还有其他一系列可能危及生命的潜在副作用，包括肠梗阻、癫痫、骨髓抑制、心脏问题以及糖尿病。

88. Peter Tyrer and Tim Kendall, 2009. 类似结论可见于 J. A. Lieberman et al. , 2005。

89. 英国估计男性寿命平均会缩短 8～14.6 年；女性缩短 9.8～17.5 年，具体视重症精神疾病的性质而定。C. －K. Chang, et al. , 2011. 在美国，精神病人和普通人的平均寿命存在相当大的差异。见 J. Parks, et al.（eds）, 2006。

90. 关于这场仍在进行当中的争议，见 Gary Greenberg, 2013。

91. 不过，他们的不满招致了一些美国顶尖精神病学家的人身攻击，他们声称斯皮策和弗朗西丝是因为看到自己的作品被弃之不理而心生怨恨，甚至可能是因为一旦 DSM Ⅳ的分类系统被淘汰，他们作为主编的威望也将受损。见 Alan Schatzberg, et al. , 2009。

92. 两段引文皆选自 Pam Belluck and Benedict Carey, 2013。

93. 出自加里·格林伯格（Gary Greenberg）访谈，引文选自 Garry Greenberg 2013, p. 340。

94. Bruce E. Wexler, 2006, pp. 3, 13.

95. Bruce E. Wexler, 2006, p. 16. 此处几段非常倚重此书的论述。

参考文献

Ablard, Jonathan, 2003. 'The Limits of Psychiatric Reform in Argentina, 1890–1946', in Roy Porter and David Wright (eds), *The Confinement of the Insane: International Perspectives, 1800–1965*, Cambridge: Cambridge University Press, 226–47.

Abramson, Harold (ed.), 1951. *Somatic and Psychiatric Treatment of Asthma*, Baltimore: Williams and Wilkins.

Adrian, E. D., and L. R. Yealland, 1917. 'The Treatment of Some Common War Neuroses', *Lancet*, 189, 867–72.

Africanus, Leo, 1896. *The History and Description of Africa Done Into English in the Year 1600 by John Pory, and now edited, with an introduction and notes, by Dr. Robert Brown*, 3 vols, London: Hakluyt Society.

Alexander, Franz, 1933. 'Functional Disturbances of Psychogenic Nature', *Journal of the American Medical Association*, 100, 469–73.

Alexander, Franz, 1943. 'Fundamental Concepts of Psychosomatic Research: Psychogenesis, Conversion, Specificity', *Psychosomatic Medicine*, 5, 205–10.

Alexander, Franz, 1950. *Psychosomatic Medicine*, New York: Norton.

Andreassen, Nancy, 2007. 'DSM and the Death of Phenomenology in America: An Example of Unintended Consequences', *Schizophrenia Bulletin*, 33, 108–12.

Ankarloo, Bengt, and Stuart Clark (eds), 1999. *Witchcraft and Magic in Europe: The Eighteenth and Nineteenth Centuries*, Philadelphia: University of Pennsylvania Press.

Anonymous, 1836–1837. 'Review of *What Asylums Were, Are, and Ought to Be*', *Phrenological Journal*, 10(53), 687–97.

Anonymous, 1857. 'Lunatic Asylums', *Quarterly Review*, 101, 353–93.

Anonymous, 1877. 'Madame Huot's Conference on Vivisection', *The Animal's Defender and Zoophilist*, 7, 110.

Arieti, Silvano, 1955. *The Interpretation of Schizophrenia*, New York: Brunner.

Arieti, Silvano, 1959. *American Handbook of Psychiatry*, 2 vols, New York: Basic Books.

Arnold, William, 1786. *Observations on the Nature, Kinds, Causes, and Prevention of Insanity, Lunacy, or Madness*, 2 vols, Leicester: Robinson and Caddell.

Athanassio, Alex, 1890. *Des Troubles trophiques dans l'hystérie*, Paris: Lescrosnier et Babé.

Bakewell, Thomas, 1805. *The Domestic Guide in Cases of Insanity*, Stafford: For the author.

Bakewell, Thomas, 1815. *A Letter Addressed to the Chairman of the Select Committee of the House of Commons, Appointed to Enquire into the State of Mad-houses*, Stafford: For the author.

Balbo, E. A., 1991. 'Argentine Alienism from 1852–1918', *History of Psychiatry*, 2, 181–92.

Barr, E. S., and R. G. Barry, 1926. 'The Effect of Producing Aseptic Meningitis upon Dementia Praecox', *New York State Journal of Medicine*, 26, 89–92.

Barton, Russell, 1965. *Institutional Neurosis*, 2nd ed., Bristol: J. Wright.

Baum, Emily, 2013. 'Spit, Chains, and Hospital Beds: A History of Madness in Republican Beijing, 1912–1938', unpublished PhD thesis, University of California, San Diego.

Bayer, Ronald, and Robert L. Spitzer, 1985. 'Neurosis, Psychodynamics, and DSM III', *Archives of General Psychiatry*, 42, 187–96.

Beard, George M., 1880. *A Practical Treatise on Nervous Exhaustion*, New York: E. B. Treat.

Beard, George M., 1881. *American Nervousness; its Causes and Consequences*, New York: G. P. Putnam's Sons.

Beck, Aaron T., 1962. 'Reliability of Psychiatric Diagnoses: 1. A Critique of Systematic Studies', *American Journal of Psychiatry*, 119, 210–16.

Beck, Aaron T., Ward, C. H., Mendelson, M., Mock, J. E., and J. K. Erbaugh, 1962. 'Reliability of Psychiatric Diagnoses: 2. A Study of Consistency of Clinical Judgments and Ratings', *American Journal of Psychiatry*, 119, 351–57.

Beddoes, Thomas, 1802. *Hygeia*, vol. 2, Bristol: J. Mills.

Belcher, William, 1796. *Belcher's Address to Humanity: Containing...a receipt to make a lunatic, and seize his estate*, London: For the author.

Belknap, Ivan, 1956. *Human Problems of a State Mental Hospital*, New York: McGraw-Hill.

Belluck, Pam, and Benedict Carey, 2013. 'Psychiatry's Guide Is Out of Touch with Science, Experts Say', *New York Times*, 6 May.

Berkwitz, Nathaniel J., 1940. 'Faradic Shock in the Treatment of Functional Mental Disorders: Treatment by Excitation Followed by Intravenous Use of Barbiturates', *Archives of Neurology and Psychiatry*, 44, 760–75.

Bernheim, Hippolyte, 1886. *De la Suggestion et de ses applications à la thérapeutique*, Paris: L'Harmattin.

Bettelheim, Bruno, 1967. *The Empty Fortress: Infantile Autism and the Birth of the Self*, New York: Free Press.

Bettelheim, Bruno, 1974. *A Home for the Heart*, New York: Knopf.

Black, William, 1811. *A Dissertation on Insanity*, 2nd ed., London: D. Ridgeway.

Blackmore, Richard, 1726. *A Treatise of the Spleen and Vapours; or, Hypochondriacal and Hysterical Affections*, London: J. Pemberton.

Boerhaave, Hermanni, 1761. *Praelectiones academicae de morbis nervorum*, 2 vols, ed. Jakob Van Eems, Leiden.

Bolton, Joseph Shaw, 1926. 'The Myth of the Unconscious Mind', *Journal of Mental Science*, 72, 25–38.

Boorde, Andrew, 1547. *The Breviary of Helthe*, London: W. Middleton.

Booth, William, 1890. *In Darkest England and the Way Out*, London: Salvation Army.

Boswell, James, 1951. *Boswell's Column*, introduction and notes by Margery Bailey, London: Kimber.

Bourne, Harold, 1953. 'The Insulin Myth', *Lancet*, 262, 964–68.

Bowlby, John, 1951. *Maternal Care and Mental Health*, Geneva: World Health Organization.

Braid, James, 1843. *Neurypnology: or the Rationale of Nervous Sleep Considered in Relation with Animal Magnetism*, London: Churchill.

Brant, Sebastian, 1494. *Daß Narrenschyff ad Narragoniam*, Basel.

Braslow, Joel, 1997. *Mental Ills and Bodily Cures: Psychiatric Treatment in the First Half of the Twentieth Century*, Berkeley and London: University of California Press.

Breggin, Peter, 1991. *Toxic Psychiatry: Why Therapy, Empathy, and Love Must Replace the Drugs, Electroshock, and Biochemical Theories of the "New Psychiatry"*, New York: St Martin's Press.

Breuer, Josef, and Sigmund Freud, 1957. *Studies on Hysteria*, trans. and ed. James Strachey, New York: Basic Books; London: Hogarth Press.

Brigham, Amariah, 1833. *Remarks on the Influence of Mental Cultivation and Mental Excitement upon Health*, Boston: Marsh, Capen & Lyon.

Bright, Timothie, 1586. *A Treatise of Melancholie*, London: Vautrollier.

Brill, Henry, and Robert E. Patton, 1957. 'Analysis of 1955–56 Population Fall in New York State Mental Hospitals in First Year of Large-Scale Use of Tranquilizing Drugs', *American Journal of Psychiatry*, 114, 509–17.

Brown, George W., Bone, Margaret, Dalison, Bridget, and J. K. Wing, 1966. *Schizophrenia and Social Care*, London and New York: Oxford University Press.

Brown, Julie V., 1981. 'The Professionalization of Russian Psychiatry, 1857–1911', unpublished PhD thesis, University of Pennsylvania.

Brown, Norman O., 1959. *Life Against Death: The Psychoanalytical Meaning of History*, Middletown, Conn.: Wesleyan University Press.

Brown, Norman O., 1966, *Love's Body*, New York: Random House.

Brown, Peter, 1971. *The World of Late Antiquity*, London: Thames & Hudson; New York: Harcourt, Brace, Jovanovich.

Brown, Peter, 1972. *Religion and Society in the Age of Saint Augustine*, London: Faber and Faber; New York: Harper & Row.

Brown, Peter, 1981. *The Cult of the Saints: Its Rise and Function in Latin Christianity*, Chicago: University of Chicago Press.

Brown, Peter, 1992. *Power and Persuasion in Late Antiquity: Towards a Christian Empire*, Madison: University of Wisconsin Press.

Brown, Thomas, 1980. '"Living with God's Afflicted": A History of the Provincial Lunatic Asylum at Toronto, 1830–1911', unpublished PhD thesis, Queen's University, Kingston, Ontario.

Brown-Montesano, Kristi, 2007. *Understanding the Women of Mozart's Operas*, Berkeley: University of California Press.

Browne, William A. F., 1837. *What Asylums Were, Are, and Ought to Be*, Edinburgh: A. & C. Black.

Browne, William A. F., 1864. 'The Moral Treatment of the Insane', *Journal of Mental Science*, 10, 309–37.

Brydall, John, 1700. *Non Compos Mentis: or, the Law Relating to Natural Fools, Mad-Folks, and Lunatick Persons*, London: Isaac Cleave.

Bucknill, John C., 1860, 'The President's Address to the Association of Medical Officers of Asylums and Hospitals for the Insane', *Journal of Mental Science*, 7, 1–23.

Burdett, Henry C., 1891. *Hospitals and Asylums of the World*, vol. 2, London: J. & A. Churchill.

Burleigh, Michael, 1994. *Death and Deliverance: 'Euthanasia' in Germany, c. 1900–1945*, Cambridge and New York: Cambridge University Press.

Burney, Fanny, 1854. *Diary and Letters of Madame D'Arblay*, ed. Charlotte F. Barrett, London: Colburn, Hurst and Blackett.

Burnham, John C. (ed.), 2012. *After Freud Left: A Century of Psychoanalysis in America*, Chicago: University of Chicago Press.

Burrows, George Man, 1828. *Commentaries on the Causes, Forms, Symptoms, and Treatment, Moral and Medical, of Insanity*, London: T. & G. Underwood.

Burton, Robert, 1948 [1621]. *The Anatomy of Melancholy*, New York: Tudor.

Butler, Alban, 1799. *The Lives of the Primitive Fathers, Martyrs, and Other Principal Saints*, 12 vols, 3rd ed., Edinburgh: J. Moir.

Bynum, William F., 1974. 'Rationales for Therapy in British Psychiatry, 1780–1835', *Medical History*, 18, 317–34.

Bynum, William F., and Roy Porter (eds), 1993. *Companion Encyclopedia of the History of Medicine*, 2 vols, London: Routledge.

Bynum, William F., Porter, Roy, and Michael Shepherd (eds), 1985–88. *The Anatomy of Madness*, 3 vols, London: Routledge.

Cabanis, Pierre, 1823–25. *Rapports du physique et du moral de l'homme* (1802), reprinted in his posthumous *Oeuvres complètes*, Paris: Bossagen Frères.

Cairns, David, 2006. *Mozart and His Operas*, Berkeley: University of California Press; London: Allen Lane.

Carlsson, Arvid, 1988. 'The Current Status of the Dopamine Hypothesis of Schizophrenia', *Neuropsychopharmacology*, 1, 179–86.

Carroll, Robert S., 1923. 'Aseptic Meningitis in Combating the Dementia Praecox Problem', *New York Medical Journal*, 3 October, 407–11.

Cartledge, Paul, 1997. '"Deep Plays": Theatre as Process in Greek Civic Life', in Patricia E. Easterling (ed.), *The Cambridge Companion to Greek Tragedy*, Cambridge: Cambridge University Press, 3–35.

Castel, Robert, 1988. *The Regulation of Madness: The Origins of Incarceration in France*, Berkeley: University of California Press; Cambridge: Polity.

Caudill, William, 1958. *The Psychiatric Hospital as a Small Society*, Cambridge, Mass.: Harvard University Press.

Chang, C. K., Hayes, R. D., Perera, G., Broadbent, M. T. M., Fernandes, A. C., Lee, W. E., Hotopf, M., and R. Stewart, 2011. 'Life Expectancy at Birth for People with Serious Mental Illness and Other Disorders from a Secondary Mental Health Care Register in London', *PLoS One*, 18 May, 6 (5):e19590. Doi:10.1371/journal.pone.0019590.

Chapireau, F., 2009. 'La mortalité des malades mentaux hospitalisés en France pendant la deuxième guerre mondiale: étude démographique', *L'Encéphale*, 35, 121–28.

Charcot, J.-M., and Gilles de la Tourette, 1892. 'Hypnotism in the Hysterical', in Daniel Hack Tuke (ed.), *A Dictionary of Psychological Medicine*, 2 vols, London: J. & A. Churchill, 606–10.

Cheyne, George, 1733. *The English Malady*, London: G. Strahan.

Clark, Michael, 1988. '"Morbid Introspection", Unsoundness of Mind, and British Psychological Medicine *c.* 1830–*c.* 1900', in William F. Bynum, Roy Porter and Michael Shepherd (eds), *The Anatomy of Madness*, vol. 3, London: Routledge, 71–101.
Clark, Stuart, 1997. *Thinking with Demons: The Idea of Witchcraft in Early Modern Europe*, Oxford: Clarendon Press.
Cobb, Stanley, 1938. 'Review of Neuropsychiatry', *Archives of Internal Medicine*, 62, 883–99.
Coleborne, Catherine, 2001. 'Making "Mad" Populations in Settler Colonies: The Work of Law and Medicine in the Creation of the Colonial Asylum', in Diane Kirkby and Catharine Coleborne (eds), *Law, History, Colonialism: The Reach of Empire*, Manchester: Manchester University Press, 106–24.
Coleborne, Catharine, in press. *Insanity, Identity and Empire*, Manchester: Manchester University Press.
Colton, C. W., and R. W. Manderscheid, 2006. 'Congruencies in Increased Mortality Rates, Years of Potential Life Lost, and Causes of Death Among Public Mental Health Clients in Eight States', *Preventing Chronic Disease*, 3:26, online, PMCID: PMC1563985
Conolly, John, 1830. *An Inquiry Concerning the Indications of Insanity*, London: John Taylor.
Conolly, John, 1847. *The Construction and Government of Lunatic Asylums and Hospitals for the Insane*, London: John Churchill.
Conrad, Lawrence, 1993. 'Arabic-Islamic Medicine', in William F. Bynum and Roy Porter (eds), *Companion Encyclopedia of the History of Medicine*, vol. 1, London: Routledge, 676–727.
Cooper, John E., Kendell, Robert E., and Barry J. Gurland, 1972. *Psychiatric Diagnosis in New York and London: A Comparative Study of Mental Hospital Admissions*, London: Oxford University Press.
Cotta, John, 1612. *A Short Discoverie of the Unobserved Dangers of Several Sorts of Ignorant and Unconsiderate Practisers of Physicke in England*, London: Jones and Boyle.
Cotta, John, 1616. *The Triall of Witch-craft, Shewing the True and Right Methode of the Discovery*, London.
Cotton, Henry A., 1919. 'The Relation of Oral Infection to Mental Diseases', *Journal of Dental Research*, 1, 269–313.
Cotton, Henry A., 1921. *The Defective Delinquent and Insane*, Princeton: Princeton University Press.
Cotton, Henry A., 1923. 'The Relation of Chronic Sepsis to the So-Called Functional Mental Disorders', *Journal of Mental Science*, 69, 434–65.
Council of State Governments, 1950. *The Mental Health Programs of the Forty-Eight States*, Chicago: Council of State Governments.
Cox, Joseph Mason, 1813. *Practical Observations on Insanity*, 3rd ed., London: R. Baldwin and Thomas Underwood.
Crammer, John, 1990. *Asylum History: Buckinghamshire County Pauper Lunatic Asylum – St John's*, London: Gaskell.
Cranach, M. von, 2003. 'The Killing of Psychiatric Patients in Nazi Germany between 1939 and 1945', *The Israel Journal of Psychiatry and Related Sciences*, 40, 8–18.
Crane, George E., 1973. 'Clinical Psychopharmacology in Its Twentieth Year', *Science*, 181, 124–28.
Creer, Clare, and John K. Wing, 1974. *Schizophrenia at Home*, London: Institute of Psychiatry.
Crews, Frederick C., 1975. *Out of My System: Psychoanalysis, Ideology, and Critical Method*, New York: Oxford University Press.
Crews, Frederick C. (ed.), 1998. *Unauthorized Freud: Doubters Confront a Legend*, New York: Viking.
Crichton-Browne, James, 1930. *What the Doctor Thought*, London: E. Benn.
Cruden, Alexander, 1739. *The London-Citizen Exceedingly Injured: Or, a British Inquisition Display'd...Addressed to the Legislature, as Plainly Shewing the Absolute Necessity of Regulating Private Madhouses*, London: Cooper and Dodd.
Daneau, Lambert, 1575. *A Dialogue of Witches*, London: R. Watkins.
Dante Alighieri, 1980. *The Divine Comedy of Dante Alighieri: Inferno*, trans. Allen Mandelbaum, New York: Random House.
Darnton, Robert, 1968. *Mesmerism and the End of the Enlightenment in France*, Cambridge, Mass.: Harvard University Press.
Deacon, Harriet, 2003. 'Insanity, Institutions and Society: The Case of Robben Island Lunatic Asylum, 1846–1910', in Roy Porter and David Wright (eds), *The Confinement of the Insane: International Perspectives, 1800–1965*, Cambridge: Cambridge University Press, 20–53.
Defoe, Daniel, 1728. *Augusta Triumphans: Or, the Way to Make London the Most Flourishing City in the Universe*, London: J. Roberts.
de Girolamo, G., Barale, F., Politi, P., and P. Fusar-Poli, 2008. 'Franco Basaglia, 1924–1980', *American Journal of Psychiatry*, 165, 968.
de Girolamo, G., Bassi, M., Neri, G., Ruggeri, M., Santone, G., and A. Picardi, 2007. 'The Current State of Mental Health Care in Italy: Problems, Perspectives, and Lessons to Learn', *European Archives of Psychiatry and Clinical Neuroscience*, 257, 83–91.
Delgado, Honorio F., 1922. 'The Treatment of Paresis by Inoculation with Malaria', *Journal of Nervous and Mental Disease*, 55, 376–89.
Della Seta, Fabrizio, 2013. *Not Without Madness: Perspectives on Opera*, trans. Mark Weir, Chicago: University of Chicago Press.
Department of Health and Social Security [England], 1971. *Better Services for the Mentally Handicapped*, Cmnd 4683, London: HMSO.
Diamant, Neil, 1993. 'China's "Great Confinement"?: Missionaries, Municipal Elites and Police in the Establishment of Chinese Mental Hospitals', *Republican China*, 19:1, 3–50.
Dicks, H. V., 1970. *Fifty Years of the Tavistock Clinic*, London: Routledge & Kegan Paul.
Dimendberg, Edward, 2004. *Film Noir and the Spaces of Modernity*, Cambridge, Mass. and London: Harvard University Press.
Dix, Dorothea Lynde, 1843. *Memorial to the Legislature of Massachusetts*, Boston: Monroe and Francis.

Dix, Dorothea Lynde, 1845. *Memorial to ... New Jersey*, Trenton: n.p.
Dix, Dorothea Lynde, 1845. *Memorial Soliciting a State Hospital for the Insane, Submitted to the Legislature of Pennsylvania*, Harrisburg: J. M. G. Lescure.
Dix, Dorothea Lynde, 1850. *Memorial Soliciting Adequate Appropriations for the Construction of a State Hospital for the Insane, in the State of Mississippi*, Jackson, Miss.: Fall and Marshall.
Dodds, Eric R., 1951. *The Greeks and the Irrational*, Berkeley: University of California Press.
Dols, Michael W., 1987a. 'Insanity and its Treatment in Islamic Society', *Medical History*, 31, 1–14.
Dols, Michael W., 1987b. 'The Origins of the Islamic Hospital: Myth and Reality', *Bulletin of the History of Medicine*, 61, 367–90.
Dols, Michael W., 1992. *Majnun: The Madman in Medieval Islamic Society*, Oxford: Clarendon Press.
Donkin, Horatio B., 1892. 'Hysteria', in Daniel Hack Tuke (ed.), *A Dictionary of Psychological Medicine*, 2 vols, London: J. & A. Churchill, 618–27.
Doob, Penelope, 1974. *Nebuchadnezzar's Children: Conventions of Madness in Middle English Literature*, New Haven: Yale University Press.
Dowbiggin, Ian, 1985a. 'French Psychiatry, Hereditarianism, and Professional Legitimacy, 1840–1900', *Research in Law, Deviance and Social Control*, 7, 135–65.
Dowbiggin, Ian, 1985b. 'Degeneration and Hereditarianism in French Mental Medicine, 1840–1890 – Psychiatric Theory as Ideological Adaptation', in William F. Bynum, Roy Porter and Michael Shepherd (eds), *The Anatomy of Madness*, vol. 1, London: Tavistock, 188–232.
Driver, J. R., Gammel, J. A., and L. J. Karnosh, 1926. 'Malaria Treatment of Central Nervous System Syphilis. Preliminary Observations', *Journal of the American Medical Association*, 87, 1821–27.
Dunham, H. Warren, and S. Kirson Weinberg, 1960. *The Culture of the State Mental Hospital*, Detroit: Wayne State University Press.
Earle, Pliny, 1868. 'Psychologic Medicine: Its Importance as a Part of the Medical Curriculum', *American Journal of Insanity*, XXIV, 257–80.
Easterling, Patricia E. (ed.), 1997. *The Cambridge Companion to Greek Tragedy*, Cambridge: Cambridge University Press.
Edelstein, Emma J., and Ludwig Edelstein, 1945. *Asclepius: A Collection and Interpretation of the Testimonies*, 2 vols, Baltimore: Johns Hopkins University Press.
Edington, Claire, 2013. 'Going In and Getting Out of the Colonial Asylum: Families and Psychiatric Care in French Indochina', *Comparative Studies in Society and History*, 55, 725–55.
Eichholz, D. E., 1950. 'Galen and His Environment', *Greece and Rome*, 20(59), 60–71.
Elgood, Cyril, 1962. 'Tibb ul-Nabbi or Medicine of the Prophet, Being a Translation of Two Works of the Same Name', *Osiris*, 14, 33–192.
Eliot, T. S., 1932. *Selected Essays*, London: Faber and Faber; New York: Harcourt, Brace.
Ellenberger, Henri F., 1970. *The Discovery of the Unconscious: The History and Evolution of Dynamic Psychiatry*, New York: Basic Books.
Engstrom, Eric J., 2003. *Clinical Psychiatry in Imperial Germany: A History of Psychiatric Practice*, Ithaca: Cornell University Press.
Ennis, Bruce J., and Thomas R. Litwack, 1974. 'Psychiatry and the Presumption of Expertise: Flipping Coins in the Courtroom', *California Law Review*, 62, 693–752.
Epstein, Leon J., Morgan, Richard D., and Lynn Reynolds, 1962. 'An Approach to the Effect of Ataraxic Drugs on Hospital Release Dates', *American Journal of Psychiatry*, 119, 36–47.
Erasmus, Desiderius, 1979 [1511]. *The Praise of Folly*, ed. Clarence Miller, New Haven: Yale University Press.
Ernst, Edzard, 2002. 'Ayurvedic Medicines', *Pharmacoepidemiology and Drug Safety*, 11, 455–56.
Ernst, Waltraud, 1991. *Mad Tales from the Raj: The European Insane in British India, 1800–1858*, London: Routledge.
Ernst, Waltraud, 2013. *Colonialism and Transnational Psychiatry: The Development of an Indian Mental Hospital in British India, c. 1925–1940*, London: Anthem Press.
Esquirol, J.-É. D., 1805. *Des Passions, considérées comme causes, symptômes et moyens curatifs de l'aliénation mentale*, Paris: Thèse de médecin.
Esquirol, J.-É. D., 1818. 'Maison d'aliénés', *Dictionnaire des sciences médicales*, vol. 30, Paris: Panckoucke, 47–95.
Esquirol, J.-É. D., 1819. *Des Établissments des aliénés en France et des moyens d'améliorer le sort de ces infortunés*, Paris: Huzard.
Esquirol, J.-É. D., 1838. *Des Maladies mentales considérées sous les rapports médical, hygiénique et médico-légal*, 2 vols, Paris: Baillière.
Ewalt, Jack R., Strecker, Edward A., and Franklin G. Ebaugh, 1957. *Practical Clinical Psychiatry*, 8th ed., New York: McGraw-Hill.
Exhibition Catalogue, 1992. *Otto Dix 1891–1969*, London: Tate Gallery.
Fahd, Toufic, 1971. 'Anges, démons et djinns en Islam', *Sources orientales*, 8, 153–214.
Farber, Stephen, and Marc Green, 1993. *Hollywood on the Couch: A Candid Look at the Overheated Love Affair Between Psychiatrists and Moviemakers*, New York: W. Morrow.
Ferenczi, Sándor, 1985. *The Clinical Diary of Sándor Ferenczi*, ed. J. Dupont, Cambridge, Mass.: Harvard University Press.
Feros, Antonio, 2006. *Kingship and Favoritism in the Spain of Philip III, 1598–1621*, Cambridge and New York: Cambridge University Press.
Ferriar, John, 1795. *Medical Histories and Reflections*, vol. 2, London: Cadell and Davies.
Fiamberti, A. M., 1937. 'Proposta di una tecnica operatoria modificata e semplificata per gli interventi alla Moniz sui lobi prefrontali in malati di mente', *Rassegna di Studi Psichiatrici*, 26, 797–805.
Finucane, Ronald C., 1977. *Miracles and Pilgrims: Popular Beliefs in Medieval England*, London: J. M. Dent.
Flaherty, Gloria, 1995. 'The Non-Normal Sciences: Survivals of Renaissance Thought in the Eighteenth Century', in Christopher Fox, Roy Porter and Robert Wokler (eds),

Inventing Human Science: Eighteenth-Century Domains, Berkeley: University of California Press, 271–91.

Fletcher, Richard, 1997. *The Barbarian Conversion: From Paganism to Christianity*, New York: Holt.

Foucault, Michel, 1964. *Madness and Civilization: A History of Insanity in the Age of Reason*, New York: Pantheon; London: Tavistock.

Foucault, Michel, 2006. *History of Madness*, ed. Jean Khalfa, trans. Jonathan Murphy. London: Routledge.

Fournier, J. C., DeRubeis, R. J., Hollon, S. D., Dimidjian, S., and J. D. Amsterdam, 2010. 'Antidepressant Drug Effects and Depression Severity', *Journal of the American Medical Association*, 303, 47–53.

Freeman, Hugh, and German E. Berrios (eds), 1996. *150 Years of British Psychiatry, Vol. 2: The Aftermath*, London: Athlone.

Freud, Sigmund, 1922. *Beyond the Pleasure Principle*, London and Vienna: The International Psycho-Analytical Press.

Freud, Sigmund, 1961. *Civilization and Its Discontents*, trans. and ed. James Strachey, New York: W. W. Norton.

Freud, Sigmund, 1963. *An Autobiographical Study*, trans. James Strachey, New York: W. W. Norton.

Gabbard, Krin, and Glen O. Gabbard, 1987. *Psychiatry and the Cinema*, Chicago: University of Chicago Press.

Gall, Franz, and Johann Spurzheim, 1812. *Anatomie et physiologie du système nerveux en general*, vol. 2, Paris: F. Schoell.

Gardner, Edmund G. (ed.), 2010. *The Dialogues of Saint Gregory the Great*, Merchantville, NJ: Evolution Publishing.

Garton, Stephen, 1988. *Medicine and Madness: A Social History of Insanity in New South Wales, 1880–1940*, Kensington NSW: New South Wales University Press.

Gay, Peter, 1968. 'Review of Bruno Bettelheim, *The Empty Fortress*', *The New Yorker*, 18 May, 160–72.

Gay, Peter, 1988. *Freud: A Life for Our Time*, New York: Norton.

Gerard, Margaret W., 1946. 'Bronchial Asthma in Children', *Nervous Child*, 5, 327–31.

Gifford, George, 1587. *A Discourse of the Subtill Practises of Devilles by Witches and Sorcerers*, London: Cooke.

Gilman, Sander L., 1982. *Seeing the Insane*, New York and London: John Wiley.

Gilman, Sander L., King, Helen, Porter, Roy, Showalter, Elaine, and G. S. Rousseau, 1993. *Hysteria Beyond Freud*, Berkeley: University of California Press.

Girard [de Cailleux], H. 1846, 'Rapports sur le service des aliénés de l'asile de Fains (Meuse), 1842, 1843 et 1844 par M. Renaudin', *Annales médico-psychologiques*, 8, 136–48.

Glanvill, Joseph, 1681. *Sadducismus triumphatus: or, a full and plain evidence concerning witches and apparitions*, London.

Goetz, Christopher G., Bonduelle, Michel, and Toby Gelfand, 1995. *Charcot: Constructing Neurology*, New York and Oxford: Oxford University Press.

Goffman, Erving, 1961. *Asylums: Essays on the Social Situation of Mental Patients and Other Inmates*, Garden City, New York: Anchor Books.

Goffman, Erving, 1971. *Relations in Public: Microstudies of the Public Order*, New York: Basic Books.

Goldstein, Jan, 2001. *Console and Classify: The French Psychiatric Profession in the Nineteenth Century*, rev. ed., Chicago: University of Chicago Press.

Gollaher, David, 1995. *Voice for the Mad: The Life of Dorothea Dix*, New York: Free Press.

Goodell, William, 1881. 'Clinical Notes on the Extirpation of the Ovaries for Insanity', *Transactions of the Medical Society of the State of Pennsylvania*, 13, 638–43.

Goodwin, Simon, 1997. *Comparative Mental Health Policy: From Institutional to Community Care*, London: Sage.

Götz, Aly, Chroust, Peter, and Christian Pross, 1994. *Cleansing the Fatherland: Nazi Medicine and Racial Hygiene*, trans. Belinda Cooper, Baltimore: Johns Hopkins University Press.

Grad de Alarcon, Jacqueline, and Peter Sainsbury, 1963. 'Mental Illness and the Family', *Lancet*, 281, 544–47.

Granville, Joseph Mortimer, 1877. *The Care and Cure of the Insane*, 2 vols, London: Hardwicke and Bogue.

Graves, Thomas C., 1919. 'A Short Note on the Use of Calcium in Excited States', *Journal of Mental Science*, 65, 109.

Gray, John P., 1871. *Insanity: Its Dependence on Physical Disease*, Utica and New York: Roberts.

Green, John R., 1994. *Theatre in Ancient Greek Society*, London: Routledge.

Greenberg, Gary, 2013. *The Book of Woe: The DSM and the Unmaking of Psychiatry*, New York: Blue Rider Press.

Greenblatt, Milton, 1974. 'Historical Factors Affecting the Closing of State Hospitals', in Paul I. Ahmed and Stanley C. Plog (eds), *State Mental Hospitals: What Happens When They Close*, New York and London: Plenum Medical Book Company, 9–20.

Greenslade, William, 1994. *Degeneration, Culture, and the Novel, 1880–1940*, Cambridge: Cambridge University Press.

Greville, Robert F., 1930. *The Diaries of Colonel the Hon. Robert Fulke Greville*, ed. Frank M. Bladon, London: John Lane.

Grinker, Roy S., and John P. Spiegel, 1945. *War Neuroses*, Philadelphia: Blakiston.

Grob, Gerald, 1990. 'World War II and American Psychiatry', *Psychohistory Review*, 19, 41–69.

Grob, Gerald, 1991. *From Asylum to Community: Mental Health Policy in Modern America*, Princeton: Princeton University Press.

Gröger, Helmut, Eberhard, Gabriel, and Siegfried Kasper (eds), 1997. *On the History of Psychiatry in Vienna*, Vienna: Verlag Christian Brandstätter.

Gronfein, William, 1985. 'Psychotropic Drugs and the Origins of Deinstitutionalization', *Social Problems*, 32, 437–54.

Guarnieri, Patrizia, 1994. 'The History of Psychiatry in Italy: A Century of Studies', in Mark S. Micale and Roy Porter (eds), *Discovering the History of Psychiatry*, New York and Oxford: Oxford University Press, 248–59.

Guislain, Joseph, 1826. *Traité sur l'aliénation mentale*, Amsterdam: J. van der Hey.

Gutas, Dimitri, 1998. *Greek Thought, Arabic Culture: The Graeco-Arabic Translation Movement in Baghdad and Early Abbasid Society*, London: Routledge.

Hale, Nathan G. Jr, 1971. *Freud and the Americans: The Beginnings of Psychoanalysis in the United States, 1876–1917*, Oxford: Oxford University Press.

Hale, Nathan G. Jr, 1998. *The Rise and Crisis of Psychoanalysis in the United States: Freud and the Americans, 1917–1985*, New York: Oxford University Press.

Hallaran, William Saunders, 1810. *An Enquiry into the Causes Producing the Extraordinary Addition to the Number of Insane*, Cork: Edwards and Savage.

Hallaran, William Saunders, 1818. *Practical Observations on the Causes and Cure of Insanity*, Cork: Hodges and M'Arthur.

Halliday, Andrew, 1828. *A General View of the Present State of Lunatics, and Lunatic Asylums in Great Britain and Ireland ...*, London: Underwood.

Hameed, Hakim A., and A. Bari, 1984. 'The Impact of Ibn Sina's Medical Work in India', *Studies in the History of Medicine*, 8, 1–12.

Harcourt, Countess of, 1880. 'Memoirs of the Years 1788–1789 by Elizabeth, Countess of Harcourt', in Edward W. Harcourt (ed.), *The Harcourt Papers*, vol. 4, Oxford: Parker, 25–28.

Hare, Edward, 1983. 'Was Insanity on the Increase?', *British Journal of Psychiatry*, 142, 439–55.

Harsnett, Samuel, 1599. *A Discovery of the Fraudulent Practises of John Darrel, Bachelor of Artes, In His Proceedings Concerning the Pretended Possession and Dispossession of William Somers...Detecting In Some Sort the Deceitful Trade in These Latter Dayes of Casting Out Deuils*, London: Wolfe.

Harsnett, Samuel, 1603. *A Declaration of Egregious Popish Impostures, To Withdraw the Harts of Her Maiesties Subjects from...the Truth of the Christian Religion...Under the Pretence of Casting out Deuils*, London: Roberts.

Haskell, Ebenezer, 1869. *The Trial of Ebenezer Haskell...*, Philadelphia: For the author.

Haslam, John, 1809. *Observations on Madness and Melancholy*, London: J. Callow.

Haywood, Eliza, 1726. *The Distress'd Orphan, or Love in a Mad-house*, 2nd ed., London: Roberts.

Healy, David, 1997. *The Anti-Depressant Era*, Cambridge, Mass.: Harvard University Press.

Healy, David, 2002. *The Creation of Psychopharmacology*, Cambridge, Mass.: Harvard University Press.

Healy, David, 2008. *Mania: A Short History of Bipolar Disorder*, Baltimore: Johns Hopkins University Press.

Healy, David, 2012. *Pharmageddon*, Berkeley: University of California Press.

Healy, D., Harris, M., Tranter, R., Gutting, P., Austin, R., Jones-Edwards, G., and A. P. Roberts, 2006. 'Lifetime Suicide Rates in Treated Schizophrenia: 1875–1924 and 1994–1998 Cohorts Compared', *British Journal of Psychiatry* 188, 223–28.

Heartz, Daniel, 1992. *Mozart's Operas*, Berkeley: University of California Press.

Herman, Ellen, 1995. *The Romance of American Psychology: Political Culture in the Age of Experts, 1940–1970*, Berkeley: University of California Press.

Hershkowitz, Debra, 1998. *The Madness of Epic: Reading Insanity from Homer to Statius*, Oxford and New York: Oxford University Press.

Hervey, Nicholas, 'Advocacy or Folly: The Alleged Lunatics' Friend Society, 1845–63', *Medical History*, 30, 1986, pp. 245–75.

Hill, Charles G., 1907. 'Presidential Address: How Can We Best Advance the Study of Psychiatry', *American Journal of Insanity*, 64, 1–8.

Hill, Robert Gardiner, 1839. *Total Abolition of Personal Restraint in the Treatment of the Insane. A Lecture on the Management of Lunatic Asylums*, London: Simpkin, Marshall.

Hippocrates, 1886. *The Genuine Works of Hippocrates*, Vol. 2, ed. Francis Adams, New York: William Wood.

Hippocrates, 1950. *The Medical Works of Hippocrates*, trans. John Chadwick and W. N. Mann, Oxford: Blackwell.

Hoare, Frederick R. (trans. and ed.), 1954. *The Western Fathers*, New York and London: Sheed and Ward.

Hobbes, Thomas, 1968. *Leviathan*, Harmondsworth: Penguin.

Hobbs, A. T., 1924. 'A Survey of American and Canadian Psychiatric Opinion as to Focal Infections (or Chronic Sepsis) as Causative Factors in Functional Psychoses', *Journal of Mental Science*, 70, 542–53.

Horder, J., Matthews, P., and R. Waldmann, 2011. 'Placebo, Prozac, and PLoS: Significant Lessons for Psychopharmacology', *Journal of Psychopharmacology*, 25, 1277–88.

Horwitz, Allan V., 2002. *Creating Mental Illness*, Chicago: University of Chicago Press.

Hume, David, 2007. *A Treatise of Human Nature*, Oxford: Clarendon.

Hunter, Richard, and Ida Macalpine, 1963. *Three Hundred Years of Psychiatry, 1535–1860*, London: Oxford University Press.

Hyman, Steven E., 2012. 'Psychiatric Drug Discovery: Revolution Stalled', *Science Translational Medicine*, 4, 155, 10 October.

Ito, Hiroto, and Lloyd I. Sederer, 1999. 'Mental Health Services Reform in Japan', *Harvard Review of Psychiatry*, 7, 208–15.

Jackson, Stanley W., 1986. *Melancholia and Depression: From Hippocratic Times to Modern Times*, New Haven: Yale University Press.

Joint Commission on Mental Illness and Health, 1961. *Action for Mental Health*, New York: Basic Books.

Jones, Colin, 1980. 'The Treatment of the Insane in Eighteenth- and Early Nineteenth-Century Montpellier', *Medical History*, 24, 371–90.

Jones, Edgar, 2004. 'War and the Practice of Psychotherapy: The UK Experience 1939–1960', *Medical History*, 48, 493–510.

Jones, Edgar, and Simon Wessely, 2001. 'Psychiatric Battle Casualties: An Intra- and Interwar Comparison', *British Journal of Psychiatry*, 178, 242–47.

Jones, Ernest, 1953–57. *The Life and Work of Sigmund Freud*, 3 vols, New York: Basic Books.

Jones, Kathleen, 1972. *A History of the Mental Health Services*, London: Routledge and Kegan Paul.

Jones, Kathleen, 1993. *Asylums and After*, London: Athlone Press.

Jorden, Edward, 1603. *A Briefe Discourse of a Disease Called the Suffocation of the Mother*, London: Windet.

Joyce, James, 1939. *Finnegan's Wake*, New York: Viking.
Kaempffert, Waldemar, 1941. 'Turning the Mind Inside Out', *Saturday Evening Post*, 213, 24 May, 18–74.
Kanner, Leo, 1943. 'Autistic Disturbances of Affective Contact', *Nervous Child*, 2, 217–50.
Kanner, Leo, 1949. 'Problems of Nosology and Psychodynamics of Early Infantile Autism', *American Journal of Orthopsychiatry*, 19, 416–26.
Karcher, Eva, 1987. *Otto Dix*. New York: Crown.
Kardiner, Abram, and Herbert Spiegel, 1947. *War Stress and Neurotic Illness*, New York: Hoeber.
Katzenelbogen, Solomon, 1940. 'A Critical Appraisal of the Shock Therapies in the Major Psychoses and Psychoneuroses, III – Convulsive Therapy', *Psychiatry*, 3, 409–20.
Keller, Richard, 2007. *Colonial Madness: Psychiatry in French North Africa*, Chicago: University of Chicago Press.
Kelly, Henry A., 1985. *The Devil at Baptism: Ritual, Theology and Drama*, Ithaca: Cornell University Press.
Kendell, R. E., 1974. 'The Stability of Psychiatric Diagnoses', *British Journal of Psychiatry*, 124, 352–56.
Kendell, R. E., Cooper, J. E., Gourlay, A. J., Copeland, J. R., Sharpe, L., and B. J. Gurland, 1971. 'Diagnostic Criteria of American and British Psychiatrists', *Archives of General Psychiatry*, 25, 123–30.
Kirk, Stuart A., and Herb Kutchins, 1992. *The Selling of DSM: The Rhetoric of Science in Psychiatry*, New York: Aldine de Gruyter.
Kirsch, Irving, 2010. *The Emperor's New Drugs: Exploding the Antidepressant Myth*, New York: Basic Books.
Kirsch, Irving, Deacon, B. J., Huedo-Medina, T. B., Scoboria, A., Moore, T. J., and B. T. Johnson, 2008. 'Initial Severity and Antidepressant Benefits: A Meta-Analysis of Data Submitted to the Food and Drug Administration', *PLoS Medicine*, 5, 260–68.
Kraepelin, Emil, 1896. *Psychiatrie: Ein Lehrbuch für Studierende und Ärzte*, 5th ed., Leipzig: Barth.
Kramer, Peter D., 1993. *Listening to Prozac*, New York: Viking.
Kühl, Stefan, 1994. *The Nazi Connection: Eugenics, American Racism, and German National Socialism*, New York: Oxford University Press.
Kuriyama, Shigehisa, 1999. *The Expressiveness of the Body and the Divergence of Greek and Chinese Medicine*, New York: Zone Books.
Kutchins, Herb, and Stuart A. Kirk, 1999. *Making Us Crazy: DSM: The Psychiatric Bible and the Creation of Mental Disorders*, New York: Free Press.
Lacasse, Jeffrey R., and Jonathan Leo, 2005. 'Serotonin and Depression: A Disconnect between the Advertisements and the Scientific Literature', *PLoS Medicine*, 2, 1211–16.
Laing, R. D., 1967. *The Politics of Experience*, New York: Ballantine.
Laing, R. D., and Aaron Esterson, 1964. *Sanity, Madness and the Family*, London: Tavistock.
Lamb, H. Richard (ed.), 1984. *The Homeless Mentally Ill*, Washington DC. American Psychiatric Press.
Landsberg, E., 2011. 'Japan's Mental Health Policy: Disaster or Reform?', *Japan Today*, 14 October.
Lantéri-Laura, Georges, 2000. *Histoire de la phrenologie*, Paris: Presses universitaires de France.
Laurentius, A., 1598. *A Discourse of the Preservation of the Sight: of Melancholike Diseases; of Rheumes, and of Old Age*, trans. Richard Surphlet, London: Theodore Samson.
Lawlor, Clark, 2012. *From Melancholia to Prozac: A History of Depression*, Oxford: Oxford University Press.
Lawrence, Christopher, 1985. 'Incommunicable Knowledge: Science, Technology and the Clinical Art in Britain 1850–1914', *Journal of Contemporary History*, 20, 503–20.
Lawrence, D. H., 1987. *The Letters of D. H. Lawrence*, Vol. 4, Warren Roberts, James T. Boulton and Elizabeth Mansfield (eds), Cambridge: Cambridge University Press.
Lawrence, William, 1819. *Lectures on Physiology, Zoology, and the Natural History of Man*, London: J. Callow.
Le Goff, Jacques, 1967. *La civilisation de l'Occident médiéval*, Paris: Arthaud.
Lerman, Paul, 1982. *Deinstitutionalization and the Welfare State*, New Brunswick, NJ: Rutgers University Press.
Lerner, Paul, 2001. 'From Traumatic Neurosis to Male Hysteria: The Decline and Fall of Hermann Oppenheim, 1889–1919', in Mark S. Micale and Paul Lerner (eds), *Traumatic Pasts: History, Psychiatry and Trauma in the Modern Age, 1870–1930*, 140–71. Cambridge: Cambridge University Press.
Lewis, Aubrey, 1959. 'The Impact of Psychotropic Drugs on the Structure, Function and Future of the Psychiatric Services', in P. Bradley, P. Deniker and C. Radouco-Thomas (eds), *Neuropsychopharmacology*, vol. 1, 207–12. Amsterdam: Elsevier.
Lewis, Nolan D. C., Hubbard, Lois D., and Edna G. Dyar, 1924. 'The Malarial Treatment of Paretic Neurosyphilis', *American Journal of Psychiatry*, 4, 175–225.
Lieberman, J. A., Stroup, T. S, McEvoy, J. P., Swartz, M. S., Rosenheck, R. A., Perkins, D. O., Keefe, R. S., Davis, S. M., Davis, C. E., Lebowitz, B. D., Severe, J., and J. K. Hsiao, 2005. 'Effectiveness of Antipsychotic Drugs in Patients with Chronic Schizophrenia', *New England Journal of Medicine*, 353, 1209–23.
Lightman, E., 1986. 'The Impact of Government Economic Restraint on Mental Health Services in Canada', *Canada's Mental Health*, 34, 24–28.
Lloyd, G. E. R., 1979. *Magic, Reason and Experience: Studies in the Origin and Development of Greek Science*, Cambridge and New York: Cambridge University Press.
Lloyd, G. E. R., 2003. *In the Grip of Disease: Studies in the Greek Imagination*, Oxford: Oxford University Press.
Lloyd, Geoffrey, and Nathan Sivin, 2002. *The Way and the Word: Science and Medicine in Early China and Greece*, New Haven: Yale University Press.
Locke, John, 1968. *Educational Writings of John Locke*, ed. James L. Axtell, Cambridge: Cambridge University Press.
Lomas, David, 2000. *The Haunted Self: Surrealism, Psychoanalysis, Subjectivity*, New Haven: Yale University Press.
Lovell, A. M., 1986. 'The Paradoxes of Reform: Re-Evaluating Italy's Mental Health Law of 1978', *Hospital and Community Psychiatry*, 37, 802–08.
Lytton, Rosina Bulwer, 1880. *A Blighted Life: A True Story*, London: London Publishing Office.

Macalpine, Ida, and Richard Hunter, 1969. *George III and the Mad-Business*, London: Allen Lane.

McCulloch, Jock, 1995. *Colonial Psychiatry and 'the African Mind'*, Cambridge: Cambridge University Press.

MacDonald, Michael, 1981. *Mystical Bedlam: Madness, Anxiety, and Healing in Seventeenth-Century England*, Cambridge and New York: Cambridge University Press.

MacDonald, Michael (ed.), 1991. *Witchcraft and Hysteria in Elizabethan London: Edward Jorden and the Mary Glover Case*, London: Routledge.

McDonough, Stephen, 1941. 'Brain Surgery Is Credited with Cure of 50 "Hopelessly" Insane Persons', *Houston Post*, 6 June.

McGuire, William (ed.), 1974. *The Freud/Jung Letters: The Correspondence between Sigmund Freud and C. G. Jung*, Princeton: Princeton University Press.

McKendrick, Neil, Brewer, John, and J. H. Plumb, 1982. *The Birth of a Consumer Society: The Commercialization of Eighteenth-Century England*, Bloomington: Indiana University Press.

MacKenzie, Charlotte, 1985. '"The Life of a Human Football"? Women and Madness in the Era of the New Woman', *The Society for the Social History of Medicine Bulletin*, 36, 37–40.

Mackenzie, Henry, 1771. *The Man of Feeling*, London: Cadell.

Mahone, Sloan, and Megan Vaughan (eds), 2007. *Psychiatry and Empire*, Basingstoke: Palgrave Macmillan.

Maisel, Alfred Q., 1946. 'Bedlam 1946', *Life*, 20, 6 May, 102–18.

Makari, George, 2008. *Revolution in Mind: The Creation of Psychoanalysis*, New York: Harper Collins; London: Duckworth.

Makari, George, 2012. 'Mitteleuropa on the Hudson: On the Struggle for American Psychoanalysis after the Anschluß', in John Burnham (ed.), *After Freud Left: A Century of Psychoanalysis in America*, Chicago: University of Chicago Press, 111–24.

Marcus, Steven, 1965. *Dickens: From Pickwick to Dombey*, New York: Basic Books; London: Chatto & Windus.

Marcus, Steven, 1974. *The Other Victorians: A Study of Sexuality and Pornography in Mid-Nineteenth Century England*, New York: Basic Books; London: Weidenfeld & Nicolson.

Marcuse, Herbert, 1955. *Eros and Civilization: A Philosophical Inquiry into Freud*, Boston: Beacon Press.

Masson, Jeffrey, 1985. *The Assault on Truth*, New York: Penguin.

Masson, Marc, and Jean-Michel Azorin, 2002. 'La surmortalité des malades mentaux à la lumière de l'Histoire', *L'Évolution Psychiatrique*, 67, 465–79.

Maudsley, Henry, 1871. 'Insanity and its Treatment', *Journal of Mental Science*, 17, 311–34.

Maudsley, Henry, 1879. *The Pathology of Mind*, London: Macmillan.

Maudsley, Henry, 1883. *Body and Will*, London: Kegan Paul and Trench.

Maudsley, Henry, 1895. *The Pathology of Mind*, new ed., London and New York: Macmillan.

Mead, Richard, 1751. *Medical Precepts and Cautions*, translated from the Latin by Thomas Stack. London: Brindley.

Meduna, L. von, 1938. 'General Discussion of the Cardiazol [Metrazol] Therapy', *American Journal of Psychiatry*, 94, 40–50.

Meduna, L. von, and Emerick Friedman, 1939. 'The Convulsive-Irritative Therapy of the Psychoses', *Journal of the American Medical Association*, 112, 501–09.

Mendel, Werner, 1974. 'Mental Hospitals', *Where Is My Home*, mimeographed, Scottsdale: NTIS.

Menninger, Karl A., 1988. *The Selected Correspondence of Karl A. Menninger, 1919–1945*, Howard J. Faulkner and Virginia D. Pruitt (eds). New Haven: Yale University Press.

Mercier, Charles, 1914. *A Text-Book of Insanity and Other Nervous Diseases*, 2nd ed., London: George Allen & Unwin.

Mercier, Charles, 1916. 'Psychoanalysis', *British Medical Journal*, 2, 897–900.

Micale, Mark S., and Paul Lerner (eds), 2001. *Traumatic Pasts: History, Psychiatry and Trauma in the Modern Age, 1870–1930*, Cambridge: Cambridge University Press.

Micale, Mark S., and Roy Porter (eds), 1994. *Discovering the History of Psychiatry*, New York and Oxford: Oxford University Press.

Midelfort, H. C. Erik, 1999. *A History of Madness in Sixteenth-Century Germany*, Stanford: Stanford University Press.

Midelfort, Hans C. Erik, 2005. *Exorcism and the Enlightenment: Johann Joseph Gassner and the Demons of Eighteenth-Century Germany*, New Haven: Yale University Press.

Millard, David W., 1996. 'Maxwell Jones and the Therapeutic Community', in Hugh Freeman and German E. Berrios (eds), *150 Years of British Psychiatry Vol. 2: The Aftermath*, London: Athlone, 581–604.

Miller, Timothy S., 1985. *The Birth of the Hospital in the Byzantine Empire*, Baltimore: Johns Hopkins University Press.

Milligan, Spike, 1980. *Mussolini: His Part in My Downfall*, Harmondsworth: Penguin.

Mitchell, Donald (ed.), 1987. *Benjamin Britten: Death in Venice*, Cambridge: Cambridge University Press.

Mitchell, Silas Weir, 1888. *Doctor and Patient*, Philadelphia: J. B. Lippincott.

Mitchell, Silas Weir, 1894. 'Address Before the Fiftieth Annual Meeting of the American Medico-Psychological Association', *Journal of Nervous and Mental Disease*, 21, 413–37.

Mitchell, Silas Weir, 1909. 'Address to the American Neurological Association', *Transactions of the American Neurological Association*, 35, 1–17.

Moniz, Egas, 1936. *Tentatives opératoires dans le traitement de certaines psychoses*, Paris: Masson.

Morison, Alexander, 1825. *Outlines of Lectures on Mental Diseases*, Edinburgh: Lizars.

Moynihan, Berkeley, 1927. 'The Relation of Aberrant Mental States to Organic Disease', *British Medical Journal*, 2, 815–17. [Collected in Addresses on Surgical Subjects, Philadelphia and London: W. B. Saunders, 1928.]

Mueser, Kim T., and Howard Berenbaum, 1990. 'Psychodynamic Treatment of Schizophrenia: Is There a Future?', *Psychological Medicine*, 20, 253–62.

Muir, Kenneth, 1951. 'Samuel Harsnett and King Lear', *Review of English Studies*, 2, 11–21.

Müller, Franz Carl (ed.), 1893. *Handbuch der Neurasthenie*, Leipzig: Vogel.
Munthe, Axel, 1930. *The Story of San Michele*, London: John Murray.
Nasar, Sylvia, 1998. *A Beautiful Mind*, New York: Simon and Schuster; London: Faber.
Newnham, William, 1829. 'Essay on Superstition', *The Christian Observer*, 29, 265–75.
Ng, Vivien W., 1990. *Madness in Late Imperial China: From Illness to Deviance*, Norman: University of Oklahoma Press.
NICE, 2010. *Depression: The NICE Guide on the Treatment and Management of Depression in Adults*, London: Royal College of Psychiatry Publications.
Nizami, 1966. *The Story of Layla and Majnun*, translated from the Persian and edited by R. Gelpke, Oxford: Bruno Cassirer.
Noguchi, Hideyo, and J. W. Moore, 1913. 'A Demonstration of *Treponema pallidum* in the Brain in Cases of General Paralysis', *Journal of Experimental Medicine*, 17, 232–38.
Nordau, Max, 1893. *Entartung*, Berlin: C. Duncker.
Nordentoft, M., Knudsen, H., and F. Schulsinger, 1992. 'Housing Conditions and Residential Needs of Psychiatric Patients in Copenhagen', *Acta Psychiatrica Scandinavica*, 85, 385–89.
Noyes, Arthur P., and Lawrence Kolb, 1935. *Modern Clinical Psychiatry*, Philadelphia: W. B. Saunders.
Nutton, Vivian, 1992. 'Healers in the Medical Marketplace: Towards a Social History of Graeco-Roman Medicine', in Andrew Wear (ed.), *Medicine in Society: Historical Essays*, Cambridge: Cambridge University Press, 15–58.
Oppenheim, Janet, 1991. *"Shattered Nerves": Doctors, Patients, and Depression in Victorian England*, New York and Oxford: Oxford University Press.
Orlansky, Harold, 1948. 'An American Death Camp', *Politics*, 5, 162–68.
Osler, William, 1921. *The Evolution of Modern Medicine: A Series of Lectures Delivered at Yale University on the Silliman Foundation in April 1913*, New Haven: Yale University Press; London: Oxford University Press.
Padel, Ruth, 1992. *In and Out of the Mind: Greek Images of the Tragic Self*, Princeton: Princeton University Press.
Padel, Ruth, 1995. *Whom Gods Destroy: Elements of Greek and Tragic Madness*, Princeton: Princeton University Press.
Paget, George E., 1866. *The Harveian Oration*, Cambridge: Deighton, Bell and Co.
Palermo, G. B., 1991. 'The Italian Mental Health Law – A Personal Evaluation: A Review', *Journal of the Royal Society of Medicine*, 84, 101.
Pargeter, William, 1792. *Observations on Maniacal Disorders*, Reading: For the author.
Paris, Joel, 2005. *The Fall of an Icon: Psychoanalysis and Academic Psychiatry*, Toronto: University of Toronto Press.
Park, Katherine, 1992. 'Medicine and Society in Medieval Europe 500–1500', in Andrew Wear (ed.), *Medicine in Society: Historical Essays*, Cambridge: Cambridge University Press, 59–90.
Parker, Robert, 1983. *Miasma: Pollution and Purification in Early Greek Religion*, Oxford: Clarendon Press.
Parks, Joe, Svendsen, Dale, Singer, Patricia, and Mary Ellen Foti (eds), 2006. *Morbidity and Mortality in People with Serious Mental Illness*, Alexandria, VA: National Association of State Mental Health Program Directors.
Parry-Jones, William Ll., 1972. *The Trade in Lunacy*, London: Routledge.
Parry-Jones, William Ll., 1981. 'The Model of the Geel Lunatic Colony and its Influence on the Nineteenth-Century Asylum System in Britain', in Andrew Scull (ed.), *Madhouses, Mad-Doctors, and Madmen*, Philadelphia: University of Pennsylvania Press, 201–17.
Pattie, Frank, 1979. 'A Mesmer-Paradis Myth Dispelled', *American Journal of Clinical Hypnosis*, 22, 29–31.
Pearson, Veronica, 1991. 'The Development of Modern Psychiatric Services in China, 1891–1949', *History of Psychiatry*, 2, 133–47
Pennington, Hugh, 2003. 'Can You Close Your Eyes Without Falling Over?', *London Review of Books*, 11 September, 30–31.
Perceval, John T., 1838, 1840. *A Narrative of the Treatment Experienced by a Gentleman During a State of Mental Derangement*, 2 vols, London: Effingham, Wilson.
Perry, Ralph B., 1935. *The Thought and Character of William James*, Boston: Little, Brown.
Peschel, Enid, and Richard Peschel, 1992. 'Donizetti and the Music of Mental Derangement: *Anna Bolena, Lucia di Lammermoor*, and the Composer's Neurobiological Illness', *Yale Journal of Biology and Medicine*, 65, 189–200.
Petryna, Adriana, 2009. *When Experiments Travel: Clinical Trials and the Global Search for Human Subjects*, Princeton: Princeton University Press.
Petryna, Adriana, Lakoff, Andrew, and Arthur Kleinman (eds), 2006. *Global Pharmaceuticals: Ethics, Markets, Practices*, Durham, NC: Duke University Press.
Piccinelli, Marco, Politi, Pierluigi, and Francesco Barale, 2002. 'Focus on Psychiatry in Italy', *British Journal of Psychiatry*, 181, 538–44.
Pinel, Philippe, 1801. *Traité médico-philosophique sur l'aliénation mentale ou La manie*, Paris: Richard, Caille et Ravier.
Pinel, Philippe, 1805. 'Recherches sur le traitement générale des femmes alienées', *Le Moniteur universel*, 281, 30 June, 1158–60.
Pinel, Philippe, 2008 [1809]. *Medico-Philosophical Treatise on Mental Alienation. Second Edition: Entirely Reworked and Extensively Expanded (1809)*, trans. Gordon Hickish, David Healy and Louis C. Charland, Oxford: Wiley, 2008.
Plath, Sylvia, 2005. *The Bell Jar*, New York: Harper.
Plato, 2008. *The Symposium*, ed. Frisbee Sheffield, trans. M. Howatson, Cambridge: Cambridge University Press.
Platter, Felix, Cole, Abdiah, and Nicholas Culpeper, 1662. *A Golden Practice of Physick*, London: Peter Cole.
Plumb, J. H., 1975. 'The New World of Children in Eighteenth Century England', *Past and Present*, 67, 64–95.
Poirier, Suzanne, 1983. 'The Weir Mitchell Rest Cure: Doctor and Patients', *Women's Studies*, 10, 15–40.
Porter, Roy, 1999. 'Witchcraft and Magic in Enlightenment, Romantic and Liberal Thought', in Bengt Ankarloo and Stuart Clark (eds), *Witchcraft and Magic in Europe, Vol. 5: The Eighteenth and Nineteenth Centuries*, Philadelphia: University of Pennsylvania Press, 191–282.

Porter, Roy, and David Wright (eds), 2003. *The Confinement of the Insane: International Perspectives, 1800–1965*, Cambridge: Cambridge University Press.
Pressman, Jack D., 1998. *Last Resort: Psychosurgery and the Limits of Medicine*, Cambridge: Cambridge University Press.
Prichard, James Cowles, 1835. *A Treatise on Insanity, and Other Disorders Affecting the Mind*, London: Sherwood, Gilbert, and Piper.
Prioreschi, Plinio, 2001. *A History of Medicine: Byzantine and Islamic Medicine*, Omaha, Nebraska: Horatius Press.
Proctor, Robert, 1988. *Racial Hygiene: Medicine Under the Nazis*, Cambridge, Mass.: Harvard University Press.
Reade, Charles, 1864. *Hard Cash: A Matter-of-Fact Romance*, Leipzig: Tachnitz.
Rees, T. P., 1957. 'Back to Moral Treatment and Community Care', *British Journal of Psychiatry*, 103, 303–13.
Renooz, Celine, 1888. 'Charcot Dévoilé', *Revue Scientifique des Femmes*, 1, December, 241–47.
Richardson, Samuel, 1741. *Letters Written to and for Particular Friends, on the Most Important Occasions*, London: Rivington.
Rieff, Philip, 1959. *Freud: The Mind of the Moralist*, New York: Viking.
Rieff, Philip, 1966. *The Triumph of the Therapeutic: Uses of Faith After Freud*, New York: Harper and Row.
Rivers, William H. R., 1918. 'An Address On the Repression of War Experience', *Lancet*, 96, 173–77.
Robinson, Michael, 2013. *Time in Western Music*, e-Book: Acorn Independent Press.
Robinson, Nicholas, 1729. *A New System of the Spleen, Vapours, and Hypochondriack Melancholy*, London: Bettesworth, Innys, and Rivington.
Rosen, George, 1968. *Madness in Society: Chapters in the Historical Sociology of Mental Illness*, New York: Harper and Row.
Rosenhan, David, 1973. 'On Being Sane in Insane Places', *Science*, 179, 250–58.
Rosenthal, Franz, 1994. *The Classical Heritage in Islam*, trans. E. and J. Marmorstein, London and New York: Routledge.
Roudebush, Marc, 2001. 'A Battle of Nerves: Hysteria and Its Treatment in France During World War I', in Mark S. Micale and Paul Lerner (eds), *Traumatic Pasts: History, Psychiatry and Trauma in the Modern Age, 1870–1930*, Cambridge: Cambridge University Press, 253–79.
Roudinesco, Elisabeth, 1990. *Jacques Lacan and Co.: A History of Psychoanalysis in France, 1925–1985*, trans. Jeffrey Mehlman, London: Free Association Books.
Rous, E., and A. Clark, 2009. 'Child Psychoanalytic Psychotherapy in the UK National Health Service: An Historical Analysis', *History of Psychiatry*, 20, 442–56.
Rousseau, George, 1993. 'A Strange Pathology: Hysteria in the Early Modern World, 1500–1800', in Sander L. Gilman, Helen King, Roy Porter, Elaine Showalter, and G. S. Rousseau, *Hysteria Beyond Freud*, Berkeley: University of California Press, 91–223.
Runciman, Steven, 1966. *A History of the Crusades*, vol. 3, Cambridge: Cambridge University Press.
Rush, Benjamin, 1947. *The Selected Writings*, ed. Dagobert D. Runes, New York: Philosophical Library.
Rush, Benjamin, 1951. *The Letters of Benjamin Rush*, ed. Lyman H. Butterfield, vol. 2, Princeton: Princeton University Press.
Rush, A. John, Trivedi, M. H., Wisniewski, S. R., Stewart, J. W., Nierenberg, A. A., Thase, M. E., Ritz, L., Biggs, M. M., Warden, D., Luther, J. F., Shores-Wilson, K., Niederehe, G., and M. Fava, 2006. 'Bupropion-SR, Sertraline, or Venlafaxine-XR After Failure of SSRIs for Depression', *New England Journal of Medicine*, 354, 1231–42.
Russo, Giovanna, and Francesco Carelli, 2009. 'Dismantling Asylums: The Italian Job', *London Journal of Primary Care*, 2, April.
Sadger, Isidor, 2005. *Recollecting Freud*, ed. Alan Dundes and trans. Johanna Jacobsen Madison: University of Wisconsin Press. [Originally published as *Sigmund Freud: Persönliche Erinnerungen* in 1929.]
Sadowsky, Jonathan, 1999. *Imperial Bedlam: Institutions of Madness in Colonial Southwest Nigeria*, Berkeley: University of California Press.
Sakel, Manfred, 1937. 'A New Treatment of Schizophrenia', *American Journal of Psychiatry*, 93, 829–41.
Sakel, M. J., 1956. 'The Classical Sakel Shock Treatment: A Reappraisal', in Arthur M. Sackler (ed.), *The Great Physiodynamic Therapies in Psychiatry*, New York: Hoeber-Harper, 13–75.
Sanderson, John B., 1885. 'The Cholera and the Comma-Bacillus', *British Medical Journal*, 1 (1273), 1076–77.
Saper, R. B., Phillips, R. S., Sehgal, A., Khouri, N., Davis, R. B., Paquin, J., Thuppil, V., and S. N. Kales, 2008. 'Lead, Mercury, and Arsenic in US- and Indian-Manufactured Ayurvedic Medicines Sold via the Internet', *Journal of the American Medical Association*, 300, 915–23.
Sassoon, Siegfried, 1936. *Sherston's Progress*, London: Faber and Faber.
Schatzberg, Alan F., Scully, James H., Kupfer, David J., and Darrel A. Regier, 2009. 'Setting the Record Straight: A Response to Frances [sic] Commentary on DSM-V', *Psychiatric Times*, 1 July.
Scheflin, Alan W., and Edward Opton Jr, 1978. *The Mind Manipulators*, New York: Paddington.
Scull, Andrew, 1977. *Decarceration: Community Treatment and the Deviant: A Radical View*, Englewood Cliffs, NJ: Prentice-Hall.
Scull, Andrew (ed.), 1981a. *Madhouses, Mad-Doctors, and Madmen: The Social History of Psychiatry in the Victorian Era*, Philadelphia: University of Pennsylvania Press.
Scull, Andrew, 1981b. 'The Discovery of the Asylum Revisited: Lunacy Reform in the New American Republic', in Andrew Scull (ed.) *Madhouses, Mad-doctors, and Madmen: The Social History of Psychiatry in the Victorian Era*, Philadelphia: University of Pennsylvania Press, 144–65.
Scull, Andrew, 1984. 'Was Insanity Increasing? A Response to Edward Hare', *British Journal of Psychiatry*, 144, 432–36.
Scull, Andrew, 2005. *Madhouse: A Tragic Tale of Megalomania and Modern Medicine*, London and New Haven: Yale University Press.
Scull, Andrew, 2011. *Hysteria: The Disturbing History*, Oxford: Oxford University Press.

Scull, Andrew, MacKenzie, Charlotte, and Nicholas Hervey, 1996. *Masters of Bedlam: The Transformation of the Mad-Doctoring Trade*, Princeton: Princeton University Press.

Seaver, Paul S., 1988. *Wallington's World: A Puritan Artisan in Seventeenth-Century London*, Palo Alto: Stanford University Press.

Sedgwick, Peter, 1981. 'Psychiatry and Liberation', unpublished paper, Leeds University.

Sedgwick, Peter, 1982. *Psychopolitics*, London: Pluto Press.

Shephard, Ben, 2000. *A War of Nerves: Soldiers and Psychiatrists in the Twentieth Century*, London: Jonathan Cape; Cambridge, Mass.: Harvard University Press.

Shepherd, Michael, 1994. 'Neurolepsis and the Psychopharmacological Revolution: Myth and Reality', *History of Psychiatry*, 5, 89–96.

Shorter, Edward, 1990. 'Private Clinics in Central Europe, 1850–1933', *Social History of Medicine*, 3, 159–95.

Shorter, Edward, 1997. *A History of Psychiatry*, New York: Wiley.

Shorter, Edward, and David Healy, 2007. *Shock Treatment: A History of Electroconvulsive Treatment in Mental Illness*, New Brunswick: Rutgers University Press.

Showalter, Elaine, 1985. *The Female Malady*, New York: Pantheon.

Simonis, Fabien, 2010. 'Mad Acts, Mad Speech, and Mad People in Late Imperial Chinese Law and Medicine', unpublished PhD thesis, Princeton University.

Slack, Paul, 1985. *The Impact of Plague in Tudor and Stuart England*, London and Boston: Routledge & Kegan Paul.

Smyth, Margaret H., 1938. 'Psychiatric History and Development in California', *American Journal of Psychiatry*, 94, 1223–36.

Snape, Andrew, 1718. *A Sermon Preach'd before the Right Honourable the Lord-Mayor...and Gouvenors of the Several Hospitals of the City of London*, London: Bowyer.

Snyder, Solomon H., 1982. 'Schizophrenia', *Lancet*, 320, 970–74.

Solomon, Andrew, 2012. *Far From the Tree: Parents, Children and the Search for Identity*, New York: Simon & Shuster; London: Chatto and Windus.

Southern, Richard, 1953. *The Making of the Middle Ages*, New Haven: Yale University Press; London: Hutchinson.

Spitzer, Robert L., 2001. 'Values and Assumptions in the Development of DSM-III and DSM-IIIR', *Journal of Nervous and Mental Disease*, 189, 351–59.

Spitzka, Edward, 1878. 'Reform in the Scientific Study of Psychiatry', *Journal of Nervous and Mental Disease*, 5, 201–29.

Spurzheim, Johann, 1813. *Observations on the Deranged Manifestations of Mind, or Insanity*, London: Baldwin, Craddock and Joy.

Stevenson, Christine, 2000. *Medicine and Magnificence: British Hospital and Asylum Architecture, 1660–1815*, New Haven: Yale University Press.

Stiles, Anne, 'The Rest Cure, 1873–1925', *BRANCH: Britain, Representation and Nineteenth-Century History*. Ed. Dino Franco Felluga. Extension of *Romanticism and Victorianism on the Net*. 2 November 2012. Web page accessed 9 September 2013.

Strahan, S. A. K., 1890. 'The Propagation of Insanity and Allied Neuroses', *Journal of Mental Science*, 36, 325–38.

Strickmann, Michel, 2002. *Chinese Magical Medicine*, Palo Alto: Stanford University Press.

Sulman, A. Michael, 1973. 'The Humanization of the American Child: Benjamin Spock as a Popularizer of Psychoanalytic Thought', *Journal of the History of the Behavioral Sciences*, 9, 258–65.

Suzuki, Akihito, 2003. 'The State, Family, and the Insane in Japan, 1900–1945', in Roy Porter and David Wright (eds), *The Confinement of the Insane: International Perspectives, 1800-1965*, Cambridge: Cambridge University Press, 193–225.

Suzuki, Akihito, 2006. *Madness At Home: The Psychiatrist, the Patient, and the Family in England, 1820–1860*, Berkeley: University of California Press.

Swain, Gladys, 1977. *Le sujet de la folie: Naissance de la psychiatrie*, Toulouse: Privat.

Sydenham, Thomas, 1742. *The Entire Works of Dr Thomas Sydenham, Newly Made English from the Originals*, ed. John Swan, London: Cave.

Szasz, Thomas, 1961. *The Myth of Mental Illness*, New York: Harper and Row.

Talbott, J. H., and K. J. Tillotson, 1941. 'The Effects of Cold on Mental Disorders', *Diseases of the Nervous System*, 2, 116–26.

Tallis, Raymond, 1997. 'The Shrink from Hell', *Times Higher Education Supplement*, 31 October, 20.

Targa, Leonardo (ed.), 1831. *Aur. Cor. Celsus on Medicine*, trans. A. Lee, vol. 1, London: Cox.

Taylor, Barbara, 2014. *The Last Asylum: A Memoir of Madness in Our Times*, London: Hamish Hamilton.

Taylor, Michael A., 2013. *Hippocrates Cried: The Decline of American Psychiatry*, New York: Oxford University Press.

Temkin, Oswei, 1994. *The Falling Sickness: A History of Epilepsy from the Greeks to the Beginnings of Modern Neurology*, Baltimore: Johns Hopkins University Press.

Tenon, Jacques, 1778. *Mémoires sur les hôpitaux de Paris*, Paris: Pierres.

Tessler, Richard C., and Deborah L. Dennis, 1992. 'Mental Illness Among Homeless Adults', in James R. Greenley and Philip J. Leaf (eds), *Research in Community and Mental Health*, 7, Greenwich, Conn.: JAI Press, 3–53.

Tonnini, Silvio, 1892. 'Italy, Historical Notes upon the Treatment of the Insane in', in Daniel Hack Tuke (ed.), *A Dictionary of Psychological Medicine*, 2 vols, London: J. & A. Churchill, 715–20.

Torrey, Edwin Fuller, 2002. *The Invisible Plague: The Rise of Mental Illness from 1750 to the Present*, New Brunswick, NJ: Rutgers University Press.

Tuke, Daniel Hack, 1878. *Insanity in Ancient and Modern Life*, London: Macmillan.

Tuke, Daniel Hack (ed.), 1892. *A Dictionary of Psychological Medicine*, 2 vols, London: J. & A. Churchill.

Tuke, Samuel, 1813. *Description of the Retreat: An Institution near York for Insane Persons of the Society of Friends*, York: Alexander.

Turkle, Sherry, 1992. *Psychoanalytic Politics*, 2nd ed., London: Free Association Books.

Turner, E. H., Matthews, A. M., Linardatos, E., Tell, R. A., and R. Rosenthal, 2008. 'Selective Publication of Antidepressant Trials and Its Influence on Apparent Efficacy', *New England Journal of Medicine*, 358, 252–60.

Twain, Mark, 2013. *The Autobiography of Mark Twain*, vol. 2, ed. Benjamin Griffin and Harriet Elinor Smith, Berkeley: University of California Press.

Tyrer, Peter, and Tim Kendall, 2009. 'The Spurious Advance of Antipsychotic Drug Therapy', *Lancet*, 373, 4–5.

Ullmann, Manfred, 1978. *Islamic Medicine*, trans. Jean Watt, Edinburgh: Edinburgh University Press.

Unschuld, Paul D., 1985. *Medicine in China: A History of Ideas*, Berkeley: University of California Press.

US Public Health Service, 1941. *Shock Therapy Survey*, Washington, D.C.: Government Printing Office.

Uwins, David, 1833. *A Treatise on Those Disorders of the Brain and Nervous System, Which Are Usually Considered and Called Mental*, London: Renshaw and Rush.

Valenstein, Elliot, 1985. *Great and Desperate Cures: The Rise and Decline of Psychosurgery and Other Radical Treatments for Mental Illness*, New York: Basic Books.

Veith, Ilza, 1970. *Hysteria: The History of a Disease*, Chicago: University of Chicago Press.

Wagner-Jauregg, Julius, 1946. 'The History of the Malaria Treatment of General Paralysis', *American Journal of Psychiatry*, 102, 577–82.

Wakefield, Edward, 1814. 'Extracts from the Report of the Committee Employed to Visit Houses and Hospitals for the Confinement of Insane Persons. With Remarks. By Philanthropus', *The Medical and Physical Journal*, 32, 122–28.

Watt, W. Montgomery, 1972. *The Influence of Islam on Medieval Europe*, Edinburgh: Edinburgh University Press.

Wear, Andrew (ed.), 1992. *Medicine in Society: Historical Essays*, Cambridge: Cambridge University Press.

Weiner, Dora, 1994. '"Le geste de Pinel": The History of a Psychiatric Myth', in Mark S. Micale and Roy Porter (eds), *Discovering the History of Psychiatry*, New York and Oxford: Oxford University Press, 232–47.

Wesley, John, 1906. *The Journal of John Wesley*, ed. Ernest Rhys, London: Everyman.

Wexler, Bruce E., 2006. *Brain and Culture: Neurobiology, Ideology, and Social Change*, Cambridge, Mass., and London: MIT Press.

Whittington, C. J., Kendall, T., Fonagy, P., Cottrell, D., Cotgrove, A., and E. Boddington, 2004. 'Selective Serotonin Reuptake Inhibitors in Childhood Depression: Systematic Review of Published Versus Unpublished Data', *Lancet*, 363, 1341–45.

Willis, Thomas, 1674. *Cerebri anatome*, London: Jo. Martyn.

Willis, Thomas, 1681. *An Essay of the Pathology of the Brain and Nervous Stock*, trans. Samuel Pordage, London: Dring, Harper and Leigh.

Willis, Thomas, 1683. *Two Discourses Concerning the Soul of Brutes...*, trans. Samuel Pordage, London: Dring, Harper and Leigh.

Willis, Thomas, 1684. *The Practice of Physick*, trans. Samuel Pordage, London: Dring, Haper, Leigh and Martyn. [Translation of *Cerebri anatome*.]

Wing, John K., and George W. Brown, 1970. *Institutionalism and Schizophrenia; A Comparative Study of Three Mental Hospitals 1960–1968*, Cambridge: Cambridge University Press.

Winnicott, Donald, 1964. *The Child, the Family and the Outside World*, London: Penguin.

Winter, Alison, 1998. *Mesmerized: Powers of Mind in Victorian Britain*, Chicago: University of Chicago Press.

Wise, Sarah, 2012. *Inconvenient People: Lunacy, Liberty and the Mad-Doctors in Victorian England*, London: Bodley Head.

Wright, Frank L. (ed.), 1947. *Out of Sight, Out of Mind*, Philadelphia: National Mental Health Foundation.

Wujastyk, Dominik, 1993. 'Indian Medicine', in William F. Bynum and Roy Porter (eds), *Companion Encyclopedia of the History of Medicine*, vol. 1, London: Routledge, 755–78.

Wynter, Andrew, 1875. *The Borderlands of Insanity*, London: Hardwicke.

Wynter, Andrew, 1877. *The Borderlands of Insanity*, 2nd ed., London: Hardwicke.

插图来源

正文插图（以下页码为本书页码）

akg -images：ⓒ DACS 2015 313；DeAgostini Picture Library 70；Imagno 295；Erich Lessing 447；Prisma/Kurwenal/Album 69；ullstein bild 309

Amsterdam City Archives 131

Courtesy of Bethlem Art & History Collections Trust 129，130，250

Courtesy of the U. S. National Library of Medicine，Bethesda，Maryland 159

British Library（12403. 11. 34. （2. ））150

United States Holocaust Memorial Museum. Courtesy National Archives and Records Administration，College Park，Maryland 280

ⓒ Ian Ference 2010 400

Chicago History Museum/Getty Images 357

From Gespräch über die heilsamen Beschwörungen und Wunderkuren des Herrn Gassners，1775 182

Photo Tonee Harbert 415

Kansas State Historical Society 369

Knebworth Estates（www. knebworthhouse. com）259

Kobal Collection：Selznick/United Artists ⓒ Salvador Dalí，Fundació Gala-Salvador Dalí，DACS，2015 389；United Artists/Fantasy Films 346；Warner Bros 381

ⓒ Drew Farrell/Lebrecht Music & Arts 152

Bernard Lens and John Sturt，'Digression on Madness'，from Jonathan Swift，A Tale of the Tub，1710 116

London Borough of Hackney Archives，London142

National Gallery，London 120

Photo Charles Lord ⓒ The Estate of Charles Lord 403

Beinecke Rare Book and Manuscript Library，Yale University，New Haven

103, 112

Harvey Cushing/John Hay Whitney Medical Library, Yale University, New Haven 248, 298

New Jersey State Archives 328

China Medical Board, Inc. Photograph Collection. Courtesy Rockefeller Archive Center, New York 348

From Sapere, no. 154 (May 1941) 333

Science Photo Library: Jean-Loup Charmet 190; Otis Historical Archives, National Museum of Health and Medicine, Maryland 319

NMPFT/Royal Photographic Society/Science & Society Picture Library 263

Seattle Post-Intelligencer Collection, Museum of History & Industry (MOHAI), Seattle. Photo Ken Harris (1986. 5. 25616) 337

City Archives, 's-Hertogenbosch, Netherlands 127

From Tempo (March 1948) 334

From Kure Shuzo and Kaida Goro, The situation of the home-confinement of the mentally ill and the statisticalobservation, Tokyo, Home Office, 1920. Photo Kure Shuzo, Komine Archive, Tokyo 209

Universitätsarchiv Tübingen 303

Fondazione San Servolo IRSESC, Venice 395

Institute of the History of Medicine, University of Vienna 320

After a lithograph by J. Vollweider/C. Kiefer, 1865 204

Library of Congress, Washington, D. C. (LC－USZ62－9797) 205

Wellcome Library, London 目录对页, 5, 24, 27, 31, 41, 43, 57, 78, 83, 90, 137, 145, 138, 146, 166, 173, 182, 212, 216, 226, 230, 238, 243, 191, 274, 277, 292, 302, 340, 363, 397, 421

Willard Library Photo Archive, Evansville, IN 286

Archives and Special Collections, Clark University, Worcester, MA 356

彩色插图（以下编号为彩图编号）

© Guy Christian/hemis/agefotostock 41

akg-images 25; © DACS 2015 38 (Beckmann), 39 (Dix); Florilegius 26;

Erich Lessing 4, 18, 23, 28

Rijksmuseum, Amsterdam 20

Art Archive: Ashmolean Museum 15; British Library 8;

CCI/Private Collection 30; Electa/Mondadori Portfolio/Pushkin Museum, Moscow 33

Walters Art Museum, Baltimore 9

The Tichnor Brothers Collection, Boston Public Library 36

Bridgeman Art Library: Bibliothèque des Arts Décoratifs, Paris, France/Archives Charmet 24; Photo © Zev Radovan 3

Musée Condé, Chantilly 11

© Peter Aprahamian/Corbis 42

Meadows Museum, Dallas 29

Scottish National Portrait Gallery, Edinburgh 32

© Ian Ference 2010 43

© Sonia Halliday Photographs 12, 13, 14

Collection The David Hockney Foundation © David Hockney. Photo Richard Schmidt 40

© 2014 Billiam James 44

Wellcome Library, London 7, 22, 27, 31

J. Paul Getty Museum, Los Angeles (Ms. 33, fol. 215v) 2

Museo del Prado, Madrid 21

Museo Arqueológico Nacional, Madrid (N. I. 11094). Photo Antonio Trigo Arnal 5

The Bodleian Library, University of Oxford. With kind permission of the Trustees of the Wilfred Owen Estate 37

Scala, Florence: DeAgostini Picture Library 10; National Gallery, London 16

NYPL/Science Source/Science Photo Library 6

Tate, London 1, 17

Art Gallery of Ontario, Toronto. Dix © DACS 2015 34

Museum Catharijneconvent, Utrecht 19

Oskar Reinhart Collection, Winterthur 35

索　引

（索引中页码为原书页码，即本书页边码）

图书在版编目（CIP）数据

文明中的疯癫：一部关于精神错乱的文化史 /（英）安德鲁·斯卡尔（Andrew Scull）著；经雷译. -- 北京：社会科学文献出版社，2020.5

书名原文：Madness in Civilization：A Cultural History of Insanity，from the Bible to Freud，from the Madhouse to Modern Medicine

ISBN 978 - 7 - 5201 - 5726 - 1

Ⅰ.①文… Ⅱ.①安… ②经… Ⅲ.①世界史 - 文化史 Ⅳ.①K103

中国版本图书馆 CIP 数据核字（2019）第 229573 号

文明中的疯癫
——一部关于精神错乱的文化史

著　　者 /［英］安德鲁·斯卡尔（Andrew Scull）
译　　者 / 经　雷

出 版 人 / 谢寿光
责任编辑 / 李　洋　钱家音
文稿编辑 / 朱露茜　何　铮

出　　版 / 社会科学文献出版社·甲骨文工作室（分社）（010）59366527
地址：北京市北三环中路甲 29 号院华龙大厦　邮编：100029
网址：www.ssap.com.cn
发　　行 / 市场营销中心（010）59367081　59367083
印　　装 / 北京盛通印刷股份有限公司

规　　格 / 开　本：889mm × 1194mm　1/32
印　张：17.375　插　页：1　字　数：393 千字
版　　次 / 2020 年 5 月第 1 版　2020 年 5 月第 1 次印刷
书　　号 / ISBN 978 - 7 - 5201 - 5726 - 1
著作权合同登记号 / 图字 01 - 2016 - 1139 号
定　　价 / 86.00 元

本书如有印装质量问题，请与读者服务中心（010 - 59367028）联系